中国少数民族传统法律文献汇编

（第二册）

张冠梓 编

中国社会科学出版社

总目录

第一册　法典法规

第二册　地方法规、乡规民约

第三册　习惯法

第四册　司法文书（一）

第五册　司法文书（二）

第二册　地方法规、乡规民约

目 录

地方法规

唐 ……………………………………………………（3）
 南诏德化碑 …………………………………………（3）

宋 ……………………………………………………（14）
 复溪州铜柱记 ………………………………………（14）

明 ……………………………………………………（19）
 万历 ………………………………………………（19）
  沿河洪渡《军民禁约碑》 …………………………（19）
 崇祯 ………………………………………………（20）
  察院苏瑶官碑 ……………………………………（20）

清 ……………………………………………………（22）
 康熙 ………………………………………………（22）
  禁革滇中积弊碑 …………………………………（22）
  镇南州正堂告示 …………………………………（23）
  革瑶排陋规与共誓神 ……………………………（25）
  焚瑶书宣讲圣谕 …………………………………（26）
  刊刻圣谕图像衍义序 ……………………………（29）

刊刻圣谕衍义三字歌俗解序 …………………………… (30)
宣讲圣谕乡保条约小引 ………………………………… (30)
劝谕瑶人栽种茶树 ……………………………………… (32)
劝耕稞（课）种创建东西二坛 ………………………… (35)
改建社稷坛址告文 ……………………………………… (36)
新建社稷坛安神告文 …………………………………… (36)
创建风云雷雨坛告文 …………………………………… (37)
劝耕稞（课）种告示 …………………………………… (38)
操练乡勇巡查险要 ……………………………………… (38)
条议添设乡勇详文 ……………………………………… (39)
创建关庙暨山顶营房 …………………………………… (41)
鸡鸣开创建汉前将军关侯却金祠记 …………………… (43)
操练乡丁摒除虎患 ……………………………………… (44)
军寮马箭拿获潮银 ……………………………………… (49)
附录原禀 ………………………………………………… (50)
大掌岭杉木山税详惩奸骗 ……………………………… (51)
禁革瑶俗贩物平价 ……………………………………… (54)
招徕排瑶使居村落 ……………………………………… (56)
责惩奸蠹借端诈骗 ……………………………………… (57)
咨移营汛革除厉禁 ……………………………………… (59)
附 劝谕四则 …………………………………………… (61)
永禁私派陋弊碑 ………………………………………… (63)
思南来永场永禁条例碑 ………………………………… (64)
颁示严禁文告 …………………………………………… (66)
请禁革苗俗酬婚积弊详文 ……………………………… (69)
雍正 ……………………………………………………… (70)
　龙潭寺碑 ……………………………………………… (70)
　奉旨优免碑记 ………………………………………… (70)

乾隆 ……………………………………………………………… (71)
 响水河龙潭护林碑 ………………………………………… (71)
 碍城碑记 …………………………………………………… (72)
 云南县水利章程碑 ………………………………………… (74)
 桂阳禁令碑 ………………………………………………… (74)
 安平土州永定例规碑 ……………………………………… (76)
 宪禁革碑 …………………………………………………… (77)
 开浚白龙山泉水利碑记 …………………………………… (78)
 奉宪安立界碑 ……………………………………………… (80)
 龚家山碑刻 ………………………………………………… (81)
 宪奉丑安界碑 ……………………………………………… (82)
 福宁府石碑文 ……………………………………………… (82)
 福鼎县石碑文 ……………………………………………… (83)
 永禁官差勒索茶笋竹木等项碑 …………………………… (84)
 禁革碑文 …………………………………………………… (86)
 钦命刊立雍正训饬士子文卧碑 …………………………… (86)
 护松碑 ……………………………………………………… (88)
 奉督抚司道永禁道观裕派明文碑 ………………………… (88)
 严禁残颓桥梁碑 …………………………………………… (92)
 保护公山碑记 ……………………………………………… (92)
 鹤峰州谕事碑记 …………………………………………… (94)
 那志寨晓谕碑 ……………………………………………… (95)
 永远遵照碑 ………………………………………………… (96)
 审照碑记 …………………………………………………… (97)
 唐姓祠堂碑文 ……………………………………………… (97)
 奉府示禁碑 ………………………………………………… (98)
 奉宪永禁勒碑 ……………………………………………… (99)

嘉庆 ……………………………………………………………… (100)

团规碑记 …………………………………………… (100)
棉花地雷王庙碑记 ………………………………… (101)
恭城县正堂给照碑记 ……………………………… (103)
恭城服徭役碑 ……………………………………… (105)
奉宪明文禁革需索碑 ……………………………… (106)
上宪部文碓硙陋规永行禁革碑 …………………… (107)
奄章永远遵照例碑 ………………………………… (108)
水例碑记 …………………………………………… (109)
太平土州万世永贻碑 ……………………………… (110)
奉宪永禁碑 ………………………………………… (111)
安瑶印照碑 ………………………………………… (112)
禁示龙堂碑 ………………………………………… (114)
免差碑 ……………………………………………… (115)
清溪古调瑶碑文 …………………………………… (116)
严禁积弊告示碑 …………………………………… (117)
治瑶洞律碑记 ……………………………………… (119)
嘉庆龙胜南团永禁章程 …………………………… (121)

道光 …………………………………………………… (121)
龙脊永禁贼盗碑 …………………………………… (121)
龙胜理苗分府官衙团禁约碑 ……………………… (122)
永镇地方碑 ………………………………………… (124)
梁子背晓谕碑 ……………………………………… (125)
治瑶胪例六条 ……………………………………… (126)
阿红晓谕碑 ………………………………………… (128)
冕宁县田房税契告示 ……………………………… (129)
者冲立碑安民碑 …………………………………… (130)
岜凡晓谕碑 ………………………………………… (130)
遵示公禁碑 ………………………………………… (131)

莲花山墓地产权碑 ………………………………… （132）
云南府罗次县正堂告示 …………………………… （133）
李氏族众捐言修宗姓绰撰略言碑 ………………… （135）
奉宪照例碑 ………………………………………… （136）
编排保甲弭盗安良碑 ……………………………… （137）
伙甲章程碑记 ……………………………………… （138）
冕宁县严禁行使小钱告示 ………………………… （141）
冕宁县严禁苛择钱文告示 ………………………… （142）
盛世河碑 …………………………………………… （142）
垂芳千古公议款 …………………………………… （143）
冕宁县毋许容留外地流民谕 ……………………… （145）
兰溪勾拦瑶石碑文 ………………………………… （145）
协济永平县夫马章程碑 …………………………… （147）
封山护林永定章程 ………………………………… （149）
寨面河石碑文 ……………………………………… （151）

咸丰 ……………………………………………… （151）

罗次县正堂严禁苛派告示 ………………………… （151）
奉宪永禁赌博碑 …………………………………… （155）
冕宁县练团谕 ……………………………………… （155）
忠州东永圩复圩碑记 ……………………………… （156）
冕宁县保护客商告示 ……………………………… （157）
冕宁县勿擅搬迁告示 ……………………………… （158）
太平军过西林安民告示 …………………………… （159）
冕宁县不许买酒与夷匪告示 ……………………… （160）
永定夫役章程碑 …………………………………… （161）

同治 ……………………………………………… （162）

龙胜南团门牌章程 ………………………………… （162）
兴安龙胜联合瑶团禁约碑 ………………………… （163）

奉宪禁采碑 …………………………………… (166)
冕宁县客商须大道行走告示 ………………… (167)
富邑东山五源奉县勒碑 ………………………… (168)
优免瑶税瑶差碑 ………………………………… (170)
龙胜南团永禁章程 ……………………………… (171)
云南巡抚岑毓英告示 …………………………… (172)
禁止浇风恶俗规约碑 …………………………… (175)
郴州奉令安瑶碑记 ……………………………… (177)
九嶷舜殿碑文 …………………………………… (179)
卖粮完纳饷银永定章程 ………………………… (180)

光绪 ……………………………………………… (181)
永远禁止碑 ……………………………………… (181)
云龙盐课碑 ……………………………………… (182)
灌阳禁革碑记 …………………………………… (183)
禁章合同碑 ……………………………………… (185)
乡党禁约碑 ……………………………………… (186)
章程永固碑 ……………………………………… (189)
织金粮赋碑 ……………………………………… (191)
严禁沿河居民变卖木商漂流竹木碑记 ………… (192)
永平县杉木和乡革除陋规碑记 ………………… (193)
裁革夫马告示碑 ………………………………… (195)
钦命冶铁铸锅告示 ……………………………… (196)
禁革事项碑 ……………………………………… (197)
重建楚雄府思政楼碑记 ………………………… (198)
金坑禁约碑 ……………………………………… (200)
毕节禁止捕厅擅受民词碑记 …………………… (204)
广西巡抚部院沈示碑 …………………………… (204)
泗城府永远禁革夫马裕派各项告示碑 ………… (204)

果化州土官陋规蠲免碑刻 …………………………（207）
南安州正堂告示 …………………………………（208）
大方市场管理碑 …………………………………（209）
永定章程碑 ………………………………………（209）
坝发永垂万古碑 …………………………………（210）
封山告示碑 ………………………………………（211）
重建祠堂碑记 ……………………………………（213）
永免泗城三属夫马杂派碑 ………………………（214）
西林县永安主佃告示碑 …………………………（215）

宣统 ……………………………………………（218）

判决坝案碑记 ……………………………………（218）
高界小源芹菜瑶特立古照碑 ……………………（218）
黄泥塘护林碑 ……………………………………（219）
太平土州以顺水道碑 ……………………………（220）
太平土州永远蠲免碑记 …………………………（223）
龙岸乡下地栋村给示勒碑 ………………………（223）
征官租粮米碑 ……………………………………（225）
太平土州蒲庙圩碑记 ……………………………（226）
罗阳土县豁免碑记 ………………………………（227）

中华民国 ………………………………………（228）

弥祉八士村告示碑 ………………………………（228）
广西民政厅批示碑 ………………………………（229）
定番县苗族等族纳粮定规碑 ……………………（229）
兴龙两隘公立禁约碑 ……………………………（230）
兴安龙胜联团乡约碑 ……………………………（232）
兴安县公署布告碑 ………………………………（234）
龙里县苗族等族纳粮定规碑 ……………………（235）
广西民政公署禁革陋规布告碑 …………………（236）

添丁会布告碑 …………………………………… (237)
严禁邪蛊示碑文 ………………………………… (238)
江平团结御匪严禁偷盗规约 …………………… (240)
黎平永远禁碑 …………………………………… (241)
广西各县市取缔婚丧生寿及陋俗规则 ………… (243)
金村团结御匪严禁偷盗规约 …………………… (243)
广西省民政厅教育厅训令 ……………………… (244)
广西各县苗瑶民户编制通则 …………………… (245)
高界小源芹菜瑶特立古照碑记 ………………… (248)
恭城县政府布告碑 ……………………………… (248)
免捐护照碑 ……………………………………… (249)
广西省政府训令 ………………………………… (249)
广西省改良风俗规则 …………………………… (250)
广西省政府训令奉令禁止滥用夷瑶等名称 …… (253)
金坑团联村禁约碑 ……………………………… (255)
淮江县政府严防火灾训令 ……………………… (257)
婚俗碑记 ………………………………………… (257)

年代不详 …………………………………………… (259)

离任州事告诫州民文 …………………………… (259)
严禁赌博以靖盗源文告 ………………………… (260)
力行保甲设哨守望特示 ………………………… (260)
严行堵御防匪及村假手票勒索告示 …………… (261)
禁陋习歌圩告示 ………………………………… (262)
严禁耕犁牧场以繁养畜牧告示 ………………… (262)
严禁歌圩以正风俗特示 ………………………… (263)
禁出售私盐告示 ………………………………… (263)
限期缴解钱粮特示 ……………………………… (264)
严禁偷摘扁桃果签示 …………………………… (264)

严禁鯿鱼会聚众借端滋事传票 ……………………… (264)
严禁圩期拦路霸买山货示谕 ………………………… (265)
禁止屠宰耕牛告示 …………………………………… (265)
封山育林保护资源禁规 ……………………………… (266)
先皇安瑶碑记 ………………………………………… (267)
施南府田房税契告示碑 ……………………………… (269)

乡规民约

明 ……………………………………………………… (273)
万历 …………………………………………………… (273)
万历批弓狗场摩崖 …………………………………… (273)
清 ……………………………………………………… (274)
康熙 …………………………………………………… (274)
从江侗族高增款碑 …………………………………… (274)
册亨弼佑布依族禁革碑 ……………………………… (275)
雍正 …………………………………………………… (276)
雍正招民复业碑 ……………………………………… (276)
乾隆 …………………………………………………… (277)
黔西四楞碑规约 ……………………………………… (277)
张王庙客家埋碑 ……………………………………… (277)
黔西防贼禁盗规约 …………………………………… (278)
奉恩永禁碑 …………………………………………… (279)
在保杨柳将军三村石牌 ……………………………… (279)
广西上林黄楚村村规 ………………………………… (281)
嘉庆 …………………………………………………… (282)
永禁以婿作子约 ……………………………………… (282)
紫溪山丁家徐家封山碑记 …………………………… (283)

黔西龙洞碑规约 …………………………………… (284)
立录村乡规民约碑记 ………………………………… (284)
阿纳村护林封山碑 …………………………………… (285)
杉坪寨龙村锁钥碑 …………………………………… (287)
道光 …………………………………………………… (288)
门头下灵黄桑三村石牌 ……………………………… (288)
大梧村孙主堂断祠记 ………………………………… (289)
兴仁曾家庄布依族禁约总碑 ………………………… (290)
长二长滩二村共立石牌 ……………………………… (290)
重修龙箐水例碑记 …………………………………… (291)
铁甲场村乡规碑记 …………………………………… (292)
六巷石牌 ……………………………………………… (293)
长新乡乡规民约碑 …………………………………… (294)
潘内寨乡约碑 ………………………………………… (295)
黔西中建四楞碑 ……………………………………… (296)
赫章平山铺放水碑 …………………………………… (297)
邓家禁碑 ……………………………………………… (298)
卯洞油行永定章程碑 ………………………………… (299)
兴义水淹凼布依族四楞碑 …………………………… (299)
河东乡约碑记 ………………………………………… (300)
安龙阿能寨布依族公议碑 …………………………… (302)
丫口寨禁开煤窑碑 …………………………………… (303)
奕世遗规 ……………………………………………… (303)
来凤蹊各村告白护林碑 ……………………………… (305)
册亨马黑布依族永垂千古碑 ………………………… (305)
新寨苗族跳厂规约碑 ………………………………… (306)
甲会碑记 ……………………………………………… (307)
龙脊乡规碑 …………………………………………… (308)

上下卜泉两村石牌 …………………………………… (311)
咸丰 ……………………………………………………… (312)
　　金沙公议十禁碑 …………………………………… (312)
　　遵义禁止碑 ………………………………………… (313)
　　贵阳下铺禁止碑 …………………………………… (313)
　　公议十条 …………………………………………… (314)
　　贵定菜苗井规碑 …………………………………… (314)
　　亚莫村三村石牌 …………………………………… (314)
　　罗运等九村石牌 …………………………………… (316)
　　干家山禁砍古树碑 ………………………………… (317)
　　安顺水塘寨"安良除贼"碑 ………………………… (317)
　　有食上村村规民约碑 ……………………………… (319)
　　兴义绿荫布依族永垂不朽碑 ……………………… (321)
　　漆獠坝团会十规碑 ………………………………… (321)
　　贞丰长贡布依族护林碑 …………………………… (322)
　　石板哨十寨乡禁碑 ………………………………… (322)
　　安龙阿能寨布依族谨白碑 ………………………… (323)
　　鹤峰公同议定碑 …………………………………… (324)
同治 ……………………………………………………… (324)
　　同治婚规碑 ………………………………………… (324)
　　荔波瑶山石牌 ……………………………………… (325)
　　册亨秧佑布依族乡规碑 …………………………… (325)
　　金秀沿河十村平免石牌 …………………………… (327)
光绪 ……………………………………………………… (328)
　　三江马胖永定苗侗族条规碑 ……………………… (328)
　　严家祠堂碑刻 ……………………………………… (330)
　　众寨公议地方禁章合同书 ………………………… (344)
　　黄乐寨地方公议合同书 …………………………… (346)

龙胜柒团禁约简记 ……………………………………… (346)
聚众合同书 ……………………………………………… (349)
革条永禁告白书 ………………………………………… (350)
利川成氏祠堂碑 ………………………………………… (350)
革条永禁歌 ……………………………………………… (351)
戒赌碑 …………………………………………………… (352)
莫村石牌 ………………………………………………… (353)
云姚村族规 ……………………………………………… (354)
潘内杨梅屯乡约碑 ……………………………………… (355)
潘内寨团律乡约碑 ……………………………………… (357)
滴水容洞六力大进四村石牌 …………………………… (360)
册亨八达布依族三楞碑 ………………………………… (361)
长滩长二昔地三村石牌 ………………………………… (362)
两瑶大团石牌 …………………………………………… (363)
瓦窑村禁止破坏风水碑 ………………………………… (366)
会同酿溪永定族团规碑 ………………………………… (367)
六段三片六定三村石牌 ………………………………… (367)
万德禁赌碑 ……………………………………………… (368)
贞丰必克布依族众议坟山禁砍树木碑 ………………… (370)
罗香七村石牌 …………………………………………… (370)
永立戒赌碑文 …………………………………………… (372)

宣统 …………………………………………………………… (373)

桂田等村石牌 …………………………………………… (373)
六拉村三姓石牌 ………………………………………… (374)

中华民国 ……………………………………………………… (376)

侗乡民众规约 …………………………………………… (376)
黄桑坡护林公约 ………………………………………… (377)
曹氏家训碑 ……………………………………………… (378)

牟定县建修永定铁索桥募捐启 …………………… (379)

黄桑坡护林安民公约 ………………………………… (381)

某寨护林公约 ………………………………………… (381)

下五屯建修文龙塔碑记 ……………………………… (382)

昔马某寨护林公约 …………………………………… (383)

河边乡护林公约 ……………………………………… (384)

永定铁索桥碑记 ……………………………………… (384)

黄桑坡香山等护林公约 ……………………………… (387)

昔马黄桑坡严禁吹烟赌钱公约 ……………………… (387)

昔马某寨严禁吹烟赌钱公约 ………………………… (388)

六十村石牌 …………………………………………… (388)

黄坪村条规牌 ………………………………………… (390)

金坑联团乡约碑 ……………………………………… (391)

三十六瑶七十二村大石牌 …………………………… (393)

罗香七村石牌 ………………………………………… (394)

六段仙家漕老矮河三村石牌 ………………………… (396)

大梧村谢姓二冬宗祠碑 ……………………………… (397)

龙胜地方乡约 ………………………………………… (398)

石牌判书 ……………………………………………… (399)

新修立款 ……………………………………………… (400)

坤林等五十三村石牌 ………………………………… (401)

复修炼象关城碑记 …………………………………… (403)

炼象盐行公会碑记 …………………………………… (404)

六巷石牌 ……………………………………………… (406)

屯坝石牌 ……………………………………………… (407)

金秀白沙五十一村石牌 ……………………………… (407)

庚广村石牌 …………………………………………… (409)

石阡苦蕨坪"用水轮次"碑 ………………………… (410)

村规民约牌 …………………………………… (411)

龙华等五村石牌 ……………………………… (412)

荔波瑶族石牌律 ……………………………… (413)

瑶麓永留后代碑 ……………………………… (414)

龙脊十三寨头人会议记录 …………………… (415)

四姓万古流芳碑 ……………………………… (416)

年代不详 ……………………………………… (418)

六眼六椅等村石牌 …………………………… (418)

龙胜地方禁约 ………………………………… (419)

团会禁山序 …………………………………… (419)

复立团会序 …………………………………… (420)

禁盗贼公议牌 ………………………………… (421)

大梧村禁约碑记 ……………………………… (421)

六面阴规 ……………………………………… (423)

六面阳规 ……………………………………… (426)

六面威规 ……………………………………… (431)

十三坪款 ……………………………………… (434)

分洞款词 ……………………………………… (435)

榕江十塘款款词 ……………………………… (436)

桂田等十八村石牌 …………………………… (437)

石牌料话 ……………………………………… (438)

茶山瑶春秋二社老料话规条 ………………… (438)

山子瑶春秋二社老料话规条 ………………… (440)

金秀大瑶山全瑶石牌律法 …………………… (441)

石牌头人吃社料话 …………………………… (443)

争山界石牌头人料话 ………………………… (444)

世德堂张氏族谱载族规村约 ………………… (445)

新仁里村乡约 ………………………………… (450)

云南清真禁烟放足俚言 ………………………………… (452)
清真天足会俗歌 ……………………………………… (454)
劝勿缠足说帖 ………………………………………… (455)
清真对亲柬式 ………………………………………… (456)
册亨乃言布依族乡规碑 ………………………………… (457)
昔马某村严禁吹烟赌钱合同 …………………………… (458)
某村严禁吹烟赌钱合同 ………………………………… (458)

地方法规

唐

南诏德化碑[①]

恭闻清浊初分，运阴阳而生万物，川岳既列，树元首而定八方。故知悬象着明，莫大于日月；崇高辨位，莫大于君臣。道治则中外宁，政乖必风雅变。岂世情而致，抑天理之常。我赞普钟蒙国大诏，性业合道，智睹未萌，随世运机，观宜抚众，

[①] 此碑在大理市太和村西面南诏太和城遗址。高398厘米，宽227厘米，厚48厘米。直行楷书。正文40行，行约90字。碑阴列题名39行，行字不等。万历《云南通志·艺文志》录全文，共3667字；碑剥蚀严重，今可识读者仅700多字。

此碑为云南最大的碑，也是记载历史数据最丰富的碑。1962年被国务院公布为第一批全国重点文物保护单位之一。

公元738年，蒙舍诏在唐王朝的支持下，统一了洱海地区的"六诏"，建立了南诏国，并将南诏国的都城从蒙舍川迁到太和城（今大理太和村）。国王皮逻阁死后，他的儿子阁逻凤嗣位，后因与唐朝边吏发生矛盾，造成武装冲突，唐发大兵征讨，唐兵战败，南诏遂一度叛唐而归附吐蕃。《南诏德化碑》是南诏群臣歌颂阁逻凤功德，着重表明其不得已而叛唐。《新唐书·南诏传》记载阁逻凤的话说："我上世世奉中国，累封赏，后嗣容归之，若唐使至，可指碑澡被吾罪也。"这就是其立碑的目的。

立碑年月，因碑文最后数行剥蚀，已不可知。据元初人郭松年《大理行记》载：阁逻凤"立《德化碑》……其碑今在，即唐代宗大历元年也"。大历元年为公元766年。

撰碑人之姓名。相传为南诏清平官郑回所撰，也有认为是王蛮盛者。因碑文最后数行全剥蚀，所以立碑年月和撰碑人等学术界尚有争论。

此碑的主要价值，在于它是研究南诏历史的实物资料。如今碑虽剥蚀严重，但碑文历代都有记载，经学者们整理大体恢复原貌。碑为中外学者所重视。法国学者沙晼（Charannes）曾译碑文为法文，并作考证，刊于巴黎亚洲学会出版之《亚洲学报》第16卷，1900年发行。国内很多著名学者都对碑文作过系统的研究和考订，成果斐然。

录文版本很多，此碑文据《新纂云南通志·金石考》录出。

退不负德，进不惭容者也。王姓蒙，字阁逻凤，大唐特进云南王越国公开府仪同三司之长子也。应灵杰秀，含章挺生，日角标奇，龙文表贵。始乎王之在储府，道隆三善，位即重离。不读非圣之书，尝学字人之术。抚军屡闻成绩，监国每着家声。唐朝授右领军卫大将军兼阳瓜州刺史。洎先诏与御史严正诲谋静边寇，先王统军打石桥城，差诏与御史严正诲攻石和子。父子分师，两殄凶丑，加左领军卫大将军。无何，又与中史王承训同破剑川，忠绩载扬，赏廷于嗣，迁左金吾卫大将军。而官以材迁，功由干立，朝廷照鉴，委任兵权，寻拜特进都知兵马大将。二河既宅，五诏已平，南国止戈，北朝分政。而越析诏余孽于赠，恃铎稍，骗泸江，结彼凶渠，扰我边鄙，飞书遣将，皆辄拒违。诏弱冠之年，已负英断，恨兹残丑，敢逆大邦。固请自征，志在夷扫，枭于赠之头，倾伏藏之穴。铎稍尽获，宝物并归。解君父之忧，静边隅之祲，制使奏闻，酬上柱国。天宝七载，先王即世。皇上念功旌孝，悼往抚存。遣中使黎敬义持节册袭云南王。长男凤迦异，时年十岁，以天宝入朝，授鸿胪少卿，因册袭次，又加授上卿，兼阳瓜州刺史，都知兵马大将。既御厚眷，思竭忠诚，子弟朝不绝书，进献府元余月，将谓君臣一德，内外无欺，岂期奸佞乱常，抚虐生变。初，节度使章仇兼琼，不量成败，妄奏是非，遣越嶲都督竹灵倩，置府东爨，通路安南。赋重役繁，政苛人弊，被南宁州都督爨归王，昆州刺史爨日进，梨州刺史爨祺，求州爨守懿，螺山大鬼主爨彦昌，南宁州大鬼主爨崇道等，陷煞竹灵倩兼破安宁。天恩降中使孙希庄、御史韩洽、都督李宓等，委先诏招讨，诸爨畏威怀德，再置安宁。其李宓忘国家大计，蹑章仇诡踪，务求进官荣。宓阻扇东爨，遂激崇道，令煞归王。议者纷纭，人各有志。王务遏乱萌，思绍先绩，乃命大军将段忠国等与中使黎敬义、都督李宓，又赴安宁，再和诸爨。而李宓矫伪居心，尚行反问，更令崇道，谋煞日进。东爨诸酋，并皆惊恐。曰："归王，崇道叔也；日进弟也。信彼谗构，煞戮至亲，骨肉既自相残，天地之所不佑。"乃各兴师，召我同讨。李宓外形中正，佯假我郡兵，内蕴奸欺，妄陈我违背。赖节度使郭虚已仁鉴，方表我无辜。李宓寻被贬流，崇道因而亡溃。又越嶲都督张虔陀，尝任云南别驾，以其旧识风宜，表奏请为都督。而反诳惑中禁，职起乱阶。吐蕃是汉积仇，遂与阴谋，拟共灭我，一也。诚节王之庶弟，以其不忠不孝，贬在长沙，而彼奏归，拟令间我，二也。崇道蔑盟构逆，罪合诛夷，而却收录与宿，欲令仇我，三也。应与我恶者，并授官荣。与我好者，咸遭抑屈，务在下我，四也。筑城收质，缮甲练兵，密欲袭我，五也。重科百直，倍税军粮，征求无度，务欲敝我，六也。于时驰表上陈，屡申冤枉，皇上照察，降中使贾奇俊详覆。属竖臣无政，事以贿成。一信虔陀，共掩天听，恶奏我将叛。王乃仰天叹曰："嗟我无事，上苍可鉴。九重天子难承咫尺之颜，万里忠臣，岂受奸邪之害。"即差军将杨罗颠等，连表控告。岂谓天高地远，蝇点成瑕，虽布腹心，不蒙矜察，管内酋渠等皆曰："主辱臣死，我实当之。自可齐心戮力，致命全人。安得知难不防，坐招倾败。"于此，差大军将王毗双、罗时、牟苴等，扬兵送檄，问罪府城。自秋毕冬，故延时序，尚伫朝命，冀雪事由。岂意节度使鲜于仲通已统大军取南溪路下，大将军李晖从会同路进，安南都督王知进自步头路人。既数道合，势不可守株。乃宣号令，诫师徒，四面攻围。三军齐奋，先灵冥佑，神炬助威，天人协心，军郡全拔，虔陀饮鸩，寮庶出走。王以为恶只虔陀，罪岂加众。举城移置，犹为后图。即便就安宁再申忠恳，城使王克昭执惑昧权，继违拒请。遣大军将李克铎等帅师伐之，我直彼曲，城破将亡。而仲通大军已至曲、靖。又差首领杨子芬与云南录事参军姜如之赍状披雪："往因张卿谗构，遂令蕃汉生猜。赞普今见观衅浪穹，或以众相威，或以利相导，倘若蚌鹬交守，恐为渔父所擒。伏乞居存见亡，在得思失，府城复置，幸容自新。"仲通殊不招承，劲至江口。我又切陈丹款，至于再三，仲通拂谏，弃亲阻兵，安忍吐发，唯言屠戮，行使皆被诋呵。仍前差将军王天运率领骁雄，自点苍山西，欲腹背交袭。于是具牲牢，设坛墠，叩头流血曰："我自古及今，为汉不侵不叛之臣，今节度背好贪功，欲致无上无君之讨，敢昭告于皇天后土。"史祝尽词，东北稽首。举国痛切，山川黯然。至诚感神，风雨震霈。遂宣言曰："彼若纳我，犹吾君也。今不我纳，即吾仇也。断，军之机；疑，事之贼。"乃召卒伍，搁然登陴，谓左右曰："夫至忠不可以无主，至孝不可以无家。"即差首领杨利口等于浪穹参吐蕃御史论若赞。御使通变察情，分师入救。时中丞大军出陈江口，王审孤虚，观向背，纵兵亲击，大败彼师；因命长男凤迦异，大军将段全葛等于丘迁和拒山后赞军。王天运悬首辕门，中丞逃师夜遁。军吏欲追之，诏曰："止！君子不欲多上人，况敢凌天子乎？苟自咎，社稷无殒多矣！"既而合谋曰："小能胜大祸之胎，亲仁善邻国之宝。"遂遣男铎传，旧大酋望赵佺邓、杨传磨侔及子弟六十人，赍重帛珍宝等物，西朝献凯。属赞普仁明，重酬我勋效，遂命宰相倚祥叶乐，持金冠、锦袍、金宝带、金帐床、安扛伞、鞍银兽及器皿珂贝、珠毯、衣服、驰马、牛鞍等赐为兄弟之国。天宝十一载正月一日，于邓川册诏为赞普钟南国大诏，授长男凤迦异大瑟瑟告身，都知兵马大将。凡在官僚，宠幸咸被。山河约誓，永固维城。改为赞普钟元年。二年，汉帝又命汉中郡太守司空袭礼、内史贾奇俊，帅师再置姚府，以将军贾瓘为都督。佥曰："汉不务德，而以力争，若不速除，恐为后患。"遂差军将王丘各绝其粮道，又差大军将洪光乘等，神川都知兵马使论绮里徐同围府城。信宿未逾，破如拉朽，贾瓘面缚，士卒全驱。三年，汉又命前云南都督兼侍御史李宓，广府节度何履光，中使萨道悬逊，总秦陇英豪，兼安南子弟，顿营陇坪，广布军威。乃舟楫备修，拟水陆俱进。遂令军将王乐宽等，潜军袭造船之师，伏尸遍毗舍之野。李宓犹不量力，进逼邓川。时神川都知兵马使论绮里徐来救，已至巴跻山，我命大军将段附克等，内外相应，竞角竞冲。彼弓不暇张，刃不及发，白日晦景，红尘翳天，流血成川，积尸壅水，三军溃衂，元帅沉江。诏曰："生虽祸之始，死乃怨之终。岂顾前非而忘大礼。"遂收亡将等尸，祭而葬之，以存恩旧。五年，范阳节度安禄山窃据河、洛，开元帝出居江、剑。赞普差御史赞朗罗于恙结赍敕书曰："树德务滋长，去恶务除本。越巂、会同，谋多在我，图之此为美也。"诏恭承上命，即遣大军将洪光乘、杜罗盛、段附克、赵附于望、罗迁、王迁、罗奉、清平官赵佺邓等，统细子潘从昆明路，及宰相倚祥叶乐、节度尚检赞同伐越巂。诏亲帅太子潘围逼会同。越巂固拒被夷，会同请降无害。子女玉帛，百里塞途；牛羊积储，一月馆谷。六年，汉复置越巂，以杨廷琎为都督，兼固台登。赞普使来曰："汉今更置越嶲，作援昆明。若不再除，恐成滋蔓。"既举奉明旨，乃遣长男凤迦异驻军泸水，权事制宜。令大军将杨传磨侔等与军将欺急历如数道齐入。越嶲再扫，台登涤除。都督见擒，兵士尽虏。于是扬兵邛部，而汉将大奔；回斾昆明，倾城稽颡。可谓绍家继业，世不乏贤。昔十万横行，七擒纵略，未足多也。爰有寻传，畴壤沃饶，人物殷凑；南通渤海，西近大秦。开辟以来，声教所不及；羲皇之后，兵甲所不加。诏欲革之以衣冠，化之以义礼。十一年冬，亲与寮佐兼总师徒，刊木通道，造舟为梁。耀以威武，喻以文辞。款降者抚慰安居，抵捍者系颈盈贯。矜愚解缚，择胜置城。裸形不讨自来，祁鲜望风而至。且安宁雄镇，诸爨要冲。山对碧鸡，波环碣石。盐池鞅掌，利及群欢。城邑绵延，势连戎僰。乃置城监，用辑携离。远近因依，间阎栉比。十二年冬，诏候隙省方，观俗恤隐。次昆川，审形势，言山河可以作藩屏，川陆可以养人民。十四年春，命长男凤迦异于昆川置拓东城，居二诏，佐镇抚，于是威慑步头，恩收曲、靖。颁诰所及，翕然俯从。我王气受中和，德含覆育，才出人右，辩称世雄。高视则卓尔万寻，运筹则决胜千里。观衅而动，因利兴功。事协神衷，有如天启。故能攻城挫敌，取胜如神。以危易安，转祸为福。绍开祖业，宏覃王猷。坐南面以称孤，统东偏而作主。然后修文习武，官设百司。列尊叙卑，位分九等。阐三教，宾四门。阴阳序而日月不僭，赏罚明而奸邪屏迹。通三才而制礼，用六府以经邦。信及豚鱼，恩沾草木。遏塞流潦，高原为稻黍之田，疏决陂池，下隰树园林之业。易贫成富，徙有之无。家饶五亩之桑，国贮九年之禀。荡秽之恩，屡沾蠢动；珍帛之惠，遍及耆年。设险防非，凭隘起坚城之固；

灵津蠲疾，重岩涌汤沐之泉。越睒天马生郊，大利流波濯锦。西开寻传，禄郫出丽水之金。北接阳山，会川收瑟瑟之宝。南荒奔凑，覆诏愿为外臣。东爨悉归，步头已成内境。建都镇塞，银生于黑嘴之乡；候隙省方，驾憩于洞庭之野。盖由人杰地灵，物华气秀者也。于是犀象珍奇，贡献毕至，东西南北，烟尘不飞。遐迩无剽掠之虞，黔首有鼓击之泰。乃能骧首邛南，平眸海表。岂惟我钟王之自致，实赖我圣神天帝赞普德被无垠，威加有截。春云布而万物普润，霜风下而四海飒秋。故能取乱攻昧，定京邑以息民。兼弱侮亡，册汉帝而继好。时清平官段忠国、段寻佺等咸曰：有国而致理，君主之美也。有美而无扬，臣子之过也。夫德以立功，功以建业，业成不纪，后嗣何观。可以刊石勒碑，志功颂德，用传不朽，俾达将来。蛮盛家世汉臣，八王称乎晋业。钟铭代袭，百世定于当朝。生遇不天，再罹衰败。赖先君之遗德，沐求旧之鸿恩，改委清平，用兼耳目。心怀吉甫，愧无赞于周诗；志效奚斯，愿齐声于鲁颂。纪功述绩，实曰鸿徽。自顾不才，敢题风烈。其词曰：

降祉自天，福流后胤。瑞应匪虚，祯祥必信。圣主分忧，遐夷声振。袭久传封，受符兼印。（其一）

兼琼秉节，贪荣构乱。开路安南，攻残东爨。竹倩见屠，官师溃散。赖我先王，怀柔伏叛。（其二）

祚不乏贤，先猷是继。郡守诡随，贬身遐裔。祸连虔陀，乱深竖嬖。殃咎匪他，途家自殪。（其三）

仲通制节，不询长久。征兵海隅，顿营江口。矢心不纳，白刃相守。谋用不臧，逃师夜走。（其四）

汉不务德，而以力争。兴师命将，置府层城。三军往讨，

一举而平。面缚群吏，驰献天庭。（其五）

李宓恝戎，犹寻覆辙。水战陆攻，援孤粮绝。势屈谋穷，军残身灭。祭而葬之，情由故设。（其六）

赞普仁明，审知机变。汉德方衰，边城绝援。御我兵戎，攻彼郡县。越巂有征，会同无战。（其七）

雄雄嫡嗣，高名英烈。惟孝惟忠，乃明乃哲。性惟温良，才称人杰。邛泸一扫，军郡双灭。（其八）

观兵寻傅，举国来宾。巡幸东爨，怀德归仁。碧海效祉，金穴荐珍。人无常主，惟贤是亲。（其九）

土宇克开，烟尘载寝。毂击犁坑，辑熙群品。出入连城，光扬衣锦。业留万代之基，仓贮九年之廪。（其十）

明明赞普，扬干之光。赫赫我王，实赖之昌。化及有土，业着无疆。河带山砺，地久天长。（其十一）

辩称世雄，才出人右。信及豚鱼，润深琼玖。德以建功，是谓不朽。石以刊铭，可长可久。（其十二）

碑　阴

（上蚀）带段忠国　清平官大军将大金告身赏锦袍金带（下蚀）

（上蚀）虫皮衣杨傍俭　清平官小颇弥告身赏锦袍金带（下蚀）

（上蚀）颇弥告身赏二色绫袍金带爨守□　清平官大金告（下蚀）

（上蚀）李买□大军将开南城大军将大□告身（下蚀）

（上蚀）大大虫皮衣赵眉丘　大军将士曹长大颇弥□□赏紫袍金（下蚀）

（上蚀）衣扬细□　大军将赏二色绫袍金带王琮罗铎　大军□□□□□□细身赏（下蚀）

（上蚀）袍金带兼大大虫皮衣张骠罗于　大军将前户曹长拓东城大军将□身赏二色绫（下蚀）

（上蚀）绫袍金带王波铎　大军将前法曹长大颇弥告身赏二色绫袍金带杨□□　□□□赏二（下蚀）

（上蚀）军将小金告身赏二色绫袍金带杨罗望　大军将小金告身赏锦袍金带（下蚀）

（上蚀）大军将赏二色绫袍金带尹瑳迁　大军将小金告身赏紫袍金带杨龙栋　□□□□□□□二色（下蚀）

（上蚀）身赏二色绫袍金带尹附酋　大军将赏紫袍金带赵瑳□坚　大军将兵曹□□□□□□紫袍金带赵逸罗（下蚀）

（上蚀）色绫袍金带兼大大虫皮衣孟绰望　军将士曹长小银告身赏紫袍金带杨邓佺　□□□法曹长小颇弥告身赏□□绫袍（下蚀）

（上蚀）大军将小银告身赏二色绫袍金带杨各酋　大军将赏二色绫袍金带赵龙细利　客曹□□□弥告身赏二色绫袍杨利成（下蚀）

（上蚀）赏二色绫袍金带□□罗疋　大军将兵曹长小颇弥告身赏紫袍金带段君利　大军将□□□小银告身赏（下蚀）

（上蚀）大军将小银告身赏二色绫袍金带尹□□□　大军将小铜□□□□□绫袍金带周（下蚀）

（上蚀）赏二色绫袍金带唐酋统　大军将赏紫袍金带喻酋苴　大军将赏二色（下蚀）

（上蚀）仓曹长小银告身赏二色绫袍金带兼大大虫皮衣口盛

颠　大军将赏紫袍金带（下蚀）

（上蚀）安定　大总管小银告身赏二色绫袍金带兼大虫皮衣□□□　□军将□法曹（下蚀）

（上蚀）绫袍金带洪罗栋　大总管小铜告身赏二色绫袍金带□□□　□军将兼（下蚀）

（上蚀）色绫袍金带段旋忙凑　军将户曹长小铜告身赏紫袍金带□□□坚　大总管（下蚀）

（上蚀）忙凑　军将群牧大使小银告身赏紫袍金带杨瑳白奇都军谋兼知表诰小银告身□□□□□□□　□□□□□□铜（下蚀）

（上蚀）和　大总管兼押衙小鍮石告身赏二色绫袍金带石覆苴　大军将小银告身□□□□□段琮□逻（下蚀）

（上蚀）带李奴邓　客曹长赏紫袍金带王□□□　大军将小颇弥告身赏□□□带□诺地（下蚀）

（上蚀）弥告身赏紫袍金带阿忍　大军将赏紫袍金带遁□本大军将小颇弥□□□紫（下蚀）

（上蚀）大军将赏二色绫袍金带黑嘴罗眉　大军将赏紫袍金带（下蚀）

（上蚀）大□编赏紫袍金带孙白伽　军将小鍮石告身赏紫袍（下蚀）

（上蚀）军将赏紫袍金带兼大虫皮衣刘望□喻　军将赏□袍金带兼（下蚀）

（上蚀）军将前兵曹副官小铜告身赏紫袍金带杜颠伽□□□□□□带兼□□□□□□□□□赏（下蚀）

（上蚀）赵充□苴　军将兵曹副小银告身赏紫袍金带（下

蚀）

（上蚀）盛　军将士曹副赏紫袍金带杨邓四罗　□□□□□袍金带（下蚀）

（上蚀）军将大鍮石告身赏紫袍金带段□□　□□□□金带□□□　□□□□金带□罗　□将（下蚀）

（上蚀）伽瑳　军将赏紫袍金带杨浔波罗　□□□□□□□□□□□□□身赏（下蚀）

（上蚀）军将兼人佐杨逻敛　军将赏紫（下蚀）

（上蚀）紫袍金带尹求宽　军将□□□金带□杨□□□□□□□□赏紫（下蚀）

（上蚀）将赏紫袍金带张赵逻　军将赏紫袍金带□□□□□□□金带（下蚀）

（上蚀）军将赏紫袍金带□□利　军将赏紫袍金带□□□□□□小铜（下蚀）

（上蚀）敛　诏亲大军将大金告身赏二色绫袍金带李外成苴□□□□锦袍（下蚀）

（上蚀）军将兼白崖城大军将大金告身赏二色绫袍金带李（下蚀）

（上蚀）诏亲大军将小银告身赏二色绫袍金带李些丰浔（下蚀）

（上蚀）诏亲大军将赏二色绫袍金带放苴　诏亲（下蚀）

（上蚀）金告身赏锦袍金带独磨（下蚀）

宋

复溪州铜柱记

后晋天福五年（庚子年，940）夏季五月，楚王马希范召见天策府学士李弘皋，说："我祖先昭灵王马援功勋显赫，汉代建武十八年（42）在龙编①平定了征侧的反叛，在象浦②树立了铜柱。铜柱上刻写着："勇士汗浃背，战马铁蹄坚，子孙代代连，且待九百年。"这几句话岂不是预言了我们马家祖祖辈辈值得庆贺之事，绵延不绝，只要从建武十八年到现在凑齐了九百年之数，气运就会大大昌发于南夏，也就是我们现在的楚国吗？当前沅水上游的五溪流域初步得到安宁，各个蛮族的首领都来归附。古代皇帝是用铭刻文字来记载德行，诸侯则是用来记载举动合于时令和建立功劳，大夫则是用来记载征伐；因而有了功德就必须铭刻文字，便于传扬，并将它作为标志，昭示恩德和信守。为了继承发扬古人的功烈，劳你将这次溪州大战的勋绩为我记载下来。"

弘皋秉承教示，提笔蘸墨，记叙那件事情。久闻五溪与牂牁③接境，有信奉盘瓠④的遗风异俗，盘瓠的六子六女在五溪分

---

① 今越南河内东。
② 今越南清化西北。
③ 今贵州中、西部。
④ 一条五彩狗的名字。

居之后，聚族过活。上古将这块地方称为"要服"——因为地区偏远，只要首领将长子送到京师作为抵押，就算表示归顺；中古逐渐称为"羁縻"——朝廷管得着便管，实在管不着就听之任之。当地酋帅叫作"精夫"，女人相互之间呼为"妖徒"。汉代朝廷派宗均到这里来设官管理，山山水水稍稍安宁；唐代杨思勖率兵来这里大肆挞伐，开辟了辰州①和锦州②。近来豪族大姓时时跳跃逞强，服不服从全在一心，是好是歹仅凭一己。彭士愁前三四代就在溪州掌大印，握兵权，对下仁慈有威望，抚民尽情而又辛劳，因而能成为成千上万人的领袖人物。这一切都不是由于学了圣贤之道，畏惧王朝的政令，他们能够做到不得罪大国，不残害百姓，完全是由于生性使然，善于处世。岂知一见有空子可钻，就马上动摇起来。我王每每表示宽宏大量，曾经容忍姑息，以致渐渐深入边境，抢掠农家，骚扰辰州和澧州③，边境官员告警，州郡人心惶惶。彭士愁并非萌生了犯罪之心，只是偶而不懂得藏兵不用的要则；哪知一旦放了火，结果焚毁了自身。

当今晋帝石敬瑭创造了宏大的国基，广布了王者的仁德，用文皇帝④的美称，循武穆王⑤的嘉谋，诏命我王建立地位崇高的天策府。天命降临，人心归顺，庭院之中，众物丰盈，王国声威才振，又逢昭明安泰。顾念溪州偏远浅陋，可以等到心胸

---

① 今湖南沅陵等地。
② 今湖南麻阳等地。
③ 今湖南澧县等地。
④ 石敬瑭自称圣文章武明德孝皇帝。
⑤ 马希范父亲死后追尊为武穆王。

宽泰之时。可是边境官员纷纷上书，不怕牺牲，请求出击。于是我王派遣一支军队，由静江军指挥使刘勋统率众将出击，一时钲鼓之声，震动溪谷。而彭士愁抛弃州城，退保危峻之地，凭高建寨，认为这里从来只有鸟能飞到，凡人无法攀登。刘勋遵照王朝的作战谋略，妙用神机，跨山壑，登危崖，找到最高点，俯视彭士愁山寨大形，订下攻取方案。几路赶筑栈道，作梯形向上仰攻，山顶汲取泉水的途径全部断绝；一旦攻到过去砍柴采药都难达到的地方，山顶向山下取运干粮已无可能。这时我军下定决心，束紧甲带，连续作战，哪有闲暇放下武器，稍事休息。

彭师杲正式出面为其父彭士愁表达诚意，愿意俯首归顺。彭士愁既然及时改变态度，我王也就深为怜悯，于是降下招抚提携的旨意，真是有如古书所说，崇侯因感德而归周，孟获因畏威而事蜀。王说："古时对背叛的才讨伐，服从的就要怀柔，不能抢夺他们的财货，贪取他们的土地。前王行事的范例，简直可起蓍龟占卜吉凶的作用。伐叛怀柔，必须师古，夺财贪地，实所不为。"于是依照以前的奏请，授彭士愁溪州刺史，现加上检校太保。几个儿子和手下文武官员，全部恢复原有职位，赏赐酌情分等，使他们各安其土。仍然颁发仓中粟米，赈济穷民。将山上的溪州州城，下迁于岸边平地。是以溪州的文武官员十分感恩，并愿归化，请树立铜柱写下双方的誓约。

啊，圣王出师，贵谋略轻血战，要做到兵刃不染血污，战士不喊疲劳，用这种方式来达到肃清五溪，慑服百越，平定边境，保卫邦家的目的。你们溪州必须做到不骚扰农家，不烧毁房屋，不伤害樵采放牧，不阻塞水陆交通，更不能自恃有水激滩险，悬崖峭壁而逞一时之雄。我王本来就承有皇帝和父王的厚厚施与，对你们不会再有苛求；你们也要感戴皇天后土的无比仁慈，衷心接受王朝的招抚。如果违背誓约，那就是蒙蔽天地神灵，必招惩罚；只有谆谆告诫子孙后代，遵守誓约，才能保住族类，得到繁荣昌盛。

铁碑立下，一定牢记圣贤的教诲；铜柱刻上，甘愿崇奉祖先的德行。弘皋遵照楚王的指示，郑重撰写了颂词。颂词如下：

昭灵王马援铸铜柱，永垂英烈，执干戈，率雄兵，往征百越。楚王马希范铸铜柱，是为了庇护百姓群黎，指挥军队，迅如风雷，开辟了五溪。

要知道五溪虽险，不足为恃，我军一到，如登平地；要知道五溪人多，也不足为凭，我军一踩，如碎春冰。

现在五溪之人惧军威，感恩惠，愿意交纳人质，请求立誓；那么我们就向山川宣誓，敬告鬼神吧，让子孙保平安，延续千万春。

附文

天福五年正月十九日，溪州刺史彭士愁，与同来归顺的五大族姓，写下状纸，喝血酒，求立誓。楚王删略其词，刻于铜柱的一角。

右边就是状纸：溪州静边都从古以来，世世代代就没出现过违背上司之事。天福四年九月，王庭发兵前来讨伐不顺之人。我静边都愿将所管诸团百姓军人和祖辈父辈本有田场土产，归顺王朝，服从管辖。溪州所管大乡、三亭两县，苦于没有正规税课，请只依旧额①供输。溪州不许管界团保军人百姓，乱入辰州、澧州边界，抢劫诈骗偷盗，拐走人户。凡是王庭派差运输物品，收买地方货物，以及王庭属下文武官员采集砍伐山产，不许管界之人包瞒和占有。五大姓首领、州县官员，如有罪过，我都自会申请请求依法惩罚；如无其它罪行，请不派军队攻讨。如果违背誓约，愿请依照前次办法，发兵前来讨伐。我都一心归顺，服从王庭。上有三十三天明神监誓，下有我们诚敬所写誓状为证。

楚王说："你能恭顺，我可以免掉税收和徭役。溪州原有赋租，不再上缴，自己使用；静边都兵士，也不派差调用。永远不会再有打仗的忧虑，可以安心耕种，保有产业。皇天后土，山川鬼神，一定可以洞察并相信我内心的一片赤诚。"

---

① 在唐代每年只交为数不多的朱砂和黄连。

明

万 历

沿河洪渡《军民禁约碑》

一、汉人入夷勾引夷人入汉，酿起边衅，危害地方者，一律处斩。

二、将汉人诱拐入夷转卖财者，一律发边充军。

汉人入夷，律有明禁。或逆命奸徒携家投夷，或本城汉人假潜入夷生意。担挑货物为名，逆谋诱骗消息，探听往来缙绅商贾，携掠人畜，凌辱夷人，以致道路断绝，地方凋残，皆由此辈诱夷出去所为。今后，各该有司、府管，凡遇通夷关隘及夷贼出游道路，严加盘诘。凡有军民或外省奸徒或单身携带妻子，担挑货物入夷者，即当贼脚，须迅速捉送该管衙门审查，依法处斩。军民重誊，官即优叙。倘讯查不严，受贿纵放，一经查出或经人告发，除犯人另究外，并将该盘管结疏，纵各役，严加处治。

思南府知务川县事文林郎胡奉 钦差巡抚贵州兼督湖北湖南川东等处地方提督军务督察使院右检都御使张

万历四十三年（1615）十月十五日
里老陈思忠 陈再信
乡约熊齐二 邓应斌 陈天勇

崇祯

察院苏瑶官碑①

察院苏瑶官京赴考进贡广东道韶州府乳源县，为涂台芟敛横科，包思给榜，严兀苏瑶。因固（顾）全地方事，奉本府太爷黄信牌，奉李本深世袭无（抚）瑶子孙官。分守岭南道参议吴宽奉，巡按御史刘批，据乳源县利井崇德都有籍瑶总李秀红，瑶甲刘察、陈宗、李有荣、肖□、李希文等，呈前事称：伏金（呈）军民内一款，凡军民之利病，诸人直言无隐，钦遵瑶等祖寺，本深原籍肇庆，于弘治年间（1488—1505），奉部院易调乳源，把守连阳、英德、清远交界隘口，住居地牛婆洞、连塘、茶山、大佈、大木角、坪瓮、瓦窑岗、塔塘等处，住址籍凿糊口，不食钱粮。屡奉府县严拨守瑶示，得遇猖獗，获功送给，历代无益异，蠲免裕税。近被神棍动辄欺瑶，遇懦妄捼，混派浮桥桅杆、城楼各项木料，祭猪诸税，生禽等物，众人不平。崇祯六年（1633）联合赴县，账爷发刊榜禁革，瑶安生民。今日欠（见）榜朽，奸究仍生，文土豪霸占瑶官，答应民役，嗅及栓吏，混派前项物科，乘机科敛生事，罗织无端，白担武断乡典，种种惨累，不无安鼙，寝食不遑。恃思豪强辖骗，无因致害，答应各属例款等，物额有均，严律法外，平地风波，岂容顾害众瑶官，律指敢怒言，若不包恩革弊，瑶民膏尽髓枯，害无了日。只得沥情冒叩霸威，大施霖雨，怜准原情，包行政

---

① 察院苏瑶官碑原存广东乳源瑶族自治县大布区牛婆洞村，碑长 115 厘米，宽 74 厘米，1985 年 6 月 20 日赵才金采录供稿。

司赐榜四县，勒碑严禁，芟除弊窦，以杜患等情。前赴察院告杨豪，批行南韶分守道察报，豪道备牌行府抑县，察议详报，依经遵行居该地方酌议，结报具瑶中评。奉院道府批欠回县笠牌，中禁有此，除给示牛婆洞等地方民瑶知悉，嗣后不许土豪霸占瑶丁，应答民役及混派科款等项外，合榜议通县衙门人等知（照）。以后凡取桅杆木料、生禽、花系、油税、祭猪各项，不许混派瑶目李秀红，瑶甲刘察、陈宗□、李有荣、肖□、李希文，照旧甲下等瑶丁答应。如有市棍通同积歇衙吏需索，横敛生事害瑶者，该指各赴告，拿究不恕。其该地方原派税饷等银，照旧办纳，毋行催诱，俱无有违。须至榜者，敝瑶民膏尽髓枯，害无了日，只得沥情冒叩霸威，大施雨霖，怜准原情，包行司扎榜四县，勒牌严禁，芟除弊窦，以杜患累等情，前赴子孙实落。古榜谕众通知。

崇祯十六年（1643）十二月二十九日给发仰牛婆洞瑶官老：

李有华、李成福、李有荣、李成华、李成乾、李秀红、李景新、李显达、李坤源、李仁德。

清

康 熙

禁革滇中积弊碑

绥远将军总督云贵部院正一品蔡禁革滇中积弊。

一、禁派用里长值日当月，将在官日用及公私裕费悉从民间取办之弊。

一、禁上司发银采买，有司转发里长头人，既亏价值，复累运送，仍索使费之弊。

一、禁衙门需用书役、派令里长头人雇募承应之弊。

一、禁佥派里甲、牌甲、小民押解逃人之弊。

一、禁上司差遣员役与有司分庭抗礼，勒送供应下程，索取规礼夫马之弊。

一、禁驻防官兵擅派地方烟户供应柴草等项，并役使民夫及邀路抽取货物之弊。

一、禁官役下乡所过村寨勒索过山□礼之弊。

一、禁绅衿衙役兵丁包揽他人田地界，免差徭，偏累贫民之弊。

一、禁收粮官役勒加耗米高收斛面之弊。

一、禁积蠹长头人将收过花户钱粮，抵算裕项使费，复开欠数重征之弊。

一、禁有司下乡征收钱粮及擅豪奴蠹奴役，赴各街场收税横剥商民之弊。

一、禁有司赴省赴府派取里甲长费及勤折夫价盘费之弊。

一、禁大小各衙门水火夫厨役匠役科派里民帮贴工食之弊。

一、禁奉差员役弁兵沿途横索站夫、铺夫及各村屯民夫接替抬送并挑行李之弊。

以上诸弊，永远革除，如敢阳奉阴违，一经告发，官参后处，决不轻贷。

康熙二十二年十二月初五日。宾川州知州周家柱立。

镇南州正堂告示

□□□古栖仙寺，有张王二仙创自唐贞观，昔至今千载有余。左右山场俱全，志书可凭，历朝以来无人侵占。近因何大定、何全等，黑夜截□盗葬，图谋□□佛地，告经本府正堂台前。蒙批：如果盗埋有据，听赴县控可也，此缴。随后复又告经本府正堂台前。蒙审，看得何全以母棺偷葬栖仙寺地，□煽□府吏何大定出头控诉，真狡狯刁讼之徒也。及至细询原情，此地乃何大定之文卖出与僧，纳粮管业数十余年，系何全麦地一块，坐落寺首河外。前因急需，甘弃半价，卖与寺僧广达。乃反复无常之辈，今又复思占夺。机乘全母之死，乃黑夜以棺抬葬寺地，被僧喝破，俨然尸棺未□。本州亲临踏看，形迹昭然，真为盗葬也无疑矣。据词内称，系大定之母。及询大定之母，现□乃大定以所葬何全之母，认为己母，将亲生之母，置于何处耶？想之希图奸讼，论理，不惩责亦宜。但念麦地产价未足，姑从宽免究。寺僧亦不合乘人之急，贱置业产。□□于寺僧名下，仍照原契，断给麦地价银二两五钱与何全，仰将卖契用印钤盖。其□□姓尸棺亦未忍令其久暴于僧地，票行捕厅押令迁葬，生死相安，永杜讼端，可□□□。康熙二十九年十二月十一日，奉本州信牌为妖僧谋产贿嘱等事。据何大定□□□六如等谋产图骗事由，据此文，据僧人广达等诉，为恶棍截穴，黑夜盗葬等事。据诉何大定等黑夜盗葬事由。据此，随经差役孙承武、钱国荣行拘一干犯等到州，当堂审□，取供发落在案外。合□□委为此牌，仰捕厅遵照牌内事理，即将何大定等盗葬尸棺火速押令起迁另葬，毋得有违，速须至牌者。右牌，仰捕厅准此，限二日缴。随于本年十二月十二日，复蒙厅主行牌，赏差孙承武、石本元持牌为专委，押令起迁盗葬尸棺等事。据何大定云：如诉前事由，奉此令行专委。为此，票仰本役，即押何大定等持盗葬尸棺，火速迁移，毋得有违。如违，定当解究不贷。速消票，限即日缴。随□赏□到彼，押令何大定等，将盗墓尸棺，火速迁移。据大定奸计支吾，于十三日赴□□递限状，限至新年正月内，将所葬尸棺择期起迁另墓，不敢有违。□违□□其罪限状限。

康熙二十九年岁在庚午十二月十五日　立石

楚雄市吕合镇五楼山栖仙寺，已毁于"文化大革命"。该碑于2002年12月5日经村民介绍已收集保存在吕合镇文化站。碑高82厘米，宽48厘米，厚12厘米。行书直行。

这块康熙庚午（即公元1690年）的镇南州正堂案结示碑记载，栖仙寺有"张王二仙创自唐贞观（627—649年）时，至今千载"。

访村老得知，已圆寂兴隆寺住持妙英在该寺出家，其师为定缘法师，属禅宗临济岔派寺院。但创自唐贞观似不可信。《镇南州志》

载，创自元代，明万历海潮重修。地震倾圮，僧广宏重修。

革瑶排陋规与共誓神①

五排十七冲瑶人顽梗猖獗，自其夙性。而向来文武职官抚驭之方，亦多未得要领。旧例：每岁县衙营汛差人上排，采买茶叶、棉花、黄豆、绿豆、鹅、鸭、鸡只，虚发官价，实令瑶丁贩备。又，每岁发示查排，勒献肥猪。及瑶以讼事牵连，勒令重赎。猾差土棍，乘隙吓诈，官得其一，瑶耗其十。迨至瑶不堪命，相牵走险，兵连祸结，生民涂炭。是果谁之咎与欤？予廉知之。莅任之始，即将一应排中陋规尽行格除，约束吏胥不许分毫染指，连之绅士未尝不窃笑以为迂。诸如此者，凡以求洁己尽职，图免后患云尔。非敢矫强粉饰，以钓名沽誉也。今录誓神祝文于后：

连山县正堂李誓神牒文，抄示五排十七冲瑶人知悉。誓曰：

承命乾清，抚尔童叟。夙夜战兢，无敢或苟。既包诚心，不惮苦□。设誓鬼神，与瑶共守：不食瑶粟，不饮瑶酒。取瑶分毫，贼断吾手。务悉公怀，莫堕奸诱。暗自营求，妄耗升斗。截路抢牛，指为盗薮。望尔诸瑶，痛煎夙垢。躬逢尧舜，何忍自负？服习诗书，耕耘田亩。期为良民，可保白首。右

康熙四十四年四月初二日示。

---

① 本篇附录誓神祝文两篇，表明作者"抚绥残黎"的诚意。主旨在于借助神威，警示吏胥与瑶民，"痛煎夙垢"。他指出过去"兵连祸结"、"生民涂炭"的原因，主要是"官得其一，瑶耗其十"，"迨至瑶不堪命"，不得不"相牵走险"。为此，要"将一应排中陋规，尽行格除"，保证"不食瑶粟，不饮瑶酒"，"洁己尽职，图免后患"。这虽不可能完全做到，但在当时的历史条件下，对于减轻民瑶负担，缓和阶级矛盾，无疑是有好处的。选自清李来章撰《连阳排风土记》。

文林郎知连山县事李来章，谨以牲醴致祭于本县城隍主宰正直之神曰：

来章幼闻父师之训，长读洛闽之书，矻矻孜孜，不敢自弃，于今三十年矣。晚蒙朝廷误恩，得以一第。出宰连山，七峒居民，五排瑶户，错居裕处，夙称难治。近以干戈方息，疮痍未起，人烟寥落，措手不易。来章才智短浅，不敢必其有裨地方，而一片赤心，愿为国家出力，以抚绥残黎，俾得沐浴圣世之雅化，则窃有微志焉。惟神聪明，实可共鉴：如有不本诚心，课农兴学，抚瑶防盗，专图自逸，私植肥己者，神威赫濯，难逃谴责。苟幽明相通，稍可共谅，倘乞赐之丰年，启其蓬心，阴为呵护，俾至有成，不惟来章得藉福庇，不贻旷官之诮，而尊神亦获享血食之奉，春兰秋菊，无斁终古矣。今当履任，方始共事一方，敢吐私怀，仰告灵爽，伏惟垂鉴。右

康熙四十三年七月二十六日告文。

焚瑶书宣讲圣谕[①]

五排十一冲瑶人，于五经、四书、孝经、小学一字不肯读。平日排师之所教者，皆瑶书也。瑶书有数种，如阎罗科、上桥书、扶道降神等名，皆鄙俚，诞妄不经。而扶道降神，崇邪诲叛，尤为无忌惮之甚者。阎罗科述破狱超度，上桥书言禳厄祈

[①] 本篇附载置约延师告示三则、刊刻衍义序言两篇，并宣讲条约小引一篇，详细说明宣讲"圣谕"的内容和方法，对于了解清政权由建立到巩固的过程，有一定的参考价值。玄烨正是依靠李来章这样一大批由明入清的知识分子的努力，逐渐平息汉瑶各族人民的抗清斗争，加强思想统治，使整个社会趋于稳定，促进了封建经济与文化的发展。选自清李来章撰《连阳八排风土记》。

福，犹为道家科醮之常。至扶道降神，则佟谭纠凶犯正，倩神保护。每与官兵战，用道士披朱衣，手握铃杵，朗诵神咒，凶瑶操持干戈、火器，随其后。道士焚楮毕，稍引而退，凶瑶即蜂拥而上。瑶既强悍，而野道邪师复启其邪心，壮其凶胆，以故凭凌冲突，毫无所畏。瑶人谬计，实在于兹，迨至天讨弗赦，骈颈就戮，呼神无灵，噬脐何及！吁，真可哀已。

排师多系楚之黄冠，贪瑶财贿，潜身入排。喜其有事，为之谋主。瑶人顽梗抗拒，多由渠辈指挥。而邪书数种，酿毒于童稚之年，沦骨浃髓，尤为难医之症。予深恶之。巡历诸排，搜其书，尽焚烧之。拘其师，差押驱逐出境。恭撰圣谕衍义三字歌，以土音训注其下。另为置约正，延端士，俾为瑶童宣讲启迪，朝夕无倦。每逢四季，令赴县背诵，赏以笔、楮、果、饼，瑶老、瑶婆群观叹息。今排中子弟，已知大义，顿革旧习，与邻壤咫尺，风气迥别，亦可以见圣化感人之速已。今附录置约延师告示及衍义二序于后：

连山县正堂李为宣讲圣谕，劝善戒恶，共臻淳俗，共乐升平事：案照前事，先经本县恭装十六条圣牌，着尔各该排瑶目领回宣讲。又捐俸延请通儒，暂充约正，赴排教训瑶童。捐置公服、顶帽，给发瑶目、约副，每逢朔、望，传集老幼，细心讲解，令尔瑶人通晓圣谕。并捐俸银，发给各排，盖造圣谕亭一所。

去后，但恐尔瑶民贤愚不等，宣扬懈弛，合饬行查。为此，票仰该房即去着落军寮、马箭、大掌岭、火烧坪、裹八峒瑶目、约副并馆师知悉：

即将从师各瑶童，每日令其自备桌、凳，在馆读书。将十六条圣谕及三字歌反复阐扬，奉行惟谨，务使通晓：尊君亲上，敬老慈幼，恭兄友弟，返淳还朴，向勇为善，勿得视为故套。其圣谕亭盖造落成者，令不时打扫洁净，不许作污。未盖造者，限即日内将本县发给之银，刻期备料起造。各宜凛遵，勿负本县谆谆劝戒至意。敢有违慢，三尺随之，慎速须票。右

康熙四十四年三月十八日。

连山县正堂李为恭建圣谕亭，以励瑶俗，共归淳化事：照得尔排瑶人自归诚以来，与民一例，率教完粮递结，颇知守法敬上。本县业经捐俸，延请通儒赴排，启馆教训瑶童。并恭装十六条圣牌，兼置公服、顶帽，给与晓事瑶目，充为约副，令同馆师于朔望宣讲。又颁圣谕衍义三字歌，使瑶童熟读，知孝弟忠信之义。每排曾先发银伍两，买办木料，恭建圣谕亭一座。但建亭必宜闳敞高大，方肃观瞻。其木料价银不足，许再赴县补领买购。至上下周围砖瓦，本县又捐俸雇匠烧备，每排再给砖七千块，瓦四千皮，以足建造之用。木、泥二作工价，本县已代尔等措置，俟木料完备，即遣匠役赴排兴工。

为此，票差本役即着某排瑶目某，即日传唤本排瑶丁，赴县西门烧窑处所，将所捐给砖瓦照数领运回排，刻期盖造，勿得迟违。右

康熙四十四年四月初三日。

连山县正堂示：学要八箴，乃孔孟正脉。学者最宜潜心玩味，随处体验，矢以毕生，始终不倦。其在童年，虽于高深不可躐等，亦宜首先从事，知其梗概。

本县弱冠负笈千里，访道濂洛关闽之旨，窃幸获承绪论于诸大君子。末附二箴，粗述大意。皆本先哲，非一己之臆说也。

该蒙馆、瑶馆教读师长，其为生徒各缮写一册，令朝夕哔，皆能上□。更为随俗敷衍，俾言下了然。

本县于四季之暇，亲临各馆，课其勤惰。且本县以夙昔所闻，为尔民瑶生徒勤恳谆切，一一阐明。言非具文，期于实践。各宜努力，以副惓惓。右

康熙四十四年七月初七日。

刊刻圣谕图像衍义序

钦惟我皇上御制十六条，广大精微，直接虞廷十六字之心传，复哉！弗可尚已。薄海内外，大小臣工，朝夕讲解，训迪斯民，人心风俗，已烝烝然日进于古。

臣来章于癸未冬十二月二十日，荷蒙圣恩，引见于清宫，仰承天鉴，不以臣为不才，俾宰连山。既承简命，单身就道。历洞庭、折岭之险，凡四逾月，而至其地。民仅七村，丁仅二千，外此则皆壮民、瑶户。大排居五，小排一十有七，约略计之，数且盈万。又，重山复岭，瘦石巉削，田居十分之一。终岁勤动，稻禾一熟。然臣仰体天心，视如辇毂，循分尽职，不敢以为"穷处"也。

莅任之初，延见民瑶父老，谕以朝廷恩德，无远弗届。听受之下，无不北面罗拜。又以检束身心，莫如圣谕，恪遵功令遍历七村、五排，亲为宣讲。顾于稽首礼毕，退自思维：

圣学高深，训词尔雅，虽学士、大夫，尚不能仰测万一。况田野小民，知识短浅，求其洞晓，见于身体力行，多恐尚有未尽能者。又，诸臣演解，语句虽繁，条目未备，且人自为说，土音不齐，环听之下，不免尚费诠释。臣因访明臣沙随吕少司

寇坤实政录、宗约歌二书体例，分为六款：一曰图像，二曰演说，三曰事宜，四曰律例，五曰俗歌，六曰瑶训。或用文语，间以乡音，雅俗并陈，总期演布圣意，昭如日月。属草既定，析为上下两卷。虽知识短浅，固陋不文，然于宣讲之顷，俾深山穷谷翁媪童稚，言下了然，有以仰见九重谆谆仁爱民瑶之心，是亦风尘小吏所以区区自尽其职分者。

刊刻垂竣，熏沐拜手，因识岁月，附一言于纸尾。

刊刻圣谕衍义三字歌俗解序

自古经传，皆有笺注。递至宋儒，每用乡音，发挥大义，学者多录其语，以相传授。粤人区适子又有三字经，总括经史，以训蒙童，读者便之。今上谕十六条，发明圣道，提纲挈领，与经传无异。臣不揣固陋，僭为疏解，朔望率属，恭为讲说，亦已家弦户诵，渐有成效，颇称盛事。顾臣犹以为，全书主于阐发，未免太繁，幼学传诵，恐猝未便。爰于其中又抽出三字俗歌一项，裕用土音，略为批注，使言下洞晓，一如家常说话，另行雕板，颁发民瑶。俾相□授，徇于道路，窃比遒人之木铎，庶耳濡目染，熏陶德性，亦行运远高之一助云尔！

宣讲圣谕乡保条约小引

窃以王道不过教养。而欲求教养兼举，家给风移至于有成，则莫善于乡约。广郡大邑，栉比鳞次，人民之众者无论已，即以千家之聚言之：庶类庞裕，村落星散，势既辽阔，传谕为难。欲令家喻户晓，一一咸如令长之意，亦何可得？此乡约之设所断不容一日或阙者也。

自成周立制，地官大小司徒，其属有乡老、党正、族师、闾胥、比长。其训笃之法：月吉始和悬象，以施教法；挟日而敛，又以众庶之戒禁。听其词讼，施其赏罚，诛其犯命者，劝善戢奸，亦既详且密矣。

降及后世，慕其声教，绍述前规，递有增益，颇不乏人，宜乎世风民俗，媲美前王。顾乃陵夷颓废，江河东下，日复一日，远逊不如者，则以上之所以倡之者，未极谆切，而下之所以应之者，不本于至诚也。

今皇上殚竭睿虑，撰为圣谕十六条，广大精微，补周礼之未备。于教养之书，彬彬乎可谓集大成矣。臣自草莽伏诵，仰钻有年，窃以躬逢尧舜，深自欣幸，癙寐梦想，喟叹无已。今复仰承简命，出宰百里，此正小臣来章竭力尽忠，宣布德音之时，岂敢以瑶、壮瘴疠，风土陋恶，甘于菲薄，以自负其夙昔？

自昨秋履任，于鞅掌之暇，已成圣谕衍义一书，雕版颁布。每逢朔望次日，城市村墟遍为宣讲。又恐考查无言，劝惩不明，亦乡荒徼不能骤为开悟，是有宣讲之名，而无宣讲之实，涂饰具文，苟且塞责，不几仰辜圣天子惠爱元元之至意乎！爰又本之昔贤，分置记善、记恶、悔过、和处四簿，逐条遵照圣谕，细为区别。挨户按名，人给一本。未讲之时，令其自审。临讲之期，令其公填。此法既立，庶乎深山穷谷足迹不履城市之民，皆触目警心，俨如父兄、师保鉴临课督于其侧，其于相率为善，或可从之无难矣。

条约既成，粗记其略如此。

劝谕瑶人栽种茶树[1]

瑶人居住深山，田地难得，谋生之计，或无所出。饥寒逼身，起而为盗，亦其势使之然，非得已也。

予初抵任，见蛮山万重，黄茅盈目，竹木果树，所在寥寥，未尝不鄙民瑶之甘窳偷生，地有美利乃弃而不知取也。竹木果树，姑置无论，即以茶树论之，空闲间荒山，皆许栽种。数年之后，蔚然成林，不锄不灌，不用人力。子熟榨油，可以取值。太史公云："（若）千亩卮茜，千畦姜韭：（此）其人皆与千户侯等。"富给之资，皆出于地。第惰懒者，不肯出力以经营之，天地固无如彼何！职司民牧者，独不可训诲督率，俾其敏以从事乎？

予莅任后，即出示教民种树。有愿占官山，许赴县具禀，给以印照，且许以永不起稞〔课〕。其果能遵谕种植者，又许报明亩数，单骑亲验，给赏花红。保长地方有能劝谕种植者，亦许报明，给扁旌奖。今已有种植者，然不能尽如予愿也。附录告示于后：

为劝谕民瑶广植树木，以收地利，以赡民用事：

照得天地生材，不分饶瘠，雨露滋润，皆易长成。懈其力而弗勤，弃其利而弗收，一切食物用度皆取办于谷米，无怪乎其匮乏而难给也。

古人五亩之宅，墙下树桑。其有不毛者，罚出裹布。总不

---

[1] 本篇简述瑶区的自然条件与生产条件，指出发展林业的优越性与重要性，并附载了劝谕民瑶广植树木的告示，说明种植要求、种植方法、种植时间及奖惩办法。选自清李来章撰《连阳八排风土记》。

使尺土寸田，稍有旷废，乃为谋生养身之善术。

连邑风俗，懒惰成习。男不农樵，单靠妇女田间力作。收获之外，亦不知树艺果木。稻只一熟，更无他望。以故土产寥寥，财用日乏。

本县历览县境，以百分计之，田居其一。崇山峻岭，触目生厌。然丛薄蔓草，亦青葱可观。度其土性，尚非十分硗瘠，犹可加以人功，收其地利。况茶树两种，皆系连山土产，摘子榨油，烘叶沦泉，可食可卖。桑柘椒椿，可以饲蚕。竹杉等木，大可构屋，小可制器，凡百所需，极便于民。宁可因循旧俗，弃而弗植，徒使荒草连天，苍蓬满目，地力不尽，责将安归？

本县仰承祖德，虽本簪缨，诗书之外，颇娴田事。既于前月躬行课耕，今于农隙，合劝种植。为此，示仰阖邑民瑶人等知悉：

兹值冬日稍暇，正宜栽种树木，各当努力，无失机会。仰于所居村寨前后左右闲地内，除顽石漫沙不堪树艺外，其余概种茶树暨桑柘椒椿等木，或间以竹杉楮构柑桔榛栗之类。务令东西南北，无尺土之抛荒；春夏秋冬，鲜一时之游豫。垦种不过一时之劳，收成将有百年之利。非比禾稻菽麦，春耕夏耘，汗滴下土，十分辛苦，而后得颗粒之获也。尔等各宜彼此鼓舞，大小劝勉。每村头保、瑶目、千长人等，开报所管灶丁，每户种茶几亩，种诸项树木几株，不拘种类。其有勤紧种植，倍于他人者，花红奖赏。或本县省耕劝农，笋舆所至，验其树木果系茂密，再当另行破格给匾，并免门差。倘仍前怠惰，听将附近山场荒废，挨查居民，定行究责。至如尔等民瑶，或有余力，愿于官山处所承种树木，报明四至，赴县投递，即准管业，不起租科。并给印照，以杜后来加派。此本县为尔等食用不足谋生起见，所以谆谆劝谕，务期各勤手足，共活身家。勿谓本县迂阔之言，置之膜外也。所有条件，开列后项，须至告示者：

一、每户灶丁一名，遵谕种食茶一亩，油茶一亩，桑四十株，杉四十株，竹五十竿，其余裕木不拘多寡。

一、种茶子之法：先将其地用牛犁过，或以锄锹等器挨次掘起，土壤柔和，地气发动，种上茶子，易生易长，自是茂盛。其种植榛栗诸果，法亦如是，不许苟且了事，虚应故事。并仰头地人等、瑶目、千长，将所报灶丁，不时稽查。

一、种茶栽之法：将已成茶条，拣粗如鸡卵大，砍三尺长，小头削尖。每种一株，隔四五尺远。或用铁钉，或用木镢橛，大三四分，锤入地中，用力拔出，就将茶条插入橛眼。外留一分，用土填实，封一小堆。两月之后，萌芽发生，不拘几股。到二年后，一齐砍尽。俟发粗枝，只留一棵。不久成树，比别项林木更觉茂盛。种植诸木，皆用此法。仰头地人等、瑶目、千长细与讲说，仍不时查验。

一、种桑条之法：或于正月，将半大桑枝，截一尺长，就地掘沟，密密压在里面。入土八分，外留二分，久自发生。到五月时候，用水润畦，将桑椹密密铺平，仍以细土覆之，不要过厚。六七日以后，尽发萌芽。俟长一尺余，另行剔种。此法更觉简易。杨柳诸木，照此种去，亦无不成。此皆向所亲试者。

仰头地人等、瑶目、千长以土音传谕，务使咸知。

一、桑柘椒椿等木，皆可摘叶养蚕。或于树叶安放蚕驹，上面用网笼罩，以防鸟鹊。下面用桐油涂线，围绕树根，以防蝼蚁。蚕成，取丝织成茧绸，服御耐久，最便于人，其利无穷。

北方地寒，冬月大河、井水皆冻，尚可养蚕，何况粤东地气最暖。先谕尔等百姓，将上项木种植成园，本县寻当命人往取蚕种。并喂养、缫丝之法，为尔等一一细讲。仰头地人等、瑶目、千长先与说知，令其勤种。

一、自本年十一月初一日起，到明年二月三十日止，陆续种植。每月朔、望，先行开报某村某人、某排某人种过每项树木若干株，土名某某，坐落某处，附注于下，以凭本县不时单骑查验。

一、每户灶丁种植如数者，许本身亲具手本，详开亩数、科数，赴县报明。或地方边远，本人不便赴县，许头保、瑶目、千长人等注册汇报，以便传唤给赏。或户内灶丁一株不种，习懒如旧者，将灶丁责二十板，仍榜"惰民"一字于本家门首，以示儆戒。

一、头保、瑶目、千长人等，能劝谕本管灶丁十名以上如数种植者，花红奖赏；五十名以上，给匾风励，并赏袍帽。或所管灶丁无一户种植，即系催督不力，劝谕无术，将头保、瑶目、千长人等各责二十板，仍行革退，不许充役。

劝耕稞（课）种创建东西二坛①

瑶人顽梗，性喜劫略。然亦苦于生计淡薄，食无所出。司牧者欲代为筹划，惟有务农力田。若议补议助，终非经久之长策也。至于小民终岁之计，率亦类此。

---

① 康熙四十一年，三省官兵平瑶之后，李来章于四十三年出知连山。其时正当兵火劫后，百废待举。"最为要务"，惟有恢复生产，以防再"变"。选自清李来章撰《连阳八排风土记》。

予自莅任之始，殚心竭力，专为此事。每岁于插秧之时，必免输纳、比较。又遍履南亩，躬亲劝惩。勤者赏以果饼，惰者责以桁杨。其于人事，不敢不勉，盖夙所盟心者如此，不敢以告人也。

东西二坛，实为一邑祷祀祈谷之地。向来因循，荒秽不治，神无安栖，或弗降福。予莅任未久，即捐俸购砖，创建坛址，遵依古制，不敢草率。牲醴丰洁，献酬诚恪，上下左右，如亲见之。

迩年以来，屡庆丰登，民瑶咸得免于饥馑。自揣薄德，曷克致此？实皆神祇之明赐也。附录二坛告文，暨劝勉耕种告示于后：

改建社稷坛址告文

维康熙四十五年岁次丙戌十月己亥朔，文林郎知连山县事李来章，谨以牲醴香楮之仪，敢昭告于社稷之神曰：

维神职司土谷，亿兆仰赖，报飨之仪，着于国典。连山土狭人稀，诸事草率。自建邑以来，因循苟且，习以为常。祀地荒凉，芜秽丛集，神无所依，民不获福。来章窃用惶悚，自捐俸薪，采买砖瓦，择吉启土，遵依古礼，兆建坛壝。惟神有灵，尚克鉴兹。敢告。

新建社稷坛安神告文

维康熙四十五年岁次丙戌十月己亥朔，越祭之辰二十五日己酉，文林郎知连山县事李来章，谨以牲醴之仪，敢昭告于社稷之神曰：来章仰承朝命，来宰连山，奉事神明，务竭鄙忱，不敢亵越神所夙鉴。

兹于坛兆斟酌古礼，已克讫工。伏维尊神翩然来临，是凭是依。嗣今以后，俾水土平善，人无疠疫，禾稻丰登，不遭饥馑。岂惟不佞得庇神庥，而牲醴丰洁，春兰秋菊，仰酬神功，惟神亦得血食斯土，永久而无敦。惟神鉴之。敢告。

创建风云雷雨坛告文

维康熙四十五年岁次丙戌十一月庚子朔，越祭日戊寅，文林郎知连山县事李来章，谨以牲醴香楮之仪，敢昭告于风云雷雨之神曰：

惟连山建邑，始自胜国天顺年间，迄今百有余载矣。田限于山，民剥于瑶，吏限于食，官屈于力。虽名为邑，丁粮之数不及大县之一村落。以故百凡〔凡百〕典礼，取足塞责而已。因仍鄙陋，多不克举如令甲。惟兹一区，尊神所栖，牛羊践踏，荒秽不治。来章承乏斯土，职司崇奉，心窃悼惧，不遑启处。敢捐俸金，采买砖瓦，遵依定制，图建坛址，用申虔恭。兹乘农隙，选择良辰，动土兴工，惟神灵爽，尚克相诸？谨告。

维康熙四十五年岁次丙戌十二月辛丑朔，越祭日丙午，文林郎知连山县事李来章，谨以牲醴香烛之仪，谨告于风云雷雨山川之神曰：

惟此坛址，粗已毕工，所望灵爽是凭是依，继自今仰顺天时，各司其职，岁获大有，民无祸灾。崇奉之典，司于令长，香烛牲醴，其所以报答于神明者，宁有极哉！谨告。

劝耕稑（课）种告示

连山县正堂、纪录二次李，为劝谕事：照得连山小邑民间生计，惟赖力田。且稻只一熟，更无他谷可资糊口。若一时惰懒，即终岁忍饥。言念及此，宁可怠忽？

兹值春耕之始，最为要务，合再劝谕。为此示谕通县民瑶户丁人等知悉：

未种之前，务宜深耕；方种之期，务宜牢植。本县亲身单骑，不时阅视。勤力之人，给赏果饼；懒惰之辈，必加笞责。尔等民间父老家长，务体本县婆心，劝诫子弟，督率雇工人等，共出实心，经营农事。谆谆至意，尚祈体诸。特示。

操练乡勇巡查险要[①]

瑶性叵测，备御不可不早。若至祸发，仓猝方议攻守，技艺不熟，器械不精，进退不齐，心志不一，欲求奏效，难已！

议者皆云：宜招募客兵，建营置汛。然饮食水土，非其素习；山川险易，不能具悉；畏缩愁苦，志气索然；且又经过屯扎，骚扰蹂躏，不能安民，反与结怨，虚糜粮饷，毫无裨益。目前所见，比比皆是也。

予承乏于此，窃抱杞人之忧。因于村市民丁遴选精壮，置护城乡勇百名，以军法教之。五人为伍，以伍长领之；十人为什，以什长领之，给与小旗一面；五十为队，以队长领之，给

[①] 本篇附载添设乡勇详文和团练乡勇的告示，阐明李来章治瑶的文、武两手策略，期待由此而得以"共享太平之福"。选自清李来章撰《连阳八排风土记》。

与大旗一面；百人则建团，以百总领之。长枪、排链、藤牌、滚刀、鸟枪、手铳，各从其便。予亲临督训，中者赏以银牌，否则量责。硝磺、旗帜，予为捐俸制办。所属七村及宜善司地方，亦照此例行之。既而又念各处隘口，素为瑶所出没，巡查防守，尤不可少。于是，择元武营、茂古峒、鳌鱼水、长冈岭大小眼、上下石田紧要之处，轮差乡勇，屡获匪类。四年之中，地方安宁，较之邻壤，不啻天渊之殊。舆论具存，可询而知也。附录告示、详文于后：

连山县正堂李为申饬团练乡勇，以固地方事：

照得乡勇之设，原以自卫村寨，守望相助，彼此维持，绝奸踪而遏盗源，法至善也。连邑僻处山陬，界邻楚地、西粤，兼以民瑶错裕，思患预防，尤不可一日不备。

兹值秋尽冬初，收获将已告成，合饬团练。为此，示仰该村保长、地方人等知悉：即使遵照补筑寨围，团练乡勇，各备鲜明器械，朔望操演，稽查奸歹。至于隘路处所，遇夜派拨乡勇巡防，务使小丑屏踪，不敢窥伺。倘有面生可疑及行踪诡秘之徒，查实确据，禀报究逐，毋许容留。尔保长仍将练过乡通花名，列册预先递报，听候本县不时亲临点验。倘乡勇不遵拨巡，怠惰偷安，该保长指名具禀拿究。此系为尔地方起见，勿得视为泛常，苟且塞责。特示。

条议添设乡勇详文

随查得连山小邑，僻处山陬，层峦叠嶂，田居十分之一。巨石夹涧，鸟道通行，地邻粤西、湖南。所属村庄，逼近五大排瑶、十七冲散瑶。县治更当瑶冲，相去咫尺，往来出没，势必经由。城内居民，不过十四五家；东西两关，不几三十家。皆系招来穷民，肩挑糊口，出州日多，不便拨充。壮丁、衙役，原属招募外邑。地方旧有食米，已经裁革；额设工食，又奉捐解。号腹难忍，率多辞归。平日支更巡逻，上宿守堂，尚苦无人；倘有应行策赴之处，将令谁与共往乎？虽奉设营汛，不过防其总路，会哨游巡。相去近者十余里，远者五六十里。一有商酌，必俟移文，往返耽延，缓不及事，又安望应之若左右手也。

卑县以仓库、钱粮攸关，未尝不深为隐忧。平日竭力，惟在宣讲圣谕。业于五排各设约正，朔望传集听讲；更延名师，训迪瑶童。所撰有衍义、俗解，已经恭呈宪览。但念事机之来，匪可测度，既有文事，必须武备。近复有可虑者：连山稻只一熟，更无别产。地方生计原薄，更因去年歉收，遂至今夏米贵。秋冬之交，保无奸徒出没，扰害地方？况前日进剿八排，祸皆起于连山所辖里八峒。未可以目前粗安，遂可习为故常也。

旧日，地方亦有练总、乡勇在村自卫，皆是挨户轮当，器不预备，事无专责，粗应故事而已，奚足倚为干城？卑县方拟恪具详文，恭请宪裁，预为桑土绸缪之策。适奉条议，另选练总、团练、乡勇，良法善政，诚莫逾于此矣。

今卑县遵照，除团练、乡勇各自保护乡村外，更为相度地方形势，冲途隘口，莫如茂古峒口与近县之元武营、鳌鱼水及长峒〔冈〕岭大小眼、宜善司、高乡。此六处者，悉属瑶、壮出入，至为紧要。今议招募练总六名，练兵六十名，分别安置，昼夜防察，专司缉奸捕盗。然欲使竭力堵御，自当计□受餐。每名月需米三斗，周年合计米二百三十七石六斗；每名工银四钱，周年合计银三百一十六两八钱。炮器、火药之费，总在其中。应于合邑各村烟户捐输，按月给领，俾无庚癸之呼。责成既专，防御有资，巡缉不怠，而盗风自息，地方敉宁，百姓共享太平之福矣。

康熙四十六年八月初三日详。布政司批：仰如详力行可也。缴。

创建关庙暨山顶营房①

距县西三十里，有鸡鸣关。两山峭立，中开一窦。面对连州油岭三排，盖瑶人一出一入所必由之径，实为连山扼塞云。

不知何年，关阁倾圮（圮），仅存石址，荆棘满目，无一椽一瓦之庇。予目睹之，窃为叹息。莅任之始，即创建汉前将军关侯庙一所，厨房一所；续建茶亭一所，文昌阁一所，茶亭一所。招募庙司，内奉香火，外设茶汤。托言风水攸关，其实为防瑶而设也。既而又念守御单弱，不足以制强瑶，与三江协营将王君讳顺者，香曲商酌：予捐俸助银十两，于文昌阁右畔山顶起建营房三间，周围植以木栅；议定拨兵二十名，昼夜瞭望防守，一以护关下营汛，一以护往来商贾。将俾鸡鸣关口，成连山重镇。且绸缪未雨，以为善后之策。盖忧深虑远，其为地方计者如此。附录疏、移、庙记于后：

粤东山水甲天下。其自湟川而上，见双阙插霄，石窦中辟，

---

① 本篇附载了关于创建关庙和添设营汛的疏、移及却金祠记，可见李来章于平瑶之后的某些"善后"措施。供奉关羽的神教，历代封建统治者多偏重于"忠义"。而李来章强调"却金"，在一定程度上体现了他要整顿吏治和息民恤民的意图。选自清李来章撰《连阳八排风土记》。

磴道一线，仅通人行者，乃鸡鸣关也。其地为连山门户，夙称扼塞。

迩年以来，瑶丑不静。说者谓：宜设汛其上，建牙竖纛，表示金汤，以彰威严。然筑舍道傍，议久不决。匪第因循苟且，无图功之人；亦以势居山椒，丛薄蔽之，杳无人烟，无象萧索，经营之功，实有未易举者。

自关而入，上倚峻岭，下临深溪，诘曲崎岖，甚于筇（邛）崃。九折至白沙村，势稍宽舒，可以憩息。奈无一椽一瓦以避风雨，即附近居人，亦多以为不便也。

不佞初莅是邑，不揣鄙陋，欲于鸡鸣关上建汉前将军关侯行祠，白沙村建粥茶亭，装严宝相，香火蒸尝，使忠孝神武之风，潜移默化，顿革顽梗。更于冬夏二季，施粥施茶，令饥者可食，渴者可饮，重蚬劳顿，稍息精力。其于地势民情，未必无小补也。不佞业已捐俸七十两，付经管人等采买木料，定烧砖瓦。但斯传久远，必须完固；土木之功，独力难成。敢布同志，共勷（襄）厥事。倘必两必石，或强所未能。今随升随钱，当亦人所乐助。属望遐迩唱义，庶几早晚落成。谨疏。

连山县正堂、纪录二次李为移会事：照得鸡鸣关口庙宇，于本年三月十九夜被油岭瑶贼挖穿庙墙一案，已经本县唤惩承管关路瑶目、千长，勒限严缉真犯外，现今关顶营房未有汛兵上宿，不得不为善后之策，合再移会。为此，合用公移前诣广东三江口协镇中军都司李，烦照事理，希祈檄催该管营汛，将关顶所设营房照依原议名数，拨兵防守，勿令昼往夜归，虚应故事。庶往来兵民商贾遇夜歇宿，不致疏虞。口碑啧啧，皆感鸿庇矣。

康熙四十七年闰三月初十日移。

鸡鸣开创建汉前将军关侯却金祠记

康熙四十三年七月二十六日，予出连州西南行，绝湟水，约三十里，至鸡鸣关，或云鸡笼关。土人云征其说云："关以内四山逼塞，人处其中，如鸡在笼。"或云："自县东出，路傍无居人。至关，其麓与连州接壤，始闻鸡鸣。"后说微近理，因从众呼为鸡鸣关云。

关踞山椒，中断若门。昔人因其势，施锤凿开广之。先是，未抵关三里许，行者磬折，拳膝摩胸，仰面拾级，汗喘不息。望一盂水，不啻如沆瀣乃。既至，则藤稍棘刺，遮蔽左右，赤日当空，无一橡把茅之庇。何日垒石为关者，遗址仅存二尺许。问之，云："向有草亭，倾圯（圮）久矣。"予徘徊碎石中，叹息不置。欲当镬水来处，而油岭，建汉前将军祠。默然心识，未敢讼言之也。既过关，高山并涧，铲石为道，断者以木续之，仅通人行。水声彻耵，若万辆奔车，骇人心魄，抵县城而止。时白沙营戍尚未建，居民尚未复业，故举目所及，寥落至此。□！邑之梗概可知已。

越明年，政事稍暇，予乃庀材鸠工，创建汉前将军关侯祠三间，厨房一间。缭以砖垣，关上起阁，傍筑茶亭，下复起食寮三间。凡糜白金若干两，悉出捐俸，不以一毫累民。既讫工，将刻匾额，绅士父老旅进而告曰："维吾连民，罹荼毒于强瑶，哭泣之声未息，疮痍者尚未复也。公至，首集五排十七冲，与之誓神刻石，谆谆劝谕曰：嗣自今，官与吏不取渠辈锱铢之利；若朝廷三尺之法，则务期必伸，不中挠也。瑶皆唯唯。他日，太保墟拿获假银，公为雪难明之冤，瑶皆叹服，以为神明。连州铜锣坪之抢路，公为惩朋比之奸，瑶又皆惕然股栗。今则五排十七冲贴耳受约束，间有不平，赴县投诉，一如平民。四野无犬吠之警，茅檐得安枕无忧。吾侪追寻曩所记忆，如今日之连山，固二百年来所未有也。虽公之恩威兼施，明断如神，而要其得力，以不贪为根抵〔柢〕，非偶然者。昔汉前将军河东关侯神武绝伦，威震华夷。其所以慑服人心者，尤在于却曹氏之金。公于千载之下，仰止高风，取而私淑之，可谓能自得师者矣。今新祠落成，敢请额以"却金"，昭神功，亦所以明公志也。若夫行旅有所憩息，风水得以束键，皆有造于吾邑。而以瑶排之兢兢守法较之，则犹为末效耳！"予曰："有是哉！诸君之善于立言也。其义正矣，其见远矣，其味旨且永矣！不佞如予，固无以易之也。"遂次其言，而为之记如右。若誓瑶语，则附刻于左方。

时康熙四十七年。

操练乡丁摒除虎患①

连山西通江华，与湖南接壤。江华有山，名曰"芙蓉"。峰峦峻峭，岩谷深邃，人不敢入。虎豹群处其中，时时逸出，为邻邑害。

予莅任之始，父老来告曰："禾村频遭虎害，三四年来，被

---

① 本篇围绕屏除虎患，附载了"谕虎"、告人及祝神三篇文告，一些地方虽不免荒诞不经，实也是当时维持社会秩序、恢复生产和巩固封建统治的重要措施之一。文中反映了猛虎为患、清兵无能和民不聊生的苦况，真实地记述了历史面貌的一个侧面，有一定的参考价值。

哐者凡七八十余人矣。行旅贾客不与焉。"予谓父老："盍急捕诸？"父老言："爪牙之利，人莫能御也。且楚粤之俗，崇奉於菟，以为神。恐一犯之，其为祸祟，将益甚。是以不敢。"予曰："蠢尔山虫亦何能！为能除田豕，则祭于蜡；若残生灵，则毙于刃。此固国法，亦天道也。譬之于瑶，顽梗久矣，不肃以法，恐浩荡之恩，亦无所施也。"乃部署乡丁，操演火械，防守险要，期剪荡而后止。又为牒文，焚告城隍之神，大略谓：令与神共事一方，期安残黎。若虎患不除，腼颜于上，岂独令之罪，亦以神之羞。盍遣六丁，助我兵于冥冥。

一日，县隶蒙贵往樵于山。虎乘之，攫其右肱，而踞于地。众闻，竞逐之。虎弗走旷野，仓卒间，排柴扉而入于西郊之空室。既入，扉自合，咆哮不得出。众共鸣炮毙之，扛于县堂。命吏度之，长七八尺余，斑斓遍体，巍然巨物也。越十数日，又连毙其二。有识之者曰："兹三虎者，称山君之巨擘，矫健异常，莫可向迩。兹乃以乡丁除之，若阡犬羊然。我公之绩，洵异已。"予曰："此神功也！予何敢贪？"刑牲酾酒，设于城隍之殿宇，率寮吏再拜以酬焉。自是，芙蓉山之虎弗敢出，民患遂息。往来者，皆以禾村为乐郊也。

既数月，三江峒防瑶总司胡姓者，过署而请曰："虎频入汛，兵弗能御。将求树木栅，集民壮以为之守。三江峒近广西，实走怀集之要道也。"予笑曰："公言不诬。设兵卫民，昔人之论，抑何谬耶？"因出皋比三张以示之，且告之曰："驱市人可以杀贼，练乡丁可以擒虎。兵不在众，顾方略何如耳。若汛中盈百之健儿，月縻司农无限金钱，目语难，短后曼胡，亦何为者而顾畏虎如贼乃如是耶？殆非夫（天）矣！"胡惭而退。因并记之，将以发后来之一笑。时康熙四十三年冬十一月初七日也。

今录告示于后。附录邑乘灾异：康熙四十二年，瑶排多虎，天塘、冷水有撞门而咬人者。

连山县正堂李为诫谕事：照得连山旧有二患：劫掠剽夺，既苦于诸瑶，而猛虎为虐，又苦于搏噬之叠承。以故户口凋残，田畴荒芜。谈者及此，辄为色变，其来久矣。

本县自莅任斯土，振精励神，孤诚自将，夙昔奸弊，誓在必除。诸排窠穴，按户亲临；洁己无私，执法不挠。又特刊刻圣谕，捐建龙亭；延请名师，训诲瑶童。数月以来，排中有争，赴县告理，一经审判，无不帖从。颇已革面回心，顿改前观。

惟尔孽兽，尚尔跳梁。岁云暮矣，告者相属。其在禾村，逼近湖南芙蓉大山，宵旦出入，竟与往时无异。是岂本县莅任日浅，举事行政或犹未能相信于心欤？抑尔茫然蠢然，不别善恶，如古人所谓冥顽而不灵者欤？间尝推原情势，尔虽兽类，或呼为王，或称山君，其性灵知觉，不应与凡兽等。今妖童、邪巫乘机恐吓，讹言尔为疠鬼梁忠、梁孝所凭，听其指挥，恣肆荼毒。遂有为忠刻像虔奉，以图免祸者。夫梁忠、梁孝之为人，访之月旦，皆以为叛贼，即正典刑，尚有余辜。名挂逆籍，其鬼不神。乃云尔等甘为属役，以理揆之，岂宜有此？今本县已根究妖言，传谕里民，将忠等木像投诸水火，牒文明神，阴施诛殛。又将选择乡勇，督募猎户，焚山烈泽，搜剔崖窟，盘杆陷阱，安置扼要，偏〔遍〕操毒弩火炮，日与从事。尔虽路捷，更何能逭？但本县忝为一邑生灵之主，仰体上帝好生之德，终以尔为山中巨兽，稍有知觉，不忍即照上项方略，置尔于死地。是用朱标木牌，详为告诫。更抄示文，焚化山前。限五日之内，尔其率领丑类，徒避深山。于人迹不到之处，乳子育孙。獐兔鹿豕，唯尔饮食。勿复乘间攫噬，伤人性命。本县亦宽宥尔等，无过求焉。倘其不然，明神无亲，王法不赦，誓必尽尔子姓，俾无噍类。至时，虽摇尾乞怜，亦不汝容也。

本县言止于此，尔其速悔。恃示！右

康熙四十三年十二月二十日。

连山县正堂李为严饬搏虎，共保身命事：照得草木畅茂，禽兽藏匿，自古为然，不独连邑也。然连遭强瑶之害，艰苦万状。虽自归诚，差免劫掠，乃设多兵，碾米运粮，更无息肩。兹复遭虎害。嚼骨啖肌，伤残民命，言之殊切痛心。

本县凉德，谬司民牧，虽然保赤心长，其如汲深绠短，愧无善政仁风，化桑间之雉，感北渡之虎，是所日夜凛凛也。但物伤同类，义起同仇，欲听其残啮，将何底止？况虎能害人，人亦能搏虎，除牒移城隍驱究，并另文谕逐外，合行饬拿。为此，示仰该村乡勇、灶丁人等知悉遵照，各备强弓、毒矢、火炮、盘杵，以为搏虎之具；深坑、大阱、密网、伏弩，以为搏虎之地。一闻某处有虎，即统壮健勇丁搜捕巡逐。同行受害，攘臂争先。勿谓祸不及身，退缩苟安，邻人遭虐，缨冠往救。勿谓事非切己，袖手旁观。杉、茶、果、树之下，先锄其草，以防延烧。其余一切荒山，无碍粮田、坟墓者，尽行火而焚之。是虎欲出而啖人，则有勇丁搜捕；欲退而藏形，则无草木椅〔倚〕栖。非困饿难行，亦谋生远遁。该勇丁人等，果能协力擒拿，捕获一虎，捐给赏银四两，并为簪花披红，以示奖励。再有西粤之人，善能搏虎，有能招致伊等来县，捕获报明，照前一体给赏，亦无歧视。此本县为尔民性命起见，所以多方饬谕。尔等各宜共卫身家，齐心捕逐，除当道之豺狼，免生民之涂炭，所谓禽兽去而人得平土而居也。凛遵须示。右

康熙四十三年十二月二十一日。

连山县正堂李为亟借神威驱猛兽，以延民命事：

照得天地弘好生之德，神灵施捍卫之功，所以灾除患息，民无疾疫之忧，岁有丰亨之兆，生齿益繁，鸟兽咸若。是其仰赖，实非浅鲜。

兹连民依栖涧谷，肩挑背负，拮据万状。或强瑶杀劫而遭殃，或水旱频仍而受害，或水灾流行而丧亡，或饥寒切肤而陨命。种种灾毒，联绵不绝。嗟此哀黎，百无生色。乃递年以来，复遭猛虎肆虐，利其爪牙，嚼人肌骨，以可耕可读之民，无端而纳于虎狼之口，惨目伤心，莫此为甚。夫兽相食，且人〔且〕恶之；兽食人，神其许之乎？本县奉天子命，宰此一方，申冤理枉、兴利除弊等事，业经次第举行。其驱灾捍患，使民无夭札、疵疠之惨者，实藉尊神共相默佑。除一面着里民设伏置弩〔弩〕、各相捕逐外，合牒贵司，烦照牒内事理，即速饬行各村山神土地，并选差殿前效用神将，立将境内猛虎搜捕究逐，尽正天诛，勿令仍前食人。幽明之感，万民祷颂。其或上帝降灾，希挽回于元化；其或民乃作慝，希宥恕其愚蒙。留得阶前赤子。总总林林；自致案上蒸尝，芬芬馥馥。统祈加饬，仰伏神威，须至牒者。右

康熙四十三年十二月十九日。

军寮马箭拿获潮银[①]

康熙四十三年八月初二日，予奉宪檄禁用潮银，已出示城市乡村矣。十三日，赴太保墟宣讲圣谕。有排瑶三人，叩首道傍。问之，乃军寮、马箭向市籴米者。予又申谕："潮银低伪，最易误人。且不便输纳，有妨国课。汝慎勿蹈前愆。"瑶皆唯唯而去。

至夜，县差梁德以拿获潮银来报。予令于明早呈验。既验，果潮银五锭。诘其状，云："渠方出炉，某攫得之，火气尚热。"呼问其人，乃昨所见军寮、马箭瑶人也。瑶人云："以有明示禁用潮银，又蒙亲行面谕，故某等雇匠改铸。方销一锭，余五锭在案上，差役捉去，实皆故物也。"问："此银尔等从何得之？"云："向日售猪于湖南客人者，共八九锭，今怀中尚有二锭。"验之，与所获五锭同底，已磨光，非新铸者。因谕梁德曰："汝非承票差人，奈何借此吓诈瑶人？"重责革役。又问："所销一锭重几何？其银今安在？"银匠云："一锭约九钱，尚存原银半锭。销过半锭，仅得银一钱。"问："原银半锭今安在？"云："昨在公堂，众人争看，已不见矣。"

予集守堂三人，诘之。内一人为陈伟，目流而色沮。予曰：

[①] 我国的货币制度，几经变革。从文献记载和文物发掘的史料看，从上古至隋唐，历经裕用龟贝、珠玉、金银、粟帛，并用金铜和以帛为主几个时期。自宋代起，纸币渐兴。后因弊病太多，至明宣德三年（1428）而废。清代承袭明制，不敢行钞，银铜并用。但因不明货币的本质，不知确定金本位，造成单求重量、不计数量的现象。终因计重方法过于错裕，后来被外国银元乘机流入，致使币制更为混乱。本篇介绍因禁革潮银而令民自行倾销，并由此牵连纠纷一案，对于当时的币制之弊，可略见一二。选自清李来章撰《连阳八排风土记》。

"窃银者必汝也。"乃搜其家，果得之荷包中。重责革役。因以原银尽付瑶人，令自称验。因谕之曰："从便改销，勿复用此也。但有一人诈汝银者，许不时喊禀，当从重治罪。彼二差者，即其榜样也。"瑶皆欢呼叩首而去。

使人侦之，瑶之父老来看者皆曰："向有拿获者，其银入官，今我侯独不然。且又安从知窃银者，果为陈伟也？惟廉与明，可谓两无愧矣！"

附录原禀

具禀：军寮瑶人李十三等。

禀为禀明事：蚁瑶人在山住远，不曾晓得禁革低银。瑶带有银七两五钱，到墟买米。路上，蒙太爷吩咐，自今以后，使用纹银。蚁瑶遵依带回银铺，倾高使用，遇差在铺抢去银五锭。忖思：我瑶遵法，又被不分清白。其实不干银匠之事，冤屈极情。为此，禀赴青天太爷台前，伏乞作主洞察，赏回原银，倾高使用，养活妻儿，沾恩万代。施行。

批：所拿低银，验非新倾，准如数给还。该差梁德借端多事，重责革出，不许复入。

审得执法可以锄奸，秉公自尔服众。军寮、马箭瑶人李十三等三人，于冬往楚省贩猪，卖有潮银九锭。今年八月十二日，持银向太保墟买米。路遇本县巡查地方，呼至桥前，谕以便民输纳，禁用低潮之事。李十三等即赴县西关银匠王圣芳铺内，回炉改倾，亦可谓良瑶遵法者矣。讵意银未入炉，即为梁德瞰知，拿获禀报，计银五锭。外四锭：三系瑶人收过，一系银匠倾销一半，一半未经倾销。乃于大堂左侧，众共攒视，为人窃去，不知主名。

随经本县传集三班，遍验面貌，当堂察审，疑是民壮陈伟。即责三十板，押令寻银，果于寓所搜获原件。私鬯之金，可以偷饱；公堂之法，岂宜姑纵？条示革退，准之于律，洵不为枉。梁德身非承票原差，遽尔攒银，殊属多事，亦与惩戒。李十三身带潮银，不无违法。但示限二十日内尽行改倾，尚在限期之内，亦予免议。其捉获银锭，底已磨明，验非新倾。当堂验件较等，照数给还瑶人李十三等。不令该房托言贮库，以饱私囊。

总之，此案本县不遍庇衙役，不苛责瑶人。究一陈伟以为役戒，恕一李十三以为诸瑶劝。情法两得，公正无私。庭讯之下，无不踊跃输服。立此断案，以洗向来陋规可也。右

康熙四十三年八月十三日审。

大掌岭杉木山税详惩奸骗[①]

大掌岭多杉木，有至五六尺围者。奸民虞有兴歆羡之，以为奇货可居也。纠聚同党蒋万隆等，共至佛山关说木客简献东兄弟，写立合同；以二百株分献东等，约值银六百金；其余四尺围以下者，分有兴、万隆等；献东兄弟先出银五十两，包讼到官。

于是，以串占、劫掳告岭瑶邓头短、邓瑶白、邓卖亩等，自县历府至院，历审理屈。有兴乃遣其党归竖木牌于大掌岭脚。云："大掌岭向有山税二十四亩，自洪武年间遗累代赔，计银四

[①] 本篇简介一宗山林纠纷的审理过程，并附录县、府两级的审单和省院的批复。选自清李来章撰《连阳八排风土记》。

百两。应还杉木二百株,值银六百两。限瑶人于十日内送还有兴,如无,必赴两院请兵进剿,如四十一年之事。

瑶人惧,计无所出,将挺〔铤〕而走险。予亲身至排,谕慰岭瑶,令各循分安业。乃连夜赴省,面禀两院。蒙谕速行,严拿刁棍,务期必获。遂于康熙四十六年十月初二日,在抚宪辕门外拿获有兴、献东二犯,续行五斗□司,拿获简献松、陈廷严等,搜出合同,设谋定计和盘托出,吓咋是实,无可展辩。蒙院发臬司、研审司转发府,历认情真,原为杉木垂涎。其云山税二十四亩,查田税印册,有兴名下并无山税。产木山场两畔,皆系岭瑶邓姓老坟,已五六代矣。

院批发县:将为首之人有兴、献东,在于岭瑶排脚枷号两个月,满日重责四十板;余各减等枷责发落。传谕岭瑶:山木断还,山税豁除,事已昭雪,其各照常耕种,勿得疑畏,致生事端。

此案纷如麻,微荷各宪明察,戢奸安瑶,事变难挽,祸将不测。附录本府审单及抚臬宪批于后:审得民人虞有兴、陈廷严,与瑶人邓头短等互讼山木一案。缘大涯山双头岭一片荒冈,原非人户税山。据虞有兴供称:系伊户丁陈廷严山场,先年唐七曾于伊名下批耕纳租,然无批帖租账。并查虞子夏户内,从无山税二十四亩。则其当年冒认山庄,借作渔翁之利也,明矣。

邓头短亦无契据,只凭众口称系伊家祖业。遂于四十一年八月间,争管山木。经沈六、唐和尚等九人调处,唐七以原非己业,所以退还邓头短,并出赔礼酒水银两,以服从前占种之非。

尔时,陈廷严在傍同处,倘果系彼山,即应当场争辩;辩之不得，即宜告官追究。何递年之来，听唐七之退回，听邓头短之霸管，竟寂不闻音。而忽于去年十一月间，婪其山木林茂，突而兴词。勾引惯讼虞有兴，假山税为名"以弘治年间破烂故照。"改注文约，破绽自露矣。本应杖究，姑念斋戒期内，免其责治。邓头短争山，虽无契照，但先经沈六等同众处明，各相允议，或亦情理不枉，其山仍归邓氏管业。念系荒山，向未起科，免令招税。唐七既肯退山，必无唆讼之理。邓头短迁怨移怒，误牵彼牛，相应照数追赔，以息讼端。至山内杉木，原系唐七所种，邓姓不费举手之劳，岂得安坐而享？

目下为防诸瑶，修栅建汛，木植浩繁，民苦难应。本县从长酌量，准于大涯山杉木内断出一半，以作连阳营、三江协汛署栅栏之所内存；一半给付邓头短等收管，永较葛藤。和息认状及原改假契，一并附卷存案。所有山界杉木，另日委员踏勘，并为立界号明，以结此案可也。特判。

随该本府知府钟审看得连山县民虞有兴等，俱奸宄之徒也。

缘瑶人邓头短等，有大崖岭山场上产杉木数百株。有兴等无端垂涎，妄思货卖。始而控县烛奸，将木断归瑶人；继而控府，经移理瑶厅，转发连州审明，仍议将木断归瑶人，有兴责惩结案，讵有兴畏罪潜逃。今事过复回，不自悔改。本年七月内，先令同党虞式甫等，写立木牌，恐吓瑶人投献山木，不遂。八月内，遂结连本地土宄，并佛山流棍，齐到张燕台家，写立合同：虞有兴、虞式甫等出身告官，并告瑶人；简献东、简献松在省出银包讼。言定获胜之后，杉木八分〔份〕均分。其意以为，羽翼已成，其势莫遏矣。及连山李令访知其事，诚恐瑶人闻而激变。禀明上宪，缉拿虞有兴等，搜出合同书约，连人详解。奉宪转发卑府亲审。遵即集犯研诘，各供前情不讳。

查虞有兴等，妄贪瑶人山场，结党强占，不法极矣。按律载：强占官民山场者，杖一百，流三千里。虞有兴等本应照律发遣，但念山场尚未占去，杉木尚未砍伐，从宽量拟：将为首之虞有兴枷号两个月，重责四十板。晓谕瑶人，各使知悉。同党之陈廷严、虞式甫、邓若翰、唐廷相，包讼之简献东、简献松，各枷号一个月，责三十板。其勾引看木之蒋万隆，容留在家写立合同之张燕台，各依□不应重杖，折责三十板。孔伦秩审系无干，应予免议。至大崖岭山场杉木，断令瑶人邓头短等，永远管业可也。是否允协？伏候宪裁。

巡抚、都察院范批：虞有兴、虞式甫出名告状，简献东、简献松出银包讼，厥罪维均，仰各枷号两个月，满日，责四十板，释放。余如详发落。缴。

禁革瑶俗贩物平价[①]

瑶人旧规，批立合同必云："如有犯者，罚龙角二对，活虎二只。"或须折赎勒银，动至三百六十两！以致人口、田产尽售，不足，则摊派宗族以及亲戚，莫有免者。邑人效尤，其与瑶人争讼，亦复如是。启衅招怨，牢不可解。兵加祸结，职此之故。前人亦有欲变其俗者，口敝舌干，总付罔闻。匪独瑶人不肯遵，即平民亦不肯遵也。琐细之事，才如芥子，比而纷错百出，乱不可理。褊心不平，顽骨难换，欲求化大事为小事，

[①] 解放以前，排瑶没有共同的最高领袖和行政机构。维持内部社会秩序，调解纠纷，管理公共事务，进行生产活动和宗教活动，都由各排瑶老主持，按历代相传的惯例和乡规民约办事，或由瑶老召集瑶民会议，博采众议。

化小事为无事，如昔人之所言，亦乌可得哉！

予宰连山，屡逢此辈，百方劝谕，怵以大害，盖不知几费苦心矣。后乃稍稍听从。如从黄牛一只，今断毁银三两；水牛一只，今断毁银二两五钱；擅绚人颈，定责十板。若有别项，准此以类推之。如有指一衣一履索银百余两者，坐以抗违激变之罪。自此，小案易结，不致酿成大祸，以故地方幸得稍安。附录房志元毁牛原案于后：

连山县正堂李为禀报事：

据蒋天章赴县投禀称："情因和睦村庙冲寨尹明全等，被天堂、冷水冲瑶人盗去牛只、禾把等物。今天堂、冷水瑶人房九等，请蚁〔议〕调处，自愿赔银三十六两，于本月二十六日缴赴。伏乞当堂公断，给还失主尹明全等四人。"等情前来。

据此，当即传唤失主尹明全、苏壬宗、邓国纶、陈亚三四人，吊同原获瑶目房志元当堂审断，追给牛价、禾把等物，公平酌断，共银二十四两，交给失主尹明全等四人收讫，取有领状附卷。其尚剩银一十一两六钱，本县恤念贫瑶初抚，将此银当堂给还瑶目房志元、调息人蒋天章公同收讫，具领存案。即将房志元、蒋天章交付贵汛旗牌曾芳华同银带回，转给天堂、冷水二冲瑶人。是尹明全等被冷水、天堂瑶人盗牛一案，已经追给完结，合就移明。

为此，合用公移前诣贵营，烦照事理，希将原获瑶目一名房志元转发宁家，其发回散给天堂、冷水二冲瑶人银一封，共一十一两六钱。查照押令交给明白，务使穷瑶沾惠，不致奸诡中饱，方见同舟共济之雅也。更希见复施行。

康熙四十五年四月二十一日移。

招徕排瑶使居村落[①]

瑶人之富者，凭恃山险保守身家，固不肯离巢远出。贫者以劫略为生，亦借岩壑、扼塞为遁逃之薮。若不散其丑类，移居平地，无防则动，有隙则乘，终非百年升平、久安长治之策。然欲事招徕，亦大不易：富者纵恣自如，畏入樊笼。贫者衣食无资，乘其窘迫，可使来归。然安插措置，亦非空手可办。

予自抵任以来，昼夜筹划，捐金施米，招得数十家，编入保甲。守望出入，与民一体，非不循循可观，然有司之绵力，亦既竭尽无余矣。使日积月累，嗣续不绝，则后此之归诚向化，必且媲美于宜善。今录告示于后：

为特示招徕瑶排共安乐土事：

照得尔排瑶，木石与居，鹿豕与友，不闻诗书之教，罔知礼义之闲。自归顺以后，编户入籍，与中土人民约束无异。官斯土者，自当加意抚循，使尔等感恩怀德，相劝为善，岂可以民瑶歧视，膜〔漠〕不关心？但尔等住居山巅，田地多置买山下，崎岖鸟道，跋涉维艰。且往返数十里，并日之劳，不及一日之工，废事失时，殊为可惜。况饮食器具，势必赴县买回，肩挑背负，劳瘁实难。不如迁徙山下，择于附近峒寨，卜吉而居。产业便于耕管，食物便于货卖，子弟便于读书，银粮便于完纳。岂不一劳永逸，安上乐居于尧天舜日之下，共享太平之福邪？合行招徕。

为此，示仰各排瑶人等知悉：嗣后，尔等各宜舍旧从新，

---

① 本篇附载招徕瑶民下山居住的告示。

为身家谋安逸之计，为子孙立长久之策，翻然下山，另图安宅。本县当为尔等觅一便宜处所，三二两两，结庐环聚，仍免目前□三年之后，始与民一例当差。其或有志上进，即许应考。从此致富发贵，亦未可定。倘以从前或有不合，虑恐民人告发，本县自当作主，概不准行。尔等有情愿下山居住者，各毋畏缩，即速赴县报明，一面设法安插，一面缮册详报。此本县满腔济度热衷。慎毋以从常相视也。须至告示者。

责惩奸蠹借端诈骗[①]

连山民瑶裕处，易生衅怨。就中奸徒蠹差，唯利是图，或激而生变，不可挽回。予承乏斯土，以缉奸约差为第一义。四载之中，如此类者，不一而足。姑举一以见其概。今附录营汛公移于后：

连山县正堂纪录二次李，为乞天敕差急救兄命事：

康熙四十七年五月二十日，据杨炽生禀前事，云云。当彼即面行〔当彼面即行〕请问："你牛在何处走失？"供称："在山上放草。"又问："系什么时候走失？何人看守？"供称："是晌午时候走失，无人看守。"又问："既无看守，因何知是火烧坪瑶人盗去？"供称："至晚不见牛回，地方又去火烧坪不远，故疑是火烧坪瑶人盗去。"当彼即行吩咐："凡报失物，须有凭据。况系贼赃，岂得悬坐？连山陋风，欲诈银两，从借风影，

---

① 本篇附录责惩奸蠹的移文一则，揭露了汛兵、城守兵及捕衙差役接连敲诈、鱼肉瑶民的劣迹。作者"缉奸约差"的行动，虽然旨在维护封建统治，但到底补偿了瑶民的部分经济损失，及时遏制了已经露头的事变，对维护正常的生产、生活秩序，有一定的积极作用。

罣误良善。前时有人告军寮瑶人盗牛,后来牛因趁草,却在连州高良墟寻获。你须查明确据,再行禀追。"因将原词发还。

今据前情,续又据杨炽生禀称:"失牛一案,虎叉汛兵丁关胜乘机上排,私自担和,得银一两五钱;城守兵丁蓝国祥、赖玉上排,得银二两四钱;捕衙差役曾祥同张太元、李夏彦上排,得银二两二钱。蚁弟许一荣忿不得银,因同张太元于本年五月十八日,又私上排讨取牛银。瑶人恨三处衙门兵役已经得银,不与归结。遂将许一荣、张太元不锁拷打,监禁在排,讨取前项银两,又每要酒水银二两四钱,又要在衙门人役立约担承,方肯放回。蚁弟许一荣因受刑不过,寄字回家,向虎叉塘汛、城守、捕衙三处衙门求救,皆恐衙役上排,又被不锁,瞪目相视,都说不管。事出无奈,伏乞天恩发差追取"等情。

本县当即差练长成希风、乡勇李德、张养三人持票封锁,上排传谕。瑶人遵依放回许一荣、张太元二人,又呈抄白和约一纸,内开虎叉塘、城守、捕衙三处兵役担承和同得银数目前来。

本县业将捕差曾洋、奸民张太元、李夏彦等,追出原银给付瑶人,每名重责三十板,枷号一月。曾祥革役,不许复充,示众警诫外,其兵丁关胜、蓝国祥、赖玉所得瑶人银两,应移贵营贵汛,照数追出,给付瑶人。并以起衅之罪治之,重责革粮,以警将来,庶可约束瑶人,安辑地方。

窃照本县抵任之始,即将瑶排陋规,如查排猪、酒销票回结,采买黄豆、茶叶、芝麻、棉花之类,尽行革除,至今将几四载。所属五排十七冲瑶人,循分守法,即有相争,赴县告理,与邻壤风俗大不相同，从无擅行不锁官兵、平民，如此案之肆横者。原其滋生事端，厥亦有由，非尽皆瑶人之罪。若再护庇徇纵，恐酿不测，瑶变兵连，生民涂炭。至时方悔，抑又何及？况星火之微，可以燎原；蚁穴之小，可以溃堤。如四十一年里八峒之变，可为殷鉴。

今邻壤烽火，朝夕告警；独此弹丸，稍获苟安。复自生衅端，招尤寻祸，致令瑶人不平，擅刑兵民。窃窥事机，小丑蠢动，此案乃其萌芽，不可不预为防遏也。韩昌黎言："蛮僚之性，易动难安。"本县念及于此，夜分不寐，实切隐忧。

再照蓝国祥、赖玉与瑶批立合同，冒借本县名目，诈取银两，败法坏纪，更属胆玩。为此，合用公移，前诣贵营，祈照事理，秉公裁处，迅赐见复，以结此案。

五月二十八日移。

咨移营汛革除厉禁[①]

连州油岭、横坑、行祥三排瑶人，蠢动不宁。州移营汛，欲坐困以毙之：断绝上排盐、米，许令到处拦截抢夺。乃连山营汛不分顺逆，见事风生，亦欲此法行之。瑶人惊疑，赴县投诉，因断咨移营汛。今附录厅禀于后：

康熙四十七年六月初一日，据火烧坪千长沈四、百长唐九、

[①] 本篇附录呈送理瑶厅的禀状一则，详细说明咨移三江协镇及连阳营的经过，请示对连州所属外三排实行经济封锁的同时，对"恪守法度"的连山瑶民区别对待，解除关于米、盐、食物的禁运令，恢复民瑶之间的正常贸易。这对稳定连山县一带的经济、政治局势，制止兵痞恶棍借端生事和趁火打劫，保障瑶、汉人民的正常生活，有重要的作用。

瑶目房志意禀，为乞恩给示，以安良瑶事称："瑶民抚顺，蒙天安辑，家家户户遵化。近因外三排不法，奉行查禁奸徒上排。蚁等愚瑶疑畏，不赴墟场换易，鸡、布、油、盐、食物，难以相通。天恩抚念良瑶，给示疏通，民瑶一体赴墟贸易，妻儿有赖。凡有奸徒挑贩硝磺、铁砂违禁物件入排，遵依扭解，不敢有违。"等情到县。

据此，随查抚瑶之方，教、养、兵、刑，四者不可缺一。若教、养不能驯之于平素，而兵、刑复不能肃之于临时，欲其蠢尔异类俯首帖耳，不为地方之祸也，难矣！

连州油岭、横坑、行祥三排今日之猖獗，敢于竖立木牌，明目张胆晓谕村寨，勒献花红、酒水银两，复敢扬帜鸣炮，拒捕官兵，是诚罪在不赦之条。本州移会，断其米、盐，令无生路，是或一道。至于敝邑连山所辖军寮、马箭、火烧坪、大掌岭、里八峒以及十七冲散瑶，皆恪守法度，不敢为非。或有应行事宜，片纸传唤，立刻赴县拱听约束，无敢违拗。连山父老皆以为，前此百余年所未有也。今若以州禁困之，令分防营汛捉拿上排米、盐、食物等项，瑶皆疑惧，亦不敢赴墟贸易。良枯莫分，劝惩将何从乎？瑶虽异种，亦具人性。我若以寇仇待之。彼亦寇仇自弃；我若以子民视之，彼亦以子民自爱也。今忽有此厉禁，已令瑶不安。倘所在营汛奉行不善，借端生事，吹毛索瘢，将令五排十七冲瑶人积疑生畏，积畏生怨，怨结难消，仇深莫解，干戈相寻，耕耘废皆。连阳地方，从此为榛莽之区矣。

某窃闻用兵之术，宜散其死党，使不复聚；开以生路，使有可逃。然后，三军并力攻其一处，毛皮势孤援绝，庶可成擒。

今于八排之瑶，概以一法断绝之，是离者驱之使合，静者挑之使动。倘数万跳梁连结为一，我军虽壮，果保必能制其死命乎？此非细事，不可不为深思远虑也。

据禀前情，插职已经出示晓谕。去后，并咨移三江协镇暨连阳营，传谕分防连山营汛，革除米、盐、食物前禁，使民瑶照常贸易，免生衅端，地方幸甚。其硝磺、铁砂、匪类、妖道窃自上排勾引作祟，许盘诘解送，严究在案。理合禀明。

附　劝谕四则①

连山县正堂纪录二次李，为劝谕事：

照得诰诫之语，不尚繁文；其于远人，尤宜简朴。今有事宜四项，胪列于后。尔等瑶人，务宜敬听。若本县言之谆谆，尔等听之藐藐，有负提撕，必非人类。尔辈自思，岂可冥顽不灵，甘为自暴自弃之人也。为此，特谕。

一、劝瑶诵读诗书：

尔等瑶人，均是朝廷赤子。因尔住居深山，不能迁移平地，绝无师友，故少读诗书。念尔排瑶，原与宜善之壮、黄南之瑶同源共本。今宜善、黄南久向王化，男友俱服民间衣冠，去㑇回，讲正音，读书习礼，与民一体。壮民今现有入学为生员者，雀顶纬帨，蓝衫皂靴，出入县中，官府款待，人称"相公"，何等体面！尔等岂可甘为化外之野人？兹遇圣天子广布仁恩，赦免尔等前罪。尔等作速搬移平地安居，斥去异服，习学官语。

---

① 本篇是李来章出任连山县知县的早期告示，包括教育、诫盗、田赋及息争四项，以修身、立业为本，以完税、易俗为归，可以视为是他走马上任的施政纲领。李来章在连山县任职四年余，大体上也就是这样做的。

首诵圣谕十六条，次读衍义、三字歌，再读孝经、小学、四书。本经明礼，法敦孝弟，笃忠信，存廉耻，野心尽洗，天良自生。为尔祖宗添荣增光，岂不美哉！尔瑶其熟思之。

一、诫瑶勿为盗贼：

人生在世，士、农、工、商，各有本业。岂可使人皆以盗目之，此真万世之污名也。在父母，则人谓之"贼头"；在妻室，则人谓之"贼妇"；在子孙，则人谓之"贼种"。明有人恶，幽有鬼责，可胜叹哉！胡尔瑶心，不安义命？抢家掠畜，怙恶不悛。一旦天人震怒，大兵征剿，通排杀戮，身首异处。纵或奔潜深山，官兵各路围守，困尔一年，从何得食？合家饿死，骸骨遍野。那时方恨，亦已晚矣！何若早早洗心，安分守己？

试思以尔之劫掳杀伤，举而行之于人，则人皆恐惧忧煎。设使人亦以此劫掳杀伤，转而加之于尔，尔之恐惧忧煎，又当何如？反求诸己，当自醒然！且鼠窃狗盗，多乘熟睡。倘人觉被捉，岂肯相饶？父母不得相见，妻子不得相顾，田产不得享受，尸骸不得还家，岂不可伤？岂不可怜？

况尔各排为非作歹，身命倾陨，有目共见，便是榜样，不必远举。排中富者，必不为盗，当周恤贫乏，劝其改业。若去为盗，连累良善，大兵征剿，玉石难分。猛醒醉梦，回头宜早。若遵吾言，可以永保！

一、谕瑶遵限完粮：

刀耕火种，尽是皇家疆土。惟正之供，岂可尚待催科！昔明太祖曰："输我不贫，逋我不富。"凡尔瑶人，盍念乎此？况兵饷紧急，皆有定限。若怠忽从事，难免参罚之条。

尔瑶愚昧，不知王法。本年钱粮，日摧（推）月（挨）捱，必至岁终，方肯输纳。岂知催督起解，羽檄如火。代赔吃苦，替化受刑。尔自思之，何以自安？

劝尔诸瑶，当念皇恩。一闻开征，务须依限早完。既不欺心，上天自然鉴察，降之百祥。谕尔诸瑶，其凛遵之。

一、谕瑶释怨息争：

"尔瑶启衅结怨，多缘琐细：如猪仔、鸡婆、芒屩、草衣。叠利堆债，日引月延；索赔物价，或至数百两。彼力不能应，纷不可解。以致操戈相向，杀人如麻。历四五十年，不肯休歇。又多好追寻旧事，牵扯枝叶，纷如乱丝，不可栉梳。颓风敝俗，莫此为甚！

从前排中好争乐斗之辈，其始所为何事，其物所值几许，不遵国法，妄生事端，率至家破身亡，一败涂地。岂不可怜！岂不可恨！

谕尔诸瑶，敬听吾言：循分守法，耐心忍让。务期化大事为小事，化小事为无事。安闲自在，如同含哺鼓腹之民，何乐如之！嘱尔诸瑶，尚其凛遵。右

康熙四十（七）年又三月二十一日示。

永禁私派陋弊碑

贵州思南府奉总督云南、贵州等处地方军务兼理粮饷典簿右侍郎兼都察院右副都御史谕：

为再行严禁私派锢弊，以安民生事：照得黔居极边，土瘠民贫，全赖地方有司，特意受□。本部院莅任以来，屡将各属私派弊端条示禁止，严檄各属；并于接见之时，谆谆告戒，至

再至三矣。近闻各属尚有不肖奸吏,仍踵漏习。或派民馈送上司帮费、□□□柴炭食物,派民供应;或因公往来行走,勒扶夫价。□□□□□营私,苛派平民,额外苛求,位于正供。似此横征滥派历民,实甚合再露示。

仰思南府官吏军民等知悉,凡该府指称馈送上司帮费,并派民柴炭食物及勒扶夫价,一切私派陋弊,永远革除。倘敢阳奉阴违,或经访问,或经告发,官则飞章请处,役则立毙杖责。本部院不事虚文,不循情面,言出由中,法在必行,切毋率就从事,致贻噬脐之悔也。各宜凛遵。特示。

沿河司正长官张锡侯

御贵州省思南蛮彝长官司正长官安修敬同勒石

郎溪司正长官田宏鼎

康熙四十九年(1710)八月

注释:该碑今嵌在贵州省思南县政府。

思南来永场永禁条例碑

来永场永禁条例碑记事

贵州思南府正堂汪世印为永禁场集苛索弊端□商招来事。照得本府兴设来远场,一以培植风水,一以便利民生。每逢场期必有经纪许价交易方可两成,各行经纪□□□□□重低昂,不无太过。本应概行革除,但念逢场之期,各行未免耽误一日之先□□□□概为屏绝,今本府酌定画一之规,逐条勒石胪列于左:

——本府捐俸于府前右修建米市一间,凡米豆杂粮入店。有卖一斗者,许量抽牙用半厘,违者查究。

——本府捐俸于场所修建盐店三间,每遇长期客盐至店,听凭各客量买。不许兴贩私盐,违者按律究治。

——囤积米豆杂粮,希图射利搬运出境者究治。

——绸缎纱罗布疋至场,每买一疋,许量抽牙用。价重者一厘,价少者半厘,违者究治。

——牛马驴骡至场,有买一只者,计抽牙用二厘,违者查究。

——猪羊至场,有买一只者,量抽牙用一厘,违者查究。

——花线至场,有买至十斤者,许量抽牙用一厘,违者查究。

——油漆、茶、黄白蜡、烟靛至场,有买至十斤者,许量抽牙用半厘,违者查究。

——铁器、铜器、锡器、窑器、木器、篾席器物至场,概不许抽取牙用,违者查究。

——牛马驴骡猪羊等畜,在场已买者,准其过渡。不得拒绝过河,违者查究。

——戥称升斗务要公平使用,不得擅用重大,违者查究。

——无知棍徒,酗酒赌博,肆闹场市者,立拿究治。

——买卖务要公平,不许强压,严禁使用攒铅灌铜,低假潮银,违者拿究。

——不买不卖之辈,窥探街坊,闲放猪只,乘人无知觉,私待窃去者查究。伙合诈计,串嘱牵卖猪只囤行诓谝者查究。

——场市歇店人等,不许容留匪类,窝藏赌博及巫师邪术设谝乡愚,累违者查究。

——上下看船渡夫,除空身往来外,每猪羊一只过船者,许量给船钱半厘。一牛马一只过船者，许给船钱一厘。

——花线、绸缎、纱罗、布疋、铜铁、锡、竹木诸器，及油、漆、茶烟、靛等物过船，每担许给钱一厘。

——米谷杂粮过河者，每担许给船钱半厘，如多需索者究治。

——各为民人来城易卖米豆杂粮者，必须归市，不许沿街易卖，违者拿究。

以上诸弊永远革除遵行，倘取阳奉阴违者重究。特示。

大清康熙四十九年（1710）九月十八日吉旦

颁示严禁文告①

湖南直录郴州兴宁县署事正堂缪，为泣陈瑶害，颁示严禁上广、宝仁、下全残瑶事。本年五月二十一日，奉本州上堂加一级佟，宪牌内开：六十年（1721）四月内，奉抚都院王既藩、皋各宪批，发瑶民黄元泰、陈荣显、黄元臻、何秀林、张胜、李拨土、刘有明、罗子益、何岭珂、袁似秀、庞禄、欧信甫、何岑珍、林述映、罗帝臣、周上礼、李朝龙、冷永灏等，呈控前情，批发到州，查报词称：蚁瑶自隆庆年间（1567—1572），招得安插雷、连十二洞，批给官山四十八面，刀耕火种，以资衣食，设立社学，教化瑶蛮。因各沿界连江广，山通万洋，地方辽阔，恐生不测，守卫要紧，令设千长一十二名，稽查匪类，把守隘口。迨至本朝定鼎，先帝十三年（1656），内县主商，遣使邑老胡国清，宣布皇仁，率领蚁瑶赴南赣军门佟大老爷辕门

---

① 颁示严禁文告原存湖南兴宁永安堡地区。1980年5月采集。

投诚，始行彼剃，咨报大部，饬令国清为抚瑶老人，部议高主招抚有功，擢升本州正堂。后因戾逆变乱，十七年（1660），钦命征南将军穆统领大师恢复驻扎郴州，有国清仍率蚁瑶赴车前投诚，将军叙功报部，勅授国清为抚瑶把总之职。国清老故，世袭授清子胡家驹，家驹身故，蒙前任抚都院赵大老爷照例准授驹子胡宁兴袭职，镇堡二十余载。恩勤抚字，凡瑶事故，重则具报州县，轻则抚瑶处分，在袭三代，相安无事，群瑶咸服。又于康熙五十一年（1712）奉学宪蒋老大爷嘉惠边瑶，题请湖南各处瑶民有子弟读书者，当考试之期，查实选册申送，以杜冒滥。文理略通者，每科考取三四名，以示鼓励，仍与民籍补廪，出贡科举，奉旨谕允在案。蚁瑶仰淋教化，移风易俗，安耕乐业。近被邑民以及恶棍盘踞蚁瑶地方，非籍户族，伸衿则视友世宦，刁唆播客，或造大厦，或营冢墓，或伐树以生木耳，或斩木以方（繁）香菌，或砍山造纸，陷绝水源，强占官山，客瑶无资生之策。侵奇瑶产，致瑶受啼饥之者（苦），甚至勾引匪类，作歹作非，波及瑶众，罄竹莫书。秉遭邑中豪强势力之家，有子弟读书者，布瑶易取，假冒瑶童，侪势混考，陷蚁瑶苦读之子弟名落孙山。假冒之奸徒，得取录，奉编里甲，则曰民籍，一进考试，冒称瑶家，种种荼毒，瑶不堪命，只得胪列害端，匍匐泣奏。虽已往之□，〔祸〕难追思，将来之患可弥，逐款赏示，严禁不许异棍裕处，酿害民瑶，及故勒饬抚主管理，严加防闲，山松（陬）究谷，泽流万亿。奉抚都院批，果否？民瑶干碍之处，仰郴州妥议报。等情奉批到州，随即转饬该县，并雷、连十二抚瑶把总，查明回复，于康熙六十年（1721）十月十日，据该县前任县令启，转饬永安堡查明详复。其占伐官山，闻风逃匿，似无容议，未清之处，现在查拿，另文详复。据该县前令看称，查得雷、连十二洞瑶民，虽附籍有年，终有民瑶之别，只因民人居地有逼近瑶壤者，间入瑶洞，采取樵薪，屡经饬禁在案。其占伐官山者，据瑶把总详复，俱已逃匿，似无容议，其未清之处，现在清查驱逐，另文详复。一面恳颁各县大老爷赏示，严禁永期杜绝等语，本州核明，加看详复。各县奉抚都院批，加详饬禁，嗣后不许民人擅入瑶峒，占伐官山，以及冒试进，倘敢故违，仰即查拿详报，以凭净刑究治。缴□奉此；又奉布政司批仰候抚都院暨臬司批示录报，缴奉此。又奉按察司批仰候抚都院暨藩司批示，缴奉批，合并抄看饬行。为此，仰县官吏查照来文，院批事理，立即出示严禁，嗣后不许民人擅入瑶峒，占伐官山，以及冒试进，敢故违，仰即查拿详报，以凭较详□刑究治毋违。等因奉此，合行出示严禁。嗣后不许民人擅入瑶峒，占伐官山，如有违禁瑶峒者，此照。民人擅入苗地，例杖一百，徒三年；占伐官山及盗葬者，照强占官民山场律，拟流险另行刊示。分□（发）各近摇各村庄，通行晓谕，仍严着落抚瑶把总督率一十二峒千保，不时巡查。尔该地方保甲牌□，亦不时访察的确，起县首报，以凭拿究，审实详报究办。如该保甲徇隐不举，经查或被瑶人告发，一并拿究。盖兴邑地处边末，民性愚顽，苟非绳之以大法，不足以致其淳畏也。充于瑶生，凡迁（遇）考试应考，务令瑶老查明，互相保结送县，当堂认识，以杜假冒之弊。倘有不遵令，仍敢冒称新民，希图朦试进者，事发，出（除）将本童责逐不许考试外，仍严拿父师究治。事关上宪批饬严禁，慎勿视为故纸，各宜凛遵，须致告示者。右仰布知悉。

康熙六十一年（1722）七月□日。

请禁革苗俗酬婚积弊详文①

思州知府蒋琛详请禁革苗俗，以维风化，以杜争事端。卑职特奉宪恩，护思州篆，捧檄之日，感而惧！意惟冰兢自守，善俗型方，庶上不负委任之恩，下不购旷官之诮。到思郡之后，检查旧案，凡民间争田雀角者十止一二，而苗人姑舅抢婚之案十有八九。细加访问，知都坪司所辖后山洞苗酬婚恶俗，诚不可不严禁也。查律载：娶己之姑舅妹妹者杖八十，离异而更后抢亲之禁。今圣朝化洽寰区，苗风渐革，未有显背王章，毫不悛改。惟如后山洞洞庙者，姑舅世婚，宛同秦晋，恩仇反复，岂若朱陈，年不必其相若，而只以出自我者还之我，情不必其久，要而更出乎尔者反乎尔：故有丈夫之子，方结召髻龄之女孩，总角之童，必娶华发之老妪，合卺定非合配，齐眉何必齐年？阴阳失序，愆伏有由，长幼迥殊，鳏寡迭见。甚至姑家之女或欲许人，而舅氏之男即行抢夺，操戈持梃，几同不共之仇，此杀彼伤，即人逋逃之薮，悬案不结，戈获甚难，其或齐大非偶，含怒茹恨以无言，以致妇怨无终，赴水自经而不顾。是非宪法森严，岂易化其顽梗？是以详请宪批，不惟杜抢杀之端，且以化苗俗之恶，移风易俗，莫善于叱矣！

康熙六十一年（1722）□。

---

① 摘自康熙六十一年思州府志卷八。

雍 正

龙潭寺碑①

恭城县苏正堂张。为恩赏纪勒石，以杜科派，以安缁众事。龙潭寺北乡，千百年共祀香火，因众僧托钵为艰，各擅越施粮田二石有余，立户立僧。承僧户固所施俱系瑶田，历来僧户，正供从□裕派，前以裕派横科，僧众措支无计，具供天台。蒙查审结，正供外少是裕派，俾□□照蒙批□□□云。外鹅之侣，而□齐民一例，当差已传，又任支加以裕派，异日僧众鸟散，龙潭之地，不几维茂草呼！遵奉在案，今僧等窃恐法久易弛，仍加科派，优（伏）迄（乞）给赏，和熙回等勒碑，求杜科啮，以垂不朽，佛僧咸赖□。

清雍正十一年（1733）八月岁次癸正吉日立。

奉旨优免碑记②

恭城县正堂□恳一视同仁，赏给印照，豁免柴薪等项，□□□□□□□□□九月二十四日，据白羊保练总田中立、向圣时、田文奎、县万岁村老□□□□□□前事称：窃睢乐君民之父母，□□□仁天镇邑江戟□之疾□□□□□□□已乡士庶，欢欣感戴。但蚁等白羊保内，分为上下二甲，居则稀

---

① 龙潭寺碑立于广西恭城县栗木地区大合村水井边。1984年2月8日，恭城县李绍任、刘冰、刘少仁等供稿。
② 奉旨优免碑记原存广西恭城县加会乡白羊老村，刘冰、李绍任、张建粤、刘少仁供稿。

□□□□□方公务，敢不遵从。然而柴薪等项，蒙发现价，并无科取，埋头苦干每月衔送□□□□□□衙斫□来保□送□孙优民，有力粮户之家，例不能及，幸赖□□□□□地父母之心，爱民若子。镇邑二戴（载），毫无累虽，有采送□□□□□忆比，诚父母不过是矣。兹值□□天离无恩□在前恳□运□□□□□免保向柴薪等项，永不送县，不便（更）勒石，则后来之父母，视以为□□□□□洪包，万世不朽矣。等情到县，据此当批准给照豁免，除原条□□□□□照给，上下保练总谭文新、田中玄等，即例遵照前□，嗣后应送柴□□□□□，倘有无知棍役，借事滋扰，仍行派取，□许□□头人执照呈明，以□□□□□□□照者。

雍正十二年（1734）九月二十七日给照。

乾　隆

响水河龙潭护林碑

楚雄府镇南州正堂加三级钱为。

神人攸赖，禁止樵采，以遂与情事。照得州治北十五里，有响水河龙潭一区，水入白龙河，灌溉田畴千有余顷，利益民生，泽施甚溥，为州民祈年云祷之所，载在州乘，昭昭可考。本州莅兹三载，日以劝农教稼为事，广开水利为先，凡疏浚利导，悉穷其源，其无虞旱干者，皆借龙水，神实司焉。乾隆四年二月二十二日，省视春耕，行至响水，有州属士民陈于廷、谢继尧等公吁，此地龙潭向来树木茂盛，拥护灵泉，今被居民砍伐，渐次稀少。粮宪宫前任兹土，欲勒石禁止，立案未行，似将有待。因亲往踏勘，缘系龙潭无人看管，以致近城居民，纷纷樵采，虽柴薪为日用所需，但砍负售卖，获利有限。倘再行樵采，数年之后即为童山。而泉水灌溉，惠泽无穷。查水防水庸，不过田间沟洫，列祀八蜡，吹豳击土，岁报厥功。矧此龙潭泽及蒸黎，周围树木神所栖依，安可任民砍伐。准据与情，勒石永禁，凡近龙潭前后左右五千五丈之内，概不得樵采，如敢违禁，私携斧斤入山者，即行扭禀。

乾隆四年二月二十八日示。

乾隆四年二月，镇南州知州，为禁止采伐龙箐森林所发布的响水河龙潭"禁山告示"。

告示劝民曰："凡近龙潭泽及蒸黎，周围树木神所栖依。安可任民砍伐。"规定："凡近龙潭前后左右五千五丈之内，概不得樵采。如敢违禁私携斧斤入山者，即行扭禀。"

该碑现仍立在响水河龙潭深处。森林茂盛，泉水汪洋，皆赖斯举。

碍城碑记

盖闻维天生民，维圣成民，成之之道，曰：养有教。禹平水土，稷教稼穑，契敷五教，皆奉天以成民也。厥后圣人迭出，田里树畜，以尽养之之方；庠序学校，以备教之之术。然犹曰：一夫不获，实予之辜，设百职庶司以分理之。自畿甸以迄要荒，无一不在熏陶之内也。碍嘉僻处山陬，地狭民稀，逼近哀牢，野蛮为殃，条编倍重，只输正贡，永无丁银公件。康熙戊申年，佃逃田荒，奉裁归州。州民不思碍嘉赋重，扳扯公件，摊食白井盐斤。自碍至井，十有二站，脚价倍于盐价；水隔大江、马龙，人盐往往遭溺，苦不堪言。近蒙任州主洞悉碍苦，详免公件，聘食景盐，碍困稍苏。然离衙弯远，民情上壅，利不能自兴，害不能自除，雍正壬子年，野贼猖獗，焚杀劫掳，鸡犬无存，碍民抛家弃业，纷纷远窜。幸天庇佑，值我父母罗公讳仰销字慎调开创碍嘉，多方抚绥，乃得安堵。急急以兴利除弊为己任，详建石城以卫民生，遵设义馆以淑民性。养民以惠，使民以义，分上富均沾膏泽；有善则奖，不能则教，秀顽俱受裁成；威惠并行，兼劳著绩，以致碍野无不垦之田，户多弦诵之声者，皆公之所造也。置之已饥已溺之古人，何多逊焉？碍民感戴殊深，为之胪列数条，以示不忘，以垂永久云。

一条编正耗外，并无丝毫公件；

一酒课详蒸整酒户，免累民间；

一凡兴作动工，照市发给工食；

一应用柴蔬，当街现价平卖；

一就食景盐，以便地方；

一畜马草料，自行买备；

一进学新生，各给帽顶蓝裳；

一鳏寡孤独，时行周恤；

一条编银三米七，永作定例；

一听讼不徇情，不畏强，务求公允；

一差役无故不容入村，不起民夫；

一营兵不许入村采买，擅动民口；

一捐助修通桥道，一便商贾；

一义学馆师，务择文行兼优，足给脯谷；

一义学蒙童，时给纸笔墨书；

一民间婚丧，准借课银，交还无利。

大清乾隆五年庚申二月　　士民　仝立

该碑嵌在双柏县碍嘉城小西门外右侧城墙上。高 132 厘米，宽 70 厘米。行书直行。碍嘉士民于乾隆五年（1740）立。

碑文记述分州判罗仰锖到碍嘉后体恤民苦，减轻税赋，改食景盐，兴利除弊，建石城以卫民生，设义馆以淑民性，养民以惠，使民以义。列举罗公实行的 16 条德政。

诵罗公之德，为启后来之人。

云南县水利章程碑

云南县正堂加三级汪、督捕厅徐，为遵依勒石，以垂久远事。窃查和甸□□曲一带并无灌溉，原□□□□□村屯田亩尽资海水灌溉，因从前加埂淹没，彼此控告，曾经各宪批示，勒石为界。今年深月久，碑记无存，复蹈前辙，互控不休。因上年减水，沟壅塞，浸没大溯头禾苗，以致争竞，嗣后栽插完备。今坝长积水，以济来岁春禾。大溯头村不得哓哓其耕种之时，使水□得阻遏，着坝长常川看守，总以石碑为界，其小山头后大溯头民人撒秧，倘水势泛涨在界石之上，着□彼此不许争谕。如有违禁等情，各罚白米拾石大溯头村士农，莲花曲七村，乡约董为柱□□文。

大清乾隆八年岁次癸刻孟秋吉旦。

桂阳禁令碑[①]

至民买瑶人田地，于乾隆十一年（1746）前，都堂准奏，

---

① 桂阳禁令碑原存湖南桂阳县东源冲。1980 年 5 月 15 日采集。

瑶地史许本处土瑶互相买卖。其徒前居住年久，置产业，汉民仍听其相要外，以后如有汉民再买瑶田与土苗贪价卖给汉民，将民瑶分别责惩，令苗瑶备价归赎。如有地方官不行查究，滥准买卖者，量减为罚俸一年，该管知府罚六个月。通行苗瑶疆各府厅州县，均照以例，一律办理在案。兹据该府禀称，所属四县有汉民居住瑶境，置买瑶境产业等事，皆因日久，法弛□疗。如该府所请严节有苗瑶各厅州县，将乾隆十二年（1747），奏准禁止分搬往裕居瑶洞，为之汉民查明，出于详细晓谕，定限一年内，尽令搬出，各归汉地。并令地方官按季造报，所有买得苗瑶田地，无论统买活当，以及辗转易各胜业，概令瑶备价归赎。如原买主人亡户后或贫难无力，尔听戚族里党，备价赎取。尚汉民除旧买田地外，新有田垦，则是手足胼胝，曾费工本，应令各苗瑶按田地之多寡，酌量补给劳资，以偿辛工。如有违令擅买，查出按例给罪，田地给完原卖主，失察之地方官，照例议处。如限苗不行迁徙，是有心现违，实非良善，即按户驱逐，违惩敬仍禁止差役人等，毋许藉端迁〔追〕索，致于查究。又称，汉民以民葬之坟墓，有情愿搬迁，所各另起回本籍另葬。如落土年久，不便徙迁及贫难搬移，听其便。此后，民乃不再入瑶山岗挂阴等语。查挂扫墓苔，每年不过三次，即与瑶勾给滋事，若如该府所禀，禁止祭扫。有力者因可即行起迁，设远年坟冢。棺柩腐烂一时贫不能迁，竟令遗弃祖骸，年深日久势必侵损平毁，使孤魂无依归，殊久妥协，核清饬令各该厅州县出于晓谕。其从前以葬坟冢并藉端在苗瑶寨内住影，违者惩究等因。查该州县民瑶裕处，自乾隆十二年（1747）奏准定例，以洒恐日久标弛，且现在各属民瑶，因买卖争地之案，不一面〔而〕足，该州县司民收亟宜设查办，以案夷情而缓方合。亟扎饬各地行府，即便遵照扎饬事理，将乾隆十二年（1747）奏准禁止。以后搬往深居瑶峒内之汉民，查明出示，详细晓谕。定限一年内，尽令搬出，各归汉地。该府按季造报，所有买苗瑶田地，照例节令回赎，余悉遵照，议定章程，酌量地方情形，妥协办理，毋任故违。任禁止善役人等，不得借口需索，并将办理情形，通禀查核，以观该府之是否实在留心民瘼也。切等因奉此，合具转行，为此，仰县吏即便遵照。

安平土州永定例规碑[①]

广西太平府安平土州为檄委查审事，本年七月二日，奉本府正堂李，奉驿监道宪张准藩宪杨，奉督抚部院宪杨、鄂批准，本署司会同贵道呈祥，安平土州每年规银两米谷以及长短夫役，应革应留各项，理合逐一开列，镌石晓谕，永远遵行：

一项、承袭银两永革。

一项、每年准收七化田例共七色银一千二百五十二两六钱四分。

一项、八化折柴炭银永革。

一项、每年准收八化额例公用共七色银一千一百四十八两一钱五分。

一项、站马永革。

一项、每年准收八化额粮共七色银二百四十八两四钱零。

[①] 碑在大新县安平，即原安平土州所在地，1956 年，广西少数民族社会历史调查组抄藏。碑文对研究土官统治有重要参考价值。

一项、三厢润月米永革。

一项、每年准照雍正十年之数,收六甲米共五十三石六斗,谷六石七斗。

一项、每年准收州判柴马七色银六十三两。

一项、夫役除。

钦差经临,南关启闭,应用人夫,六甲照旧供设外,其余人夫,六甲每年缴钱二百四十串;上、中、食三化,每年另缴七色银二十七两五钱。听本官自行雇用。

一婚丧两项,凡本官本身婚丧,每次准收七色银一千两;长男长女婚嫁,每次准收七色银一千两;至次男次女,概行禁革。

一项、每年上、中、食三化,准令纳谷八石,免其看马送羊。

一项、硝磺银永革。

一项、额设土兵五百名,轮流把守九处隘口,捍卫地方,防守边界,仍照旧例。

一项、瓦草银永革。

一项、每年领销府埠四季余盐二万斤,每盐一斤,收小钱二十八文,变价归府。

一项、鱼花银永革。

乾隆十二年(1747)七月日立。

宪禁革碑[①]

广西泗城府凌云县正堂黄,为通行饬查事,案奉本府正堂

---

① 宪禁革碑原存广西凌云县城旧址。凌云县为瑶壮聚居。1957年,广西少数民族社会历史调查组采集。

宪牌；案奉布政使司叶宪牌。饬查州县征收粮额银米之外，有无征加派，借名充公，不行详报之项，□□□详，候酌核办理。如无，即实出具并无捏饬印结详府、加结详司备案等因，行府到县，奉此□□□额征官庄禾把谷二十八万零七十斤，内除牛租、种谷及拨支右江镇标分防泗城汛兵丁粮谷二十万斤外，尚余剩禾把谷八万零七十斤，留给县役饭食等费，详询改流之始，原办章程。初因边地苦役，所给工食不敷养赡，是以因地制宜，留此有余，不□以公济公，并非私征派累，侵收入已可比。伏思此项禾把，虽官庄剩余之谷，究未详定有案，似不便□行征收□给。所有原征官庄余谷八万零七十斤，应请于乾隆二十五年（1760）为始，勒石永远禁革，相应造册结详候核转等因，报府转详。

奉布政使司叶批：凌云县征收庄禾谷，既据查明，自改流以来，相沿陋例，留给府县各役饭食之需，并无存剩。如详转饬即行出示晓谕，永远禁革。倘官役再征收情弊，即行严揭详参，徇纵并干（于）严□未便，缴印结存。等因奉此，合将应完谷数分细勒碑晓谕。为此示仰县属一应人役及耕种官莊□□佃户人等知悉。嗣后完纳官庄禾谷，查明每年应完谷数，每禾把谷一百斤，止须缴纳七十一万六两；每禾把谷十斤，止须缴纳七斤二两。倘有书役人等再敢分外需索，多取颗粒，一经访查，定行严究不贷。各宜凛遵毋为（违），特示。

乾隆二十五年（1760）二月。

开浚白龙山泉水利碑记

乾隆己卯秋，余守郡之明年，以水利为政事之急务。凡山川远近，土地肥硗，靡不经筹区画。咸思措施得宜，以为民利。值郡东北隅陆地缺水，田苦硗瘠，计虑久之，遂偕署姚州屠牧可堂，访求水利。得距城十五里许，巍峻而阴翳者曰：白龙山。履危巅，瞰幽壑，观兹山之泉穴，涓涓不竭，其源有自。惜皆散漫山陂，阻积坎石，闲置于无用之区。顾谋诸屠牧曰：奉天子命守牧兹土凡以为民兴利也，利之所在，胡可晏然已诸。爰相泉势所至，右绕班家屯、左届武德卫，为斯泉之羽翼，使循其脉络，顺流而利导之，则东北一带田亩，旱既可引以为灌溉。且蛉水在北，大河在南，皆堪容受。其上流则又斯泉之门户，倘涝则泻之二河，以达金江，更无忧及泛溢。是水旱皆有备，其为利诚溥而事有不可缓者。乃上其议于各宪，曰可，即鸠工庀匠，以兴厥事。无何，屠牧以忧去，余因独任之。计里开沟，计沟□民，严守□□，新旧为三，水之急者，曲之使缓；水之泄者，补之使聚；水之腾沸而漫溢者，束之使赴壑流。□□□□水，遂循山绕岭、出诸山口，而达之平原，散漫者归，阻积者通，既皆得其所用矣。复□□□□□□营屯，又得古名仙家石闸一座，修自前任汉军施守。碑载：岁以冬至收水，夏至车水□□□□灌溉田亩，其利甚钜。缘年久沙淤石圮，余循古制，修而复之，时其启闭，俾与斯泉之水上□□□□□为一脉。于是泉流四达，蓄泄有资，而前此硗瘠之田亩，均可易而为膏腴矣。是举也，□□□□□己卯之冬，竣工于庚辰之夏。继以州宋牧益金、府经历陈琦、暨署吏目沈永祺等督□□□□□□并建龙祠三楹于兹山之阳，榜曰：灵跃，以妥神庥而驻祈祷焉。计费三百余金，经营仅止数年，□所获利赖，实百千万亿而无穷，岂曰小补之哉！州牧辈丐余为记，且议善后条规，勒诸府堂之前。余虽逊不敏，然喜其事之有成，足以为吾民之利，更冀后之同志者，继事于□□□，因以为记。

大清乾隆二十五年岁次庚辰六月朔日

知姚安府事、世袭骑都尉辽海杨重毂撰并书

姚安府学教授蔡馨□训导李□

姚州□□□登全校正上石

附［碑阴］：

知姚军民府事，世袭骑都尉杨重毂字百修。祖系从龙汉军正白旗人，由世荫出身，历任兵部、户部员外郎。在部俸满，推升引见，奉旨以繁缺知府记名。乾隆二十三年二月，分部选除授姚安府职。十一月十五日莅任。年三十七岁，原籍辽东铁岭人也。

碑立姚安县大龙口乡白龙寺龙王庙内。碑高154厘米，宽87厘米。直行楷书，16行。副碑1块介绍杨重毂身世。清乾隆二十五年杨重毂撰书。

杨重毂，字百修。清汉军正白旗人，世袭骑兵都尉，原籍辽东铁岭人。历任吏部、户部员外郎，乾隆二十三年在部俸满，出任姚安军民府知府，时年三十七岁。任职期间倡导修水利，修文昌宫后殿。此碑书法精美。

奉宪安立界碑[①]

湖南永州府永明县正堂王。照得本县十二区大畔源与广西

[①] 奉宪安立界碑在广西恭城县观音乡水滨村牛塘前门寨山顶乐善亭内，系恭城县与永明（江永）县分界地碑文。李绍任供稿。

恭城县平川源接壤，以前门寨分水〔岭〕为界；岭东系大畔瑶所管，岭西系平川瑶所管。此订。

乾隆二十七年（1762）四月吉日立。

龚家山碑刻

碑一：

皇清待赠祖考税公　讳守龙　字臣之大人墓

皇清待赠祖考税公　讳守蛟　字君之大人墓

清待赠学士税公大模　字书尚大人墓

来龙禁地，东抵岭顶漕边，直上南抵坎，西抵坟岭漕边，北抵山顶。口有罗围，内外树木百十余株，永不许砍伐。倘有无知砍伐者，罚百斤猪羊祭扫。

皇清乾隆三十七年（1772）壬辰岁仲夏月吉旦

碑二：

盖闻四、么两房租茔大小树木数百于（余）朱（株），风吹滚大树四朱（株）。启考、祥茂二人议论卖与启容、永升，猪首、雄鸡祭妇。考、茂二人无之（知），私宋（送）茔为（内）枯树贰拾于（余）朱（株）。众不衣（依），亲族理论：容、升伐（罚）钱伍串。勒刊禁碑一块，永戒后患。

碑三：

其有坟茔来龙禁地……（省略号为断佚部分，下同），前坎西抵坟岭漕边……大小树木难以言数永不……砍伐者伐（罚）百斤猪羊祭……世守之成规耳……

光绪四年（1878）七月十二日

说明：碑刻位于巴东县茶店子镇竹园坪村龚家山，共有六块，现被嵌在田坎中。这些碑并非是置于坟前的基碑，而是关于茔限之内树木保护的禁示碑。

宪奉丑安界碑[①]

湖南永州府永明县正堂王。照得本县十二区大畔源与广西恭城县平川源接壤，以前门寨分水（岭）为界；岭东系畔瑶所管，岭西系平川源瑶所管，此订。□止前门寨亭禁永明恭城界。

乾隆二十七年（1762）四月吉日立。

福宁府石碑文[②]

福宁府石碑文。福宁府霞浦县正堂加五级。乾隆三十九年六月二十九日，据畲民钟允成等具呈前事词称：成等始祖乃高辛皇，勅居山巅，自食其力，不派差徭，历代相沿，由来已久。叠蒙历朝各宪，布化宣仁，案柄日月。迨康熙四十一年，又蒙董州主赐立石碑，永禁各都乡保滥派畲民差役，各县石碑，现存可考，惟州前即今府前石碑被毁，各都保遂有滥派索贴之弊。

---

① 宪奉丑安界碑为四方石柱，碑文分四面刻镌。碑高80厘米，每方宽30厘米。原立广西恭城县观音瑶族乡水滨村北麓之碑记坳与湖南永明县大畔村交界之处。1985年4月5日，刘冰、刘绍仁供稿。此碑与奉宪安立界碑内容相同，是分立两地的界碑，存放地址也不在一处，式样也不相同。

② 福宁府石碑文原存广东省汝南郡畲族草蓝姓宗祠。史书有畲瑶混称，汝南曾为瑶居之地。

成等呈恳府宪，除蒙批候檄饬严禁，毋许各都滥派尔等差徭，并索贴差务，俾其各安生业可也。合情佥恳伏恩准，立碑永彰鸿仁，克结不朽。等情据此，为查畲民钟允成等，前蒙本府宪徐檄，行出示严禁在案，兹据前情，除核案批示外，合再示禁。为此示仰各都乡保人差徭，借端索贴扰累，许受累畲民，指外直禀，以凭拿究。各宜凛遵毋违，特示。

乾隆三十九年（1774）八月十二日给。

福鼎县石碑文①

石碑文。福宁府福鼎县正堂加三级纪录三次王，为遵批声明，恩准勒石碑事抄，蒙福宁府正堂加五级纪录八次徐，宪票据该县畲民保长，保固地方，烟差照例豁免等语。现今有无畲民保长及有无烟差，据实另呈再呈，内有乡保不得勒贴之句，亦指据详细呈明，不得含糊混禀。因成畲民敝处穷谷，人迹罕到，实属深山，五谷索沐皇仁，得沾雨化，历免差徭，由来已久。现各县具有石碑仍存，惟霞石碑被毁。近因材都乡扰，勿论乡愚，确有实情，所以具禀，另请畲烟册，声明籍贯，实属有之。除烟差外，所因乡保额外滥派差徭，索贴差务致成等，仰恳天台一体同皇仁，准照旧敕复碑，以杜滥派，豁免差役徭，百年千秋。等因到县，蒙此业经出示，行禁革在案。兹据畲民钟允成等，呈恳勒石，来除呈批准敕石外，合行刊示，仰阖邑人等知悉。嗣后，畲民应归畲保长编查约束，豁免差徭，毋许地方滥派及索贴差务，碑（俾）其各安生业。倘敢

---

① 福鼎县石碑文原存广东省汝南郡畲族蓝氏宗祠。择自广东汝南郡蓝氏宗谱。

不遵，受累畲民，指名具禀赴县，以凭详究，各宜凛遵毋违，特示。

乾隆三十九年（1774）四月二十一日给，右仰遵照。

永禁官差勒索茶笋竹木等项碑①

具呈广西桂林府兴安县民粟祥明、侯美政、杨上品、侯天相、梁君连、黄世忠、蔡登佩、侯子位，为沥陈与清，乞恩查禁事。民等住居兴邑西隅，山多田少，惟赖茶、笋、竹、木各项，上供国课，下资衣食。近因采买山货，夫差繁重不已。于本年二月内，居民刘定国、龚玉盛、周文杞等，合词由县控府豁免。无如辗辅（转）拖延，救弊而弊滋甚。韦秉钢等于九月初三日，条呈院宪，蒙批前藩宪查报。后逐批发前府转发下县，录供议详。署县主王，嗔怒上控，竟将具呈之头目周文杞、龚玉盛杖责锁禁，遂至公道湮没。兹蒙恩批发府提准释放，冤仰得伸。窃思采买夫差之累，川融六峒千余户人家，人人受此苦累，并非杞、盛二人。现在出控多人，何独杞、盛二人重杖之余，又遭禁锢。今幸钧批洞悉民瘼，云天日见，霜雪之后，得被阳和。为此公恳钦命大人台前主持公道，以不忍人之心，行不忍人之政，一切采买夫差，照查原呈，核详豁免，宪天施莫报之恩，穷檐有更生之象。金石讴思，公侯世祝，激切具呈。乾隆四十一年六月二十五日，署理广西布政使司陈示兴安县民粟祥明等呈控，署令勒买茶笋竹木一案。前据周绍鏚、龚延等

---

① 永禁官差勒索茶笋竹木等项碑原存广西兴安县华江乡千祥村旧庙前。华江六峒，明代至今，为瑶族居地。1958年9月30日采集。

具呈，当批该府严查革禁。乃该县罔知敬悟，仍循故辙，具办理地方诸事不善可知，业经撤回，另委署理在案，仰桂林府查照。屡次呈批查明妥议详参，并饬嗣后采买茶竹各项，不得仍用官价名包，擅差下乡勒买，苦累小民，有干功令。仍大书勒石永禁，并取碑摹报查，等因。蒙署桂林府正堂赵，拟定碑式，详明发刊，遵于乾隆四十二年三月十五日，立碑县衙头门之内。署县主纪，因公晋省，管门家人甘仁锁押石匠，将碑放倒。嗣于四月十一日奉社水巡司林，票取贡茶一千七百斤。峒头目十人，每名下派买细茶一百七十斤。遵即依限于端午前垫价办交，禀请领价。县主嗔怒，将头人蒋光玉、刘大复、侯贵福、粟才羡等四名，各责四十大板。五月三十日，蒋光玉等合词控府。六月初二日，申控藩台朱，蒙批短价勒买峒茶，甫经饬禁，向以该县复行差役勒买，是否实情，仰桂林府作速严查究报，粘单并发。六月初二日，申控臬台哈，于七月十七日审明照旧饬县补给茶价，竖碑划缴。纪主随即病故，经署县主史奉文立碑署前，此案始结。乾隆四十三年五月署巡司孔，至沐水查边，于应人夫八名之外，多要人夫二十四名，无则每名折收夫价银三钱，将小甲潘仁举等杖责，勒交夫价。潘仁举等以逼禁勒派等情具控。署县主廖审明，将弓兵责革，当堂追退折收夫价，此案又结。山区瘠苦，陋弊日滋，荷蒙陈藩宪洞烛民隐，严批查禁，更荷。

列府宪审明弛禁，但恐日久法弛，用是节叙始末，俾不忘推恩所自。

大清乾隆四十三年（1778）十二月十二日。

禁革碑文①

署广西桂林分防龙胜理苗分府，临桂县正堂加五级记录十次郑，为派供苦极难当，哀思怜恻赏示，豁陈苏困事。乾隆四十四年九月初九日奉署桂林正堂董关移，案据贵厅瑶人龙金全、石唐胜、石富金等，赴府具控广南汛千把外委兵丁食鸡鸭鱼物，柴火马草，围园竹签，均令广南、庖田两村族用输供，不照市价平买，营房朽坏，亦令两村出料修理等因，移查前来，当经转移去后。兹准义宁协镇府求移，据右营复移，广南汛官兵柴火马草，并鸡鸭鱼物以及围园竹签等项，俱照市价公平采买，其居住营房，各兵自行修补，并无短价苛派缘由，移复前来，业经照移详复本府在案，合行出示严禁。为此示仰广南汛兵丁人等知悉，嗣后毋许砍伐民间山场竹木，以及派累苗瑶，该苗瑶亦不得妄为滋事，均事毋有违，特示。

乾隆四十四年（1779）十月吉日立。

钦命刊立雍正训饬士子文卧碑

乾隆四十四年九月二十九日，内阁抄出大学士臣于敏中等谨奏：臣等遵旨，恭查雍正五年世宗宪皇帝训饬士子谕旨一道，□□□热河文庙。至国子监亦应敬谨刊□□□部照例办理。其各省学宫，应行一体敬刊勒石，仰各督抚查照各该省□□□刊刻钦命卧碑训饬士子文□□□□□□妥办，谨奏。乾隆四十四

---

① 禁革碑文原存广西龙胜各族自治县平等乡广南旧城址内，"文化大革命"时移存该乡庖田村供销社下面河边。1977年5月20日抄录。

年九月二十九日，奉旨：知道了。钦此。钦命刊立卧碑，晓示生员。朝廷建立学校，选取生员，免其丁粮，厚以廪膳。设学院、学道、学官以教之，各衙门官，以礼相待，全要养成贤才，以供朝廷进用。诸生皆当上报国恩，下立人品。所有教条，开列于后。

一、生员之家，父母贤智者，子当受教。父母愚鲁，或有非为者，子既读书明理，当再三恳告，使父母不陷于危亡。

一、生员立志，当学为忠臣清官。书史所载忠清事迹，务须互相讲究。凡利国爱民之事，更应留心。

一、生员居心忠厚正直，读书方有实用，出仕必作良吏。若心术邪刻，读书必无成就，为官必致祸患，行害人之事者，往往自杀其身，当宜思省。

一、生员不可干求官长，交结势要，希图进身。若果心善德全，上天知之，必加以福。

一、生员当爱身忍性。凡有司官衙门，不可轻入。即有切己之事，止许家人抱告，不许干预他人词讼；他人亦不许牵连生员作证。

一、为学当尊敬先生。若讲说皆须诚心听受。如有未明，从容再问。毋妄行辩难。为师长者，亦当尽心教训，勿致怠惰。

一、军民一切利病，不许生员上书陈言。如有一言建白，以违制论，黜革治罪。

一、生员不许纠党多人，立盟结社，把持官府，武断乡曲。所作文字，不许妄行刊刻，违者听提调官治罪。

丽江府知府臣宋成绶，署剑川州知州臣秦涛，吏目臣吴云光，学正臣任怀训导臣金英敬刊。

乾隆四十五年岁次庚子正月吉日。

护松碑

大理府赵州儒学生员张文曰字斗墟号光射谨撰。

知弟姜熊字辅文号叶飞书丹。

从来地灵者人乃，理然也。以余村居赤浦，虽曰倚丽山而对玉案，尚惜主山有缺陷，宜用人力以补之。而所以补其缺陷者，贵乎林木之荫翳。因上宪劝民种植，合村众志一举，于乾隆三十八年奋然种松。由是青葱蔚秀，自现于主山，而且培养日久，可以为栋梁，可以作舟楫。良材之产于此，即庙宇倾朽，修建不虑其无资。日后合村公众种松之主山，永为公山。合村不得横认地主，私自扦葬。所有古冢，任各拜扫。夫是以主山之木尝美矣，想亦材木不可胜用之一道。其所以不可胜用之实，皆系斧斤不可轻入于林中。执是以行，孰非上遵王政之禁令乎。倘有无知之徒，希图永利，窃为刊损者，干罚必不能免。统而言之，补山为上，取材次之，不言利而利在其中矣。所序之言，勒于碑石，将以垂诸奕世云。

乾隆四十五年菊月上浣之吉。

赤浦合村士庶同立石。

奉督抚司道永禁道观裕派明文碑

钦命云南等处承宣布政使司布政使随带加一级军功议叙随带加二级纪录十八次□，为□严滥派僧道应役之禁，以安庙观事。乾隆四十六年五月二十四日，奉督部堂福批：本司呈详，窃照驿站需用夫马，原应地方官自行和雇，不许派及闾阎。近年差事较繁，每有借资民力，夫出于户，马出于粮，此不过一时权宜，且亦间有之事，况蒙宪台惠爱，边氓诚恳，各属借差派累，诰诫频仍。□□□各具有天良，莫不欢欣顶戴。光禅林玄室，本皆资食于人，即有常住粮田，亦仅供香灯之用。乃闻按粮输银，雇办马匹，与仕民一律公摊，甚有桌椅器具，并欲责之僧道承应者，实为滋扰。本司业经出示饬禁，嗣后各州县遇有□□夫马，不得派及僧道，违者参究。第是滇省各属玩忽成风，若非仰借宪威，严行批饬，终虽保无阳奉阴违。理合具详，请祈宪台鉴核批示，以便通饬遵照，勒石永禁，等因。奉批：查滇省夫马，久定章程，凡属寻常差使，自有驿马□可以应用，间有需用马匹人夫较繁，驿站不敷供应，一载之中，原非常有，应令地方官自行平价觅雇，按站给发，不许丝毫派累。批檄频仍，历饬遵照在案。据详，每有夫出于户，马出于粮等语。是各属竟有阳奉阴违，借差科派之事。该司任承宣，既有见闻，即应严查究办，会同总驿之臬司，据实揭参，始足剔厘陋弊，未便以不过一时权宜，视为无关紧要。夫马一经科派，闾左无不骇然，又何论乎黄冠缁服。该司独于僧道注意拳拳，似失权衡之道。究之按粮输银，僧道一律公摊，是否确有指实。何以不行明白声叙。似此陋习未改，玩忽成风，作何整饬。仰即会同按察司确查妥议，详覆察夺，仍候抚部院批示缴。又奉署理云南巡抚部院刘批：差需夫马，派及僧道，实为扰累之尤，自应严行禁止，不许阳奉阴违，仰即如详通饬，遵照勒石永禁。仍候督部堂批示缴，各等因。奉此，该本司会同按察司查详，滇省各州县应差夫马章程，前于乾隆四十年，经王前司议详，先尽额设夫马外，不敷数少，即于近城添雇；如遇大差临境，用数较多，于四乡村庄均匀派拨，或挨次轮应，或分乡约派。总期劳逸适均，毋令稍有偏枯。每夫一名，无论出差、守候，每日官给米二京升，盐菜钱十文。每马日给草三斤，料一升，随马夫亦每日给米一升，钱十文。其偏僻州县，并未设有驿站，凡遇差役经过，所需夫马尚属有限，或安门户当差，或有公自承值。倘调往别属协济，统照曲靖、云南等府大路之例，每日给与口粮、草料、盐菜钱文。乡保人等有用少派多，折收情弊，查出尽快究处。自永平县以至永昌，并无驿堡□□资民力，各照旧例妥协办理，详奉图前院批准饬遵。于乾隆四十二年，赵州民人李士贵控诉按粮差派夫马案内，经孙前司议详，解饷解犯寻常差使，所需夫役，除额设外或有不敷，俱令地方官自行雇应，不得派及民间。如遇大差，用夫敷多，方许在于四乡烟户均匀酌拨，及挨次轮充，或分乡承应，总就各该处原旧规制办理。民夫到站之日，每日官给米一京升，盐菜钱十文，所需马匹令地方官临时雇备。如差使未到，在站守候，每马日给草三斤，料官升，跟随马夫，亦照民夫日给食米菜钱，并将所需夫马数目，于差事来到之前通饬晓谕。倘有用少派多，折收渔利，以致借差封拉马匹，有阻行商，察出严参治罪。其按粮摊派之处，永行禁止，等因，奉李前院批示准行各在案，是滇省州县，遇有大差，需用夫役，原系按乡派应，虽马匹禁止按粮摊派，而陋习因仍，未能杜绝。昨据寻甸、马龙等州僧人具控，州役借差按粮派办马匹器用等情，僧寺且不能免，此外更可类推，业发该管曲靖府确审具详。除俟审详到日，另行详查究办外，因思地方需应夫马，不用价雇，派之里递承应，固属非是，然每日给有食米草料菜钱，尚非白令当差；且大差过站，岁不常有，而小民习劳服役，亦有合乎子来之义。至黄冠缁衣，已在方外，本须仰给于人，即有常住田粮，为数不多，而需用差马必与齐民一律公摊，情似可悯，是以本司亦详请饬禁，非有厚于玄室禅林也。兹奉宪示，以陋习未改，作何整饬批，自会同议详，本司等覆查各站应差夫马，原须地方官和雇，从前议令派之乡村，虽有日给食米草料钱文，究属陋例，应请概行禁止。嗣后遇有大差，除额设夫马外，不敷之数，俱令州县官平价雇备，其无额设处所，亦令自雇备应，仍责成本管巡道、知府、直隶州加意查察，倘仍有借差派累闾阎，官则立揭请参，役则便行究处，或道府直隶州隐不报，别经查实，并请参处。务期法在必行，派累可冀永除矣。是否有当？相应会详，请祈宪台鉴核批示，以便通行勒石，具摹批查等因，于乾隆四十六年闰五月初七日，奉督部堂福批：差使夫马间有不敷，自应查照遵行，平价雇募，经科派乡村胥役，因缘为奸，婪收勒折，其害不可胜言，穷檐何以堪此？如详通饬勒石，永远严禁，并密加访察。如敢阳奉阴违，立即详参重究，务期法在必行，毋得稍存姑息。寻甸、马龙二州僧人何名？如何控告？并即催府讯究，据实详候察夺，并候抚部院批示缴。同日，又奉抚部院刘批：据详已悉，仰候督部堂批示遵行缴。奉此，合就饬行。为此仰厅官吏即便转饬所属遵照详定章程，一切应差夫马，除额设外，不敷之数，均须平价雇备，按站给米银，若无额设处所，亦当自雇备应，不得丝毫派及闾阎，致使奸胥蠹役，借端苛索。一面勒石永禁，具摹通报查考；一面照录原案，饬发僧纲道纪，勒石寺观，永除弊累。仍一体留心察查，倘有阳奉阴违，即行揭报请参。若该厅知情放纵，徇隐不报，别经查实，亦即并参不贷，各宜凛遵，毋贻后悔，速速，等因。除通行各属勒石具禀报查外，合就饬行。为此仰该道纪赵镇遵照，即便照录原案，转饬各寺观勒石垂久，永除弊累，毋违，须至牌者。等因，奉此。六月初九日奉特调蒙化直厅隶厅正堂庆牌行同前由。奉此，合行勒石遵守。

乾隆四十六年岁次辛丑仲秋上浣吉日。

蒙化直隶厅道纪赵镇立石。

严禁残颓桥梁碑

署大理府云龙州正堂加三级纪录六次记功二十三次沈，为请示，严禁残颓桥梁，以济行人事。据顺荡灶户等禀称，顺井有板桥一架，历今百有余年，以利领发盐觔，及来往行人之要。竟有脚户牲口歇宿其上，致桥易于颓坏。适于洪水陡发，运盐者隔路，贸易者阻道。众井等复行募化，纠工派费修葺。脚户等毫不顾惜，仍歇桥上，伏乞州主赏示严禁等情，据此，合行出示，仰塘兵保人等知悉。嗣后来往牲口，不得留宿桥上，及牲口过桥，务须按骑逐放。倘敢故违，立即扭解赴州，以凭从重严禁，讯究不贷，各宜凛遵毋违！特示。

乾隆四十七年正月癸巳日，合灶立。

保护公山碑记

特授江丽府剑川州正堂加六级纪录十次金，为据呈严禁侵占公山以垂永久事。据贡生赵有兰等呈称：剑西老君山为全滇山祖，合州要地，近为武生颜仁率李万常等盘踞其下，延山砍伐，纵火烧空。以致水源枯竭，栽种维艰。前经合州士民扭禀，蒙前任州主开恩，主勘审严，遂给有谳语云。审得颜仁等与贡生赵有兰等互控一案，查老君山系省诸山之祖，州志府志俱载其说，是不唯颜仁等不得占，即剑川州不得而私也。乃颜仁等□敢住其地，砍伐树木，开挖田地，盘踞数十年之久，践踏数十里之宽，究其执据则捏造禾瓦子卖契纸及木土官妄给遵照一张。查原契纸色墨迹并非五十年之物，显系伪造。查该处系官山，禾瓦何从得有其地，况毫无来历，而契载四至之外，仍系官山，并无业主地邻，岂中间一派山脉独为瓦子之产而可以擅卖乎？且契内只许牧放牲畜，并未载有起房居住、砍树开地之语，况禾瓦子并无其人，明系颜仁等捏造假契。始则借牧放为名，久之而无人过问，遂肆行侵占并吞之志，□至土官遵照，更属可恶。伊并非守土之官，乃敢串通奸民，擅将隔境官山给照开挖，□□□□□罪属难恕，本应从重究治，姑念事历多年，伊等现知罪具结，立限迁徙，姑免深究等由。今颜仁等虽绝迹他处，诚恐贪昧之徒乘间窜入，任意侵踏，均未可定，合将公山应禁条规，□□□□□□恩批饬禁，勒石永遵，并祈给与赵□□、□□魁看守公山遵照，免其门户等情。据此，除给照与看守人等外，合行批示严禁，为此示仰州属士民人等知悉。查老君山为合州来脉，栽种水源所关，统宜共为保全，为自己受用之地，安容任意侵踏，以败万姓养命之源。自示禁之后，务遵律纪条规保全公山，如敢私占公山及任意砍伐、过界侵踏等弊，许看山人等扭禀，以便究治，绝不姑宽，示遵照毋违时。计开公山严禁条规：

一、禁颜等现留公山地基田亩不得私占；

一、禁岩场出水源头处砍伐活树；

一、禁放火烧山；

一、禁砍伐童树；

一、禁砍挖树根；

一、禁各村不得过界侵踏；

一、禁贩卖木料。

右仰遵守。

合州绅士贡生赵有兰、生员张定枢、杨森梅、罗崇、张世德、杨定雄、张善、张汝□、王诚、赵朴、陈缉林。

乾隆四十八年十月十二日示。

鹤峰州谕事碑记

碑一：

湖北宜昌府鹤峰州山羊司加三级记录三次□，为晓谕事：

照得南慈唐姓在关外诸保籍以故坟迭境滋事，业经本司申详□□□州宪吴委同勘明创验均属讹诈。经宪庭讯，唐姓等皆俯首无词，愿具□□滋事甘结存案。兹奉吴宪勒石永示，原唐姓诈控，悉□本司所辖之地，恐后唐姓罔知，现示合行刊谕，为此示仰所属人等知悉。自示之后，如有仍前假称祖坟到处讹诈者，准即扭禀，以凭差拿解究，各宜遵照毋违，特示。

碑二：

特授湖北宜昌府鹤峰正堂加五级、记录十次吴，为晓谕事：

照得关外诸保原唐姓故坟，三次俱有碑坊石围为记。其子孙在石门者，每借荒土为祖坟，到处讹诈，民怕经官，出钱买静，量其家之贫富，或十千至数十千不等。有不受讹诈者，控经累年，事涉疑，似官无剖，悬案莫结，废业失时，民受其害靡有底止。兹有石门县世袭千把总唐尔盛、唐盛业、唐远太，生员唐业精等，呈告监生王炯掘冢盗葬一案，庭讯之下，指称王坟之后，系伊曾祖唐时顺之坟，其前系伊叔祖唐之微之坟，吊验族谱，已故者数百人并无葬处，惟唐时顺一名，粘签曰，葬白果坪丁山；之微一名粘签曰，葬时顺之前。益欲讹人，则指为某祖，及呈控则签以实之，而不知奸谋已毕露矣。犹不自悛痛哭流涕，混请创验彼益，挟羊肠鸟道，欺本州之难行，可以伸其无情之讼耳，距曰亲勘之时，令伊自创深长各六尺内皆宴土，无颜而止。又有刘士元以平空捏害控总千唐弥盛等，是日顺途踏勘，实系口坑。二奸俱露，俯首无词，除创具永不滋事甘结存案外，合行勒石永示。为此，仰圈邑人等知悉。自示之后，如有仍前假称祖坟到处讹诈者，准即扭禀，以便尽法宪治。倘遇废冢荒堆，该百姓亦培土增高，以存厚道，毋违，特示。

乾隆四十八年（1783）湖北省宜昌府鹤峰正堂及山羊司刻

说明：该碑原位于鹤峰县走马乡白果镇，现存于鹤峰县博物馆碑林。

那志寨晓谕碑

署普安州分驻黄草坝分州候补布政司经厅加五级纪录六次缪。

遵照办公以杜讼端事，照得吴荣跃等具告查博血等展田不差一案，经本分州差提质讯。兹据查博血等具诉展田各差等情，从此讯明，两造俱各心甘情服，愿出具遵依存案。日后一切粮赋采买差徭，随粮田仍照旧例当差。其按科田，遵照即行赴州投税升科，不得隐匿。各等情据此，合行出示晓谕。为此，未仰该地那志寨一切人等知悉：嗣后遵照当差，毋得妄生枝扯，滋起事端，各宜禀（凛）遵毋违，特示遵照。

右仰通知。

乾隆五十一年四月十六日示。

永远遵照碑

黄坪营奄章世守马目黄，为遵照杜绝后患以免争侵事。情缘那志地方，先年夫马差役各行公件，屡行混派，滋肴不宁，于五十一年曾经分州缪主斧断。遵照公私各殊，凡所应出夫马公件，仍照差田三十分派纳。头人甲首不得混行滋肴。至查抱牛、爸血、士祥、良进、爸厚等五人所有私田地，各原无夫马采买公件，已经斧断。兹因每岁寨内花户屡行混争，滋扰不宁。是以凭寨内头目人等合行给照，嗣后花户头人毋得混派相争，无端滋肴，尚（倘）有此情，立即扭送本马目解公理论，难逃涉法治罪，为此特给遵照。

凭头人：吴荣仁、吴朝贤、李国用、岑开元

乾隆五十二年四月十七日遵照。

查良进、抱牛、爸血、爸厚、士祥收执。

审照碑记①

势江源八甲，地处山瑶，于唐宋元时，每遭寇盗，素无宁息。厥后，明末清初，屡次动兵，道经斯境，令民修路送兵，日夜辛苦。自平息之后，蒙〔皇〕恩□□，令立头目四人，分为八甲，轮流守望，以备不虞。立乡、练二人以办公事，更立□□□□□□□□□□□□□□□□□□□，永垂不朽云。

□□□□□□□□□□□□□□□□□势江八甲，系属瑶地，向来止纳猪税及供应祭猪（下缺）。

其照在廖家楼。奉询。

大清乾隆五十六年（1791）岁次辛亥十二月十四日赏给照，是日刻印。

唐姓祠堂碑文②

立碑持授都祖唐万□公，自之由来永州湾府。宣德元年（1426），历遗灌邑苏木水，娶二妻，李氏、王氏。所生四子成人，遗住乌冰，承顶盘九哥瑶粮田地山场，与四人所管业，其瑶粮九甲户完纳右路。成化十一年（1475），唐本能修砌，现有石记。今四房子孙请匠立碑，永远之记也。

其买祭田塘田三工，粮米一斗，沈姓六甲户收纳。

---

① 审照碑记原存广西恭城县莲花瑶族乡势江村势江街（原为小学校址）门前，碑镶嵌于墙壁之中。碑高90厘米，碑宽70厘米，部分字迹破损。1985年4月5日采集。

② 唐姓祠堂碑文原立广西灌阳县水车地区江塘村。1984年5月，盘世新、唐志培供稿。

大清乾隆五十六年（1791），岁次孟春月吉日立。

奉府示禁碑①

署理广西桂林府事，柳州府正堂随带军功加二级纪录四次郑，为剀切严禁事，照得龙胜地方，苗瑶杂处，地瘠民贫，自宜加意抚绥，以靖地方，俾不法差役，不能乘机滋事，方为妥善。除现在访查拿究外，合将永远应禁各条，明晰晓谕革除，逐一开列。

计开：

一、采买仓谷，应照例还主，□等信家丁，赴各圩场，照市价公平采买，毋得任听书差发价向乡民勒买，以致短价累民。

一、各衙门采买米粮柴炭，茶叶鸡鸭，猪羊鱼肉菜等物，均应在城市圩场，照实价公平采买，毋得以官价派勒乡民，以致短价。

一、征收官租，应平斛响钵，毋得淋尖阳斛，任意多收。除耗米之外，所有陋例小租一项，该书等不得借端索取。

一、盘量社仓，所有家丁书等一切饭食，均应自备，毋许勒令乡保供应，致滋派累。

一、衙役奉调缉拿要犯至各乡踩缉，均应自备盘费，毋许乘坐笾轿，滥派乡夫及需索酒饭供应。

一、发给门牌委牌，均应照例当堂给领，毋得假手书差，至启需索陋规之弊。

---

① 奉府示禁碑原存广西龙胜各族自治县泗水乡周家村白面寨旁，1985年5月21日收集。

一、修理衙署监仓，所用竹木料物砖瓦片，均应照时价向圩市公平采买，毋得派累乡民，致有短价之弊。凡需夫运物料，亦应拨夫给价，毋得滥派。

一、修理塘房，应官雇工匠，所需物料，随时给价，毋得任听书差向民间派收工匠钱文。

以上应禁各条，尔书差人等，务宜凛遵。如敢违抗，一经本府访问或被告发，定将尔等严拿，按例法究，从重办理，决不宽贷。尔地方民瑶等，宜各守法，一律不得妄生事端，听信奸狡讼棍，捏词兴讼，致蹈法究。各宜凛遵毋违，特示。

乾隆五十七年（1792）六月二十八日立。

奉宪永禁勒碑①

署广西桂林府事柳州府正堂随带军功加二级纪录四次郑批准尔等自行勒碑呈验，竖立通衢，永远禁革可也。为割（剀）切严禁事，照得龙胜地方，壮瑶裕处，地瘠民贫，自宜加意抚绥，以靖地方。俾不法书役，不能乘机滋事，方为妥善。除现在访查拿究外，合将永远应禁各条，明切晓谕革除，逐一开列于后：

一、采买茶叶，应照例选差亲信家丁赴各圩场城里，照时价公平采买，毋得任听书差发价向乡民勒买，以致短价累民。

一、各衙门采买鸡鸭猪只等项，应在城市圩场照依时价公平采买，毋得混发官价，派勒乡民。

一、衙役奉票缉拿要犯，至多踩缉，均应自备盘费，毋许

---

① 奉宪永禁勒碑，原存广西龙胜各族自治县和平乡龙脊村廖家寨路口旁。1964年5月7日采集。

乘坐篼轿，滥派力夫及需索酒饭供应。

一、给发委牌钱壹千贰百文，当堂给领，毋得假手书差，致启需索陋规。

一、修理塘房，应管雇工匠，所需物料，随时采买给价，毋得任听书差向□问派收工价钱文。以上应禁各条，尔书差人等务宜凛遵。如敢抗违，一经本府访闻，或被告发，定将尔等严拿，按例法究，从重办理，决不宽贷。尔地方民瑶壮人等，宜各守法律，不得妄生事端，听奸狡讼棍捏词兴讼，致于法究，各宜凛遵毋违。特示碑。贴龙脊团晓谕。潘天红。

乾隆五十七年（1792）□月□□□立。

嘉　庆

团规碑记①

为严伸大义，盘瓠列规四十八团鸣锣会议，齐集款场刊刻碑永遗不朽矣。且盘王俱瑶等，始祖共来一脉分枝（支），乃是照依前评皇之券牒。始祖其一十二姓良缘配偶，万古纲常。瑶等历来存据评王券牒律，盘王子孙妻女，毋许外民百姓为婚，如不遵者，不得轻恕。恐人丘（众）地则（窄），游片（遍）山林，人户洒散，居民远写（徙），如在所属乡民村境，毋得沦（乱）夺〔瑶〕家妻女，预正刚（纲）常。瑶等历来毫非不染，本分为人，如不遵者，从公罚（发）落。由恐外姓人民计诈，倘若惯便无名油火并及抄家劫掳，十件条律兹扰良瑶，情不得

---

① 团规碑记原存广西兴安县华江瑶族乡。1983年采录。

已，以致款场集续大团严禁，不得轻恕。众团至此设立款碑，永古不朽矣！议开列于后：

一议十二姓盘王子孙妻女，毋许外民百姓迎亲交配为婚。

一议不得外姓豪恶，倚势强欺弱伙党，毋许害民。

一议外姓客民入室，各分男女。

一议团内不得偷寒送暖过壶水进缸。

一议团内不得妄生枝节，各守本分为人。

一议不得游手好闲，使人兴讼多事生非。

一议不得毁嫁生妻。

一议团内不得钩（勾）引外来闲裕人等串同伙党。以上十条众公取罚。

八团头人：盘文龙、赵支文、赵皮禄、罗才龙、李成会、冯云福、赵才文、冯成京、盘云耀、赵万福、赵金龙、李成保、罗才良、赵永国、赵万德、张□耀、赵才子、郑成□、张才凤、张祯旺、盘文标、郑成周、赵□恭、赵荣良、罗升一、郑贵朝、赵朝胜、罗云明、李□□、赵永才、邵全志、盘绍堂、赵友县、赵合明、赵富县。

嘉庆三年（1798）二月二十六日谷旦立。

棉花地雷王庙碑记[①]

恭城县正堂加五级记录孙，为恩赏印照，以杜苛派，勒石永远□事。本年七月十五日，据下西乡高界瑶、大源瑶、小源

[①] 棉花地雷王庙碑记原存广西恭城县西岭瑶族乡新合村棉花地雷王庙内。碑长90厘米，宽60厘米。

瑶、芹菜瑶民邓明全、盘福笔、邓广科、赵启相、盘有田、邓广有、赵福林等，具禀前来祠（词）讲情：蚁等祖籍广东庆府德庆州封川县良民，于景泰年间（1450—1456），因广西恭城雷虎子作叛，招抚蚁等之祖来恭，在于下西乡高界源、大小源、芹菜源等处，把守隘口有功，无粮度活。蒙朝廷恩赏，将此处瑶山土岭，赐与蚁等之祖居住，照依四至界内耕管，永免上纳粮税及苛派一切裕项夫役等事，历久相安无异。迨至唐熙五十年（1711）及雍正六年（1728）、乾隆十九年（1754）二十六年（1761），荷蒙前任张、谢、郑、徐四县；节次给发印照。嗣后如有采买谷担、缸料、香菌以及一切裕项夫役，暨行豁免，永无苛派。历经年久，不为瑶害，感德无涯久矣。不料嘉庆二年（1799），突遭八角岩村陈旮、卢先成，冒充山主，将蚁等耕种之瑶山土岭，私批与异省民人邹用元、邓显荣、朱化龙、毛万里等开挖耕种裕粮，而伊等不顾一乡良田，竟将树木尽行砍伐，伤坏山源，有关国赋，又将蚁等已耕种熟地强夺。蚁等与水亩业主陈显祖、欧湛等，具禀案下，复控府辕，蒙批仁天审讯结案，将伊等驱逐回籍，其山场上岭，仍其瑶山土岭，尔等仍照旧在于四至界内，永远耕营，不得侵越他人地土，以靖瑶疆。尚有附近强族及不法乡保人等，借端私派苛索或冒充山主，将尔等山场私批异民，许即指名具禀，以凭以重严究。尔等瑶民，务宜安分守法，勿得希异妄为，仰各遵照。

计开山场四至：东至龙塘岩、上枧、小源岭、老虎岩、音山帽；南至鼓加山、凤凰山、滴水岩、银仔山、马鹿冲；西至芹菜源、高界岭头与平乐交界；北至黄衣、洴田冲、石义岩、铜禄岩、二猫、梨木界。

遵照界山王止□、盘福和、邓广有。右照给瑶邓明全、盘有田、赵福林、赵启相、邓广科同照。

嘉庆四年（1799）八月初五日。

恭城县正堂给照碑记[①]

石匠邓弟贵，捐钱四百文。

恭城县正堂加五级记录五孙，为恳恩赏印照，以杜苛派，勒石永远事。本年七月十五日，据下西乡高界瑶、大源瑶、小源瑶、芹菜源瑶民邓明全、盘福和、邓科、赵启相、盘有田、邓广有、赵福林等，具禀前来词称：情蚁等祖籍广东肇庆德庆州封川县良民，于景泰年间（1450—1456），因广西恭城县雷五子作叛，招蚁等祖来恭，在于下西乡高界源、大小二源、芹菜源等处把守隘口有功，无粮度活，蒙朝廷恩赏，将此处瑶山土岭，赐与蚁等之祖居住，照依四至界内耕管，永免上纳粮税及苛派一切裕项夫役等事，历久相安无异。迨至康熙五十年（1711）及雍正六年（1728）、乾隆十九年（1754）、二十六年（1761），荷蒙前任张、谢、郑、徐四县，节次给发印照，嗣后如有采买谷石、舡料、香菌以及一切裕项夫役，暨（概）行豁免，永无苛派。历经年久，不为瑶害，盛德无涯久矣！不料嘉庆二年（1797）突遭八角岩村陈发□、唐先成，冒充山主，将蚁等耕种之瑶山地地（岭），私批与异省民人邹用元、邓显荣、朱化龙、毛万里开挖耕种裕粮，而伊等不顾一乡粮田，竟将树

[①] 恭城县正堂给照碑记原存广西恭城县西岭瑶族乡新合村，碑高80厘米，宽78厘米。该碑与棉花地雷王庙碑大同小异，是一文镌碑，分立两地。1984年10月，莫纪德拓印，1985年4月5日供稿。

木，尽行砍伐，伤坏水源，有关国赋，又将蚁等已耕熟地强夺。蚁等曾与水□业主陈显祖、欧堪等，具禀案下，复控府辕，蒙批仁天审讯结案，将伊等驱逐回籍，其山场山岭，仍归蚁等，照依四至，界内耕管，众皆欣慰。乃判墨未干，复遭该乡保约苛派，采买谷石，蚁等亦曾禀明，将前官所给印照呈，已蒙恩免，此诚天高地厚之恩，保赤爱民之至意也。但蚁等虽屡木（沐）鸿慈，惟恐日久得弊复生，仍有遗累情事，为此，备情哀恳，伏乞赏准，给发印照，蚁等勒石，永远子孙占恩，焚香顶祝，公侯万代。等情到县，□此当批准给照，□□□□□除批示久合行给照，为此照给瑶民邓明全、盘福和、赵启相等收执。嗣后采买谷石及香菌并一切裕项夫役等事，暨行豁免，永无苛派。其瑶山上岭，尔等依照旧在于四界内永远耕管，不得侵越他人地土，以靖瑶疆。倘有附近强族及不法乡保人等，借端私派苛索或冒充山主，将尔等耕（种）山场，私批异民，即许指名具禀，以凭（便）从重严究。尔等瑶民务宜安分守法，勿得希异妄为。仰各凛遵。

计开：

山场四至：东至龙塘岩、上枧、小源岭、老虎岩、音山帽；南至鼓加山、凤凰山、滴水岩、银仔山、马鹿冲；西至芹菜源、高界岭头与平乐交界；北至黄良、泮田冲、石义岩、铜禄岩、十二猫、梨木界遵照。界山王止、盘福和、邓广有、邓明全、盘有田、赵福林、赵启相、邓广科同照。

嘉庆四（年印）（1799）八月初五日。

有凤、广成、种贵、宗义、进建、有进。

恭城服徭役碑①

该平乐府平乐县□张。审（查）看得恭城□民韦学民等，主控王绍卿等紊乱夫役一案。绥恭邑北乡地方，原分七保。雍正七年（1929），里老议定：碛头保、黄土保、栗木保、台塘半保，村居西北，称为上三保，路通本省之全州、灌阳地；常家保、实乐保、上灌保、大合半保，村居东南，称为下三保，路通楚南之永明保路通本省之全州、灌阳地；常家保、实乐保、上灌保、大合半保，村居东南，称为下三保，路通楚南之永明及本省麦岭、富川地方。凡遇两路□□，雇拨人役，向无一是章程。乾隆六十年（1795）内，奉调麦岭官兵，赴湖南剿捕逆苗，道经恭邑，□□□□□□前署袁公，派拨上下保人夫各三百名，同赴龙虎关伺候。维时下保人役齐集，而□□□□□常明信等，旋以上保抗夫，赴县呈控。该县袁令集讯断令各当遇有其差，重□□□□□以保内人丁稀，差务繁多，独力难当，俟孙令讳峻回任后，呈恳照□□□□□候审讯，即赴道转呈控。常阴信等亦赴诉明，均批本府恒提集人□□□□□断令，一切大小差务，均饬六保明当，以示公允。详奉前宪暨□□□□□□明当夫役之后，上三保有效期务本稀，是下保赴止保明当之时，□□□□□时多，且路隔东西，居住□远。下保差务时往时，一经贻□□□□□控，蒙批恭城令，拟以上下分当半年，彼此换□□□□□□□。令奉前府禀委，敝县讯详，当即移提

---

① 恭城服徭役碑原存广西恭城瑶族自治县栗木乡大合村水井旁。1984年2月8日，恭城县李绍任、刘冰、刘少仁等供稿。

到案，讯悉前情，□□□□差务较繁。但粤西山路崎岖，遇有差务，势不能不□□□□□□比例，应拨用人夫者，上下六保同为应役，该县仍先□□□□□□使并各项。在官兵役长随家人等，奉有差遣，□□□□□，合将审议原由，同各遵结详核送转等情，具详□□□□□饬，遵照完案，余已饬缴。

恭城县正堂□□□□□□初九日准。

平乐县□张，移开□□□□控庄绍卿等紊乱夫役章程一案，奉前府宪孙票尾□□□□□□□移知，等因到县，准此。除原详看粘单给照行，合行□□□□□□□讯，即便遵照粘抄，详内事理。嗣后遇有兵差重务，□□□□□应役，照票出夫伺应，发给工价。其余过往差役并各项□□□应付，尔等凛遵，毋违须照。又照给王□□□□□应照实乐王怀伟收执。

嘉庆五年（1800）□□□另行遵照。

奉宪明文禁革需索碑

署赵州正堂加三级纪录六次曾，为给照晓示勒石，永远禁革陋规事。案奉总督部堂琅大人发审红崖弥渡合川碓磴户杨水时等呈诉陋规一案，业经本署州讯明议拟，录供禀覆。兹奉督宪批示：查需索碓砲户陋规，大法纪。据弥衙役需索，由来未久，并非托倅到任内之事。姑宽已往不究外，至该役孟璋、孟勃、余秀、董林，家人张成、石法等，于托倅到任后，辄又禀请清查，大属不合。现据讯明，该倅业已出票，该役及家人等尚有婪索情弊，仰即如禀，将孟璋、孟勃等，各照不应重律，杖八十，加枷号一个月。满日折责革役。原告杨永时等所控有因，免其置议，即同无干人等，概行省释。该州仍即出示，将碓硙陋规，示行禁革毋迟，此缴等因。奉此，除遵批审讯发落外，照录案批，具文申详，督宪饬弥渡分府衙门，立当出示晓谕，合行给照勒石。为此，照给碓磴户杨永时等收执。所有些（此）等陋规，永远禁革。须至勒石，永志不朽。记（计）开北沟阱碓硙户（略二十四户名），马桑阱碓硙户（略十户名），南沟阱碓硙户（略十户名），九鼓阱碓硙户（略十户名）。桑木阱碓皑户（略十户名）。巴冲阱碓硙户（略十一户名）。石头坝碓硙户（略十户名）。分基凹阱碓硙户（略十户名）。古城阱碓硙户（略十户名）。桥头哨阱硙户（略十户名），虫蝗寺阱碓硙户（略十户名）。

先生周仲，工房龙德辉，差头邹玉林、王绍孔、王绍培。

原告杨永时，干证李瑜。

嘉庆八年二月十二日，众姓人等全立。

此碑树立双村寺。被告家人张成、石法，差孟璋、孟勃、余秀、董林。

上宪部文碓硙陋规永行禁革碑

钦命云贵两省总督统辖文武官员统理军务兼建昌毕节等处粮饷琅，护理迤西兵备道总办维西军需局务翁，大理府赵州正堂加三级纪录六次曾，为出示，永远禁革事，案奉总督部堂琅批：发审，据具诉生员李瑜、民杨寅、李晨、邹兴国等词称：系蒙化箐同合川碓硙磴士民，诉为叩天恩命，以儆蠹役，新例害民，叠扰无休事，情因生等祖有碓硙，舂米硙曲，利济苍生。特取升合赢余养家口，以均差徭。古有成规，不干公项丝毫，不容过往住歇。不料三五年来，分府衙役孟璋、孟璞等，每清官临任，即计算利孔，一牌手差伴成群，星夜乡村，男惊女泣，鸡犬不宁，苦楚不达，上天难知。若再隐忍不诉，流离失所，痛苦之下必为地方大害。况弥川各箐，俱有碓硇，古辈至今，从无衙内生方逼害之例。伏乞恩宪大人，赏示禁革。百代沾春，铭刻不朽，等云。当经本州岛讯明议拟，录供禀覆。兹奉督宪批示：查需索碓磨陋规，大干法纪。据称由来已久，并非托倅任内之事，姑宽已往不究外，至该役孟璋等，于托倅到任后，辄又禀请清查，大属不合。现据讯明，该倅并未出票，该役及家人等尚无禁索情弊。仰即如票，将孟璋、孟璞各照不应重律，杖八十，加枷号一个月，满日折责革役。原告杨寅等所控有因，免其置议，即同无干人等概行省释。该州仍即出示，将碓硇陋规，一概示行禁革毋迟，此缴等因。奉此：除遵批发落，照录案批，报明弥渡分府衙门立档，并出示晓谕外，合行给照。为此，照给杨寅碓硇户生员李瑜等收执，所有此等陋规，永远禁革。须至执照者遵。上下比齐，河南北碓硇户绅士谷开寅、师范、李束明、郭椿、曹有庆、张玉、陈起润，摆衣村刘萃，大洪箐杨毓龙、高炳阳、杨玉泰、杨可鬻、刘文庞，庙箐杨持生，密只亘力木古郎、李开先、师人凤、胡苍舒。

大清嘉庆八年二月初十日合川碓磨七大丛白川云川同碓硇人等白有顺、李绍，州差邹玉琳、杨昭仝立。

奄章永远遵照例碑

署兴义县正堂加五级记录六次王，为出示永遵例规免滋后累事：案据奄章土弁黄明经具控，黄克明等有科不税一案，业经差提。续据黄克明等转禀：黄明经□□□□不报，互控在案等情。据黄克明具限请勘，除各□□词情备案外，本县檄委捕□□□甚查，□□奄章平寨□□之田，历系八围粮田，共六十四处，今实行粮田三十四分纳赋当差属实。据该寨□□岑□□、黄□□、吴挺□、王先凤、贺文昭、李春贵、查明经等，以减公田为私，呈诉前来。据此除批示外，合当立即传讯卖田主黄明经，究知其田已零星抽卖，捏为私开以报赋多田少，乃该弁竟不知其祖，贻害于地方耶，敢以隐科不报。具禀在案，是赋上加赋。本县岂忍令小民或受其毒也？除将黄明经究惩之外，合行出示晓谕。为此，示仰奄平寨民苗知悉，自示知后，务遵此例，一切粮赋夫马差徭，按田榻派，仍归八围。不得以三十分之科田纳六十四分之赋，其执事□□□按□佃耕种，俾公科不致贻误，在黄明经等，固不敢借端苛扰，示即奄章各寨遵行，各安本业，尚（倘）敢仍蹈前非紊易旧规，是尔等自取罪戾，决不姑宽。凛之，遵之，勿违。特示遵。右仰通知。

嘉庆九年四月初一日示。

水例碑记

特授楚雄府楚雄县正堂加三级纪录六次何，为奉本府正堂翟委讯给示，勒石以垂永久事。嘉庆九年十二月初八日，据镇南州生员周琳、周丕光、李如琳、赵世禄、周瑞、张会楹等禀称，缘生等具控石鼓官沟叁夜水例一案，今蒙讯断令生等仍照古规，自坝口起至龙树沟止，若至轮水，作三夜周转灌放，两造俱已允服，具结在案。俯祈赏给印示，将叁夜水规，自坝口至杨显吾口壹夜，杨显吾口至漆树口壹夜，漆树口至龙树口壹夜，逐一载明印示，以便两造勒石遵守等情。据此，除禀批示存案外，合行给示，为此仰州县吕合、白土城、张官、石鼓等屯生民田户人等知悉。所有石鼓官沟灌溉田亩水浆，若遇忙种，轮水均照古例灌放。夜水叁夜，从坝口至杨显吾口壹夜，杨显吾口至漆树口壹夜，漆树至龙树口壹夜。自龙树以下，放日水五日，上旗贰昼，下旗叁日，周而复始，不得紊乱。其有沟工，凡现存田亩，不得隐匿，水冲沙淤田亩，不得科派，各宜遵守，慎毋借端翻异，如违，一并究治不贷。特示遵右仰通知

嘉庆九年十二月十一日示告示押发公所勒石晓谕

该碑立在楚雄市吕合镇大天城村土主庙内。石质沙岩，高92厘米，宽45厘米，楷书直行，清嘉庆九年（1804）立。

碑文是楚雄县正堂关于石鼓官沟轮流放水的告示。

太平土州万世永贻碑[①]

待调太平州汉堂加三级纪录五次薛，为奉行遵照，永守沟水，利□□□□□那封事，照得本年十一月二十六日，奉府宪何檄委一件，为檄委饬折事，太平土州民梁延参等，具控生员罗世美、李若兰等，占截水源一案。业经本府提集原被告人证讯，据罗世美私置土田，供讯与李若兰为商，同在于下教，拦水源添筑石坝，新开水沟，希图截占水利属实。因念该生等各知悔过，情愿出具拆塞遵结，是以从宽，免其深究。檄委该员，会同土州查照前札，迅往该处，立将李若兰等前次添石坝，新开水沟，分别拆填清楚，禀复察核。等因奉此，当经本汉堂

[①] 碑在大新县太平乡科渡屯，1956年，广西少数民族社会历史调查组抄录存藏。对研究土司统治时期水利情况有参考价值。

会同土堂，前往下教水源，传齐乡保居民，将李若兰等添筑石坝，新开水沟，刻行拆填清楚，取具乡保两造各结，禀复府宪，批行完结在案。为此出示，仰即遵照，后李若兰等，不得复行添筑石坝，刁占水利，有干究处，梁延参等，仰即只遵照旧日管府水利，不得两相贿弊私许，复仍筑占，亦干未便。尔等遵守照管，毋相侵扰，倘经反复滋端，定予严办不贷。凛之慎之，毋违遵照。

嘉庆十四年（1809）十二月二十九日给仰渡雁村住民记碑。

奉宪永禁碑

特授湖北施南府建始县正堂加五级纪录十次罗，为严禁匪类以靖地方事，照得防范不察，奸宄易生，稽查惟则，宥小通迹。凡尔等居民各有身家，自宜共相守望，以保口口。兹当百谷将成之际，诚恐外来匪徒潜入境内，口口发窃兹事。除口差严拿，合外口口口谕，为此，示口口邑约保场豆客总以及军民人等知悉，口口日则各照保甲稽查外，有面生可疑之人协同口保盘诘，更有来游方僧、道，买口顽要术法等类，非安分之徒，亦宜盘诘究口，不许容留。倘不遵示谕，逞凶放骗，盘踞境内，尔等同力扭拿赴县。本境不口之民，口歇各店与前口口口口私相往来，容留在家、在店，即拿赴县口究，口情不报者，别经口口成视访耳一家，有十家连坐，并提保甲严口口办。尔夜轮流守更，一家失事，十家救应；十口口喊，合场接应，口口联合追捉，争口口口。有获贼者，按名奖赏，身声不振，一经查出，按侧后罪。其外来、本地乞丐呼群结党，强讨恶要之徒即是匪类，不等协拿赴县，口凭严刑究，遂改以口且奉行协力毋违。懈怠偷安，稍在观望，致有疏虞□□得私□情面隐匿亦得，挟嫌妄拿私□拷得，波及无辜，并于其咎，各宜□□遵毋违，特示。

右仰通知

嘉庆十六年六月十一日　吉旦

说明：该碑现位于建始官店刘家包小村六组碑岭。

安瑶印照碑[①]

特授湖南永州府正堂加十级军功纪录十次锡，为给照安瑶事，照得永明府扶灵瑶生张翼云，以县嚼瑶枯□事，上控扶宪景，词称：明洪武间（1368—1298）粤匪扰害，招安各瑶把守粤隘，瑶田瑶粮免丈免量，概免裕差，所有瑶买瑶田，历来未投税过割。乾隆四十六年（1776）照被焚烧，四十七年（1777）呈明，由县给有印照。因上年顾县令瑶产一体投税，张翼云上控扶宪景奉批：查瑶民买卖田产，虽无免税之例，然该处向来瑶买瑶田，报执有印示，并不准收过割，已历多年。今若更改旧章，遽行议令纳税，恐启差查滋扰之弊，于瑶寨殊未妥善。仰即转饬遵照，仍循旧章办理，并严禁差役人等，不得任意前赴瑶境，滋扰瑶民，别生事端。奉此，除行永明县遵照外，合给示照，为此照给该瑶生、瑶长知悉。嗣后瑶买瑶产，无论年月远近，优免投税。如瑶买民业，照例投税，以安瑶民，而示区别，须至照者遵。右给扶灵瑶收执。府印

---

① 安瑶印照碑原存湖南江水县沅口瑶族乡。1985年7月27日，陈嘉文、杨仁里供稿。

嘉庆十七年（1812）九月二十二日给示照行。府兵户房蔡玉藻，经承发到，此照存张日新家。附录白契呈词事由：扶灵瑶自前明供祖（武）以来，瑶田并不税契。嘉庆十一年（1806）顾县主讳并圻，始稽查瑶内白契，合瑶公上禀呈，邀恩循旧，不准。十二年（1807）二月十五日，顾县主临瑶勒索，通瑶税契甚重，通瑶受害，实不堪言，变瑶旧例，肉不欺上。十三年（1808）十二月十三日，张翼云在永州府正堂锡禀一词，十四年（1809）四月十二日又禀一词，五月初八日在衡州道彭告一词，赴湖南省巡抚部院景，拦舆告一词，时五月三十日也，后批饬永州府正堂锡结案给照。嘉庆十四年（1809）五月三十日，张翼云年四十一岁，离省一行二百里，巡抚部院景，拦舆告词，抢告子养，为县嚼瑶枯赏捉到解事，瑶田与民异疆，自明迄今，不外售，不过割，每年犒赏，饬抚绥禁扰害，励守隘也。嘉庆十一年（1806）顾县临瑶责瑶老，令报张、石二姓田契，瑶长瑶生伯侄，共醵银四百两零，交县邀免。旧春又饬遵呈契百零三张，县又临瑶勒索，至生伯父家，逼搬契箱，抄一百三十三张，坏者勒誊当字令换，异日年旧纸新，遗害非浅。押生到县收管，追价三次共揩银四百四十八两零，呈缴前契，印给后契，补银贰两八钱三分，止给四十八张，下揩八十五张，另签追价缴号府批县，号道仰府，又饬县恨上控，更肆捉拿。切思契价未满五千，勒税已逾八百，瑶现生者无赖，而县胺更殷；瑶现借账受追，而县索更甚，独不思税契按律收三分外，过取已是贪赃，况查报册以张改李，以多改少，明嚼暗嚼，几尽独吞，匪但剥下膏脂，抑且夺上赋税，匪但下民敢虐，抑且上天敢欺，穷瑶应当抚绥，扰害尚无征不入，凡民剥削，元气更可概知。事关贪婪浮累，府道批示模棱两可，县既等若毫弁生，不得不千（十）余年里奔叩，抄粘缴数报册，哀号大人背契给发，并提契根核对奏案，按赃拟究，群瑶解倒虚，甘倍罪上告。

计粘缴银数目，瞒吞税价契册各纸呈。

嘉庆十四年（1809）六月初六日，奉钦命困南巡抚部院景批，仰布政司即查照，周笃佑速饬永州府，一并亲戚提查讯，严究详办，一本并发。

歇家周四清，善化十四铺。

禁示龙堂碑①

窃为木有本则不绝，水有源则不站（枯）。三江龙挖瓮口冲山场，乃九村水源，源流田禾之山，上应国课数十余石，下养生命乃有余丁。前罗国泰六（大）肆代（伐）山地，曾经呈控于前任沐、瑞三州主在案。今有不法地棍，复行砍伐树木，断绝水源，九村不已，禀恳龙州主出示永禁，刊碑于圩，以朽（永垂）不朽。

告示一保护水源，以资灌溉也。查州属大河，上通雒容，下至来宾，有自然水利，其余环绕港全资山，水源流注。山水须借树木荫庇保存，须滴源灌溉田禾，是树木即属水之本，岂可任意砍伐，致碍水源，且系中难容私占。兹闻地棍，但图眼前之利，行招租批佃，或自行开垦，楼伐树木，放火烧山，栽

---

① 禁示龙堂碑原存广西金秀瑶族自治县大樟乡大樟村义路小学内。大樟九村，为瑶壮裕居。1971年7月采录。

种裕粮，日久踞为己有，公然告争，以致水源顿绝，田禾没涸，大为氏害其余。官荒树木，概不许私佃田垦，伐树烧山，以蓄水源，如还（犯）依律重究。

义路村、古陈村、大泽村、六龙村、花罩村、凤凰村、花芦树（村）、厄树村、婆保村。

嘉庆十八年（1813）十月初一日，九村刊立。

免差碑[①]

奉院给照循旧免差碑，竖黄龙观，嘉庆十八年（1813）仲春通源众立。

盖谓本源，前元朝间，乃系赵、盘、刘、邓古瑶垦种，因人稀单薄，边近粤隘，实难立实。于明洪武二年（1369）退付我祖一十三姓，曰唐、曰石、曰张、曰何、曰蒋、曰莫、曰宋、曰首、曰周、曰翟、曰陈、曰黄各等开基，继续居垦，始号扶灵，分设五户，同乐斯土。初因水上不平，未能成熟，又遭粤匪扰害，难以安居。洪武九年（1376）四源瑶首往上讨赏，给凭安身，迨至永乐二年（1404）钦差户部侍郎曹，按临踏拨，招集四瑶将各边山五里，许瑶开垦。成化八年（1472）贤于成熟报税，免丈免粮，免派裕差。此地原有四隘，号毛东、号梅子、号董岭崎山、号马涧白竹，俱有屯军把守。因军扰乱瑶人，赴上讨示，屯军退遁，田土荒芜，无人守种，粮饷空虚。切蒙覃恩，将瑶外遁军田土，拨付瑶人，以为折色瑶田，完纳粮饷，

[①] 免差碑原存湖南江水县沅口瑶族乡。1985年7月27日，陈嘉文，杨仁里供稿。

令把四隘，赏给花红，以奖辛劳，钱粮止纳正供蠲免一概裕差各项。缘由俱载全书，听任瑶内有无通济，互相买卖田产，不用推收过割，优免投税。相安历年数百，食德经戴，两朝乐业，定额办云久矣，旧章因循亦云远矣。奈气数偶乖，民事遭难，适逢县主顾令，瑶一旦变改旧章，遽勒投税，责此瑶长，雪剥叠层，迫于上控，匍至抚辕，批发永州府提审结案，妥议给照安瑶。兹蒙本府锡宪奉部院景批饬遵行，仍循旧章，妥善安瑶，控卷存案，今幸照临示给付理，合抄携铭石，上彰宪德，下谧众心，永远奉行，留传不没，是为记云。

清溪古调瑶碑文[①]

　　四品顶戴署湖南永州府永明县正堂加五级曹，为再赏印照以分民瑶事。照得民间置买田房产业，例应投税。兹据扶灵瑶石成玉、清溪瑶田浚、古调瑶蒋国琳、勾蓝瑶田嘉谷等具禀，就四瑶目，自明洪武招安各瑶，把守粤隘，瑶田瑶粮，免丈免量，暨免杂差。所有瑶买瑶田，历无投税过割。至嘉庆十七年（1812），顾前县饬瑶投税，经张翼云上控，奉前扶部院景批，据司详司行府讯明，瑶买瑶产，仍循旧章给有印照。咸丰年间（1851—1861），衙署焚烧，案卷无存。兹据石成玉等照录各前宪印照，禀请存案，前来查该瑶人免派杂役。其瑶买瑶田，历无投税推收过割，既奉有从前印照为凭，自应照旧办理。除

[①] 清溪古调瑶碑文今存湖南省江永县古调村碾米厂内（原存古调村会寺官内），离龙虎关四华里。此碑内容与优免瑶税瑶差碑，内容大同小异，刊刻年代不同。碑高1.22米，宽0.67米。现为广西恭城县志办公室拓藏。1984年9月21日，李绍任、张建粤、刘斌等供稿。

禀批示，并将原禀发房存案备查外，合行发给印照。为此照仰石成玉、田浚、蒋国琳、田嘉谷瑶长粮户人等知悉。嗣后尔等瑶买瑶田，仍循旧章，免其投税过割；各瑶买民业，应即遵例投税过粮，不得隐匿，致于责罚，各宜凛须至照者。此照随瑶长收存。

同治十一年（1872）九月二十七日给右照，仰古调瑶长户人等准此。

特授湖南永州府永明县正堂加五级纪录六次顾。为照给事，照得民间置买田业，例应过割投税。如有隐匿，即于责罚。永邑瑶人，置买瑶产，曾经前县田俯念瑶情，给予印示听，照章免其过割投税有案。兹复奉抚宪景批，据司详饬，今瑶买瑶产，仍照旧章办理，毋容纳税。情因奉此，合行给照。为此照印古调瑶瑶长粮户人等遵照。嗣后，尔等凡有置买田产，内系瑶田瑶粮，准仍循旧章，免其过割纳税，以示体恤。其余置买民屯田产业房屋等项，务遵先例过割投税，毋得隐匿，致于责罚。该管瑶长等，仍随时稽查，亦毋徇延于究。各宜凛遵，须至照者，此存照。

嘉庆十八年（1813）一月二十日给照，右照仰古调瑶长粮户等准此。

严禁积弊告示碑[①]

广西泗城府西林县正堂王抄奉：

[①] 碑在安定"原西林县城，今归田林"，今已无存，南盘江红水河流域民族考察组由西林县志办收集校核。

兵部尚书兼都察院右都御史总督广东广西等处地方军务兼理粮饷蒋兵部侍郎兼都察院右都御史巡抚广西等处提督军务成，严禁积弊，以安闾阎事，照得地方应兴应革事宜，全在牧令，随时厘剔，而相沿积弊，更应极为革除，以苏民用。前据西林知县王延端具禀地方事宜，缕析条分，均有可采。其现行裁汰亭差、厘定粮额、革除修葺陋习三条，尤为便民实政，专经本部堂批两江按二司会议，详情示禁，前来本部查核司详。据称西林县改流时，有土族潘、许、岑、覃四姓充当里民，苛索服累成久，经饬行遵在案，何得有亭差名目，混行催征钱财，按户派收，遇有民间细事，多方索诈，扰累边民，实为闾阎之害，应行严禁。嗣后不许复设亭差名目，以杜积弊。又称该钱粮，自国初改流以来，已编有定额，每届征收钱粮，例应于开征时将额征确数出示晓谕，令各花户赴县定纳，自封投柜，给三串票，毋许书差、头人多收色纳，需索积弊。今设钱财，由各村头人，按户派收，罗交亭差，积给弊收，串通分肥，殊干功令，应即遵明定例，自行完纳，不许头人滥派（浮）收，以杜弊源。又称该县未经改流之先，系泗城土府所辖，原有土例陋规，自改流后已裁禁，现在又有出差修路之举，自系日久积弊，相沿成例。查道路坍塌，应令民间随（时）修理，若书差持票下乡，不问路之应修与否，借端索扰，大为民害，自应急为裁革，令民随时修理，殊恐禁之不严，难免囊书蠹吏，朦混滋弊，应请给示严禁，以革陋习等由。堂院据此，除饬行地方官实力查拿外，就出示勒石严禁。为此，示谕西林县军民人等知悉，务须安分劳生，早完国课，毋得拖欠钱税，自干咎戾。所有亭差名目，永行革除，毋除上棍奸民复行私设，扰累闾阎，递年征谕钱粮，各按期季责赴县投纳，毋得混行设立头人，滥派浮收。一切桥梁道路，遇有坍塌，随时修葺平坦，以免泥泞。嗣后倘有豪棍土匪，滥设亭差；以及胥吏奸民，混称头人，包揽纳粮，以及需索修理道路，借端扰累等弊，许尔等据实指名控告，即严拿从重究治，决不宽贷，各宜凛遵，毋违，特示。

右仰通知。

嘉庆十八年三月□日。

治瑶洞律碑记①

一、详查瑶山八洞，瑶人风俗服装以及伊自开垦，合开造请申奏。计开瑶山八洞，具系万山疏绕，所种豆粟往子，植栽杉株间存。平地可垦田亩，播种稻谷，具系一应贡税。

二、八洞区域官员防讯上祥，设立正副洞长，专司巡查汉奸，不许擅入瑶洞滋扰。

三、瑶山八洞风俗与民一体。乾隆六七年间，设立义馆二处（大圳中沙洲、深冲贺归岭），延请本洞生员，训迪瑶人子弟，渐渐开化，现取新生三名。一切婚丧与民俗无殊，理合证明。

四、乾隆二十四年（1759），奉政司严禁条例，苗瑶遇有讼事上告，看洞寨传齐两道人证，秉公审断。审毕仍交洞案带回，勿令当役。经手各缉拿逃犯、奸匪，带着地方稽查。拿捕逃犯，不许兵役擅入瑶山，扰乱地方，洞寨毋稍徇纵，致于查究。

五、严禁民人盘剥。查苗瑶垦山凿石耕种为业，贫窘者多。每有民人知有利者，或以谷米银钱，重利放债，只顾目前

---

① 治瑶洞律碑记原存湖南新宁县麻林洞。1980 年 5 月 21 日采集。

租贷，迨后无力偿还，利上盘利，积少成多，更难清楚，以后致受民人迫迫凌辱。更有奸民，希图附近腴目肥产，贷诱瑶民，高利盘算；知其不能还，然后将其产业出卖。苗瑶悔误，岂苦甘心。因此积成重衅，凡各官府，应即出示，严禁毋许民人在瑶地放债。嗣后再有违令放债者，有借无还，如敢索讨，许苗瑶向官究处。

六、禁民买瑶户，禁民买交易，有干例禁。况其田产，大者坐落洞案，岂容民人买管，以致民瑶混裕。所有洞内之产，尚不敷耕，再便又占其产，苗瑶何以糊口度生。各州府县出示，晓谕亦禁，民人不许擅买瑶户。以后如有民买瑶产者，仍许苗瑶首告，将产断还，不退原绩，就将买产之人惩治。乃（不）管瑶产多少，只许与洞瑶耕种，不许佃（佃）给民人，违此究处。

七、禁刁民唆讼。查苗瑶风俗，当素朴实称意，不知有构讼。一切婚姻田债，许其该管洞寨处理。恐有唆讼奸民，暗地扛叶铺，代为作词，任其所为，欺讼驱（欺）骗，害于瑶民。如有瑶民告案，务先究明何人唆使，然后理其所挖，毋得稍为姑徇，贻害瑶疆。

八、禁款五旗公议。所有山场杉株竹木柴笋等项，并竖建界限，各管各业，不许混入偷窃，越山间生非。不许开立纸槽。如有违禁者，大则鸣官重处，小则公罚。公议不许洞民滋事，不许产业转卖，不许窝盗、窝赌，不许民人在洞听理事务，不许乞丐强讨恶要。

以上各顷，禁遵守王章，各守安分。

大清嘉庆十九年（1814）瑶洞五旗洞案立碑记。

嘉庆龙胜南团永禁章程

署广西桂林府正堂加五级纪录十次黄，为严禁苛派以靖地方事。照得龙胜苗疆杂处，民贫自应加意抚绥，现据僮民贲良金等赴府呈请示禁（革）等情，除批给示（外），合将应禁开列于后：

一、修理塘房虽（须）用民力，而木石等项，俱照民价给发，至收领结不得诈索分文。

一、修理垣衙署等项，除官催匠外，所有小工，每工给银一分、米一斤。

一、凡送官公文，例应责令塘兵逐塘递送，不得派民守塘。

一、凡门牌委牌，当堂给发，委新照旧，向例书差，不得私行苛索。

一、文武衙署各官弁出省往回雇用民夫，亦须给价，毋庸派累乡民排塘更换。

一、文武衙门书役兵丁，遇有公事往来，不得派拨民夫逐塘送（迎）。

嘉庆二十四年（1819）七月二十一日发勒东团晓谕。

道　光

龙脊永禁贼盗碑[①]

朝廷有条例，民间有禁约律法（下缺二十四字）窃禾贼等，

[①] 龙脊永禁贼盗碑原存广西龙胜各族自治县龙脊村大队部，后搬于廖家寨田垌路旁。清末前脊十三寨的壮村瑶寨，原属广西兴安县，民国初始划归龙胜县管辖。1964年5月27日采集。

日间负枪假以打（下缺约二十三字）永（此字较大，疑衍）党，借指诬赖，邀伙吓诈服礼，如遇不□□以（下缺约一十七字）上宪巡抚大人赵赏示，穷极莫做强盗。

府宪□谆谆示谕（下缺约一十二字），谕□□各团头人。因奉赵大人委郭太爷巡查具结，森严面饬（下缺九字）患，因于正月二十六日齐众捕获贼头潘学光、潘宝、侯光□、潘金仁、潘弟□五名，供山侯仁飞、侯光□、潘弟桂、□弟□、侯弟□、潘弟害、瑶贼潘老四、潘□保、潘老金、潘金龙、潘法全、潘□□、潘法□、潘通□、潘弟庙、李正德、中陋（漏）贼梁细狗、潘屋保、潘天法十八名，众等候拿齐各党贼，送官究治。因各贼之亲房哀求各自戒禁，以后再不敢为匪，情愿书立犯约，交与众等收据，倘后不遵，仍有为非，任由众等将我等家门房族一并送官领罪。今后如遇被贼□，经鸣头甲，任由寻搜，不敢害捏。如遇争讼，必依头人理论带告。如仍勾串害民，鼓而攻之。尤恐后来不严，又有一种子弟，贪玩好耍，投师入伙，是以录刑贼盗姓名，竖碑为记，永远禁除可也。

众议：如敢剔破碑文字迹者必是贼等，要贼等另镌。

道光二年（1822）岁次壬午正月十八日龙脊众立。

龙胜理苗分府官衙团禁约碑[①]

奉义宁县正堂张县主全上北团绅士暨合众等，设立禁瑶贼规条开列于后：

---

① 龙胜理苗分府官衙团禁约碑原存广西龙胜各族自治县白水瑶村大桥头，1969年间被毁。碑刻内容与毗邻之胡子坳原义宁县上北团禁约碑稍同。1964年6月19日采集。

一、入墙偷盗家中衣服什物，拿获经众处罚。如不遵者，送官究治。

一、偷牛拿获，初犯经里处罚，重者送官究治。

一、匪类及本处瑶类，不得窝留。如有查出窝留，人财送官，房屋充公。

一、失物如果查出消息后，任便失主经凭村老过村搜查。即寻不出，不得借故反噬。

一、偷鸡鸭鹅犬，拿获者，本村里处罚，惯盗送官。

一、凡查得偷牛，抵价十千者，得以二千回赎。如多索者，即以盗论，公同处罚。

一、凡寺庙庵堂，不得收留乞丐人居住。经白事，每名准给四文，不问食。闲日每人发米一杯。毋得三五成群，任情刁强，如违送官。

一、偷山内芋头、豆麦，拿获者，初犯本处处罚，如不遵者送官。

一、偷盗灰粪砖瓦以及山中桐茶子，拿获本处处罚，如不遵者送官。

一、黑夜偷盗，一时不识人，嗣后经本村老向惯盗为业者是问。

一、捐团资买田，愿者捐，不愿者免。

一、管理者，总管者限三年一更，经管者一年一更。历年九月初一日（集）会，当众算明移交。

一、偷盗田中五谷，拿获者，处罚钱六千六百文。

一、偷盗山中包谷裕粮，拿获者，处罚钱五千五百文。

一、从事盗桐、茶、棕、茶叶者，处罚钱一千一百文。

一、从事盗园中瓜菜者，处罚钱六十文。

一、春冬二笋，不许乱挖，处罚钱六百六十文。于十二月二十四日开山，任从乱挖。三十日则止。

一、不许停生面之人及瑶类，不得为非作歹。

一、不许偷砍生柴，只许捡讨干柴生火。如不遵者，罚钱六百六十文。

一、不许放火烧山，如不遵者，罚钱八百八十文。

一、不许放浪牛羊，踏损五谷。如不遵者，罚钱五百五十文。年年十一月初，方许牛羊乱放。

以上条规，处罚轻重，经团绅头人议论。处罚之钱，任本团公用，修造道路庙宇。本钱不许私罚肥己。

道光三年（1823）癸未岁七月十四日吉时立。

永镇地方碑

特授湖北施南府宣恩县正堂加五级又军功加一级纪录十次张，为恳示严禁以靖地方事，据木册里二甲约民人等禀称口口木册二甲，种山地度日者居多。近来土地瘦薄，每岁种植欠收。是以穷多富少，只得栽蓄桐树、茶树以资生活，府仰天如。地方有不安分男妇，假以割草摘猪草为名，窃砍树木，偷窃黄谷、荞麦杂粮。若经撞见，即将妇女诬奸、蛋骗。并恐有容留外来流痞，聚赌窝娼，扰害地方。为此公悬赏示严禁，拨此除饬差查拿。外合行书出示晓谕，为此示仰该地居民人等知悉。尔等务要安守本分，切毋偷窃为匪，并容留外来流痞聚赌、窝娼、扰害。如有不遵许，尔乡保粮民赴县指名具禀，以凭严拿究办。该约民人亦不得挟嫌妄禀，致于并究。毋违，特示。

——禁四季六畜各自看守，如若踏食五谷杂粮，相地赔还。

——遍野所禁树木，如有盗砍窃伐者，验数所罚。

——五谷成熟之际，男女以捡柴打菜为由，潜地偷藏者，重罚不贷。

——容留外来流痞，强讨恶要并聚赌窝娼，扰害地方者，照示赴送。

——寒露茶子，霜降桐子，如有违令先捡者，照碑□罚。

道光四年岁次甲申闰□□吉日公□议。

代榜　谢为义

说明：该碑位于宣恩县李家河乡冉大河村，刻于清道光四年（1824）。

梁子背晓谕碑①

特诰兴义县正堂加五级，记录七次，又记录二次，记大功一次，卓异加一级张为给示定界，永杜争端事。案据安章梁子背居民人等，互相控争牧牛公山一案，经本县差提核案审核查讯，岜埂地方纳洞、坡朗、坡马、白下、喇叭、以埂、颜弄坡、高卡等。惟岜埂埋有众姓坟冢，历系牧牛公山，断令二比均不得开挖栽种树木等项，让给黄姓祖培养前后左右四十弓，伊妻坟墓二十弓，二比遵结，饬令立石定界在案。诚恐无知之徒，在彼开挖栽种，复行争讼，合行出示晓谕。为此，示仰安章梁子背居民人等知之，勿得放出牛马践踏禾苗，不准乱伐别人山林树木；勿得隐行别人地内乱摘小菜。在彼若不遵规，经地

---

① 该碑在贵州省兴义县东南十五公里布依族聚居的老奄章村梁子背水塘边。

□□□三千六百入公，报信者赏银六百文，知悉。嗣后尔等邑埂处牧牛官山，只许葬坟，不准开垦，尚（倘）有违禁，即许禀究，勿得徇情容隐，不得挟嫌妄极借兹（滋）事端，自干重咎。众宜凛遵勿违。特示。右谕通知。

道光五年五月十八日示实发安章梁子背晓谕。

治瑶胪例六条[①]

湖南江华理瑶直录军民府加十级姚，为遵札晓谕事。案奉督部堂讷、抚部院员会同具奉湖南瑶地善后事宜，增议章瑶一减，钦上谕，抄出转行到府，合就出示，晓谕为此示。仰各冲瑶总瑶目及军民人等知悉，尔等务各民瑶相安遵照。后开各保，敬谨奉行，毋得视为文具，致于查究。谨将六条胪例于后。计开：

一、准赎顶当山场，以复瑶业也。查瑶人地亩山场，除从前售与民人者，其仍旧执业外，嗣业瑶人户业，只准瑶户互相买卖，不准与民人交产。案奉责定章瑶出示在案，至于从前瑶人与民人交产。有顶契当契及永批之契，并非售卖可比，均准瑶人取赎。若瑶人无力取赎，准其按年月之远近，分定取赎之章程。凡契在十五年以外者，酌令减原价三分之一；二十年以外者，准其半价取赎。若原主实在赤贫无力，又无田可种者，令典主佃种，酌分一半与原主佃种分租。俟其有力时，再照现定章程取赎。至此之后，如有不遵令仍交产者，应请广东善后

[①] 治瑶胪例六条是清王朝镇压湖南江华县赵金龙、赵义反清起义之后进行治瑶之措施，行文刊刻有关州县瑶区。原存湖南江华瑶族自治县码市龙湾村。1958年5月31日，湖南少数民族社会历史调查组采集。

章程，将田继续归原主，不准追价，仍将两造场照，违令律责惩。

一、编查瑶境，流寓民人，以在扰害也。查瑶地向设有瑶总、客总，与内地之乡保无属，应慎选诚实晓事之人充当，责令确查。如有盘剥扰害瑶人匪徒，即行禀官究逐。其现居瑶地良民，应按户编查造册，报明地方官存案。嗣后只许民人迁出瑶境，不准再招民人入山居住。如瑶总、客总，阳奉阴违，即行究办。并将招行，容留客民，立时逮驱。

一、严禁巧占树山，以保山利也。查瑶山之不能开垦荒场，系种植杉木、松、桐茶等树，卖与民人抵偿贷债。议明年限砍伐，及至砍伐之时，内有滋生小树，名为脚树，向归买主管业，瑶不得过问。及至脚树长成，砍伐之时，又有脚树，仍系买主管禁。脚脚相生，借以巧占山场，殊属狡诈之尤。应令地方官出示晓谕，嗣后民人承买瑶山树木，至远近之期，以二十五年为限，只准砍伐一次，即将契据涂销，山场付还原主，以免瑶累。

一、严禁匪瑶，使知畏敬也。查瑶人之蠢陋，空苦固多，而狡黠匪瑶强占民地，以及欠债不偿，持凶计殴逞、刁兴讼者，亦往往有之。若不严加管束，恐兹骄纵，且民人既不准典买瑶户，则瑶人亦不容擅置民人田户。其从前典批民地，悉照前条所议民置瑶户章程办理，比照平允。惟承佃山场，业经用开垦成熟者，准其照旧耕种交租。无论民人瑶人，均不能依恃山主勒退加租。倘瑶人敢在民地讹赖，滋生事端，除应治重罪，为地方官办理外，如罪正枷杖发落，押令迁回瑶地，交瑶总严加管束，不准再令出山滋扰。

一、勤种木棉、以便服用也。查瑶山地势高燥，宜种木棉。而瑶人愚蠢，不知播种之利，亦不清纺织之法。所需布疋，均系各处民人入山贩卖，其价值之增昂，数倍寻常。应令地方官教种木棉，各习纺绩。不惟被服有空，亦可售卖获利。

一、勤设义仓，熟以备接济，而资教化也。查民瑶种山致富者，颇不令人，应试入学，系占挂额，不应漠视。贫瑶即土瑶，中间亦有小康之户。嗣后诸瑶之存者，集资先设义仓，秋后量力输（储）谷，存至青黄不接之时，借给种地贫瑶为籽粒、口粮，收成时加一还仓。举殷实瑶生与瑶总经管出纳，毋使冒滥，以及土瑶与过山瑶中间，有读书识字，而无作文应试之人，是以岁科取进者，复系民瑶。该等各捐设义学，择选诚实瑶生，招集瑶童，认真督课，兼合学习揖让礼貌。如此权养兼行，胥为良善，则瑶俗益臻挣滥矣。

督部堂讷、抚部院员奏奉上谕饬行之。该瑶民等，各官敬谨禀遵毋违，切切特示。右仰通知。

道光十三年（1833）吉月吉日。

阿红晓谕碑①

普安直隶府保鲁布三营世袭部厅龙□出示晓谕护大小□以□饥馑事：照得阿洪北方界连县地，人民裕处，每见山梁二项，非被盗□，即受践害，皆由民等自不留心之故。不知此梁可补田，补不济之需，民当各爱恤情。前经屡示，不若故闻，□据

---

① 该碑立于贵州省兴义县布依族聚居的阿红（原名阿洪）寨中。坐东向西，高143厘米，宽87厘米，厚20厘米，建于清道光十四年（1834）。

该兵目伙头等禀称，该寨人民被害，遇年岁荒歉，田谷无几。本年秋未栽种荞、豆、菜，诚恐邻村纵牲践害，挨近窃等情。当四处出示晓谕，为此示仰阿洪兵目伙头花户知悉。遵照护蓄，勿得乱放牲践害，并防窝匪为奸。嗣后如有不遵及任匪入寨赌博汹（酗）酒，不以种蓄小春、安分守己为要，本司严拿惩处，决不姑容，毋违□示：

议重大小春不准乱放牲践踏。

议不准养贼害民。

议不准窝藏赌博。

议被盗耕牛各带盘缠跟踪。

议护民不准私拷私合。

议不准乱盗小东小西。

议不准聚裹入寨。

议匪徒拷磕捆解送官。

道光十四年七月初五日示，八月十七谷旦。

冕宁县田房税契告示

照得田房税契，国课攸关，例应随时投纳，毋得积压隐漏，致干究办。查自本县莅任以来，民间买卖颇得，而投税者竟属寥寥，推原其故，必有无赖之徒包揽积压及该房等格外需索等弊，殊堪痛恨。俟一经察出，定即从严惩办，现在立等批解。为此示仰□差、乡约、客保、土职、耆宿、军民一切人等，自腊月初一日起，至封印日止，凡民间买卖成交，立有定约，许即赴县报明，其首先报信与自行投税者，按契价之多寡，酌予奖赏，以资鼓励。各宜凛遵，毋违。特示。

道光十四年十一月二十九日。

者冲立碑安民碑

署册亨理苗州加三级录五次严，为严禁匪徒，以安民生事。案据把事请禁等禀称："缘者冲、剌岜、大水井、大箐、央箐等处地方，居民裕处。往往有无籍游民，三五成群，诱赌盘剥。以乞丐为名，身栖岩洞，日则窥探门户，夜则鼠窃狗偷，盗谷物裕粮。或遇良善，估讨恶要，稍有不遂，则撞头蛮骗，贻害地方。是以连（联）名禀请出示严禁，以靖地方。"等情前来。据此，查此等不良匪徒，深为地方之害，自应严拿究办，以安良善。除禀批示，并饬差密拿外，合行出示，严为此示，仰等处一带地方民苗人等知悉。嗣后如再有前项不法之徒，在于地方扰害，许尔等被害之家，投明寨把、地主，实时连人捆解赴州，以凭严法惩治。尔民苗人等，毋得循情贿纵，亦不得借端滋事，挟嫌安害无辜，致于并究，各宜凛遵勿违。特右仰通知。

道光十七年八月二十二日示。

岜凡晓谕碑

署贵州兴文羲府贞丰州正堂加三级五次刘，为严禁贼匪，以安闾阎事：案据者党亭、岜凡、龙骨、岩沙、旧寨等处地方民众禀称："流民恃强讨乞，乘间肆窃，恳请示禁"等情到州。据此，附批示外，查该处附近册属矿厂，往往匪徒混裕，良莠不齐，兼系偏僻乡村，难保磕窃扰害。现当山粮将熟之期，若不先为防范，事必攘成事端。邻里有守望相助之火，如遇被窃，自应闻声帮拿，岂宜畏嫌膜（漠）视？种种弊实，委属乡愚实际情形。除密差查访拿究外，合行剀切晓谕。为此，示仰各该处乡长，以及地方人等知悉。嗣后，如遇三五成群，强气窃摸，贻害居民。或日则游荡聚赌，夜则鼠窃狗偷。甚至借事为名，生风讹诈，稍不遂意，伙同拷勒。此等奸宄，断难轻纵。许尔等投明乡长，协力捆解赴州，以凭尽法究办。亦不得挟意诬指，自取反坐之咎，各宜凛遵勿违。

特此右谕通知。

大清道光十八年六月十七日良吉立。

遵示公禁碑

署湖北施南府建始县正堂加五级纪录十次程，为出示严禁以靖地方事案，据乡约黄永立禀称情约所管之茶簪河、笆叶舟、康家台、牛纳子、小溪湾等处，接壤鹤峰，毗连巴邑，深林穷谷，最易藏奸。甚至外来流匪、游僧、强丐及面生可疑之人，三五成群，日则沿门估讨，夜则肆行偷窃，乡愚受害不堪屈指。兼之黄粮成熟之际，有等无耻男妇，每日在田假寻猪草，任意偷窃。或被撞遇，或被搜获，稍为理斥，反遭万骗。种种不法，殊堪痛恨，不沐示禁，良善难安。为此，禀请给示前来，除禀批示外，合行出示晓谕。为此，示仰该总约黄永立知悉，自示之后，倘有前项不法之徒仍蹈故辙，许你协同牌甲扭禀赴县，以凭严究。该约亦不得挟嫌妄禀，致并究。各宜凛遵，毋违。特示。

右仰通知。

道光十八年七月初十日立　实贴四乡晓谕

说明：该碑位于建始官店刘家包小村七组康家台庙岭。

莲花山墓地产权碑

滇南太和我段氏者，出自平章之后，其来旧矣。至我始祖莲胜公居于上乡之阁洞塝村。□□□□□长支分派别其间。或食禄天家，或徙居异境，俱已详载谱中，兹不复赘。念先人之□□□□□□□□□□胜公遗下莲花山一架，东至旧坟并山脚严家坟，西至洪坪，南北俱至涧口。其莲山□□□□□□□□□粮肆斗伍升，后以性学、心学、崇学三支子孙共同完纳。一则为阡葬之资，一则为树木之用。□□□□□□无穷焉。大明弘治二年五世祖段文攒具控严姓于金沧道台下，□府已蒙问结，□□□□□□□□□山脚一排之外不得占据，合同纸约，历久相传，至我朝嘉庆三年复立合同。□□□□□□□□□至寺后。夫立两次合同，所以为上下相安之计犹深，而杜彼此侵占之弊。□□□□□□□□□□□月内，严姓立石柱立在段姓之地，复伪造赐葬莲花山碑墓，将段姓祖坟石碣碌□□□□□□□□□口纵放族恶拆坟碌碑一案，蒙县主黄批据诉已悉，仰绅乡耆协同地邻，传齐两造，勘明□□□□□□□仰据实禀覆，虚究实坐词并发仍缴，后地邻乡耆回复至集案，当堂讯夺。令严姓攒回石柱。□□□□□□姓催禀地邻回复县主黄批，此案业经堂讯明确，断令严某等将石柱移开，以杜侵占，各□□□□□□据禀严姓不将石柱移回界内，显系恃符抗断，希图霸地，殊属藐法，候饬原本协同地邻传齐两造，遵照前批，将石柱移出。如再抗违，惟有执法详办，毋得自贻伊戚，后悔莫及矣。因县主黄□□严姓只移南石□□□□又于新任县主吴台下催禀。蒙批，此案曾经前县讯断明确，饬令该举人严某将石柱移回。□管各□□属公平。兹据严姓违抗不遵候集案讯夺，严姓又诉，批此案前县讯断甚属公允，该举人抗违不遵，候□□核夺毋再饰渎，严姓将北石柱一枝方移回界内，其拆坟磔碑及伪造赐葬碑墓，有亲友具文□苏先□□在中处和，令严姓将赐葬碑文自行洗灭，外赔与段姓石碑二硐，二比遂出遵结落案。夫屡际□恩星坐镇，克察下情，用致先业留传，无遗尺土，世世子孙感恩顶祝，岂有暨哉。爰将前后批词及中人处和之事，备勒诸石，以志不朽。附刊祖遗马铺司屋后沙坝一块，东至路，西至山脚，南至何岳园，北至张家梨园，纳粮壹斗。其外又弘圭坟地一块，东至张家坟，南至路，西至陈姓，北至杨姓与尼姑坟。

道光十九年岁在己亥夷则月吉旦。殷汝恪等暨合族重修（名略）。

云南府罗次县正堂告示

署云南府罗次县正堂加三级纪录六次吴

为劝谕团练缉捕，以弭盗贼事。

照得县属地方，近受匪徒高恒等聚集盗贼纠抢扰害。现在，该匪党羽，业经本县会同禄丰县捕缉多人，但非各村团练捕缉，不能净绝根株。合亟传谕，为此，谕到该村练耆约甲人等知悉：自谕之后，尔等各宜遵照后开章程，实力奉行，毋得懈忽，切切时谕。

计开：

一该匪徒等最喜散布虚言。尔等自后闻有盗贼，毋得自相惊恐，但各人持械，自守门巷，见贼即动手擒打。若贼匪敢持凶器上前，准尔等登时格杀。

一俗语云：贼无脚，偷不着。尔等要各家互相稽查，如有与四外人往来，或容四外人在家者，即捆拿报约送官。如互相隐匿，查出并邻佑责处。

一各村向来冬月挨户支更。现在贼盗盛多，须用长年支更。每村每夜排五人多则十人，搭盖窝棚，敲木梆守。预备铜锣一面、火枪一门，若有贼匪，先将铜锣连打十响，同村人户闻锣各起，持械守门。若见贼众多，连放三枪，邻近村寨人，一齐俱起，持械守门，把断贼路。若村内非老病孤单之人，在家看守门户，不得疏忽。闻锣声随有一家不起，次日即指名报官究治。若邻村闻枪响，有一村不起，次日即将村内有名之人姓名，令头人报官究治。

一各家须多备火把。闻锣声，即将火把点照各处路口巷道搜寻。

一各村山阱石硐地方，约甲不时白昼派人搜寻。如寻着匪徒，随时捆缚交约甲送官，官量给送人盘银费用。如匪徒人多，并有凶器，即传村人，一齐持械追赶捕拿，获按名加倍重赏。

一搜山要用壮丁。其孤寡老弱，留村看守，不得乱动私走。

一凡白昼抢夺，晚间明火执杖强盗，准尔等格杀。若是掏摸谷、麦、瓜、菜、鸡、鸭小盗，但须捆打，毋遽伤命。

一窝贼窝赃之房屋，拿获者送官审讯，连房屋什物，呈县立案充公，变卖以为拿贼费用，不必打坏，反为可惜。

一送贼到官及报贼案，不必具呈，准大堂击鼓喊禀。

一差役有得钱放贼等事，准大堂击鼓喊禀。

右仰通知

道光二十一年三月　初四日示

告　示

发炼象小虎街勒石晓谕

该碑镶砌在禄丰县小铺子弓兵村观音寺右厢房墙上，大理石质，高70厘米，宽82厘米。楷书直行。是罗次县正堂于清道光二十一年（1841）发布的关于缉捕盗贼给小虎街（今弓兵村）的告示。从一个侧面反映了清朝末年混乱的社会政治状况。

弓兵村（包括弓兵村、水沟、三家村）历史上属罗次县飞地炼象关的飞地。位于罗次县至炼象关的驿道上，距炼象关20里。是土官巡检李氏的庄子，建有宗祠、土主庙，驻有弓兵守护。

李氏族众捐言修宗姓绰撰略言碑[①]

夫木本水源，吾人之所追溯，祖宗功德，百世之所不忘。我波州世族，原分支自匏阴，传袭及二十余代，未尝建立宗祠，以报其先祖，后人蛰蛰绳绳，何所办其昭穆，与夫祠尝也。族子廷懋、成林、元清、元璡、李宗、秉华并合族等，徒起建宗祠之念。值前辈永买就老二房之子秉仪侄缉喜房屋二座，并其地基。现遗存永契为据。因年久房屋损坏乏营，合族从事损签，踊跃输将之，距不及日，而全获盈笏，即涓吉兴工，丹尽一，功巨劳成，不泯所自，余及大宗，用弁数言于绰楔，盖纪善也。

---

① 碑在广西太新县安平乡驻地旁，1956年，广西少数民族社会历史调查组收集存藏，可供研究李氏土官家族鼎建宗祠情况。

凡我族姓，今春秋报祀有其地，拜尊祖宗有所矣。此后各守，永遵祖制，勿相欺，勿相凌，勿为奸，勿为万，勿犯上，勿仇下，彬彬然循伦常之分。尊尊亲亲，承爱相戚，勿相诟相谴，而为人所嗤笑也。如有乘于道者，族姓起而攻之。不使入太祖之厅与祭，今书名姓于左（人名略）。

春余捐钱一十二千文。

春荣捐钱四千五百文。

（人名略）以上捐钱一千二百文。

（人名略）以上捐钱一千一百文。

（人名略）。

道光二十一年（1841）岁在辛丑仲春十二日同敬立。

奉宪照例碑①

特调广西桂林府龙胜分司加三级，随带加二级，纪录九次，记大功六次，俸满候升徐。为晓谕事，照得普天之下，率非王土，官荒空地，复许听民开垦，各占各处。而捕鱼河道，各分各节。原以有旧侵滋事，况龙胜所属，大半官荒。苗、瑶伶、侗、壮裕处其间，各有旧址。兹廖弟所具禀陈姓强拆鱼窝之事，尚经本司查明，廖弟所既无越界，何遭拆毁，其侵占属实，不问可知，姑暂不宽，除既往不究外，合行出示晓谕。为此，示仰该头人知悉。查明陈廖二比所管地面，埋石为界，兹照旧章，永远遵行，各管各业，均毋侵占滋事。倘若不遵，再行生事，

---

① 奉宪照例碑原存广西龙胜各族自治县和平乡龙脊枫木屯陈姓屋宅旁。枫木屯为壮村，与瑶寨黄落屯毗邻。1964 年 5 月 27 日采集。

□即禀明查提详办不贷，凛之毋违，特示。

村内人：陈光福、陈光右、陈光闹、陈金全、陈金万、陈学闵、陈学荣、陈学元、陈仕祯。

头人：潘才学、潘文便。

原差：秦福、王元。

道光二十三年（1843）癸卯十一月初八日告示，发龙脊枫木寨实贴。

编排保甲弭盗安良碑

大理府云龙州正堂梁为编排保甲，弭盗安良，以靖地方事。照得云龙州附近夷厂地，汉夷裕处，其中淳良安分固多，其人而鼠窃邪淫亦复不少。地方多受其累。兹本署州屡奉上宪饬谕，设立保甲，弭盗安良。除出示晓谕外，列出賫竿条规，勒石永禁，训戒于后：

一、议甲头甲长互相稽查，守望相助。不得窝引面生匪徒。

一、议各处有事，鸣锣击梆，闻声相应，跟踪围拿。

一、议有山场者，或自做，或顾出，只准冬柴。如硬做春柴，有碍春苗秧□，惟向山主除办□□。

一、议乡中偷牛盗马，锥墙挖壁者，即时丢河。以及些须失贼，不拘男女，合相公除。倘若无有查获，满门遍搜。

一、议阴谋暗害，赏归左邻右邻亲友人等。

一、经查获，任随合村丢河。

一、议村中有大小事物，必须经由乡耆头人理论，如果情实不干者前往上诉，至于无理□□者，合村公议，□□□。

一、议村中夜行者，必须点火扬声，不得聚会歌弹。至若以酒得醉，目无高低，合村公除。

一、议村中不得窝赌抽头，引诱良家子弟，以致各误生理。乡长约保严查，飞刑重责，合村干罚，修理本地道路。

一、议村中寄籍住铺人等，悉命入甲当差，如有抗违，许约保指名禀究。其至采叶采薪，各寨地面不得盗砍盗摘。

一、议乡村附近厂地，来往贸易在店乡村闹事酗酒打架不法之徒，许该约严惩禀究。

以上数款，各人齐心遵从，不得推缩。维期风清俗美，地方丕振。凛之慎之，以是为序。

道光二十四年九月十六日。

大达村乡约张夺萃，甲长张廷翰，賨首张国泰，牌长张惠元、张士兴，关里上节□，州主同□恭立賨竿。邑士张庆元书。告示。

伙甲章程碑记

特授大理府正堂加五级纪录九次关批。

署太和县正堂加三级纪录六次吴札，为（二行）谕饬禀覆存案事：按周波、草羊铺、仁邑铺、新星、美哨铺民人等控，小阁舍半铺值日夫马，劳逸不均，等情，具控段检前来。当即传案，饬令段检等，同周波等三铺，应分户口（三行）摊值日夫马，会同商议妥协，具结覆核办夫役。旋据小阁舍贡生王文时等禀词阻拦，致使段检等抗断不遵。兹本县已将段检等抗断不遵缘由，禀请（四行）府宪亲讯。现奉府宪批示，查该县属小阁舍半铺，人户稀少，每月帮贴周波等铺夫马裕派钱台千捌百余文，今既经与周波等三铺承领火甲银两，自应按户分

□（五行），摊派夫马等费，以昭公允。该贡生等禀词阻拦，致使段检等抗断不遵，实属藐法，理宜斥革衣顶。仰即提案，再为剀切开导。如再抗断不遵，速即按名提集应讯人等检□（六行），同卷宗申解本府，以凭讯究。毋违！此缴。等因，奉此，合行札饬，为此谕上乡上半乡耆毕尚举遵照，谕到，刻即邀三铺半各绅士，订于六月初六日齐集公所，公同议□□（七行）七分，均摊值日夫马裕派等费，二比允服，速即具结禀覆存案，以便核夺转详。否则提案，照律究办，该乡耆勿得循情延缓，致干查究不贷。速速！特谕。遵札，□□（八行）立，永息讼端，合同美约：周波、草羊、新星、美哨、仁邑铺、小阁舍人等，今立合同，为上乡三铺控小阁舍劳逸不均，经叩官断，以七分同办值日夫马，小阁舍人等执扭旧规□□（九行）遵时事，致县详府，蒙县仰乡耆，传集三铺人等，并邀公正绅士从中，遵札议处，公同和议，将前县主吴制办火甲本银，合铺公算，至道光二十三年□□□□（十行）息银贰千肆百两，钱在内。设以壹分行息算，每月应出息银贰拾肆两□□□□，□银叁一两贰钱捌分。上半三铺贰拾两零柒钱贰分，因具控劳逸不均，□议以钱□（十一行）差除贰拾肆两外，不敷陆两，仍照烟户钱文□算，三铺每月应出摊钱□□□□□阁舍每月摊出伍钱贰分，小合舍共算合每月出银叁一两捌钱，按月饬令乡绅□□（十二行）以供夫马之费。倘有不敷，仍照烟户算给，并无不均。此合同美约，□□□□□□士民等仝立。欲后有凭，勒诸金石，永远存照。乡耆毕尚举保正偕□□□□□（十三行）。

凭中，禀生张占廷，贡生李星俸，举人杜登云，贡生杨在镕，生员沙奉士。三铺半绅士生员杨□□，禀生王□□，副榜王春山，生员段瑚玙，生员张镇国，生李希舜、赵廷用、杨文灼、王国藩、李对廷、段备沛、马庆云、杨畅基、马占鳌、段美申。（以下人名略）（十四行）

立合同上乡上三铺绅耆士民李希舜、张镇国、李对廷、李国俊、王国藩、段德沛、马德元、杨茂、李遇时、王运开、陈喜、王锯等。今立合同，因稽太和三乡值日夫马之责，□□（十五行）乡耆，独惟上乡上半一约，值日夫马之责，诿任于保正甲长，所值夫马等费，只摊三铺，而半铺之月钱，乡耆瞒官私吞，兼有滥派浮摊，较上乡下半与中下两乡□□□（十六行），有天渊之别矣。论四约皆齐，三铺半月钱值日，上乡一约，仅以三铺值日，债弊已深，庶民难受值日之累。于是三铺会议，公举董事生员丁益张、杨畅基、马凌云，耆民□□（十七行）萃厘、王绍来、杨茂等，禀本县吴案下，禀为禀明下情，祈恩详察，饬令乡耆值日，专责成以苏民困等事。蒙吴县主详察数禀，洞悉民艰，核查上乡下半及中下□□□（十八行）之章程，遵奉陈本府示饬谕，五约每月照烟户敛钱拾柒文，以供夫马等费之善章，查明批示，准如禀行，饬令乡耆值日等语，厘弊锄奸，风同道一，庶民均沾实惠。□□（十九行）谨奉金批，三铺何庸多渎？恐日久弊生，内有作奸于乡耆之责者，实有负县主爱民之至意矣。是以书立合同，妥议乡规，议定乡耆一役，代办保正之责，每月照烟户（二十行）敛钱，以供本县夫马等费，永不得诿于保正甲长，七分轮当，乡耆只许公举承办，再不得营捐冒充。倘有抗违，三铺必同公罚，因立合同永照，又蒙三乡绅士深□□（二十一行），乡耆值日等费，恐累穷民，禀明官长，酌定章程，设立公局，每月每约定缴入公局月钱叁拾千文，以供本县夫马，尽足应用，庶无累民。意美法良，谨勒石以志（二十二行）。

生员张燧书丹。

櫈（二十三行）道光贰拾肆年，岁位甲辰无射月下浣谷旦（二十四行）。

上乡上半三铺士民同立（二十五行）。（杨慎录文）

冕宁县严禁行使小钱告示

为严禁行使小钱事。照得本县莅任方新，亟宜整饬地方，以禁私铸。近有一等贪利之徒，行用小钱，以致制钱拥挤，现奉大宪札饬各厅州县，严行查禁。近日以来，街坊市境仍然以小钱搀和行使，细加查访，皆由外来奸商于深山密菁，私铸铜铅小钱，带入境内，搀和用行，任意兑换金银，以致银价增贵，钱价贱落，私钱充斥日甚一日，实为地方之害。除饬差查拿务获究办外，合行示谕。为此示仰县属客商军民人等知悉，嗣后务须行用制钱，不得违示搀用小钱，如有铺户搀和使用者，许受钱之人指明禀究。其存积私钱之家，限一月内各自首缴，不加以罪。倘有奸徒以私钱夹带使用，一经查出，或被告发，定即从严究办。乡约地保如敢得贿包庇，或以查钱为名扰累无辜；差役人等，借此搕索滋事者，查出重惩，决不宽贷，慎勿以身试法也。凛之慎之，毋违。特示。

道光二十四年三月二十一日。

冕宁县严禁苛择钱文告示

为严禁苛择钱文，以通行用事。照得铜钱由于官铸，行用须当随时，向有一等贪利之徒行使小钱，以致制钱拥挤，是以严行查禁。近日以来，街坊市境，有等无知之徒，凡遇交通贸易，竟将可以行用之钱，任意挑剔，故为选择，以致贫民有钱不能使用，被害不堪，殊可痛恨。况县属一带，上通滇南，商贾往来，裕用更与他邑不同，何得故为拣择？除将可用局钱另悬木牌以作示样外，合行示谕。为此示仰县属客商军民人等知悉，嗣后除实系破烂不堪使用之钱，不准行用，其余一切时行铜钱，毋得故为挑剔。本县不时严密差查，倘敢不遵，一经查出，定即从重究处，决不宽贷。凛之慎之，毋违。特示。

道光二十四年四月十二日。

盛世河碑[①]

调授广西桂林府龙胜分司五级记大功二次张为严禁逾界侵占，各安本业事。照得龙胜境处深山，路非孔道，技巧不事，商旅不趋，不耕则无食，不织则无衣。是舍农麻之务，则无饶足之法。所有各团村寨之民，殷实者少，贫苦者多。且喜山多荫，植樵采可需；溪绕清流，灌溉可赖。此外，沟河虽有鱼虾之产，就近出息，非比江湖之广，数□古皆禁，岂容逾界侵取。理应各遵定界，随时种植培养，乐取本业之地利也。兹据龙脊

---

① 盛世河碑原存广西龙胜各族自治县和平乡龙脊村黄落瑶寨路口处。1964年5月29日采集。

团头人潘全龙、潘文便、潘元秀禀称，各寨山地河道，向章分界岔，各管各业，从无异议。本年五月内，突有平断寨古潘金玉等不遵古制，恃强逾界，私至黄落寨界内河面塞贫捕鱼，以致二比结（讼），等情前来，据此合行出示严禁。为此示，仰该团各寨人等知，自示之后，尔等各遵向分定界，上桥下谷，承涔耕植樵捕，各安本业，毋得逾界侵占，任意恃强夺取，致干法网。倘敢再蹈前辙，许该头人山长，指名禀赴本厅，以凭按律详惩，定不宽贷，勿谓谕之不切也。各宜凛遵毋违，特示。

具遵结人潘全龙、潘长贵、潘进发，系黄落寨瑶民，今当大老爷台前责结得情，伊等以恃强欺弱，越界霸塞等情，具控潘金玉在案，实伊因至蚁等该管河内捕鱼，致控案下。今蒙讯明断伤油鱼洞二十丈河面，今平断、平寨管业。捕鱼其上下，仍令蚁黄落管业，回家埋石定界。二比遵断，具结回家，遵断管业，不敢滋事，所具遵结是实。

盛世河碑。

源差：袁洪、秦高、余升。

告示：许兴。

道光二十七年（1847）岁次丁未十二月二十三日示，实贴晓谕。

发龙脊黄落。

垂芳千古公议款

今将公议款式刻碑于左：

第一件、有君臣、父子、夫妇、朋友、昆弟，各守五伦，各尽人道。

第二件、君尽道，臣尽忠，子尽孝，妇尽夫，弟尽兄，各尽其诚。

第三件、人家有规，敬老慈幼，勿忘宾礼。

第四件、处邻里而和乡党，莫使愧心而昧骗。

第五件、须要众人而合一心，休藏□□刀剑。

第六件、山树林木，地□□朴，人丁兴旺，求宽怀以待人。

第七件、善良者宽刑，凶暴者逞威。□振家风，天必从之。

第八件、富贵贫贱，红白会期，□□助老，邻里相帮，一境和悦。

第九件、世有刚烈者，因小事而威逼大事。各方劝化，谨戒奢华。

第十件、世为匪窃，得物投宿，凡我境内之人，查实□问，方可借宿。

第十一件、有年壮女姿者，苟合私奸，此等不法，父母族内伙同治之。

第十二件、妇女独行者，乃遇寻花问柳之鄙夫，昧心拐逃，恐后有累，切莫隐匿，不可招留。

第十三件、世有不法之徒，昼夜游赌，刁害民家之子弟，各人警戒，勿喧哗。

第十四件、世有游手好闲，日夜其饕餮，借酒逞凶，此失其大节，切莫以行以留。

第十五件、各户种植之谷物各管，不可私窃，勿为狗盗。

第十六件、如有土地凭证，凭中典当或卖，不可妄害生讼，枉害受罚。

第十七件、假害生事，丢赃诈骗，盗窃牛马家财，内外查实，连窝同办不恕。

第十八件、各户多种五谷，瓜果蔬菜，务使肥己利家。

第十九件、世有做贼之人甚多，每思牵牛拉马。□款之家，□落通□□。

道光二十八年立。

冕宁县毋许容留外地流民谕

为谕禁事。本年九月二十八日，据清乡五六七八等甲地保周兴东、杨兴富等禀称，本年上春以后，河水泛涨，淹陷禾苗，屯堡多灾，民等议许修斋演戏。兹择十月十九日，在河边场设坛修演攒搭，诚恐匪类混入滋扰，恳请示禁等情。据此，除禀批示外，合行出示谕禁。为此示仰客约地保人等知悉，自示以后，尔等务须虔诚应事，严密稽查。如有不法游民来彼酗酒、赌博、绺窃、骚扰，立即擒拿务获，押解赴县，以凭究惩。该客保等亦不得借端滋事。并谕该场店户，毋许容留外来流民，以免匿迹扰累。倘敢故违，一经查出，定即并究不贷，各宜凛遵毋违。特示。

道光二十八年十月初三日。

兰溪勾拦瑶石碑文[①]

正堂示谕：溯余兰溪大径，处邑之西南隅，穷谷深山，水浅土薄，益（盖）因宋末避寇而侨居焉。元季各百姓先后来此，

[①] 兰溪勾拦瑶石碑文原存湖南省江永县兰溪瑶族村旁清水庵井边。1985年9月30日，江永县周方升、杨仁裹采集。

遂烟火稠密，原系民籍。洪武二十九年（1396），因埠陵徭（瑶）离隘二十余里，不便把守，奉上以斯地易之，号勾拦，以守边粤石盘、斑鸠两隘。恩赐徭（瑶）产，承纳徭（瑶）粮，量水开垦，报税免丈。并蒙每年赏给花红牛酒，以奖辛劳。迨及万历年间（1573—1619），加恩准买民业，钱粮只纳正供，蠲免一概裕差，际我盛朝，德泽尤厚。顺治十五年（1658）奉抚部院袁告示，许令徭（瑶）民自行当印官，完纳正供钱粮，印官还给油票，不许外加分厘火耗，不许重派一毫使费。二百年间，遵行无异。不意事久弊生，迩来征书浮索裕钱成册等纲赴柜，完纳钱粮之后，揩留串票不发，弊端百出，层剥难堪。是以三村生民签名，备呈禀县宪徐，荷蒙政治廉明，批笔除弊，并给印照为据。兹阖众公议，当将朱笔批印照，勒石以记宪德，以垂悠久云。

此据禀，该徭（瑶）应完钱粮，于按忙投纳掣串后，每届成册之年，由买户各出钱二百文津贴经书纸笔之需，此外并无另税等情。查该徭（瑶）钱粮，既历按上下两忙完纳，经书纸笔亦照成册之年捐给办理，岂容经书外加需索。所有已完，上忙钱粮串票，候随索查，并候禁革，经需毋许另加需索，以示体恤可也。己酉闰四月二十八日，悬署湖南永州府永明县正堂加五级记录六次徐为准照事，勋批查钱粮，修关正供，固不容庄户拖欠，亦不许经书需索。今该完上忙钱粮，既经赴柜投纳清楚，其串票自应随时发给，岂容经书借端揩留。候即查发归家安业，主成册等费钱文，是否旧有为津贴经书之需，抑系经书平空勒索，并候查究可也。复批查该徭（瑶）完纳钱粮，所有裕费，业已如禀焚革。其成册钱，前据禀称，每届成册之年，由各业户出钱二百文以为津贴，经书笔纸之需，已饬遵在案。今该生民，自应办理，何得复请批议饬遵，惟既据卖呈，姑候查发串票时，随堂谕饬可也。

勾拦徭（瑶）生民周明俊等，以恳赏给照，永垂德泽等情。称该瑶僻外穷乡，而妇子盈宁，系蒙本朝格外拨粮抚恤，亦由历来县生分外悯怜，征收正供之外，一切裕役，免其当差，何况钱粮外索。永邑向分四徭（瑶），村号胈灵、清溪、古调、勾拦，原同一体，瑶粮完纳无异，近被粮书欺藐，勾拦另派成册裕费等弊，生民询查，三徭（瑶）并无此费，不甘受索，备情叩呈，蒙批裕费革免，其成册钱文，每届由各买户出钱二百文以为津贴经费纸笔之需。然恐事久弊生，成为故纸，幸际仁恩德教之主，钱粮平价一体，民徭（瑶）均沾湿泽，理事叩恩准照，以作甘棠清荫。为此例，准给永以为据，须至印照者。

道光二十九年（1649）五月（印）二十八日给。

协济永平县夫马章程碑

关里上节各村衿耆，奉上宪谕安置云龙协济永平夫马章程及本地夫马定规碑志（一行）。

从来为王民者应王役，海内皆然，并无隔属应役之理。我云龙协济永平夫马，由乾隆三十年间，大兵征缅，迤至九年（二行），人过永，制宪而外有将军，有官爷提台、镇台替换往来，夫马重贷。适署本州官实任永平，权将本州夫马调去应役（三行）一次，名为协济夫马，本给公食。嗣后巡阅永平，援以为例，定里夫三百名，马六十匹，又马夫六十名。上下四站，行夫（四行）走马，颇费艮（银）钱。积日累月，废时失业，受伤捐命者有之。合州子民，因此一役，受累不浅。至道光二十七年，永昌回民（五行）作乱，制宪林大人过永，石门陕西巡抚杨崇峰先生悯子民苦，统率各里衿耆，前往递呈，捐艮（银）四千两，置买田（六行）产，以租息应役。蒙林大人批准，置买永昌田产，由州主董批解各首事，送交永昌府张，张交保山令刘。不（七行）数月，张升藩台，行奉督抚批：据保山令刘，永昌府彭、大理府唐会详：云龙协济永平夫马艮（银）四千两，连马（八行）为龙脏，拟银二千四百六十六两，共六千四百六十六两，置买保山回民公产、绝产，及现有业主之田一百三十三分（九行），大小六百四十三，每年应收租谷八百八石二斗五升。除粮一百石五升，实存七百八石二斗，自道光三十年起，保（十行）山县代收变卖，解存永昌府库。巡阅之年，转发永平，以作应雇永平夫马之用，不准收存保山署，免致亏挪。其田该州（十一行）及委员亲诣履勘，逐加丈量，按分竖立界石，刻永平夫（马）官田字样。并将丈量数目，刻在石上，俾尽知为官田，以杜日后（十二行）盗卖之弊。此事系督抚批准，札饬司道府州县督办，各宪署俱有案卷，州署内勒石永垂，兹不备录。其艮（银）四千两，照旧（十三行）例夫马均摊，关里每节派合二百三十八两，我云龙协济永平夫马，自此永免矣。至短站夫马，大达村、大波浪两村（十四行）捐艮（银）时，二村每户只摊一半，议定日后一两匹马、三四名夫不派。各村如用，出两匹马、四名夫外，乡约办理上节（十五行），同应不得偏累两村，因此勒石，永久遵循（十六行）。

道光三十年清和月吉旦。

首事生员杨尚之、李泽之、张濯锦暨上节乡约许名魁衿耆士民约保甲牌长等同立（十七行）。

邑士张占琼书（十八行）。（谢道辛录文）

封山护林永定章程

署碍嘉分州即升县正堂军功，随带加三级纪录。

为永定章程，以广水源事。

兹据道光三十年二月十三日，旧县里士民黄金铠、黄金铣、王丰泰、黄金钊等呈称：本里有种不肖之徒，私行刊伐老柴窝山树木，烧炭种地，以致筑窑烧石灰，泥沙壅塞，里粮田，无水灌溉一案。当即分州提讯，俱各供认。重加惩责外，取具甘结，日后不得妄伐一草一木结状。大村里士民等，犹恐日久仍蹈前辙，禀恳永定章程，保护泉源，俾世无乏水之患。请示垂后等情前来，本分州查访老柴窝所发之泉，历代灌田食水，历代取资，所利甚巨，岂容卑鄙小人妄行刊伐，开挖烧炭使泉源无所庇护，致有干涸之患。夫一人得利，万人被害，此种行为，不但王法之所不宥，即家理亦不相容。言念及此，深堪痛恨。为此，示仰汉夷人等知悉：自此以后，仰大村里乡约随时稽察，不惟不准开挖烧炭，即取薪者亦不准登山剪伐。倘敢不遵，许该约扭禀来署，按照绝人饮食以致死者律讦办，决不宽容。□□□□愿我土民□□□永矢勿替。俾泉源不竭，庶类得以资生，则幸甚矣。遵之凛之，勿违特示：一不得放火烧山打猎。一不得筑窑烧炭烧石灰。一不得开挖采种地。一不得采取柴薪。一不得放牧牲畜。以上诸条俱系有关水源来龙，仰大村里乡约递年稽察，如有犯者，该乡约□禀报究治。

道光三十年三月　　示

特授楚雄府䃶嘉分州加三级纪录□次涂为再行剀切示禁，永定久远事。

照得䃶邑居山谷之中，地多坚石，难以凿井，城厢内外，灌田汲饮，全赖老柴窝山箐积水分资，相传已久，关系匪轻。前有不法之徒，赴该山伐树种地，筑窑烧炭，士民黄金铠等即联名呈禀，经前任分州判□□□等察实责惩结案，晓谕在案。本分州莅任，复据该士民王亿兆等抗官藐法，纵火烧山等情，□□□经提讯究治，履勘定断，取结在案。查老柴窝山，系䃶城来龙，非如别处公地可比。该山附近旧县邦粮山、核桃山、老铁厂等士民，各以利己之心，几至树株伐磬，沙泥壅塞，殊于水道大有窒碍。兹经本分州明断立案，令士民沿山一带撒种松秧，培植树木，至于炭窑概行拆毁。但恐日久沉生，合再剀切示禁。为此示仰合邑汉夷，及附近居民人等知悉：嗣后倘有再赴老柴窝山箐刊伐一草一木，以及开挖种地筑窑烧炭者，许该乡保等指名俱禀，以凭锁挐到案，不特治以应得之罪，且必从重罚银，充合草木损毁。若隐不报，并及是案严惩。本分州言出法随，决不稍宽。自示之后，尔土民互相稽察加以维持，庶泉源远长，世无涸口，利民饮水灌田矣。各宜凛遵毋违，特示。

道光三十年十月三日示

合邑土民　仝立

碑原置双柏县辟嘉古镇，碑高110厘米，宽50厘米。直行楷书。额题：永定章程。现碑已毁，2000年8月12日考察时寻得残碑7片，拼逗拓印，参照《楚雄州林业志》333页"附录"碑文整理。

清道光三十年（1850）十月碣嘉合邑士民仝立。

碑文是道光三十年三月、道光三十年十月，两任楚雄府南安州砖嘉分州正堂为禁止在哀牢山老柴窝箐砍伐烧炭开荒，封山育林，以"保护泉源，俾无乏水之患"的裁决告示。士民以"永安章程"刊刻立石。

寨面河石碑文[①]

堡役雷坤、石秀、孔和、莫亮、蔡彬、莫有常等人，今当大老爷台前，实悔结等以贿夺堡田等情，赴各宪上控李圣科等一案。奉批仁恩讯详蒙饬赃，李贤科等并无批耕欠租谋夺等情，实系蚁等一时愚昧，设听旁唆，捏情上控。但蚁等所充堡兵，并无官给，仍照向系私项私充其未足额。其控告之后，亦不应私堡田租，抗不当差，为公缉带贼等匪，罪有应得。本应照治罪，兹蒙姑宽，只将蚁等免其治罪。其堡田应从起佃，另召另批，不敢始终抗踞羁耕，阳奉阴违，妄告瑶民等弊。自其坐罪，中间不肯，所具悔结是实。

道光三十年（1850）六月十七日具结。

咸　丰

罗次县正堂严禁苛派告示

特授云南府罗次县正堂加十级纪录十二次王

[①] 寨面河石碑文原存广西恭城县莲花瑶族乡岩口村寨面河旁，1985年11月，李绍立拓印供稿。

为给示勒石，以垂永久，而杜积弊事。咸丰元年四月二十九日，据县属炼象四甲士民彭修、脱大用、陶达、武天文等呈称，缘炼象甲分供应夫役，向来俱有先辈公仝议定章程。近因地方供应承办人等紊坏旧规，因之积弊生害地方，苦难名言，士民无不目睹心伤。无可如何，今蒙恩主爱民如子，兴利除弊，因不揣愚昧，询之父老，将先年规制，详悉录呈，伏祈文星俯准，给示勒石，庶章程永久，而慈惠亦与之俱永，则顶祝公侯万代矣。为此谨呈等情。据此，除粘单存案外，合行给示。为此，示给该士民彭修等遵照，即将单开旧规，勒石为据，以垂永久。嗣后务须照款供应，毋得短额推诿。如有额外多索之人，许即指名禀究，特示。

右示给炼象四甲士民彭修　脱大用等准此

咸丰元年五月十六日给

粘单壹纸

一衙内来办公，夫马悉照过来数目供应。夫来供夫，马来供马，额外多索，不予供应。

一衙内派人来站办差。回衙骑马之外，供应引马壹匹。

一衙役来站办公回县。总役头役不用夫马者，折钱陆百文。小差仍照旧规□。

一厨役来站办差。凡厨内需用什物，除刀勺自带外，向来应办者，由乡约与店头□办供应。差事毕，即点齐还，余概不供应。

一官自县来站或自省来站，夫马四甸供应。由站回县或下省，夫马四甲供应。

一贡象来站，四甲应办竹叶、芭蕉、稻草、明节，余概不应办。

一探听□□差事，由炼象乡约探实禀报。若衙内办差之人已来，而差事尚未过站，确信应探差时，仍归乡约雇人往探。

一差事过站，炼象乡约修补公馆，应办钉索、床板、炉条。至于裱糊纸张，归四甸乡约应办。

特授云南府罗次县正堂加十级纪录十二次正

为晓谕事。照得从前贡差由炼象经过，有令地方呈缴象椿银两之事。本县查炼象系属尖站，并非宿站，毋庸设立象椿，致令乡保人等假公科派，贻累民间。所有本年贡差过站，应缴象椿银两，业经本县全数交出，不令民间派出。合行出示晓谕，为此示仰炼象汉夷军民人等知悉。如有乡保人等，再向尔等科派，许即赴县呈告。以凭提究不宽，毋违。特示。

右仰通知

咸丰元年四月初二日示

告　示

署云南府罗次县正堂加三级纪录六次何

为晓谕事，照得本年

贡象差务接踵至站。本县深念地瘠民贫，恐差约人等借端科派民间，贻累地方。

曾于该士民请示禀内，批示在案，除一切使费，供给派拨丁役筹款，应付□。诚恐各乡甸未能周知，合再示谕。为此示仰阖邑士民人等知悉。如有不肖之徒，因贡象过境，借端需索，僻地居民不知由官自行承办，被其蒙混，不可不防。尔等各宜遵照毋得徇隐，致干查究。切切特示。

右仰通知

咸丰三年十二月十三日示

告　示

县正堂何批

本县奉

宪委署斯象一载有余。深念地苦民贫，无事不从俭约，无时不为斯民，体恤苦衷。岂任听差役人等分外需索，赔累地方。此次贡象差务，接踵过站，所有使费、供给等项，俱由本县筹款承办。倘该乡约仍复借端科派民间，日后访查得实，定当查究不贷。该士民等有稽查之责，毋得徇情隐讳，致滋朦混。除出示晓谕外，仰知照禀存，原示发还。

附寄原示一纸、告示一道。

咸丰四年岁次甲寅仲冬月阎甲士民　仝立

该碑镶砌在禄丰县弓兵村观音寺右厢房墙上，高63厘米，宽110厘米。直行楷书。刻有：①清咸丰元年（1851）四月二十九日罗次县王知县发给炼象四甲士民关于禁止违规摊派夫役"生害地方"的"杜积弊事"告示。②咸丰元年五月发炼象关士民，关于衙门差役来站办差有关供应的告示。③咸丰元年四月初二，关于停止"贡差"经过炼象关，令地方"呈交象椿银两"的告示。④咸丰三年十二月，关于"贡象差务"因"地瘠民贫"，禁止差约人等"借端科派民间，贻累地方"的通知。⑤咸丰四月冬月，罗次县何知县关于"贡象"过境有关差的人等不得"分外需索，赔累地方"的告示。

奉宪永禁赌博碑[①]

署平乐县正堂加五级纪录五次邵,为永禁赌博,严拿盗匪以安良善事。照得赌博为盗贼之源,而赌场实盗贼之薮,本县莅任以来,迭经严查拿在案。兹闻沙子街地方,竟有无业赃匪,群集该处,明则开赌营生,暗则结伙为盗,时常胆敢在于各会馆以及铺户门前,公然开设摊场赌博。其间,良家子弟,被其引诱为匪者不少,此等奸匪,实属罪不容诛,除随时会营,选派兵差拿办外,合行出示永禁。为此示,仰湖南、粤东各董事以及上下街团长乡约人等知悉。窝赌便是窝盗,拿赌即是拿贼。自示之后,倘有前项不法匪徒,仍敢开场聚赌,你(仰)该董事团长人等,协办捆拿解肥,定即置之。重典(点)窝赌房屋查封入官,并将窝赌之人一并治罪。其在街市开摊,该铺户不经禀报捆拿者,亦照窝赌之家,分别惩治。如有团甲邻右知情故容,甚至衙吏差役,得规包庇,一经查出,一并提案,从重治罪,决不宽贷。各宜凛遵,日垂永禁,毋违,特示。

咸丰三年(1853)六月初五日告示。

实勒宝安会馆,永远晓谕。

冕宁县练团谕

为示谕练团以靖地方事。照得冕邑地方,汉夷裕处,近有一种不法汉民,勾引外来匪徒,黉夜抢窃。屡经示谕各甲,挑

---

① 奉宪永禁赌博碑原存广西平乐县城中山街八十九号门前左侧墙旁。平乐原为汉、瑶、壮杂处。1985年8月4日采集。

选精壮，设立团练，操习枪矛，遇有匪徒，齐集鸣锣，点放团炮，协力擒拿，送案惩治。至今日久，盗案迭出，皆由各甲团练无人倡率，以致缉捕懈弛。兹查福乡三甲、又三甲、清乡六甲、长乡一甲杨树荣等为人正直，办事勤慎，亟应示谕以专责成。自谕之后，设法稽查严拿外匪，俾宵小敛迹，闾阎安静，毋拂本县除暴安良之意。尤不准借事科派，致滋讼端，是所至嘱。特谕。

计开律例三条：

一、罪人恃仗拒捕，其捕者格杀之勿论。若已就拘执及不拒捕而杀之，或折伤者，各以斗杀伤论。

一、凡夜无故入人家内者杖八十，主家登时杀死者勿论。其已就拘执而擅杀者，减斗杀伤罪二等，至死者杖一百徒三年。

一、凡事主因贼犯黑夜偷窃，或白日入人家内院内偷窃财物，并市野偷窃，有人看守器物，登时殴打至死者，不问是否已离盗所，捕者人数多寡，贼犯已未得防，俱杖一百徒三年，余人杖八十。若贼犯已被殴跌倒地，及已就拘获辄复叠殴至毙，或事后殴打致死者，均照擅杀罪人律，拟绞监候。

右谕福乡：三甲，杨树荣，又三甲，刘德彰；清乡：大甲，杜绍华等；长乡：一甲，卢开鸿。

咸丰四年六月十八日。

忠州东永圩复圩碑记[①]

世袭广西南宁府忠州正堂加三级纪录五次黄，为准成旧圩

---

① 碑立于扶绥县东门乡圩上，今已毁坏，扶绥县志办提供，李千芬整理。

以便生理事。

禀得东厢板离村，路当孔道，实便贸易之所，况日中为市，原以救贫穷，兹据板离村村老马骥忠、农允昌、罗大鸣、黄永璠等呈，东厢绅耆目民人等禀称：迩来盗贼滋扰，四处阻塞，无所生理，生民艰食，难以渡活，恳求复开原圩，以便贸易等由到州。据此。查该圩自嘉庆年内，祸因客民恃强需索，致累该圩。所以先官在日，暂行停禁，警后致悔，但查此案，非在不赦之条，理合准复，除批示外，合行给照。为此，示仰该村人等，立即准照，择日成圩，以便买卖。嗣后以寅、申、巳、亥为期，改为东永圩，凡有生理往来，须当平买平卖，不得恃强凌弱。倘有不法之徒，扰乱圩中者，仰该圩人等，扭禀究治，决不姑宽。各宜禀遵毋违。特照须至给照者。

右给东永圩准此。炳祥等三十五人。

咸丰四年（1854）四月十五日。给勒碑永远万代。

冕宁县保护客商告示

照得现在靖远一带地方夷氛不靖，每每大伙出巢抢劫商贩，大路梗塞难行，改由小路行走。讵料菩萨岗等处奸夷仍复勾结野匪肆行劫掠，殊堪痛恨。兹据该管土百户金得禄等来县承认，情愿统率上差夷兵团练等，在于小路各该管地面分段梭织巡逻，保护往来客商、驮运货物，使各奸夷等不致勾串野夷，窥伺截掠。是该百户等已属好义急公，其巡哨之土差夷兵等自应准其查照货物多寡，酌取口食，以免枵腹从公，难期久远。乃访闻近日各处客商及远来之驮脚等，均皆乐于资助，以保客货，惟本处附近运脚人等，于受雇之时，即向雇主索取哨钱，图饱私囊，并不散给看哨之人，倘有不虞，仍归咎于哨兵，愚弄客商，情殊可恶，合行示谕。为此示仰进出商贩及驮脚人等知悉：嗣后尔等如由小路行走，经过土差巡哨之处，除由县运米赴西成等厂之驮脚不取外，其余出入商贩布卷货物，自须按照每驮酌给该土差夷兵等保路口食钱二十文，每挑酌给钱六文。在尔客商等所费无几，伊等积少成多，日用有资，保护更期得力，道路即可肃清。尔客商等，幸勿吝惜小费；即该驮脚等，亦幸勿贪图微利，致误雇主大事，是为至要。本县为尔等保卫财物，以利行旅起见，切勿视为具文，恣意吝啬，自贻后悔，本县实有厚望焉。致该百户等亦当严束土差团练等，严密巡逻，实力保护，不准格外需索，致酿事端，亦不得阳奉阴违，始勤终怠，致干查究，负尔初心。各宜凛遵，毋违。特示。

右示菩萨岗、青岗坪、拖乌等处交各该百户，用篾席粘好，早张晚收勿损。

咸丰六年六月二十四日。

冕宁县勿擅搬迁告示

为晓谕勿擅搬迁，实行团练守□□□□身家事。照得野夷滋扰横行，原为民间之害，如尔等同仇敌忾，即可众意成城。且事宜镇静，切忌妄动。如道光十三年富林营被夷围攻七日，该处居民各各戒严，互相厮守，致夷精疲力倦，一战成功。今泸沽地方，较之富林营团众人多，防堵尤易，是在尔等齐心协力，各相戒勉，方能有济。合行出示晓谕。为此示仰该处居民人等知悉，尔等幸勿惑于浮言，任意迁徙，先示柔弱，致夷匪等得以窥伺，乘间窜扰，免不临事张惶。务各守望相助，同心保护，实力齐集团练，备制枪炮军械，在于大冲口及野夷山没之处严行堵截，万勿轻举妄动，自贻伊戚，实为至切要务。本县现赴郡城，面请镇宪赶紧添兵同来剿办，尔居民等，不必惊惶，各宜凛遵毋违。特示。

咸丰六年八月二十六日。

太平军过西林安民告示①

英雄必有难，洒血为良民，本及太平天国之兵也。威风凛凛，旌旗飘飘，率兵出城，兵强将勇，确数难之定也。五湖四海，大江南北，印泥鸿爪，全遍神州。顷时，翻江倒海，关山渡岳，鞋断袜烂，未料今日，莅之那羊亭（今隆广西林岩茶乡那羊村），特此挥笔，此之告示，太平大国之兵，原是为国，萍踪之理，掌管江河，守卫国庭，时常兵盛，维护昌荣。但见那羊之地，山险岭乃，人庄微数，难保度日。因此，特此示命黎民，取交物资，肥猪五百头，此等物资无定数，以交为贵，依价讨平，爱者添福，抗者夭亡，若有充毒（因当时西林定安、那劳等一些土豪劣绅故意将毒药如桐油等物放入粮食中给太平军吃中毒，呕吐不止），王法难容。有人抗令，割耳插线，全斩首情。望苍天未惧，本是为朝之劳。与众同舟，鱼水相呼，军纪早定，滴水良民不许害，草木不许动一根。遵此所规，得延寿岁，度品南风，良民服顺。于是声明，由于人多，过山山倒，

---

① 此告示是西林县林新隆到定安、那劳一带调查收集资料时，由岩茶乡韦中标提供的，韦从岑安荣手上得来，而岑父元善当年手抄留下，至今已百多年。南盘江红水河流域考察组到西林时收集。文告没有署名，但据旧县志载，可能是石达开部下曾广依部颁布的告示。

渡河河干，威过猛兽。城中慌乱，夜睡不安。苴之地也，首于此尾在远方。由于人多，难守法规，劫民财物无数，烧宅无穷，原有拥民之意，而变反民之心。烧残良民，笔楮难究，望民敬奉，死而凭吊。杀凶有赏，抚善存恩。为此固（故）乾坤结裂，世代常存，前头英雄，谁人重想，兵将多少，苍人均睹。每当过阵，七天七夜，胜蚁搬巢，依实可证。八万八先锋首，九万九扛大炮。此告金墨玉纸，万无一失。恩深情厚，永此悬思。若有逆意，斩首干净。所令之物，于此顺付，依此确定，不敢空言，所许是实。

咸丰十年三月。

冕宁县不许买酒与夷匪告示

为严禁事。案据土民姜文富，武生王廷清，甲长李盛业，客长甘思霖、马朝元，团首邓光宗禀称：酥州坝一带地方逼近夷巢，常有猓夷勾结凉山夷匪，携带刀矛弓箭混入境内，凶〔酗〕酒横行滋事，稍不遂意，辄敢借故生端，骗赖不休。每有窃劫不法等事，皆由卖酒之家希图渔利，奸贪窝留，实为地方之害。禀请严禁等情前来。据此，除禀批示外，合行严禁。为此示仰铺户居民□酒人等知悉，自示之后，不许卖酒与夷匪等饮食。倘有不遵，私行发卖，定即提案究办；并不准夷人途次携带刀矛弓箭，横行入场。倘敢故违，许该场团首人等拿获禀送来案，定行从严惩治，决不稍为宽贷，各宜凛遵，毋违。特示。

咸丰十一年九月三十一日。

永定夫役章程碑[①]

奉宪永定章程。钦加同知衔补用州署龙胜理苗分府事潘为晓谕勒石，永远遵行，以息争竞事。案因咸丰十年（1860）十月内，抚部院刘统兵亲剿石逆溃匪，由省来龙，嗣因夫役，龙脊上半团与平车下半团互相控告，当经讯明出示，统照旧章办理。但恐稍有未协，一遇大差，又必复起争端。本分府念切下半团户少民贫，特捐廉三十千丈，交下半团存公生息，以作日后大差帮夫之用，并酌定章程列后，以垂不朽。

计开：

一、各处一切小夫，仍照旧章，各塘轮派人夫迎送，不在此列。

一、以夫百名外者定为大差，嗣后各送各站。

一、下由官衙、龙脊人帮送至双洞，即于此款生息项下动支，每名给卒力钱八十文。

一、上由大木、平车人帮送至丁岭，龙脊人筹给每名辛力钱乙（一）百二十文。

一、此项支资，系本分府捐存，专备大差之用。尚后有不肖之徒，私行挪用典卖，准地方禀官究办。

一、此项现交民人潘正德、潘正佑、潘章泰领取，或买山场，或买地亩，仍须禀明本分府备案查考。即派殷实公正按年轮管交代，如有隐匿侵吞，惟值年经手是问。

---

① 永定夫役章程碑原存广西龙胜各族自治县和平乡龙脊平段寨旁。龙脊为瑶壮杂处。1964年5月27日采集。

廖光元、侯金昌、廖光贤、潘金玉、廖金仁、廖学玉、侯金成，晓谕。

大清咸丰十一年（1861）岁次辛酉（辛亥）三月二十四日。

同 治

龙胜南团门牌章程

即补军民府龙胜理苗分府加级纪录十次曾，为晓谕挨户给发门牌，以靖内奸，而纯外匪事。照得门牌之设，原所以清理烟户，分别丁口详明事。盖烟户清则家可综稽，而团规整肃，丁口别，则人归方核，而痞恶消魂，事业各详则游民敛踪，而外匪亦无所从来，此固整顿地方久安长治要道也。然自各前任所发门牌，每张纸费钱，多则一百五十文，少则一百二十文，似纸费过甚，民力维艰，以致每寨烟户合五六家领一张者有之，合七八家共领一张者有之，一寨之中不能逐户给领者故也。兹本府念切斯民，既不能不整地方，又不得不矜怜民力，今权中择易，每门牌一张，酌取纸费钱三十四文，不能额外苛取。如此轻易可行，庶不至民困于用，合行出示晓谕。为此示，仰该各处团总、头甲、居民人等遵照。如有离城较近之处，仰将纸费凑交头甲，来署按户给领，以免书役至寨供应之费，离城远者，挨派丁书到寨，再行逐户给领，尔百姓等，当知整顿地方，即为绥靖地方之计，各宜踊跃遵行，立即预备，一挨丁书到寨，按户给领，毋得仍前朦混，如有抗违不遵者，定实差提，从中究办，决不宽贷，各宜凛遵毋违。特示。

同治元年（1862）十月二十四日发各塘晓谕。

兴安龙胜联合瑶团禁约碑[①]

尝思夷齐者，高风普共，众同美世，则乡帮无忤，是由恶蛮时，雍斯兼介之，相沿者，非一日矣。然而及于目前之所紧，泯泯芬芬，蚩尤惟始作乱，奚能追于前人。书云，若跌弗视地厥，足用伤。若人无远虑，必有近患。今有四乡贤者，举齐四民，统约同乐之事，化如木同绳，夫如是，则接物周旋之际，均有损益。旧染污俗，咸兴维新。再者旁窥，今世盗贼蜂起，赌博孤群肆荡，恨杀前辈老人，敢怒而不敢言，何则况余等。籍居偏隅，山多田少，土瘠人稠，由则□勉趋于耕。尚且□怨□饥寒，于冬期厥为艰哉。何况其惰农，自安而竞习日盗，于资盗赌博者，安可以不触前辈之恨生不已。纠合群人，同亲合议，议定章程，永遗不废，不必家喻户晓，一概听闻，不必耳提面命，皆翁言之修久归。一有冒犯，鸣鼓攻之。

谨将公方款条刻石列后：

一、议地方凡有大小事务者，必要报明瑶团头甲（甲头），□右曲直。如说未息，需经本瑶论之。不服头人带告，方准词颂。

[①] 兴安龙胜联合瑶团禁约碑是打破两个县、三个地区、七个行政乡的区划界限，所有的红瑶村寨全部参加，排除外族或族系外而建立的瑶团共同制定的禁约，职能也仅限于在红瑶内部发挥作用。其组织类似广西金秀大瑶山的石牌制度。禁碑原存广西龙胜各族自治县泗水乡孟山大寨旁大树底下，高1米，宽1米，受腐蚀破坏严重。1980年10月6日采录。

一、诚恐贼匪患人其境，务必同心协力堵剿，不许借势操掠。那人如达，查出公罚钱□□文不饶。

一、不许勾引索诈油火，以强凌弱，以众包寡，以智欺愚。那人如此，鸣众呈上究治。

一、凡有大小事，非情理说，当面论清，不得横行。吞烟悬梁诬提。那人不遵者，鸣众阻挡，公罚不容。

一、富户请其雇工之或然上山毒鱼涉水，以及助君出力，恐有毙命，主家出钱五千元（文）安葬二比不得异言。不遵者，鸣众阻挡。

一、不许开场聚赌，□□□□积隐藏或拿获其家即操。若往山私赌，查出每人罚钱二千四百文，不恕。

一、或被盗偷窃财物者，一家失盗，众人失主，各带盘费拿获丧命。不遵者，公罚不容。

一、殡葬坟墓，不得骑胙对门，□□无犯，以老人坟各宜堆砌勒碑。如有不遵者，挖着无究。

一、已经先年卖断之业产，一卖一休，不得找价增补，以后买主出卖，广得银钱，原主不得争论。

一、乞丐人等或年幼及年迈残弱者，只许文钱、勺米，少壮全无。如强讨者，鸣众获拿拷打。

一、村寨男妇出入，不许乱放野焚山，那人如违，查出公罚钱文不饶。

一、育女尝遗或男或女，均系骨肉，不可溺杀。那人如不遵者，查出公罚不恕。

一、结发之亲，订上亲者，订礼八千文，折干礼钱十四千文。不遵者公罚。

一、已娶妇家，年已三十〔岁〕，若无生育，应从娶妾，外家不得异言，违者公罚无恕。

一、再醮之亲，须宜相貌行聘，上亲者，礼钱二十千文，下定八百文，媒人钱每千二百文，表〔舅〕礼每千一百文，不准多取。如不遵者，罚不容。

一、至秋获或谷或草，停于南阡北阡，不得乱携，那人胆敢，查出公罚钱文，不容。

一、各村寨木林，不得窃偷或找干柴者，不得带刀，哪人如违，目睹报信者，罚钱二百四十文，若有隐瞒查出与贼同罚钱文，不恕。

一、畜之类，恐被狼狗伤亡，眼睹应从主施，不可妄取。不遵者，众责不贷。

各地耆者（即寨老、族长、瑶团、瑶甲、庙老等）计开。

孟山：余才仁、余忠海、余桥贵、余贵明、余龙才、余文海、余昌荣、余全成、余弟爷、余桥样、余升保；

水银：王秀书、王进金、王人成、龙桥；

白面：龙永诱、黄路明、潘正才；

细滩：朱应龙；

崩里：杨文正；

潘内：粟弟惟、粟文禄、粟老四；

金坑：潘金桐、潘惟金、潘大气、潘凤正、潘老四、潘长富、潘升龙、潘才贵、潘弟四、潘顶富、潘老一、潘长才；

矮岭：李四福、杨升海；

黄乐：杨胜和；

三舍：陈昌寿、杨通祥；

七星：李栗田；

马堤：吴老四；

大段：侯瑞荣；

三百冲：侯正朋；

大塘：潘大富。

大清同治二年（1864）甲子岁六月吉日申明。

兴安龙胜瑶团众民同立。

奉宪禁采碑①

钦加青军府衡永州府宁远县，正堂加五级纪录五次王，为严示封禁永杜弊端事。案奉前升藩宪劄，据宁远县附生李象鼎、贡生邓象鼎呈请于西江源开矿一案，当禀批发。奉府宪杨，委道州知州江，会同本县前诣该处，查勘明确。又奉抚宪札委补用直隶州丁，处县会勘训导乐显钰、黄拔萃，文生王缉熙，呈请封禁情形，均经先后勘绘图贴，说复在案，兹奉守宪张札准，藩宪咨禀，奉阁督部堂官批查西江源地方，既据委员勘明开采矿砂有碍虞陵，且历年以来，叠酿臣案。现值有事之秋，自应严行封禁，以靖地方。仰南布政司令同按察司，迅即出示封禁，并移该道，督饬地方官，严密巡查，不准偷挖为要。又奉藩宪石礼开奉抚部院恽，批据禀，已悉西江源开采，既于地方不便，自不可填之，于始应照所议，仍行封禁，仰布政司查扶饬遵。等因奉此，合行出示严禁。为此示，仰合邑土

---

① 奉宪禁采碑原存湖南省宁远县九凝瑶族乡虞陵殿前。虞陵殿已毁，碑刻尚存。1980年4月19日采集。

庶及该处团保、瑶总人等知悉。现据李象鼎等禀，请开矿之西江源即癞子山地界，为九疑来脉。一经开采于虞陵民生，均大有妨碍。况李象鼎等，系桂阳师籍，原非宁邑生员，胆敢欺朦罔利，业经本县申饬，兹既奉大宪执示封禁，应严行查禁，以靖地方。该民瑶人等，均不得伙串私开窃挖，自干法纪，仍令该处团保瑶总，随时严密巡查。如有外来奸匪，三五成群，入山偷挖，许即捉获，送案或据实指禀，以禀以凭严拿治罪。如敢故违徇隐，一经访闻或被告知发，定即一并拘案究办，决不姑宽。再癞子仙地界宽广，除西江源外，别名甚多，与九疑山一带，均为虞陵重地，灵爽式凭之外，且系历来例封禁山，载在老乘，无论有无矿砂，一概严行永远封禁，以杜奸究，而弭弊端，各宜凛遵勿违，特示。

同治三年（1864）甲子岁夏月谷旦立。

冕宁县客商须大道行走告示

为据塞不禁事。案据福乡五甲地保卢文光、团首卢征雄，中村百户马兴贵，团头吴杜枝、长命保禀称，情县属东门外灵山寺一带，原系老林云，诚恐祸生不测，贻害地方，禀恳作主前来。据此，除禀批示外，合行出示严禁。为此示仰客商汉夷人等知悉，尔等如有贩运货物，须由大道行走，不可绕行此处小路，免使野夷由彼出没，扰害地方。自示之后，倘再有仍前偷越行走，许该百户保甲等阻止扭禀，以凭究治，决不宽贷。各宜凛凛，毋违。特示。

同治四年四月十六日。

富邑东山五源奉县勒碑[①]

富邑七都东山五源请定完纳瑶粮章程具呈五源生员唐时雍、军功唐绍景、生员唐振华、任志仁、周文郁、奉尽文、盘谷贤、唐文福、廖鹏举、任志达、唐时中、唐现龙，军功周士文、黄国乾，生员唐绍章、沈源川、奉尽伦、唐时刚、唐正元、任廷尧、李国品、沈寓璋、唐友贤、唐聘之、任志起、唐国廉、唐绍晃，监生任廷胜、唐秀开、任志道，生员唐国昌、盘瑞刚、盘瑞山，军功唐振信、唐仕岊、李文后、李钦才、周品登、唐佛保、蒋朝昌、李洧准、奉章仁、沈孔知、庞孔魁、奉呈珍、盘铭新、唐品达、唐志浩、陈瑞贤、钟显赐、钟光镜、唐益智、奉之委、周积元、周永兴、邓源清等，为恳赏成规，邀恩批示定数，勒碑永远无弊事。缘生民等束五源瑶粮编银四十四两九钱整，折银三十两一钱八分八厘，本米三十八石九斗八斤五合。畸岭瑶粮编银一两七分，折粮一两零六分，本米一石三斗二升五合整，逐年归户完纳，毫无蒂欠。三项撮总共折银三百四十千文，耗羡平余串票，一切折在内，各户踊跃投房完纳，无论银米贵贱，无添无减，历代相沿无异。近因书吏更添不一，竟有乘机舞弊，额外加收，生民等业经先后禀明前任杨、锡二主并藩宪，均蒙批示照旧完纳在案。现值仁侯莅任三载于兹，一切增收更加体恤，生民等钱粮并系照旧完纳，但未蒙批示勒碑，难免格外

[①] 富邑东山五源奉县勒碑原存富川县五源瑶区。现存富川瑶族自治县文物管理所。碑文楷书，共三块碑石合成。高 1.57 米，宽 0.77 米。

加收之弊，是以联名复恳，鸿慈批地，每年纳铜钱一百四十千文，定数勒碑，以垂久远，以杜弊端，沾恩万代矣。谨将杨、锡二主并藩宪批示钞粘呈验，伏乞太公祖、太老爷台前作主施行。

富川正堂魏批：查编折银米，各户完纳自有一定成数，堂容书吏任意加增。今据该生员唐时雍等呈禀：束五源编米瑶粮每年额完银七十两六钱一分八厘，本米四十石零三斗一升，三项共完制钱三百四十八千文，其耗羡平余一切在内，向系赴房完纳，年清年款。现间该户粮仓房有额外加索情弊，殊属违例。该瑶民等仰即查明向应完纳三百四十千文之数，踊跃投纳，如粮米贵贱，毋许增减，倘有书役勒索，该生员等即指名禀究。准予勒石，永远遵照可以。同治二年（1863）正堂杨批：已于蒋团绅呈内批示矣。

同治三年（1864）正堂锡批：瑶粮编折本米，向系年清年款，毫无蒂欠。本县莅任按征，业已严谕户粮仓二房，经书吏循旧章收纳。兹据呈本年瑶粮均已扫数全完，足见该生等深明大意，劝谕国课早完，诚堪嘉赏。所有瑶粮自应准其照旧，向例完纳，勒碑以垂永久可以。

同治四年（1865）布政使司苏批：钱粮国课正供，自应年清年款。据呈，该绅民等将应完瑶粮银米，按年清完，殊属可嘉，嗣后仍应踊跃输纳。仰富川县照向例征收解司，毋使书吏浮收滋弊。切切，抄粘存。

同治七年（1869）岁次戊辰，正月吉日立案存户房。

优免瑶税瑶差碑[①]

四品戴署湖南永州府永明县正堂加五级党，为再赏印照以分民瑶事。照得民间置买田房产业，例应投税。兹据扶灵瑶石成玉、清溪瑶田浚、古调瑶蒋国琳、勾兰瑶田嘉谷等，具禀该四瑶自明洪武招安各瑶把守粤隘，瑶田瑶粮免丈免量，暨免杂差，所有瑶买瑶田，历无投税过割。至嘉庆十七年（1812）顾前县饬瑶投税，经张翼云上控，奉前抚部院景批，据司详司行府讯明，瑶买瑶产，仍循旧章，给有印照。咸丰年间（1851—1861）衙署焚烧，案卷无存，兹据石成玉等照录各前宪印照，禀请存案前来。查该瑶人免派杂役，其瑶买瑶田，历无投税，推收过割，即奉有从前印照为凭，自应照旧办理。除禀批示，并将原禀发房存案备查外，合行发给印照。为此照仰石成玉、田浚、蒋国琳、田嘉谷瑶长粮户人等知悉。嗣后尔等瑶买瑶田，仍循旧章，免其投税过割；若瑶买民业，应即遵例过粮，不得隐匿，至于责罚。各宜凛遵，须至照者。

同治十一年（1872）九月二十七日给。

右照仰古调瑶长粮户人等准此。此照随瑶长收存。

特授湖南永明府永明县正堂加五级记录六次顾。为给照事，照得民间置买田业，例应过割投税，如有隐匿，即于责罚。永邑瑶人置买瑶产，曾经□前县田俯念瑶情，给予印示，听照旧章，免其过割投税有案。兹复奉扶宪景批据司详，饬令瑶买瑶

[①] 优免瑶税瑶差碑原存湖南江永县古调村会寺宫，现移右调村辗米厂内。碑高100厘米，宽65厘米，厚10厘米。拓印时间1984年9月14日，拓印人广西恭城县刘绍仁等。1985年4月5日供稿。

产，仍照旧章办理，毋容纳税。等因奉此，合行给照。为此照仰古调瑶长粮户人等遵照，嗣后尔等凡有置买田产内系瑶田瑶粮，准仍循旧章，免其过割纳税，以示体恤。其业置买民屯产业房屋等项，务遵先例过割投税，毋得隐匿，至于责罚。该管瑶长等，仍随时稽查，变毋徇延于究，各宜凛遵，须至照者。此照存□□□□。

嘉庆十八年（1813）十一月二十日给照。右照仰古调瑶瑶长粮户等，准此。

龙胜南团永禁章程[①]

钦加同知御、特授龙胜理苗分府加二级、随带加一级王，为晓谕事。案龙脊众等开例条禀，恳出示以靖地方事等情前来，查龙脊地方人等户撤，自应设条规以归尽一，而垂永古。兹据禀恳前情，除批示并将条规删改核定外，合出示晓谕，为此示，仰居民人等知悉，自示之后，尔等即宜遵照条例，各安本分，不得违抗，自干其罪累，各宜禀遵毋违，特示。

一、给门牌照向旧章办理，及委牌当堂给领，仍旧旧章办理，每张纸钱一千二百文，不得加减。

一、民间田土基业、山场等件，上前卖者，照依时价变卖，今卖今收，时卖时管，后人不得异言，翻悔生端，需索妄取，如有翻悔者，执照经官究治。

一、地方各宜安分守法，不准滥崇油火，恶棍闯祸，倘遇

---

① 以上各团恳呈禁革例规，存于龙脊侯家长老手中，1957年3月，广西少数民族社会历史调查组调查抄录存藏。

口角细故，经明头甲排解，不得借端妄索，又不准请监中理论，如理情不遂，使计唆讼，肆行放怠，送官究治。

一、讨佃种田地，务要上春勤力莳作，耘草洁净，不得晚迟，拖懒丢荒，至秋苗熟，须告田主均收纳谷，不得私行先取。如早已所卖之业，所凭田主或自耕或批佃种。

一、买田基业，其田边向本有荒地草土，除地作价之外，或在内契务要批明在契方卖，请白买主，以好挖开耕上，以后不得异言，故意借端，如有妄索，头甲送官究治。

一、遇旱年，各田水渠照依旧例取水，不得私行改旧换新，强夺取水，隐瞒私行，滋事生端，且听头甲理论，如不遵者，头甲禀明，呈官究治。

一、田土、风水、婚姻之事，不清明白，以凭中证、媒人、村老排解，毋得串唆私贿，不可亲戚偏袒相护，务要秉公理劝，如果不息，经鸣头甲带告讯究，不得抗违。

一、各外来邑之人，寄居本地，不准引诱赌博，成均盗贼，系有窝窃匪类，鸣团鸣拿，不准在地安歇，如不从者，经明头甲禀明，呈究官送解回原籍，永禁严革。

一、禁强游乞丐，不许安歇社庙宿住，必聚三五成群，会合强讨恶行，曲意议成祸端，如遇红白喜事，吃食不厌，醉酒行恶，派计放怠，夜摸盗窃，鸣案革除往外，老弱残疾方可。

同治十一年（1872）壬申五月三十日发龙脊团晓谕。

云南巡抚岑毓英告示

头品顶戴太子少保兵部侍郎兼都察院右副都御史巡抚云南等处地方岑，为出示晓谕事。

照得迤西军务，已经全行肃清，本部院钦遵谕旨，将善后事宜，妥为筹办，现在督饬各地方官次第举行。惟查各处逆匪，均已殄灭尽净，所遗叛产甚多。值此百姓凋零，难于全行耕种，若任其荒芜，不惟国赋虚悬，抑且旷废可惜。兹与各官绅筹议，所有各部兵勇，除民兵遣散归农，各部勇营将欠饷算明拨给后，如系外省投效之人，遣撤回籍，其余挑补绿营兵丁。此外尚多无业可归，必须设法妥为安置，以示体恤，而免滋事。今酌将各属叛产概行清查，内如顺宁、云州、蒙化、赵州、太和、永平、永北、宾川等处为数较多。应化为十成，以五成分给无业官勇，饬令携家前往，自行耕种，照纳钱粮。以二成五，分别变价租息，作为该处昭忠祠等处修费，暨书院膏火卷金之资。其余二成五，无论房产田地，均由地方官督同公正绅耆，招佃耕种。每年收获租息，除纳钱粮外，分给历年随征阵亡及带伤残废各家属；如有余项，添发孤贫口粮。俟至十余年后，该故弁兵等子孙成立，即行停止。此项租息应作地方何项公用？再由该官绅等妥议，禀请核办。至叛产较多之处，即勿庸安置兵勇，柢以壹半分别变价，租息为昭忠祠等处修费及膏火卷金，以壹半招佃纳租，养赡伤故弁兵家属。如此办理，庶田土不致荒废，兵民各有恒业，生顺死安，于地方善后，均有裨益。除附片奏明，并分札各州县，暨札迤西道督饬办理外，合亟出示晓谕。为此示仰各属军民人等知悉，业已札饬各府厅督饬所属，分别确查。州县实有叛产若干？历年随征阵亡残废弁兵家属又若干？并将昭忠祠及书院应如何培修之处，定限一月内分别造具清册，禀报迤西道，核明会商，各带兵镇将，分别安置官勇，妥为筹拨，出示勒石通报备案。至各属中，有前因被贼掳入，后已弃逆效顺，业经免究者，即不得借端妄指。如有寻仇报复，假公济私等弊，许即指名禀报，以凭重究。又各处叛产，如姚州、蒙化两属内，有前经记名提督署，鹤丽镇杨腾越镇李，变价接济军需者，即应删除不计，勿得妄向承买之户借端寻事。倘有不肖官绅，希图隐漏侵渔，抑或从中磕索者，一经查觉，并即从重参办，决不姑宽。各宜凛遵，切切特示，遵奉两院宪批示四界九坊各该地抵补叛户门差田丘工数注明。

右仰通知

同治十二年五月二十六日示告示发姚州刊刻晓谕

一拨东界山迤抵补李家四该地叛户门差田捌拾丘计工肆佰陆拾贰个

一拨旮家屯杨高地武都卫三处抵补该地叛户门差田陆拾伍丘计工壹佰贰拾叁个

一拨南界山迤巡地等处各该地叛户门差田壹百捌拾玖丘计工陆佰壹拾个其田坐落巴蕉冲

一拨大西界抵补石官村山脚村各该地叛户门差田壹佰零叁丘计工贰佰捌拾伍个

一拨正北山外抵补满海场叛户门差田肆拾捌丘计工贰佰叁拾陆个

一拨三江口亦额坪二处抵补该地叛户门差田叁拾丘计工贰佰个

一拨又北界花邑村官庄子二处该地叛户门差田伍拾丘计工贰佰贰拾伍个

一拨城内九坊抵补叛户门差田大小拾丘计工陆拾个其田坐落阿哪苴

该碑原存姚安县城武庙，2003年12月10日考察时在仁和镇新恢复的观音阁后院内。碑高94厘米，宽73厘米。题衔全称："头品顶戴太子少保兵部侍郎兼都察院右副都御史巡抚云南地方等处岑为"。直行楷书27行。

1872年（清同治十一年），清政府派布政使岑毓英率兵镇压了历时18年滇西杜文秀起义后，云南两院，1873年（同治十二年）五月二十六日通告全省"清查叛产"，"妥为安置无业可归"的阵亡将士家属和伤残士卒。"告示"后附记姚安州清理出的八宗产业详细田亩数量、座落。

岑毓英，字彦清，广西西林人。同治十六年任云南巡抚，平定云南"咸同兵燹"。光绪初，法越衅起，调任云贵总督，督师出关抗法保边。

禁止浇风恶俗规约碑

署楚雄府定远县正堂加三级纪录六次颜为

据四界绅耆禀称：禁止浇风恶俗，正人心以归淳厚。赏准批示勒石事。照得，男婚女嫁，人之大伦；父命媒妁，古之定理。所以乾健造物，而坤厚载物，体口天地，生生不息之义，而夫妇之道成焉。稽古帝尧以二女妻舜，至圣以兄之子妻南宫，皆娶其贤之有足称耳。岂以韦布而不称吉土，形余而不歌好逑乎？顾盛世之休风既邈，而此际之陋规宜除。如我定远，古号襄州，名虽殊于四界，谊实共境同乡，俊彦代有其人，风俗素称淳美。概自兵燹，一兴婚嫁，罔不达理，始通媒妁，计聘金之虚盈，迨至亲迎，夸妆奁之积累，名则居然婚嫁，迹则显似卖儿，贤媛不入名门，东床悉非佳偶，利端启而廉耻全无，女子骄而瑟琴少合。戒旦之教不先翁姑罔孝；牝鸡之声远播，父母贻羞。甚至交摘时闻，夫妻反目，罪孽深则疾病夭亡，心肠狠而轻生服毒。可怜完婚之欠债未偿，人命之讼端又起。刀笔吏乘间播弄，两头挑唆，狠心役暗地索财。是非倒置。一则心头爱割寸列肝肠，一则掌上珠沉多方营刺。讵知血汗家资，尽饱奸人囊橐，因而恩情亲戚，俱成不改冤仇。此皆近时浇风，目前陋习，故吾侪所目击心伤，急欲禁革者也。然士民原无政令，而乡党历有条规，爰集多士，议立合同，以为不朽定规，永移一方陋习。兹将公议条款录列于后。计开：

一上户亲迎，只用捌色聘礼：盐、茶、酒、牲、耳环、手镯、妆簪、戒指、纱帕一块、包头一幅、布衣二套，不得希图夸耀增减，亦不准妄索礼银。违者重罚。

一中户亲迎，只用六色聘礼：盐、茶、酒、牲、布衣一套、纱帕一块，其余首饰一概不用，女家不许妄索礼银。违者议罚。

一下户须当仰体亲谊，仅用耳环一双，布衣一套，女家不得妄索财礼首饰等物，男家亦不得僭于奢侈。违者议罚。

一、弟兄间不幸有悲生棠棣、雁行折翼者，须念手足之情，逾格矜怜，以笃天潢，而厥贞节。如有兄纳弟媳，弟配兄嫂，行同狗彘，大伤风化，有干例禁者，公众鸣官，按律惩办。如有家族明知故纵，通同狗护者，其罪有攸归。

一、周礼亲亲为大，故绵绵有瓜瓞之歌，同姓不婚，而关雎有麟趾之咏，正所以肃名分而别亲疏也。凡属水源，莫我同父，及至代远年湮，迁徙易地，往来甚疏。遂视为异姓，而妄事婚构，不惟欺祖，亦且无亲。自今以后倘有同姓为婚者，公众议罚。

一、醮妇再婚，只准翁姑接养膳银，多至拾两，少则陆两，如有明瞒暗索，故违公论者，众议加罚。如男女俱贫，更宜体贴变通成就，不得以此数拘限鳏寡。

一、妇人不守姆训，忤逆翁姑，构怨妯娌，轻生服毒，自缢、自溺死者，女家须先鸣之于众，查明情由。如果属实，听凭夫家高低掩埋，不得擅打人命，停尸索财，勒做斋七孝布，违者均以败坏风俗，公众鸣官，罪将反坐，罚银充公。如有翁姑丈夫无端刻虐致忿身亡者，亟须鸣官查究，按律惩办，以重人命。

以上各款，均为挽回颓风，活人性命起见，并非沽名钓誉之举，因虑代远年湮，此风复萌，特公议写立合同，一样捌纸，每界各存贰纸，并勒石四块，每界当道处所，各立一块，庶便父传子维，触目警心，永免凌替，以垂不朽云耳。

同治十二年五月十四日立合同四界绅耆公议立碑绍据

碑存牟定县天台街天台寺内。大理石质，高52厘米，宽80厘米。清同治十二年（1873）经定远县正堂批准作为告示刻碑示众。"浇风"指不好的社会风气。该碑为革除婚嫁中"计聘金"、"夸妆奁"之陋习：析理明析，规定详细。为古乡规民约所仅见者。

郴州奉令安瑶碑记[①]

开天立地，皇恩赐封皇瑶子孙谱券。洪水发过，自古开国。

[①] 郴州奉令安瑶碑记原存湖南郴州所属瑶区，多被捣毁无存。1985年3月29日，湖南省资兴市茶坪村赵前卫按碑记原文抄录供稿。

正（理）宗景定元年（1260），评王闺女所生一十二姓：盘、沈、包、黄、李、邓、周、赵、胡、唐、雷、冯，高梅封赏，皇恩勅赐，发往南京七宝洞会稽山安居，发族接代。飘洋过海，分居佛子连州、宁远道州、福建、江西季化县、两广居住。分居湖南郴州、永兴、宜章、兴宁、桂阳、桂东、酃县、九龙山，一州五县，处处落业。逢山吃山，逢水吃水。逢山开耕（垦），遇水安桥。以上三锹之地，乃是瑶人耕种，次纳阴粮，侍奉盘王，万代香火；以下三锹之地，寸土纳粮作税。照契管业，寸步难移，皇恩所管。上下三锹之地，插木为标，瑶不占民田，民不占瑶地，依行律令，各宜为守。因崇祯皇十三年（2840），吴王转位，苗贼作乱于普天之下，围城劫库。长沙都天大老爷、蔡宪大老爷、沈宪大老爷，惊动四省兵马，走往郴州地带，征他不动。郴州邓太爷、兴宁李太爷、桂阳马太爷、桂东黄太爷、酃县龙太爷，大小官员，惶惶无计，急报四山瑶总，征调皇瑶数百弩手，守在朝廷。手拿大小弓箭，站在城墙，射退苗兵流贼。普天之下，平白无事，京里出去三人，朱千岁、马老三、黄次侯，走往郴州四十八面瑶山藏住。木将军、铁将军、铜将军，归回数百弩手，呈奉京里。桂东沙田圩，朱千岁、黄次侯、马老三被瑶捕捉，解往桂东，桂东解往桂阳，桂阳解往兴宁，兴宁解往郴州，郴州解往长沙。都天大老爷、蔡宪大老爷、沈宪大老爷，多蒙皇恩回文，并龙凤批榜牒、郴州碑记，抚恤安瑶。万顷江山一张田差瑶人，十万粮田朝廷。多蒙朝廷，皇恩勅赐，普天之下，万阳山、曲江山、山东山、山西山、凌扬抚州山、凌州天光山、平寒落山、桃源山、朱广山、峨嵋山、郴州十里山、七里山、马鞍山、阳落山、骡子山、樱桃山、兴宁浙江山、牵牛山、菜皮山、凤凰山、周源山、回龙山、菠萝山、南腰山、雷洞山、雷公山、瑶岗山、桂阳九龙山、乌村山、急洋山、南麻山、鸡公山、月堂山、鄘县路连界山、曾服山、猫儿山、永兴东冲大龙山、挂板山、敖王山、笔架山、盖龙山、金鸡搭米山、白露下洞连下福卡门，四十八面官山，皇恩勅封。除踩坟山，水源三尺，坟前脚踩不到，坟后反手一拉，具发赐瑶人所管。龙头龙尾，接木架梘，描水开垦良田，免粮无税。栽姜、蓝靛、栽种豆蔴，免纳垦税。倘有民姓进山，砍伐树木，摘捡香菌、木耳，守法谨遵，不许乱法（伐）滥盗。不依律例，急拿送官究治。究境冲差，尽行打落，不敢通行。不许油棒之人，拦阻占夺。倘有民抢占夺，辄拿送官究治。赴官不究，报明地邻保长，发在上司十八重流徒。孔子圣人，制条四书律例一部。前官立案，后官观看。州府县丞，立碑为记，永远为照。评王朝图，普同天下，朝廷赐下五龙之所，一字分明。蒙万岁敕封瑶碑，永立为照。

大清同治十三年（1874）三月十五日，岁次甲戌年。

九嶷舜殿碑文[①]

奉宪禁采同治十四年（1875）乙亥仲春月甲辰日。

大宪札示封禁，亟应严行查禁，以靖地方。该民瑶人等，均不得伙串，私开窃挖，自干治纪。仍令该处团保、瑶总，随时严密巡查。如有外来奸匪，三五成群入山偷挖，即捉护送案

[①] 九嶷舜殿碑文原存湖南省宁远县九嶷山舜陵殿中，为碑群之一。1980年4月19日采集。

或据实指禀，以凭严拿治罪。如敢故违徇隐，一经访闻或被告发，定即一并拘案究办，决不姑宽。再癞子山地界宽广，除西江源外，别名其多，与九嶷山一带均为虞陵重地灵爽式凭之睡，具系历来例封禁山，载在老乘，无论有〔无〕矿砂，一概严行永远封禁，以杜奸，而弭弊端。各宜凛遵，毋违特示。

大清同治十三年（1874）甲戌岁夏月谷旦立。

卖粮完纳饷银永定章程

孟子云：天下之生久矣，一治一乱，盖言气化盛衰，人事得发，反覆相循，理之常也。碍嘉开创二百余年，一切国计民生，兴利除弊，前人之斟酌，固当尽善。然自同治元年，天运壬戌，大理杜文秀屠叛背逆，蹂躏疆邑，凡册籍旧章，俱无可稽。蒙州主王莅任斯土，爱民如子，扎奉抚督两院布政使司批准，每斗老粮，完纳饷银肆钱柒分；每斗新粮贰钱，每张票钱贰拾文。每斗老粮折谷叁京斗捌升，每斗新粮，折谷贰京斗肆升，尖戽人仓。风口地盘，皆还粮户，并不带耳。每升给斗级钱壹文，票钱贰拾文。勒石铭碑，永垂不朽云。

同治拾叁年季春月　上浣　合邑士庶汉夷　仝立

该碑现存双柏县碍嘉镇政府内。碑高106厘米，宽62厘米。直行楷书。清同治十三年（1874）碍嘉城"合邑士庶汉夷仝立"。

1872年，历时18年的"咸同兵燹"平息，碍嘉城"册籍旧章"俱无。经云南督抚两院布政使司批准，上市卖粮完纳饷银数额的明确规定。是记载当时社会经济状况的珍贵史料。

光 绪

永远禁止碑[①]

我闻昔时，雍风动中天，沾德化之深，国益海清，昭代咸仁政之善，是以俗美风醇。而为父为子，为兄为弟者，糜不存心至厚，而为耕为读，为贸易者，罔非专靠营生，无从匪彝，无习慆淫，各守尔典休哉！道何隆䰸。今朝廷以德礼致治，本欲举海内，而胥归秉正行端也。然而通都大邑，近治化，而恒多端正。惟我地系边陲居山，而罔知礼法，兼之异色异服，裕居斯土，不免有欺口而持众，有熟富而凌贫。深以遂蜂起而成群偷窃之事，更何待言，与迨至祸患频临，不独兆民者无穷灾害，即官员者亦且忧虑无涯。兹我等公议，与其受恶患于既来，毋宁靖患于未至。爰立禁碑，开列禁例，俾既善者，率家族而益归于善，无良者，亦畏惧而偕从于善，则俗美风醇，悉脏光天化日之下矣！

纠首：龙永珠。

一、议开场赌博，窝留贼盗，如有不遵者，孥获送官。

一、议忤逆不孝，违悖父母者，鸣族送官，照律究办，决不宽恕。

一、议不许索诈油火，勾生吃熟，停留面生歹人。如不遵者，罚钱六千四百文。

一、议地方具控者，必要协同头人理论。不如论者，诬控

[①] 永远禁止碑原存广西龙胜各族自治县泗水乡周家瑶村白面寨旁，与奉府示禁碑排立。1985年5月31日采集。

自告自休。

一、议不许种烧山柴薪、竹木一切。不遵者，众同公罚。

一、议本境乞丐三五成群，强讨强取，众同送官究治。

大清光绪元年（1875）岁次乙亥，四月二十九日碑记。

云龙盐课碑

钦加五品衔特授云龙井盐课司尽先补用知县加三级毗陵杨应骆撰。

盖闻管子治齐而正盐笑，孔仅仕汉而与牢盆。自古盐利之兴，由来已久。然思足国必先裕民，未闻困民而能富国者也。故易之损下益上则为损，损上益下则为益，损益之义美矣哉。余谒选都门，癸酉季夏选授此职，□见出都跋涉山河，之官万里，至甲戌清和月始得到滇，六月望日谬列主考，持檄赴任。仲秋之月，接印任事，下车之始，访察利弊与灶民疾苦。知顺荡井积年负课最多，官民□□□每月征课银八十两，实系盐不敷课；山井金泉井次之。为之请减于上。幸邀恩准，自光绪元年正月为始，金泉井、山井井小课微，每月各减课银二两，惟顺荡井每月减课银二十六两，以其受困独深也。然同治十三年分之课，积欠七年之多，盐□□□，若难弥补。余又为之选择绅耆，课长督饬□盐□商运贩，俾数年积□□□□□□然后照额月清月款。此所以经理者欲以广□□，皇仁而苏民困，嗣后□□□□□宜踊跃急公，按月输将勿稍廷堕，从此追呼□至逋负无闻，□业□□□□□□解诗书经诵，沐盛世之恩波□□□□□□赶省减课。灶生赵德炳（其他人名略）。

光绪元年四月□□日合灶户同遵立。

灌阳禁革碑记①

奉布政司禁革碑记。灌阳县为悬恩赏示，严禁科害，以苏瑶民事。奉桂林府详，奏布政司批据查看，灌阳上归化里民瑶暨科举梁、侯、袁、蓝四姓等，从前只应纳粮，每石刻向例拆粮□□正，□□路免裕差差科，此旧例也。而振奉等，诚恳后来科索，故有悬赏示严禁，以杜将来。情由具控上宪台批察报行。据该县称详，民瑶所出瑶粮者，嗣后令彼照例每石仍折色银三钱五分，自行赴许差役，额外入户加收科索，至词内单开各款，已令该县出示禁革，不得复行。

□□相应裕项加议，是否冤裁缘由，奉批具如详。仰官府另行严禁者，即许指名揭报，以凭报院科参不宥。为此牌仰该县官吏照理。即命名出示禁革，此示喻瑶人知悉，以后遵禁条尽行禁革，仍准勒石永为遵示。计开严禁各款：

一、禁瑶人六源三涧，应召瑶粮，每米一石，照例倾销。凿字纹银三钱五分〔整〕，自行报抵差役，里长不许额收，倾销盐行，如违许瑶告究。

一、禁革过瑶兵丁上下差役，不许拔勒瑶夫送担。

一、禁奉造花户册索资。

一、禁革不许科取叠竿、箭竿、旗竿、轿损、黄心板、木瓢、盆、木耳、香菇、干笋、茶叶、蜜糖、黄蜡、茶油等物，如违告究。

---

① 灌阳禁革碑记原存广西灌阳县城关镇。1959年1月7日，广西少数民族社会历史调查组采集。

一、禁民瑶赶猎，势棍抢夺假冒，包索取虎皮、鹿、山獐、马鹿、熊掌、狐皮、鹏鸡、锦鸡、禽兽，如违，许瑶告究。

一、禁瑶人能羽手艺、巫流、师教、木匠、篾匠、染匠，不许奸棍倚科年索，派白蜡封贴，如违告究。

一、禁瑶人不得擅称上司官职，私置册罚，侵害贫瑶。且许瑶人各遵法纪，把守后山险隘，禁锢地方。如有把守隘的田地，定即申究。

一、禁瑶人岗内所种杉种、茶树、竹木，不许奸棍强砍强占，不许异棍假借搬浚上产，□□禁受害贫瑶，如违，指名告究。

一、禁外棍不许入岗奸侮瑶人妻婶和女。不许轻价买猪、牛骨皮等物，如违，告究。

一、禁瑶粮每年不许科派封贴，奉销由单并帮解水脚差、头门子各项水费，如违，许瑶造究。

一、禁瑶人能习相教法师，习尚应济。嗣后不许僧道索取灯油封贴，如违，许瑶告究。

一、禁势棍不许加价奇买伪造□□瑶田、山场，其有红石、刀耕火种，青石打矿烧灰，如违，告究。

一、禁瑶人入隙内，不许刁唆词讼，诬败名节，毫诧县呈词，如违，告究。

一、禁人毋故，不丁忧杀牛、杀猪，不当祭七十二项，不当差，不许奸棍索取封贴，如违，许瑶告究。

一、禁瑶人六源三涧等处，共粮米一百五十一石一斗零一合八勺四摄。每石折纹银三钱五分，以上共折纹银五十二两八钱八分。

洪武八年（1395）梁、袁、侯、蓝四姓，各占源分田地山场，以共所立四十四户。

瑶人粮米照依旧例，每石三钱八分。正有户省，每年轮流里长管理征收上纳，四月完半，十月扫数。□□恶独管，许其告究。

上宪赏示禁革碑记重修，缘由具禀在县，至何杜赏准重修，原碑永为遵照。

康熙四十年（1701）乾隆十六年（1751）道光二十九年（1849）〔三次〕重修碑记。大清光绪元年（1875），岁次乙亥年，桂月中院（浣）日，倡同知衔梁高魁总领各源首人立。

禁章合同碑[①]

立甘愿合团聚集事人黄落寨众等。情有地方滋事贼盗，窝留赌博滥棍匪徒，主摆刁唆，勾引外合，□悔祖业田园山土，指借冒应（认）坟基等情，弱民累被不已，只得议集各寨通知，当立合同团款，不敢各情异语抗违，当从。各奉上宪示禁王章款牌，令吾各掌寨，皈依大众牌禁，公断理办。如有违言虚情者，立即经鸣大团，中呼百诺，患难相顾，通村齐临，从情治究公罚，亦不得各寨远望傍观。若有不遵犯者，均同送官，各自携带盘费。此日当团甘立合同，聚集从众，地方执照。

计开上中下三甲人等胪列于后：

上甲：潘老肥；

[①] 禁章合同碑原存广西龙胜各族自治县和平乡龙脊村黄落瑶寨。1964年5月29日采集。

中甲：潘方玉；

下甲：潘忠福；

潘长江、潘永富、潘细羊、潘惟仁、潘进益

潘秀发、潘富贵、潘方秀、阳长龄、潘永凤、潘永昌、潘方生众团合同准此。

光绪四年（1878）戊寅季春月初九日众同立。

乡党禁约碑①

尝闻，朝廷有律法，乡党立禁约，此民条之至重，乃王政之首务也。荷蒙上宪常常示谕，尚且猖獗者极多，乡间往往约肃，尚犹漏谲多端。盖由约法三章，是以纲纪，攸着而靖，间阎苟非，律款警世，奚能以正法民乎！为千古善，永作蛮世之美哉！切照本乡地瘠民贫，烟户稀散，所居皆瑶壮汉民，俱系播种山畲，务业为生，安分守己，毫无异犯。近因奸徒潜身入境，诡称生理为由，瞧见民人素性愚弱，奸遂趣起，狠心事始，则需索酒食，继则吓诈钱财，实属目无法纪，深堪痛恨。况且年来，世态艰难，民情不一，以致盗贼蜂起，肆行窃害。若不设立奉宪严禁，将来农民何得安生。因此不已，只特议团设立款条。凡我同境诸公，齐至公议禁条。自禁之后，各宜恪守，竞遵国朝典，削奸剔，以正风俗。庶几，吾乡宁谧，则使民阜共乐盛世矣。

一、奉上宪赵大人，于道光二年（1822）正月内，赏示安

---

① 乡党禁约碑原存广西龙胜各族自治县和平乡龙脊村黄落瑶寨。1964年5月29日采集。

居，谕尔无知愚民，窃极莫做强盗事。

一、奉府署观大老，于道光二年（1822）五月内，严禁示谕，除盗安良，需索油火，滋事生端。

一、奉府署倪主，于道光三年（1823）六月内，赏示安良，严禁窝留棍徒赌博，滋事生端。

一、奉府署周主，于道光七年（1827）九月内，赏示严禁息讼安民，各条注明存照。

一、奉府署周主，于道光二十六年（1846）正月内，赏示各安生业，以息生端滋事。

一、奉府署李主，于道光三十年（1850）七月内，赏示弭盗，不如弭窝盗，远必有近窝之计。

一、奉府署潘主，于咸丰十一年（1861）二月内，赏示为严禁窝盗窝赌，滋事生端。

一、奉府署高主，于同治五年（1866）二月内，赏示严禁窝盗，以绝生端滋事。

一、奉府署王主，于同治十一年（1872）五月内，赏示为严禁民间田土山业，不得生端事。

一、奉司署蒋主，于同治十二年（1873）十一月内，赏示除盗安良，滋事油火生端事。

一、奉府署卢主，于同治十三年（1874）十月内，严禁窝赌、窝盗事。

一、奉府署邹主，于光绪三年（1877）五月内，赏禁强讨乞丐生端及闹莲花事。

一、奉司署钟主，于光绪四年（1878）二月内，赏示严禁强讨乞丐强壮，仰团禀报。

计开公议各条录于左：

一、禁滥棍油火扭捏借故，滋索勒逼，放愈鸣团公论。如有不遵者，送官究治。

一、禁祖父田园山场地基，早年卖断为业，后代嗣孙，不敢异言反意增补。如不遵，送官究治。

一、禁种土裕粮耕地，于在牧牛之所，各将紧围固好。如牲口残食者，照苗公罚赔补。

一、禁种土裕粮之处，于在外界，如牲口残食者，宜报牲主公平照价赔补，不敢（得）生事。

一、禁婚姻坟墓争端之事，宜村老解纷不息，经鸣头甲公断。如不遵者，宜头甲带告，送官究治。

一、禁村中雀角之事，宜村老解释，以大化小，以小化无。如有不息，鸣头甲公断，不敢（得）主摆，暗唆主端。

一、禁有事不从劝解，肆横冒控，不鸣理论当差排理。如有虚情，非理者，宜自了案。

一、禁天干年旱，各田照古取水，不敢（得）灭旧开新。如不顺从者，甲头带告，送官究治。

一、禁被盗之事，失主经鸣头甲，任由各家搜寻，有无是否，不敢（得）阻拦违抗，借故滋端。

一、禁有〔突〕然之事，鸣金立即一呼百喏，通喊齐至，不得违延。〔如有〕违延逆抗躲藏〔退缩〕，公议断决。

以上各条，如有不遵，犯者宜头甲公罚，于众归修庙宇。

光绪四年（1878）戊寅三月初九日，三甲公议，集团合款，系是禁止。

章程永固碑①

尝闻朝廷立法，乡党立规，法立则民安，规立则俗厚，所以古人观治于乡，而知王道之易易也。缘我境旧属溶江十甲之地，瑶汉共居，并非五排之地，列乡先辈皆宜朴，虽居山僻，尚称仁里。殊延年岁歉，而心不古，或尽契卖断而翻田增找，或借称脱业而油火诉索，甚至串棍诉控，伙盗偷窃，伤风败俗，殊堪痛恨。倾，罗进发被人翻找诬控，司主地方，共抢不平，乐助帮资。后叩县浪，蒙请官爱息讼，赏示永禁。除费用外，地方将余钱以谢予等上县跋涉之劳，予等慨然辞之，曰：事为公事，钱属公钱，以公钱为公事，乃为无愧。爰雇匠勒以庶章程，永垂不朽，俾善良得以相安，则风俗日进，人纯厚矣。

附录县主示谕：

钦加同知衔补授兴安正堂加五级曾。

为晓谕事，照得县属地方，有等不法之人，借以翻找补，油火诈索，以及窝盗、偷窃，开场聚赌，私宰耕牛，此事不法，极应拿办，合行出示晓谕。为此示众，该处团长人等，遵照指示之后，如有前项不法索诈，即指名具禀，协同拿获送辕，本县以凭，照例旧（究）办。该团长不得挟嫌妄禀，各宜凛遵毋违，特示。

附公议条规并各户金名列后：

一、地方买卖田业山场，或先当后卖，尽量□□价，二比

---

① 章程永固碑刻现存广西龙胜各族自治县江底乡城岭村横岭界屋后山。1987年7月29日，赵华友供稿。

不得错勒，必自立书卖断绝契据，日后不得复向买主增补找索，致于禀究。

一、地方团长头人通事，必秉公理劝慕，以无颂（讼）为贵，不得挟嫌唆使，致酿讼为。如有此蔽，查出公罚。

一、地方如有雀角事故，必经团理剖曲者公罚，不得恃横抢控。如有串棍伙差妄控者，究同禀处。

一、被盗，或追寻补捉，或拿获送究，一切费用，公人公出，不得独累失主。

一、办盗，轻则罚，重则送，凡一切罚款，必鸣团充公，不得私受。如查出，加倍重罚。

首士：赵玉春、赵龙武、赵安敦、罗进虎、赵荣田、赵荣清（以上均为瑶族）。

团众：赵荣有、赵成贵、赵荣贤、赵成宝、罗进情、赵龙虎、赵贵现、秦子鸿（汉）、赵成文、罗金玉、赵贵信、罗进庄、伍福顺（汉）、唐显达（汉）、赵荣明、赵龙田、刘明光（汉）、赵贵乾、罗进耀、李进富、赵荣先、李顺全、赵贵兴、罗进明、罗进宝、赵金清、李朝恩、赵贵香、赵成柏、赵龙德、赵荣凤、罗金发、赵龙升、赵荣福、袁增河、罗进先、赵龙云、赵贵旺、赵龙太、赵贵周、赵荣仙、赵荣龙、赵贵情、罗金情、赵荣情、罗进情、赵荣全、赵才玉、陈金财（汉）、赵贵明、罗进武、赵法兴、罗进玉、谢学荣、袁玲玉、李盛桂、李端连（汉）、吴士禄（汉）、李瑞琦（汉）。

境内田亩，腴硗不均，公认上田每谷一担，作画卖价钱五千文，中田每担价钱四千文，山阴水旱下田作价三千五百文，买契不得增短勒索。

大清光绪四年（1878）岁次戊寅仲冬月上浣之吉。

吴朝连合团众等公立。

织金粮赋碑

盖闻言必讲而后明，事必举而后成，无关得失，慎之为妙，事有足轻重，得之乃处。如我等内八寨顺河一带之粮，不啻其重是已。念自上年蒙钦加盐运使衔即补道调署大定府黔西州事、借补广州正堂扎，扎委留黔候补经政厅委员、正五品顶翎候选府经局。绅候到来，沿寨将粮额摊定。更承绅士黄献之帮为禀请减价，荷蒙批准，复乙钱捌分定章，并令刊碑勒石，客岁建之署前，尚期同心同德。今日竖之梓里，乃别一□一劳，若不分别指陈，则我等之赔钱须力受诬任怨者，不允其人之假公济私，安享□远□见者等视耶！兹将碑文及起事、承首、应事楷列于左，高明尚其谅之。为刊碑定价，期诸久远事照得：安德里六、七甲内外八寨，原额秋三百五十七石三斗，自兵燹后，廒册散失，以致正赋久题无作。今本州前于下车后，即委员设局，协同该处绅团，量田摊加，以期从田分幸，摊足原额粮赋，是该花□□等日后不致受无穷之累。今据贡生黄廷瑶等禀恳减价勒碑，永定章程各情到州。查该处每亩上田只四五石，中下亦泄六七石，减与别里勘加之数备□然。

嘉庆初年，每石减至银乙（一）两八钱折色，此次似难再减。除于原禀批示外，特□示刊碑。为此，示乡该里内外八寨花户人等知悉，嗣后尔等应纳之粮，仍照前减之数，□□年乃一律完纳，幸勿玩延，以免摧科之扰。凛之遵之，勿违。特示计开合立碑各寨粮额。

一、翁卡余士林米乙（一）石二斗九升。

一、革支、果泥、平寨共粮四十六石八斗三升，内有杨廷升及龙姓不合立。

一、杨家寨、何家寨、岩脚岩、把土寨共粮四十五石六斗一升七合五勺，内有杜超然、杨廷升不合立。

一、关口寨、黄家寨、对门寨、打铁寨、河边、果六共粮二十六石一斗七升四合，内有吴占标、杨廷升不合立。

一、革打、靠寨、凉水井、龙滩坝、谷旦高、土地关共粮二十二石，内有杜超然、杨廷升、罗发、吴占标、赵如班、黄顶臣、曾五、陈向及革打□太枯坑不同立。

光绪五年八月十八日安德里六、七甲内八寨顺河众粮户公议合立。

严禁沿河居民变卖木商漂流竹木碑记①

特授桂林府兴安县正堂加五级纪录五次柳，为出示晓谕严禁事。案据西乡监生蓝崇佑、蓝元中，生员蓝攒，监生黄国华、廖化痒、黄官礼等，公悬赏示，严禁掳捞，以保商旅而卫地方事。情生等居住六峒，山多田少，本所产稻粱，不敷半年食用。全赖禁畜竹木砍伐编筏。运省发卖，借以养生。惟河身陡狭，水小不能运动，水大每至漂流。幸有冲军湾、爷子口两处，岸高塘曲，竹木至此，多随水势停阻。该处人民帮同捞获，存放一处，俟客人认货，照章收取，不准据为己有，擅行变卖，禀

---

① 严禁沿河居民变卖木商漂流竹木碑记原存广西兴安华江瑶族乡千家祠内。禁碑对保护瑶民经济利益具有一定作用。1981年4月9日采集。

蒙前宪示禁在案。不料年久玩泄，本年五月初一日河水暴涨，有木客刘金才漂去杉木二百余株，流至城坪，被该处孙显等捞获数十株。金才前往认取，竟有私行变卖之事，因此争闹具控案下。现蒙恩讯，分别究追完结。生等复思此案虽蒙结息，嗣后犹恐滋事，如不赏示严禁，永远遵行，为害商贾匪轻，贻祸地方更重。只得联名公恳赏示严禁等情到辕，等因据此，合行出示严禁。为此示仰该处沿河乡村墟市居民诸色人等，自示之后，凡遇漂来竹木，尔等随时捞获，如数存放，客人来认，准其照章收取。如敢据为己有，私行变卖，一经查出或被告发，定行提案严办。此系保卫地方民生起见，勿得视为具文，幸贪小利，致于重谴，凛之慎之，切切勿违，特示。

光绪七年（1881）八月十一日。

永平县杉木和乡革除陋规碑记

钦加运同衔候补知州署理保山县正堂加二级纪录四次王，为（一行）给示泐石严禁事。案据杉木和一排绅士周锡山、李浘、刘成章、田春芳、李汝、刘汝等禀称：窃惟杉阳一隅，内有花户烟户之别，烟户居乡，共为八排之众。花户居街，则（二行）又另为一排。其间之不同者，以花户之民寄迹，客户大半，本地居民其数不过三五十户。古辈以街场之地，乃客商往来之区，难免不无滋事等弊。特于八脾乡约之外（三行），另设街约一名，以为在街场中弹压争端之意，无如回逆反乱，古规尽迁，乡约则勒令供以夫马柴草，街约则厌逼供以街头长夫，新红蜡烛，笔墨纸张，锅缸水桶（四行）等物。大凡充当街约乡约之役，屡屡倾家荡产。十余载内，逃亡大半。及至地方初平，所来巡检易隆勋等，沿袭成弊，至王巡司荣佩案内具禀裁止。乃王巡司去后（五行），故陋复萌。复庄巡司、熊国瑞详禀，前县主刘批饬，内云：滇省各衙门无此陋规，自应永远裁撤，姑得稍净。乃刘大宗师卸任未久，故陋复兴。缘有已当（六行）街约者，借此润身，官处渐有折算银钱等弊。纵如是受累，弗敢控告。兹幸（七行）上宪泽深，通饬全省豁免门役。而各地乡约夫马，概见撤止。惟一排之街约仍苦是役，如前所供街头长夫，及新红蜡烛等□□之陋规，屡恳巡逃宪裁（八行）止，仍要扣勒，饬令供给，情何以堪。即如全省之乡约夫马未撤。而街约已难支持。况际（九行）国家体恤民苦之时，如不禀恳豁免，不惟街排花户穷民流离殆尽，且绅耆头目曷逃隐匿之咎。是以冒昧禀明，伏乞赏准，□□□将街约街头□□（十行）裁撤一切陋规，给示剔刷，永远泐石遵守等情。据此，曾经批示，据禀已悉。查滇省各衙门，俱无供应各项陋规，即本县署中，无论□□□□需用，一切均（十一行）系发价购办，与民无干。并无此等供应蜡烛笔墨等项名目，即堂卡更夫，现已自给工食，该处何以反有供应既革复兴之弊。想必□□□□者，希图借此沾（十二行）润。亟应永远裁革，以绝流弊。至于床板锅缸等物，如遇大差事到，不能不借之民间，然差竣后，应即发还。其巡检衙署所用者，迨新旧交替之时，亦应移交，不准（十三行）家丁等私取送人。总期无伤于民，方足以昭平允。合行给示泐石。为此，示仰杉木和地方一切人等知悉。自示之后，凡有应办公事，遵照历古旧章办理。该巡检亦不（十四行）得仍前滥派新红纸笔等物，并不准包当街约。如有故违，许该绅等禀明，即行差提究惩，决不姑贷。各宜凛遵勿逮，特示（十五行）。右仰通知（十六行）。光绪九年四月十五日发（十七行）告示（十八行）。

发付杉木和绅士周锡山、李浧、欧诚、杨永泰、刘玉章、刘耀川、刘成章、刘坤德、田春芳、张文源、刘汝、李沂、李汝、何汝璋、李懋中、杨国栋、杨国柱、杨有纶、黄金魁、刘汉阳、王郁、赵汉中、何庆云、周河清、耆民梁庆长、刘文学、杨新培、梁启等泐石（十九行）。（周枝华录文）

裁革夫马告示碑

太子少保头品顶戴兵部尚书署理云贵总督部堂

福建巡抚部院一等轻车都尉岑

兵部侍郎兼都察院右副都御使云南巡抚部院杜

为通饬晓谕事，照得滇省夫与最为民害。今本署部堂部院饬司局别筹闲款，釐定章程，所有学院考试，各郡及查灾提案委员，一切要差夫马，均由局照章核计往返程站给发，自行雇备。此外，提镇司道以及地方文武各衙门，向来派用夫马，自光绪九年正月起一概裁革，各州县不准再设夫马局。除会奏立案，通饬永远遵行外，分行晓谕。为此，谕仰合省军民等如悉，嗣后如有地方文武衙门，仍前派用民间夫马，土豪劣绅，借端设局苛派，一经委员查出，或被尔等控告，定即从参办治罪。尔等其各安生业，尽力田亩，勿负本署部堂、部院体念民休之至意。其各凛遵毋违。特示。

通省夫马，饬明禁革，所有夫局一律裁撤。

倘有绅约擅行私派，立即拿究严惩不贷。

右谕通知

光绪九年二月吉日　　立

残碑存元谋县元谋人博物馆内，通高110厘米，宽84厘米，18行，行26字，共326字。

"岑"：岑毓英，同治十二年（1873）起任云贵总督。

"杜"：杜瑞联，光绪三年（1877）任云南省巡抚。

钦命冶铁铸锅告示

云南全省巡抚部院唐

云南布政使司布政使李

云南通省盐法道达勇巴图鲁钟

钦命云南楚雄府正堂加五级纪录十二次陈

云南特授白盐井提举司正堂郑

云南特授黑盐井提举司正堂萧

为出示严禁事：照得前据白盐井郑提举详称：白井煎盐征课，责任重大，各灶户所需熬盐铁锅，向系定远县属东北界地方，由炉户自备公本鼓铸，运并贩卖，视质之轻重，酌给价之多寡。听从民便，公平交易，历有年所。陡于本年四月间，有大贾万邦庆等，串同一二炉户，私设锅行，希图垄断，压逼各炉户，按每炉一盘，估发工本银肆拾两，每日抽课银壹两贰钱，将炉户所铸盐锅，概行收局，不准自卖，由伊等运销，高抬市价，竟至每锅一口，高昂价银肆钱之多。窃思白井灶户每月所需锅器，不下数百口，似此任意抬价，势恐灶力难支，必致停煎误课，关系非浅。恳请札示严禁，仍饬各炉户遵照旧规，自铸自卖，实为公便，等情到道。据此，当经札饬该县查明，严禁该商民等嗣后不准私设锅行，任意抬价，至该炉户等所铸盐锅，仍照旧章办理。该县如有应解司库铁课若干，即由本道代解。饬令据实禀覆核办在案。迄今日久，并未据查禁禀覆，仍任该商等设行垄断，恣意肆行，以致铸户纷纷逃避歇业。该井乏锅熬盐，势哭停煎，殊于课款民生大有关碍，除再札定远县提讯严禁，并札白井提举外，合行示谕，为此示。仰该县东北两界地方商民，炉户人等一体遵照，示到赶将锅行撤去。倘敢仍行私设定即严提究办，所有原铸锅户人等，照旧各归各业，自铸自卖，照例纳税，亦不得借滋抗违，并干查究，各宜凛尊勿违。特示。

右仰通知

光绪玖年九月拾五日示

告示发定远县东北两界实贴晓谕

碑嵌牟定县安乐乡古盐运道桥头一民房山墙。高60厘米，宽96厘米。直行楷书，正文17行。清光绪九年（1883）立。

该碑是云南省巡抚、云南布政使司、云南省盐法道、楚雄府正堂、白盐井提单司、黑盐井提单司联合发布的告示，内容是牟定县东北界灶户，铸造盐锅，供白井煎盐，历来公平交易。但光绪九年四月，大贾万邦庆等串通一二灶户私设锅行，高价强卖，灶户难支。道台饬令不遵，惊动省巡抚部院。乃六部司联合行文，严禁垄断锅业。规定："所有原铸锅户人等，照旧各归各业，自铸自卖，照例纳税"。

禁革事项碑[①]

钦加□□□□□龙胜理苗分府□□□□□加五级纪录五

---

① 禁革事项碑原存广西龙胜各族自治县和平龙脊廖家寨旁。龙脊地区为瑶壮裕处。1957年3月1日，广西少数民族社会历史调查组采集。

次倪，为遵批晓谕，永远禁（下缺二十一字）到任派差（下缺十二字）沿锢习，定属病民。本分府复任之（下缺三十一字）地方立予禁革，若不通禀立□□发章程，殊难（下缺二十二字）立□现准署桂林府正当（堂）杨移知，奉各大宪批示，准将充□□人一项永远禁革，并（下缺十二字）以期家喻户晓，为此示仰通属民知悉。此项（下缺十二字）永□□除。兹将□□开列于后，从此各乡不复再有□累，仰即勒石恪守，遵照章程（下缺十一字）及□□□□□□许即鸣官从严究治。其各凛遵毋违，特示：

一、嗣后新官到任，不得再派丁书（下缺）。

一、各塘头人不给委牌，永远禁革（下缺）。

一、头甲等不由官委，准各乡自举（下缺）。

一、头甲不得一官一换，准其永远（下缺）。

一、各乡联合公举头人之时，不得（下缺）。

一、乡中议举头人，必须联名禀官，如（下缺）。

一、头人有巡辑匪类，弹压地方之责，（下缺三十二字）私举情事，并治其罪。

一、现经奉到宪批颁发告示，每（下缺）。

光绪九年（1883）十二月十五日给（下缺）。

重建楚雄府思政楼碑记

尝考旧志，楚雄郡署有楼，盖前明太守尹公所建。成化间，临海赵公熙来守是邦，名其楼曰思政，而系以记。中间迭更世变，楼之兴废不一。光绪壬午夏，前守荣公筹金若干，鸠工庐材，建楼于郡署之仪门左，未竣事而公以卸任去。余来权郡事，复监工督修，癸未冬，始观其落成。据阴阳家言，郡署东南隅有缺陷，宜以此楼补之。楼高而敞，俯临城市，远瞰郊川，足以供登眺、寄啸咏焉。仍名之曰思政，既识以额，复为之记曰：嗟乎！古之人于天下国家之政，罔弗勤也，罔弗思也，思天下之溺，犹己之溺；思天下之饿，犹己之饿，此禹稷之思政也。思天下之民，匹夫匹妇，有不被尧舜之泽者。若己推而内之沟中，此伊尹之思政也。思兼三王以施四事，其有不合者。仰而思之，夜以继日，幸而得之，坐以待旦，此周公之思政也，古之至人，其聪明睿智若彼，其劳心焦思如此。矧夫负祷昧之材，膺繁剧之任，而顾于一国计民生之要，张弛因革之宜，晏然坐视，憒焉弗思，其何以免陨越，之夫臻上理之休哉。楚郡兵燹后，群生凋敝，百务废弛，其为政也，较繁其筹思也，尤宜丞。余来守此，逾年自以绠短汲深，竭蹶弗逮，凡材力聪明所能及，必早作，夜思之不遑，盖兢兢乎无一息敢安焉。公余之暇，与弟衡山子鼎枢，邀幕中诸君，登楼游眺，合郡形势，历历在目，江山四壁，烟云万状，雁塔龙川诸胜，皆争妍献秀于几席间，风洒洒从窗棂来，清气沁人心脾。茗话移时，神超兴逸，几忘其在簿书鞅掌中也。既而凭栏远瞩，触景兴怀，见夫烟户之萧疏，则思有以生息之；原隰之荒芜，则思有以开垦之；学校之残阙，则思有以培育之；囹圄之雍滞，则思有以清厘之。沟渠荒矣，则思修浚，以兴利也；仓库毁矣，则思储蓄以备荒也；负贩之劳役可悯，则思何以薄赋而缓征也；闾阎之褴褛堪伤，则思何以种桑而劝织也；览形胜而地关冲要，则保甲团练思所以弭乱源也；观山泽而气识金银，则开敞招商，思所以裕生计也。即一俯仰凭眺间，而疮痍满目，筹措维艰，有不禁对此茫茫百端交集者，而谓平日之审时观势，度务揆机，其能已于思乎？且夫楼，游观地也，郡署之有楼，又宴息所也，典郡者政余，委蛇于此间，徜徉偃仰，小住为佳，而前之人必斤斤焉。以思政名是，果何谓哉！吾尝读《唐风·蟋蟀》一篇，盖小民岁晚务闲，相与宴乐所作，而其词，一则曰职思其居，再则曰职思其外，三则曰职思其忧，于闲旷宴乐之中，不忘思艰图易之意，是何思之深且远也。楼曰思政，其殆得《蟋蟀》诗人之遗旨乎？是盖可以风矣。

光绪甲申孟冬月前吏部文选同主事署楚雄府事贵阳陈灿并书

该碑原立楚雄府衙，现存楚雄市峨碌公园西灵宫碑林，高187厘米，宽69厘米。楷书直行，20行，行49字，约830字。楚雄府知府陈灿撰书，清光绪甲申（1884年）立。

楚雄府思政楼为明成化间知府尹昭所建，继任知府赵熙名其为"思政楼"，为鹿城一景。记云：为官当思天下国家之政，不忘思艰图易。碑记精练潇洒，书法精美。

金坑禁约碑[1]

万古流芳。众等公议。

盖五行立而天道生，五常明而人道著。众民昂捏泥混沌，天遣帝王活世，减除恶党、草寇。周公置礼，孔子造书。官有律条，民有禁约，万物咸兴。上古非盗非赌，夜非闭户，路不

---

[1] 金坑禁约碑原立广西龙胜各族自治县和平乡金坑大寨旁。金坑团为兴、龙总团辖属。金坑团所定立条规，还包括有毗邻灵川县三个瑶族村寨，1961年采集。

拾遗。今日下有吞烟，自缢毒害，盗赌、索诈，幡（翻）悔田土，女子闲得志，祸患贼偷，惟人心大变。众置酒宜禁，一概不许索诈、吞烟自缢，幡（翻）悔田土，捏害善良。

今将禁约开列于后：

一、禁坟前各砌大堆，不许慌（荒）生草木，坪坟无葬墓。如有此者，挖着莫怪。以坟前左右离坟一丈，任便耕种。迁坟不许。又后龙穴星至坟，不许别人乱葬。如有乱葬者，众等公罚。

一、禁买田土，不许幡（翻）悔，一卖一了。父卖子林，出入价钱高低，不与买主相干。如有悔者，众等公罚。

一、禁不许重迭抵当，偷买偷卖。如有此者，众等公罚。

一、禁不许停留面生歹人，窝盗窝赌。常闻赌者卖产，未闻赌者买田。如有聚赌者，众等罚钱十二千文。

一、禁不许偷盗田仓禾谷、衣物、银钱。谁家被盗，鸣锣行众，再三搜检家家仓内屋内，或得赃不得赃，搜人无罪。搜得赃者，众等公罚。

一、禁偷盗耕牛，鸣锣纠众，各带盘费守卡隘口。分派团内搜山搜屋，四处出赏花红，弩获不得徇（行）贿私放，众等公罚。

一、禁春耕夏种，件件秧物不许乱偷，不得乱放猪羊鸡鸭牛马，乱吃乱踩。失主无靠，即害一家性命难活。秋收成熟之日，各田各土各团，不许乱进乱偷。如有乱偷，炮火石头打死，予白莫怪，无罪。

一、禁各从朝廷，设有大炮刀枪，紧防恶党贼寇，国家命民，民依国法。现有炮火、石头、刀棍，紧防贼涂（徒）小人。

谁若为盗，众等提拏，不分生死，生者吊打公罚，死者要盗家房族安葬。族有与盗同党之意，要族休（体）息（惜）。如有盗家父母吞烟、割颈、自缢、自伤夺（毒）害，地方人不准。如有此者，众等将赃逐送官究治。出罪无（入）罪，依律例办，众等将贼割耳挖目，予白。

一、禁不许乱强谋业产，凡遇大小是非，先请内房，有昂抗理论不清，要地方代告方准。如有不遵者，自告自休。

一、禁不许娶讨妻媳贪奸心反不合，深更逃走出外，吞烟自缢、自伤、毒害，地方人不准。

一、禁地方恐有瓦无璋，招赘为儿，光宗耀祖。远火恐有参商不合，逃走出外，不得作算工钱。妻占夫田，子受父业，空手出门无事。

一、禁各种桐、棕、茶叶、桑、麻，不许乱偷。如有乱偷，拿获查出，鸣众公罚银四两四钱。

一、禁尚山矮山，四处封禁，不许带火乱烧。如有砍山烧耕地土，各要宽扒开火路，不许乱烧出外。又清明挂清，各要铲尽（净）坟前烧纸。不许乱烧出外，如有乱烧，拿获查出，众等公罚银二两二钱。

一、禁春冬二笋，各管各业，不许乱挖。又有入别人山捡干柴，不准带刀。如有带刀乱砍，拿获者，众等公罚银一两二钱。

一、禁乞食之人，遇有红白诸喜，只有米半斤，不许吵闹。踩入华堂乱偷，如有乱偷，众等公罚。

一、议（禁）有虎匠带有猖邪，不许乱来，谁家米粮发（给）少，就要放猖邪，过后人畜有损，如有再来，众等毒打公罚。

奉天承运，皇帝制曰，臣子笃匪躬之理，国家承法类之恩。朝廷有法律，乡党有禁约。观尧舜之治天下也。揆叙之休，四方有风动之美。剪粮稗以植嘉禾，除盗贼而安民业，自古皆然。即我辈亦依而行之至今前人往矣。此举不兴，则盗风日炽。我金坑一脉姓潘，方居地僻，山多地少，烟火甚宏，地方各寨，屡被偷盗。兹不得已，故合众团会议，开列规条于左：

一、议顺逆毋，忤逆不孝，地方以不孝之罪治究。

一、议十二甲人等，坟墓各砌高大，砍伐树木完扫，用官尽（尺）量，以二尺四寸为一步，离坟十八步，迁坟挖土耕种无罪。

一、议佳期下定钱二千文，娶嫁钱财十八文，贫富一体，不得高价。如有此情，众等加倍公罚。

一、议改嫁婚姻，有归回前夫妻，将财礼退还，不得昂抗。又舅公钱三千二百文。如有高昂起价，众等公罚。

一、议先年娶妻，为宗接枝。恐有琴瑟不调，夫妻反目，改嫁财礼钱，上等准五十千文正。

一、议禁湖南、湖北各省府县，或生理、佣工、匠作诸色人等，有疾病亡故，地方收埋。倘成命案，众团人不准。

一、议索诈油火，私造田（契）约，越界霸占，借端生事之徒，地方出力，捆绑送官究治。

一、议不许停留外面之人入地安家，盘情（剥）暗算，累及地方，害无底止。为止严靖地方，以安良善。

大寨、田头寨、旧屋、中禄、金坑众团；大毛界、丈界、翁江等（为灵县属瑶村）群众姓名及捐款立碑名单略。

大清光绪十三年（1887）岁次丁酉，八月十七日谷旦，众等公立。

毕节禁止捕厅擅受民词碑记

查捕厅之道专营捕盗，不得擅受民词。兹因姚典吏纵役执标，锁拿痒生，自知违例，愿罚银六两，勒碑禁止擅受。以后，凡遇户婚姻土债务案件，厅差再行捉人，无论城乡绅民即行将该役捆送辕门，请官究治。恐后任误蹈前辙，再理民情，特立此碑。

光绪丁亥年季冬月中浣合邑绅民公立。

广西巡抚部院沈示碑[①]

署理桂林府龙胜理苗分府补用军民府魏，刊奉州县为民父母，分应除弊恤民。据报命盗案件，勘验必须躬亲。照例轻骑速往，认真约束随人。夫马饭食自给，不染民间一尘。倘有需索扰累，苦主指实上呈。定必从严查办，尝思自愿考成。各属奉到此示，城乡布告分明。勒碑衙前树立，永远垂诫奉行。

大清光绪十四年（1888）五月初□日立。

泗城府永远禁革夫马裕派各项告示碑

钦命头品顶戴兵部侍郎兼督察院右副都御使巡抚广西地方等处提督军务、加节制通省兵马御兼理粮饷，为核定章程出示

---

① 广西巡抚部院沈示碑现存广西龙胜各族自治县文物展览室。龙胜为壮、瑶、苗、侗民族杂处。1982 年 6 月 30 日采录。

勒石，以垂久远事。照得泗城府属凌云、西隆、西林三州县钱粮裕派差徭各项，光绪六年，经前部院厘定章程颁发示谕。光绪十六年，复经本部院查照前章，重申示禁，惟未经勒石，日久无所遵循。当经行司委员会同泗城府亲赴凌云、西隆、西林三州县确查，禀由右江道聂移禀两司令同详查，应行裁革备条，分别拟议列单，详出示勒石晓谕前来。查泗属各州县系改土归流，一切征收裕派差徭等事，多沿上例，与内地情形不同，必使下无累于民，上无病于官，乃为得其平。兹该司道等所议各条，均系去其太甚，积弊一清，合行出示晓谕。为此，示仰泗城府凌云、西隆、西林三州县军民人等知悉，所有三州县钱粮裕差各项，经此次定章之后，永远遵行，并予勒石通衢，以期家喻户晓，共见共闻，如有阳奉阴违，借端滋弊，一经查出或被告发，定即严惩究办。尔等亦当知食毛践土，踊跃输纳；切勿拖欠粮钱，以及串同包收等弊，自耳各戾其各，凛遵勿违。切切特示。

计开：西林县

一、地丁兵米采买：查西林县征收钱粮，应照前定章程，每地丁银一两，折钱二千五百文，耗羡裕费俱在内。每兵粮一石，折收银二两四钱，裕费在内。城设柜厅，花户自行完纳。有愿按市价折钱缴纳者，应从民便，不准派入乡征，免致借端需索买补，应照凌云一并永远禁革。查凌云、西隆、西林三属采买，贾谷石不均，始于嘉庆初年吉制军巢办西隆苗匪，为兵米不足而设，系因动碾食谷，饬令照数买补，近年并未借拨谷，司库亦未发银采买，饬永远裁革，以恤民艰。

一、割匪（飞）：查该县收钱银，则定章程，每地丁钱银一两折收二千五百文，耗羡裕费在内，兵米每石折收银二两四钱，裕费亦在内，不得有其割飞文，况凌云、西隆两州县均无此名目，应即永远裁革，以归画一。

一、养膳：查西林县额征丁粮为数无多，现将陋规续裁革，正赋自就如数清完，以四月完不得米，十一月不能全者，并派粮差一名协同该亭地保催纳，粮差准照凌云县章程，每里饬欠户给该差脚辛钱五文，不得别有需索，此项养膳谷应行禁革。

一、夫役：查西林县夫役之弊与凌云同，应照规定，以凌云县夫役章程办理，以归画一。查凌云地处偏僻，治站并无夫行，且山径崎岖，非乡夫不惯履险，向循土例不给夫价，劳黎受其累，嗣后无论文武官员，用夫一名，每站给饭食钱一百文。自返乐为泗郡入境，首站前三县之夫，尤觉苦累，应另加钱五十文，以示体恤。虽官员过往赴会，用夫多寡难以预定，以前示以限制，至多不得过一百五十四名，亦不得前后分起行走，多用乡夫，以免积久滥派，其各站号书于何官，经过用夫若干，按旬列册具报由县按季报道，年终由各州县汇册通报，以备稽查。至边防各营，原有长夫不得派用乡夫，如地方有事搬运军火，不在此例。武营用（夫）仍由县票传，以归画一。

一、游亭：查西林县游亭之弊，与凌云县应一并永远禁革，以恤民艰。查隧亭之弊，名为发给门牌，实系收取经费，应永禁革。又有借据征正名目，下乡需索规费，亦为民病，应请一律永禁。

光绪十七年（1891）八月日示。

果化州土官陋规蠲免碑刻①

世袭果化州正堂加三级纪录五次赵，为批二十村陇据上呈各情自应准如所请，以舒民力，嗣后所有每年额征养钱项仍照向例，按季缴纳，不得蒂欠，如有牌票，照例不准差役任意勒索。其修马房、割水沟、邻村遇有红白事、来往小用人夫以及玉米等项，一概准行蠲免外，惟有官差过境，正堂一遇有红白喜事之时，例应派用乡夫，不得借词推诿。至族中二三官房外一切妄使乡夫，并非本州格外苛求，亦不过率由旧章，望尔民安居乐业，毋负本州体恤民艰之至意也。特此批准，仰尔三乡老等，便以勒石留后世代永远遵行，切切特此。

一项、养廉钱照例缴纳。

一项、官差过境照例应征。

一项、承袭合州旧帮项。

一项、若遇正堂红白喜事仍旧照帮项。

一项、柴火到年晚三乡共柴火一百担。

一项、二三官房外一切不准妄派乡夫。

一项、割水沟准免。

一项、玉米俱准免。

一项、修马房准免。

一项、票提案婚姻田土以及偷窃等件，准差二名，每名奉钱二百文。

---

① 该碑立于平果县果化乡布尧大陆布尧屯能岁老木庙内。1954年，中南民委及广西省民委民族工作组调查记录下来的数据。

一项、命、盗、奸、拐、忤逆、不孝等事，准差四名，每名奉钱四百文。

一项、邻村红白喜事，来往一切小用人夫，一概通行蠲免。三甲陇乡民等奉准批示。

光绪十八年（1892）岁次壬辰八月十五日吉立。

南安州正堂告示

钦加花翎同知衔特授楚雄府南安州正堂金

遵札刊碑遵守事。光绪十八年七月二十七日，奉抚宪谭通饬；照得积谷为间阎备荒而设，乃各属多因价有低昂，未能一律买齐，殊非预备不虞之道。今经酌定，凡各属采买积谷，均限于新谷登场后，按照时价，无论贵贱，会同绅董，一律采买入仓。并将城乡仓谷，新买若干，旧存若干，价值若干，详晰开报，统限次年正月到省，以凭稽核。又积谷出借，流弊最多，贫民借易还难，一有追呼，善政转成虐政。嗣后只准照章，米贵平粜，大饥放赈，或赈粜兼行，俱先请示办理，不得擅行出借，贻后累于穷黎。又分建乡仓，须择远乡适中之地，以便乡民就食。并先将修建情形，开工日期具报，限四个月完竣，取结报查，不得借故推诿。以上三条，于文到日出示，晓谕绅民，一体知照。并于积谷项下，酌提钱文，勒石头门，永远遵守，拓摹送查，如有违误，即以玩视民瘼论。本部院有言在先，毋贻后悔，切切特札。等因奉此，除遵照办理，并出示晓谕绅民，一体遵照外，为此勒石，永远遵守。

光绪拾玖年正月初拾日　立

该碑原南安州衙前，现存楚雄市云龙镇文化站。大理石质，高77厘米,宽45厘米。楷书直行。清光绪十九年(1893)南妥州(今云龙镇)正堂关于修建乡仓储食备荒的告示。

大方市场管理碑

一议大小客商,买卖不气服,场头带到处理。若有凶横过格,罚银一两二钱;再有吃酒放风,借故闹事,经劝诫不遵,不经场头,以气报气,罚银二两四钱;若有赌钱光棍入场,为地方之害,不准赛猪,若有贪利招留此人,罚银二两四钱;若有思牙乱题乱收,场头罚银六钱;若有猪市戥银要以牙照,更不准私买私卖,倘若有此事,罚银一两二钱。若有戈老入场,好打好杀,不依交达,估要入场,有抢、贪,解官究治;若有公事,场首上前商议,与杨国富、韩天光同心理处。若有奸估串盗,捆送解官究治。勿得为误!

光绪二十四年冬月中浣吉日谷旦立。

永定章程碑

□□□□府即补县署理鹤峰州正堂记大功四□□□勒石永□□照得鹤境山缺瘠苦,向遇相验命案,招解人犯,均摊费于民间。乡邻因而倾家者甚多,以致每出命案,众惧牵累,出钱私和。死者冤抑难伸,而痞恶借尸图赖,甚至逼毙家人父子,以讹富户,积习之惨,难以枚举。本州在任两载,均系自备人马轻骑下乡,即解犯□食一切,亦系捐廉发给,未染民间丝毫,借尸图赖之风由此顿息。惟恐难垂久远,正在等虑间,幸蒙督宪张深悉斯弊,通饬鄹、宜、施三属州县,酌筹公款,以作相验命案、招解等费。随将州境旧存谷价及罚□各□□拨典钱一千串，分存当铺六百串，粮食、药材官行各存二百串□□□一分六厘生息，再在六分茶捐原作考棚经费内提一半以补不足，嗣后下乡相验遵章，轻骑减从，不得随带锣道茶号人等，用杜骚扰。夫马以二十名为限，内刑仵二名，每名日给钱四百文，大轿夫八名，小轿夫二名，伞夫一名，背夫二名，每名□给钱一百二十文，民壮四名，高脚牌差一名，每名日给钱百文。以路六十里为一日，如为距城六十里以内者，往返两日相验一□共发三日夫价，其余照此增减，招解人犯每案解府支钱三十千，由府解道五十千，解省七十千□立印簿自光绪二十五年十月初一日起，遇案凭簿支用，不敷由在任之员捐补，经管首士年底公同结帐，倘有长余存当生息，长款所生息钱方准拨入书院等用。自此次定章以后永不准再有厂□□□名目□□□□□分文，如书差舞弊需索准受害之家告发严究，倘敢□□□及私纳□□□□外□首告照予受同科例治罪，地方官知情容隐，经绅民上控，免其□□之罪委查革充，除将详细章程通禀各宪立案并附□□团练保甲章程之末一律通颁外合行出示勒石晓谕，为此示仰合邑军□□等，永远遵照。沉冤得伸，刁风可息，而无辜乡邻不致因案受累，一举而三，善备焉，毋违，特示。

光绪二十五年（1899）九月□　日立

说明：该碑现存于鹤峰县博物馆碑林。

坝发永垂万古碑

钦加同知衔署兴义府贞丰正堂加五级纪录七次徐，为案准前州正堂段，移准分驻册享州正堂张，为准此天主堂了瞭

（函）：据下江第一甲打宾亭马银寨教民黄抱边，以殴逐教民等情，具控同寨罗卜则等一案到州。准此，当即饬□□□□□□□情，众殴逐黄卜边等逃走，又勒逼索祭社神，有犯教例大关。圣教会规模，是以严禁，惩办□□□□□□□□晓谕外，合行示晓谕。为此，示仰汉夷人等知悉。自示之后，务须□□□□□□□□业，所有迎神赛会，不准攀教民，倘有等情，致干查究不贷，切切此谕。

饬谕通知。实立花冗场晓谕。

光绪二十八年五月二十日。

封山告示碑

钦加同知衔调署大理府赵州事特授永平县正堂王，为（一行）出示严禁事。案据团绅杨玉发、绅耆彭汝香、刘锐、李大廷、李大英、孔宪章、字煜等禀称，窃维弥渡东西山一带，山产（二行）松树，公私起盖所需，而且价廉脚省。自地方肃清，而一切神祠衙署，城乡民房，刹观庙宇，尽另行起盖，竟将东西两山松树之（三行）成材者，选成殆尽。比年来，间又有可作房料者，又被附近乡樵昼夜估伐，以致濯濯不堪。然其间尚有待养成材者，亦属不少，如蒙（四行）福星给示保护，不数年后可期成材，于公私大有裨益。已后祈赐厉禁，凡川中牧樵上山。只准砍伐榆木树，不准砍伐果木松树，及盗修（五行）松枝，借故砍树。即山主亦不准因无用而砍伐己山松树，只准砍伐榆木树。若违一律干究。自此示禁之后，再有川中野樵，上山估伐松树，盗修（六行）松枝者，准乡约火头山主管事老民，将人畜刀斧，连所砍之树及柴，送官究治。并恳严禁砍伐年松、火把。此后每年可望多蓄成材松树二万（七行）余千株。如蒙恩允，伏乞赏给告示数张，俾得勒之媛珉，永远遵守，等情。据此，查地方材木，亟应栽护惜，历奉上宪通饬，广为种（八行）植，严禁樵牧砍伐，以备材用，并开利源，等因在案。除原词批示外，合行出示严禁。为此，示仰该处附近乡村军民山主人等，一体遵（九行）照。自示之后，所有地方木植，务须妥为护蓄。倘有擅伐松树，盗剔松枝，并砍伐年松、火把，以及樵牧删夷萌蘖，肆行践踏山地（十行）烟麦等事，准该地方乡约头目人等，查实送案，定即从严惩究，决不姑宽。各宜凛遵毋违！切切特示。右仰通知（十一行）。

大三村经事李大俊、李大用、奎宿云、邹有厚，孔家营经事杨含章、刘国安、尚朝鼎、邹朴，山高村经事普贤、张道、字朋、周有光，水目山僧人隆健、海瑞，黄琪厂经事杨玉春，罗平村经事李芹，朱坊经事李澍、杨得珠、吴应荣，四家村经事李士伟、李开阳，新庄经事彭文、李芳，龙井经事毛丰，玉和庄经事罗士光、罗发有，茅草房经事张文学，小村经事杨榛等公议立石（十二至十四行）。

光绪癸卯年清和月下浣吉旦。

中华民国十一壬戌年九月十七日。

乾海子经事杨玉贵、杨玉振、杨起、杨成、丁文敏、丁文开、丁朝凤、鲁国朝、鲁国政同立（十五行）。

实发九里东界各村晓谕（十六行）。（张昭录文）

重建祠堂碑记①

吾族自于洪武年间，始祖盘庚山郎公，原江西省境逆厥，由来灌邑歧石村，明址窄侠（狭），移居大坪。笃若力农，乐业荣生，建立华屋，创修祠堂，购业立祭。顾其斯土税亩均平，书户成业，就入灌阳县籍。迄今烟代远，族巨人繁。于是前人创修举堕落，后人继之葺图，再建基业垂存。源于光绪二十二年（1896）丙申岁，学等视之祠宇颓，先灵无以栖所，发心捐资，复修再造。斯时功告竣，将各家捐项芳名于后（略）。

禁例：

一、禁村屋不许当卖外姓。

一、不得招外姓居住。

一、禁百行之首，不得忤逆。

一、禁公山公岭以及后龙，不得妄卖阴穴。

一、禁赌博顽调，不许在祠作为贸易，不得在内停留。

一、禁春秋二祭在祠祭祖饮宴，不得颠酒行凶。

一、禁祠内倘有勾结外姓，永远不准入祠。

一、禁同宗共一脉相传，不得异姓乱宗。

一、禁歧税塘一口我村鱼份，不准当卖外姓。

光绪二十九年（1903）岁次癸卯，季冬月朔五日，合族同心吉立。

---

① 重建祠堂碑记立于广西灌阳县水车瑶族地区江塘村。1984年5月，盘世新、唐志培供稿。

永免泗城三属夫马杂派碑①

钦命头品顶戴、紫禁城骑马、赏穿黄马褂、兵部尚书署理两广总督部堂岑，为奉钦命兵部侍郎衔兼都察院右副教御史巡抚广西等处地方提督军务何恭录，谕旨出示晓谕事。照得广西泗城府属凌云、西隆、西林三州县，本系改土归流，土例相沿，从前多已禁革，惟派用乡夫一项，以该州县地属边徼，缺分疾苦，向无夫役行站，遇有需用人夫，骤难雇募，暂仍照旧派用。当时本限以定额，不许滥派，并该给日食钱文，以示体恤。无如派夫之名色未除，不肖官吏仍复借以滋弊，无论是否需夫，皆按照额轮派，其应役者，固无日食发给，转令未应役者按民缴钱，实为边民之累。本年据署广西布政司朱荣璘议给各州县津帖银两，嗣后泗城府属凌云、西隆、西林三州县永不许有派用乡夫名色，倘再敢苛敛派钱，即从严参处，以照惩儆。

因光绪二十九年（1903）八月初六日具奏奉朱批知晓。钦此，除分行钦遵查明外，合亟出示晓谕。为此，示仰阖城府军民人等一体知悉。嗣后官家需用人夫，均系发给民价，随时雇募，所有从前派夫名目，照经奏明，永远革除，倘有不肖官吏役保仍向民间借端勒钱苛派，准其指名禀控，按律严办，决不宽纵。勿违。特示。

光绪二十九年（1903）十二月日示。

---

① 此碑今存西林县文化局。1957 年，广西少数民族社会历史调查组和南盘江、红水河流域民族考察组先后收集核对整理。

西林县永安主佃告示碑[①]

加五品御赏戴蓝翎西林县查案委员补用正堂杨署理西林县补用县正堂五级纪录五次陈，为出示勒石晓谕，以主佃而颂滕事。照得县属那比五份业户岑祖培、岑集章、岑集宽、岑集政等，呈控五份佃户黄承恩、黄昌华、罗卜吉、韦小雅、黄抢廷等，历年故抗租息一案，奉置右江道宪吴转奉督宪岑礼饬本委员按临同本县案传两造各到案，当堂澈讯，令各呈新老契据查验。据该黄承恩等呈出前抚宪史告示一张，全篇语气只不准岑姓向五份苛扰，并未令五份人民抗缴岑姓业租，更无谓那比非岑姓之业；又呈出光绪七年（1881）前曾告（示）二十一张，内有：如果五份人民真占岑（姓）之田，则急退还，如无，则各管各业等语。并未将那比山场田业断截判断，尤不足据为定详。此外，则无凭据。而该岑祖培等，则呈出伊之先人，历年控经各前府具发给岑姓管业册照，告示等多件，悉旧存断卷宗相行，内乾隆八年前县范批准迎发岑姓之户册一本，附有委照一道，内云：据里民岑武盛、把事黄抱郎等呈，世主岑香早故，所遗子盛武、隆武、光卿三人，或聋或废或幼，均难理事，请将那比山场田主分为两股，原盛武、光卿各管其一，并请于各寨分设把事五人帮理粮务，租例仍由业主，俟光卿成长，再行自理等情，合行各行给委等语。是那比岑姓之业，其言甚详。揆今五份之称，即当年黄抱郎呈恳保孤时，请设五把事帮助粮

[①] 碑据西林县志办提供，南盘江红水河流域考察组收集核对整理。文中所提，对研究改土归流后西林壮族的土地关系有重要参考价值，对丰富壮族土司统治地区改流后的土地所有权转化资料有积极意义。

业之所由来，传至今名色尚在。虽千载而后，亦不能谓五份人民非岑（氏）佃丁，此那比为岑姓之业凿凿有据者一也；又嘉庆三年（1798）前本府李严禁恶佃抗租告示，内有西林那比恶佃王世康等，领种已革里民岑崇琼等田地山场，借称里民奉革，其田租可不偿，实属恃蛮抗顽等语。岑姓苟无其业，何谓其抗租，此那比为岑氏之业凿凿可据（者）二也；又嘉庆七年（1802），前县王告示内云：据那比佃户鄂存亮等呈悉，免设保正，情愿归顺业主岑鸣绪管理钱粮，以免一身二役等情，立即照准等语，是岑姓为业主，而佃户已有自尽招供，此其凿凿可据者三也。其它告示均明书那比业户某等字样，重重叠叠，无一不为主佃下定铁板注脚，虽以千八百人之力，团结一体之势，亦难结争间。据该祖培等供称：那比山场田业，系改流时赏赐养老，租归主收，归佃纳，每户每年租例：鸡一只，钱二百五十文、工三日。道光三年（1823）前尚在照征，自咸丰之乱，岑姓惨遭杀害百余命，亲属仅存数人，从此，主弱佃强，抗不缴租。匪平后，历经具控。光绪二十二年（1896），蒙前县谢秉公判断，而恶佃于结案之后，仍敢翻异。兹不忍见先人造业终于干没，愿将充入祠堂等语，核与历供前节，悉相吻合，而该黄承恩等则供称：有生以来，不知那比是岑姓之业，现要纳租亦可，只要求不归服岑姓，无论纳归何处均愿意等语。所称不知那比系岑姓之业，而物各有主，究系何人之业，无论纳入何处均愿意，如果信为主业，谁肯轻易与人；又称只求不归服岑姓，持此一语，而恃蛮抗租，情已毕露。数十年来，主佃视为寇仇奸人，借以充饱，耗尽脂膏，废时失业，种种祸胎，莫不悉由此起，本应严究，念作俑之人现已无存。该黄承恩等系属忖顾，且自知悔，从宽判断，所有那比山场，理应仍归原主，惟据该岑祖培等自称，人单力薄，不能管理，情愿归入祠堂，作为蒸尝，自应准如所请。兹断令：凡是那比五份佃户，除照常自行纳粮、供差外，每户每年应缴租例鸡一只着免去，租钱二百五十文照旧缴足，工三日免去一日，每日折钱五十文。合共每户每年缴业主租钱三百五十文，孤寡之户，准其减半，按年秋后，概缴岑氏宗祠，值年管事收管。自此以后，不准稍有（违）抗，欠之租本应按数追缴，姑念咸同以来，遭匪民贫，着缴一年归于学堂，限至本年年底缴到，余准全免。至该五份佃户盗出当给城绅叶、李、关三姓之业，内多弊奥，该绅等均姑勿置议。惟传集三姓后人，经将伊等先人所受那比一并退出，当堂涂销，嗣后不准该三姓后人再向那比收租。此项业租，既系岑祖培等自愿全部归入宗祠，从此即不能为己有。应将契据全行点交祠内管事人收存，以杜日后翻异之弊。该管事人等，务须悉心经理，不得盗卖侵染，亦不得向各户另有索取。致于查究两造人等均各悦服，各置摹结附卷完案。嗣后该那比五份人民，务各永远遵守，安分农业，毋再滋事。此乃本委员、县秉公劈断，尔等宜如自爱，敢有如前违抗，不惟从严重安，并将从前恶欠租息，全数追出来，以示惩儆。除印发执照给该岑氏宗祠值年首事收存，永远管业，并禀请各大宪主案外，为此勒石示。仰该岑祠值年管事及那比五份人民，一体知悉，其各凛遵毋违，特示。岑氏宗祠。

光绪三十二年四月十一日竖西林县置那比五份晓谕。

宣 统

判决坝案碑记①

钦加同知衔特授恭城县正堂加五级纪录五次钱，为出示赏示晓谕，以资遵守事，□□□□□控陈钟华等擅开粮坝等情一案。此案原八甲洞，缘八甲洞势江河沿河一带，向有头圳坝、三圳□□□，水灌溉田禾，因联商陈仲华等开坝运放木排，经该提甲将该排截留，彼此争执控，今本县亲案讯明。农民筑寨坝水灌田亩，与该瑶内素产杉树，贩卖木料，必由此河运放。农商□□断令，嗣后每年春分以后，霜降以前，正田禾急需蓄水之时，每月只准逢三开坝，一月□□放木排。头圳二圳两坝，限由七点钟起至一点钟止，龙岩坝准放至二点钟止，每次□□□□钱共三千文。春分以前，霜降以后，无须灌溉，随到随开，不得勒收坝工钱文。所有□□□□旁边坝□放行，不得由坝中坝面任意开放□倘敢不遵，一经告发查实，定即拘案严惩，决不姑恕。

宣统元年（1909）九月十六日告示。

高界小源芹菜瑶特立古照碑

钦加同知衔特授恭城县正堂加五级记录五次钱，为出示晓谕事，照平（乐）阳（朔）恭（城）三县联团条规，奉委署巡

---

① 判决坝案碑记原存广西恭城县莲花瑶族乡势江村势江街电影院（原为小学校址）门前，碑镶陷于墙壁之间。碑高1米，宽60厘米。1985年4月5日采集。

警道宪欧督三县核定，并经该民瑶等禀在案，合行出示晓谕，为批示仰该民瑶人等一体遵照，永远各守毋违示遵。计开：一钉门牌调查户口，即系向来清查团甲办法更加认真，并非借此抽索，不得听信谣言，倘有违抗。一民团学堂并不抽索瑶人款项，其民瑶公共款项亦不抽提，不得听信谣言，自生疑虑。一瑶人所收桐茶花生，并无出山抽钱之事，不得听信谣言，自相纷扰。一民团总及办理乡局各甲，如有妄造谣言，哄吓（恐吓）瑶人及向该瑶人等需索钱之（者），准其赴县禀金以查究。一平乐三十七区团、阳朔之口和团，与该瑶人田地相连，仍准与旧联团此（比计），该瑶人不得招人入团，及收钱登册，违者经官出外治。一瑶人等务要各有执业，不得游手好闲，窝藏聚赌，以及勾引歹人扰害地方，如有不遵者，查出惩治。一凡瑶人各村若被贼匪抢劫，即鸣锣，闻声各引护救失主，据凭县官及附近各民团发兵追捕。一凡团内田禾、地头物，茶等项，无法民瑶各宣训戒各家男女。出外不得偷盗，如有不遵，一经拿获，加倍赔还，并公同议罚。一本团内无论大小事件，团甲务要秉公办理，不得徇情受贿，如有清查出送官革究。一凡团内人等，务同心德，有助扶持，不得违犯公理，别存意见，有伤和睦。一以上各项规条，如有增添更改之处，必须呈官会同失究遵办。

宣统元年正月初五。告示晓谕。

黄泥塘护林碑

□□□批准立案，□□□禁处，令及勒石永禁。为此，示仰合邑居民人等知悉。自示之后，倘再有违反禁令，偷伐树木者，准告该团约地邻事主，协力扭送来县，随时严予惩治，以保护林业而靖盗风。尔居民人等，亦各就近联络，守望相助；毋窝藏、毋徇隐、毋放纵、毋推诿，务使条示不遭残贱，数年之后同享美利，本署□有厚望焉。毋违特示。

宣统元年（1909）十一月初二日

注释：该碑现位于湖北省恩施市芭蕉乡黄泥溏。

太平土州以顺水道碑[①]

世袭太平州正堂加五级纪录五次纪大功一次李，为奉□宪谕，勒石以垂久事，据那弄贺村覃经文、梁廷玉，科渡村梁兴隆、梁金龙、黄生辉两村民等，田亩皆居漆贩水沟之尾，取水灌田，恒苦不足，易至干裂。于光绪甲申年，两村首事帮宁、梁世珍、梁旨堂、马肖襄等，邀求坝主，敞德堂，前往查看无讹，曾向钟灾村廖启安买得在漆贩水沟桥上之水车坝一个，水□□不复准立，以顺水路。价钱二十千文，立有契据。嗣后把该村韦安国与廖旅启安买获此田。今年复立水车，阻碍水路，以致两村田亩，多半拆裂，恳请查勘，饬令韦安国拆去水车，以顺水道。俾民田亩获资灌注。再此漆岬水沟各村田亩分叫取水，各有度数，并恳谕知各村民，此后须照章，毋得肆行妄开等情，前来本州即前往查勘，见那弄贺、科渡两村田亩，多半干裂，确是韦安国所立之水车，阻碍水路以致之，并查阅甲申年，该两村与车主廖启安所买水车坝契据，确凿不讳，况韦安国所立之水车，只管得几片田亩，那弄贺、科渡共有田百数十

[①] 碑在大新县太平乡科渡屯，1956年，广西少数民族社会历史调查组抄寻存藏，对研究土司制度有所参考。

占，不宜以少碍多。当谕韦安国将水车拆去，永远不准复立，连田归与两村，拨耕拨买，以承国课。又大清光绪三十二年内，据武生梁金龙、民梁延玉、闭学周暨阁七村民等，联名禀称：民业一带水田，向赖自制，恩城排村漆严、下教水坝，灌溉田亩，颇称膏腴，不料光绪二十九年，适匪四起，屡迫拜台，不敢轻从，特匪怀恨，遂将漆严水坝，毁坏石条，泄于别处，变坏古□，以致田干禾枯，则膏腴之田，变为瘦瘠之地，将见民无托业，祷望聊生，且碍国计，伏乞作主等情。据此，本州轻骑亲诣，逐一勘验，随将各情禀奉上宪，拟饬遵行修整，以重国赋民生外，并将古制乡禁，因时制宜，逐一列后，勒石以垂不朽云：

一、修水坝所用瓦泥者。

一、路就近挖取，不得坏人田亩，若整大坝取石泥，酌给钱文。

一、年中修崩补泄，修整沟边，凡有田者，每家一名，照右例定，倘有违抗，禀堂治罪。

一、年中修整水道，每家出牛一只，犁耙各备。

一、沟边所有之大木小木，不论何人刊伐，枝叶连根收拾上堤，不准丢放沟中，以致壅塞水道。倘有不遵，查出罚钱七千六百文。

一、私行通叫泄取田水，与扎拦叫取水，以灌己田者，查出罚钱三百六十文。

一、妄自倒叫偷取水灌，被人撞见，指证或被查出者，罚钱七千二百文。

一、擅自放鸭下田，践伤禾苗及啮害青苗者，查出罚钱三百六十文。

一、私自扎拦叫水网捕鱼，或放鸭群崽者，查出罚钱七千二百文。

一、首初播禾（未）到二十日者，不准鸭群下田，倘若查出，罚钱七百二十文。

一、开叫咄入那关一口，横二十、直五分，共田三占二十已地。

一、开叫咄分人那担一口，横七分、直五分，共田一占二十已。

一、开叫咄分入那诸一口，横直二十五分，方孔，共田十八占二十五已。

一、开叫分入那诺一口，横六分，直五分，共田九十已。

一、开叫那磨三丈七寸，分入那磨二尺六十五分，余下会另立横膛一条，分入李俊秀之田，其叫长二寸。

一、开平叫吞钟，长二丈二尺九寸，分入吞钟二尺四寸五分，余下大合。

一、开那渠叫咄一口，分入那格婆横一十五分，直一寸。

一、开那渠桥下叫咄一口，横二寸，直一寸。

一、开平叫那渠长五尺八寸，分入那恨五尺八寸，卧寻六尺八寸，潭泌四尺。（以下字迹不清，从略）

上宪批准，古腾录，凡有田者。必有叫口，若无膛口之田，而其田近于水沟，且卑于水沟，如妄造取水者，即将其人拉到堂，案报照章治罪，以田归公。凡磴界俱定章程，各有额数，总入多寡。各宜守旧制，毋得借私婪取数外。凡膛界之下，沟口相连，不得以此沟多下之地，而凿开取水沟之水。此坝自于排村前面流至科渡村,并无人抢(撑)水车者,若有何人妄立人抢(撑)水车以利己至损人者,先砍破其水车,后捉拿治罪,各宜遵章管照,毋违条例。

宣统二年(1910)十二月初八日给那弄贺村、科渡村民刻碑。

太平土州永远蠲免碑记①

世袭太平州正堂加五级纪录五次大功一次李,为发给执照,以垂久远事。照得奉上饬修路政,只因地方财政困难,仰自治公所,组织开会。是日议事会、董事会及各乡董乡佐,齐集到会,研究筹款,忽有区渡雁村里、甲长称言:情愿捐此款,修葺贩揽之路。求免夫役,各界已经赞成,转呈前来,本州据此,俯如所请,合行给照,为此,照给渡雁村开有名人等,从今以后,世代子孙,向有大小夫役,一概永远全免。并准勒碑,以垂不朽,而遵守有自,切切毋违,须至执照者。

右照给右哨雁村,准此。

宣统二年(1910)八月十五日。

龙岸乡下地栋村给示勒碑②

钦加三品衔调柳州府事选授梧州府正堂加三级纪录十次骆,

---

① 碑在大新县太平乡科渡屯,1956年,广西少数民族社会历史调查组收集抄寻存藏,碑文提供了有关土官统治时代的劳役材料。

② 碑存广西罗城仫佬族自治县龙岸乡上地栋村骆氏宗祠内,李干芬、胡希琼、何礼明等前往调查抄录。文内骆姓系仫佬族、邱姓为汉族,因鱼塘所有权问题连年争讼,三审判决具勒石为记。

为给示勒碑遵守事，案查前据罗城县上地栋村武生骆玉书等，呈控下地栋村民邱昌葵等，霸占鱼塘一案，当经批行该县解府审理，随据该县将本案一干人卷捡传解府，经本府提案确讯，缘骆玉书等，始祖自前明迁居该县之土名上地栋村，垦田耕种，开土名北京塘，蓄水防旱，兼以养鱼。万历二年，有北略村梁胜光等，因图占鱼塘，与上地栋骆倘司争讼，控经王前府核明，将该塘鱼判归上地栋村骆郑二姓永远管业。因念北略附及附近各村需水灌溉，仍准放水灌田，结批勒石为据。

　　国朝康熙年间，邱昌葵等始祖迁往该处居住，建筑房屋，取名下地栋村，所有垦置之田，多在该塘之下，遇有干旱，由上地栋村人通融，许其与北略等村一体放水灌润。二百年来，相安无异。光绪三十四年，下地栋村人邱隆飞因旱放水，顺取塘鱼，经上地栋村人看见阻止，并不准其放水灌苗。下地栋村人不依，以伊村人常向上地栋村人买田，包有鱼塘在内，既得公共放水，即可公共取鱼，以致争讼到县。经该县陈令集讯判，以上村占六、下村占四。骆玉书等不服，县控到府。本府饬提到案，讯悉前情，调验两造字据。骆压书等则有碑文可考，邱昌葵等并无字据可凭。其为上村之业，历来并未割卖，毫无可疑。乃邱昌葵等不感上村通融给水之情，辄以所得之水分，影射希图分占塘鱼，实属不合。该县断以四六分占，殊未允协。惟念乡田同地之义，各有守望相助之责，而下地栋所耕田亩，率在该塘之下，一旦不许占水，田苗必致旱伤。上地栋村人既已给之于前，不宜禁之于后，断令该塘仍归上村管业，鱼归上村打取，外村不得争占。其塘内所蓄之水，仍准下村及向来占水之村照旧开放灌溉，上地栋村人不得抗阻，并不得将塘变卖。

遇有培修挖筑之事，必埋头苦干先三日鸣锣会议，方许兴工。所需经费劳作，十成摊派。上地栋及下地栋两村各估四成，其余二成，由向来有水份各村均匀摊派，而昭公允，以息争端。嗣后应宜各敦和好，不得寻仇滋事。两造遵依，具结完案。除札行该县知照外，合行给示，勒碑为据，仰该两村及附近村民人等，一体永远遵守，仍将碑文摹拓两份，缴县送府备案，毋违特示。

宣统二年六月初八给告示。

征官租粮米碑①

万古千秋。

钦加同知衔署理龙胜理苗分府事，委用县正堂邱，为记饬永远遵照事。照得龙胜厅属，每年应征管租粮米，解缴藩库，历在广南、独车、小江、芙蓉四处设局征收。从前迭遭兵燹，不知始于何时，各局科升大小不一，随征节役，浮收淋尖。不及一升者，亦以一升照算，玩法舞弊一案，奉属桂林府方，禀请委员刘，会同前署厅孙堂，诋浮收属资，当经断结，通禀各宪，以后斛斗升合勺杪，均须一律括平，不准浮收淋尖，每斛准加收一升，以作丁书火食之费。请将斛斗升改换，大小一律在案。前署厅未及请顺交卸。宣统元年（1909）十一月，本分府奉檄若此，邦当即禀，请藩宪、魏将部颁钺斛斗升，发出照式制造制成，复请藩宪当面校准，颁发下厅，到任之后，示各

---

① 征官租粮米碑原存广西龙胜各族自治县马蹄乡张家坪村村旁。1954年7月27日抄录。与此碑相同内容的另一块，在泗水乡水银瑶塘（村）渡口近处。解放初期，已有严重缺损，1958年全毁无存。

乡遵照。平斛平升平斗征收，合勺秒等器，亦照例折准制，制造照数完纳，民颇相信。诚恐日久玩法，再有上项弊端，小民何堪其累，合行谕饬为据（遵照此谕完纳）。谕仰各乡粮户等知悉，以后即应遵照此谕完纳，毋稍违抗。何人敢再舞弊，许即按名禀许照例治罪。各宜凛遵，切切特谕。

右仰芙蓉张家塘、峒头寨各乡粮户等准此。

宣统二年（1910）二月十六日谕。

太平土州蒲庙圩碑记[①]

世袭太平土州正堂加五级纪录五次记大功二次李，为发给执照，以垂久远，而俯准恢复圩市事。照得驮庙里长覃芳荣、甲长闭严经、农稷恒、廖高谟暨会众人等，赴署禀称：民乃系北街尾外城，地名蒲庙圩，原古城一圩市，上通商于恩城，左通于安平，地点甚属适宜，所有行客往来，生意投宿，颇形称便。不料咸同年间，地方扰乱，街道崩颓，屋舍错落，似成村庄，兹援古例，复旧制而开圩，情愿修整街道，思连屋舍，恳求免大小夫役及各种杂征，俾与州城同例。凡州城内无此例者，不得加为征派，并乞给执照，以杜后论。等论批此。本州复查、亘古原有是圩，合给执照，为此照给蒲庙圩人等遵照，依古开市，名曰：蒲圩，嗣后世代子孙，不论大小夫役及各次裕征，一概全免，俾与州城一律，并准勒碑，以垂不朽。毋违切切，须至执照者。

---

① 碑在太平乡蒲圩，1956年，广西少数民族社会历史调查组收集存藏。文内记述开圩情况，对研究壮族近代社会有参考价值。

右给蒲庙圩（人名略）准此。

宣统三年（1911）二月十六日。

罗阳土县豁免碑记[①]

署理永康州正堂弹压罗阳土县陈为批给执照事。据罗阳土县那豪村民梁文高、邓士孔、钟正元、卢武胜、廖进源、邓士清、邓明月、李才亮、黄上佑、李春荣、吴仕庄、方周陈等呈称：该村自道光年间前故土令因公项急需，将该村夫役一切随例尽割卖。既经三功有碑记，即仍然依旧碑豁免一切随例。但夫役一项，即照永康新章一切办法，衙役亦不得借故滋扰，准再立碑为据。至该村所佃公田二十亩五分，每年每亩纳粿谷三百五十斤，按照市价折收，尚属平允。据称该村自历兵燹，零落困穷，上年因传夫之案，虽属咎由自取，实受累滋深，查所禀情形尚属实在，姑念物力维艰，准予所请。自后每年每亩纳粿谷三百五十斤，每斤折缴制钱十文正。无论汉土各员，以及年岁丰歉，不得再行加减，以示体恤。若无从前碑记，及受现在惨祸，各村不得借口要求。切切此批，遵照。

右给通村立碑为凭。

宣统三年（1911）三月初六日立。

[①] 碑存扶绥县中东乡政府内，1981年，广西民族研究学会暨广西民族事务委员会民族识别工作组扶绥县小组张有隽收集。

中华民国

弥祉八士村告示碑

署理弥渡县知事陈（祯）为出示通告事案，据八士村初等小学教员邹邦孟，百长李廷勋□系合村等禀称：

□弥祉太极山老树参天，泉水四出，左有雾果箐，右有仓房箐，中有烧香箐，其水泽灌溉全密，其余注溢弥渡，千家万户性命，千万亩良田其利溥矣！

近者无知，顽民砍大树付之一炬，各为滚火，种些苦荞收一季后，荞不能于此处再种，树不能复生，因此深林化为荒山，龙潭变为焦土。水汽因此渐小，栽插倍觉艰难。所以数年来雨衍泽期，泉水枯竭，庄稼欠收。砍柴滚火以伐树林为甚巨也。又后大塘子，灌着干田一百余亩，秋冬蓄水之时，滥挖滥放，栽插之际，成一干塘，为害非小。

因之并具禀呈明析，祈出示通告，永远勒石。凡太极顶山下，雾果箐至烧香箐、仓房箐一带地方不得滥砍滚火。大沟上下之树不得滥砍。大塘子之水，非栽插之时不得滥挖，如有违者，公议罚禀，伏祈允准，永远勒石遵行等情。据此除照准外，合行出示通告，为此仰该处居民等知悉。嗣后林木泉水均宜分别灌蓄，借资灌溉而重森林，倘仍蹈前辙，乱砍滥挖者，即由该村董、百长、五十长等集众议罚，以示惩戒。但不得借有此示，借故苟敛，致干并究。共各遵照勿违。特示，右仰周知。

民国二年岁次癸丑五月二十三日。

（碑存密祉乡八士村寺中）

广西民政厅批示碑①

广西民政厅批字第□号

原具呈人平乐赵福林、恭城□□□、阳朔邓成龙三县瑶民等呈乙（一）件，为乡团抽税百货捐，□□（恳求）准予豁免，以苏民困由。

呈悉，仰候分令平乐、恭城、阳朔等县政府查明呈复，再行核办。此批。

厅长：雷殷

核对：□□

监印：□□

民国二年（1912）五月□日。

定番县苗族等族纳粮定规碑

定番县长孙，为发给执照事：案据来格里甲腊寨前清武生罗有福，粮头马廷坤、唐国兴等呈称：缘生民等来格裹地方，向隶广顺县，所有丁粮，均照定章上纳。迨至民国四年，奉饬改隶恩属，曾蒙亲临，照旧征收在案。兹值乔迁在即，诚恐嗣后破坏定章，合乞仰恳发给执照，以资遵守而垂永久，等情。

---

① 广西民政厅批示碑原存广西阳朔县福利乡龙尾瑶新村龙尾庙（盘古庙）中。碑高25厘米，碑宽35厘米。碑刻被毁损小部分。碑中所用瑶字，乃原文原字，并非编者所改。解放前用此瑶字书写瑶族称呼，实属罕见。1985年4月11日采集。

据此，除批呈及粘单均悉，应准如呈立案给照等语批示外，合行发给执照。为此，仰该生等遵照广顺旧章上纳，决不增加。如有管粮同事以及粮书人等格外浮收，准其指名具禀，听候查办。须至执照者。

右照给武生罗有福，粮头马廷坤、唐国兴收执。

中华民国五年三月二十八日立。

执照。

粮头：王德发等十八人。

地名：补丫寨、龙潭寨、扳长寨、甲腊冲、冗刍寨、下冗刍、田块寨、中寨、大保寨、马安山、下冗哨、董龙、上冗哨、摆射、河邊寨、黄泥寨、摆朱、石头寨。

兴龙两隘公立禁约碑[①]

伏闻冠冕衣裳，至皇（黄）帝而首备，婚姻嫁娶，旨（为）伏羲所指兴。盖皇（黄）帝以下，分为五种之人民。周公之始，方作六礼之制。我境自先人以来，衣食尚俭。迄今人心不古，服饰从奢，着五彩以为衣，制百纶而成服，使妇女做无益之衣裳，而男子费有用之财货，成功不惮年久，费钱何惜囊空。吾等目睹心伤，爰集同仁，公立禁约，嗣后概改前弊，悉听新条。妇女咸令着青，婚资皆欲合道，次言迩来年荒岁歉，匪盗频生。官无定律，民无定主。若不禁束，盗贼由此而生，匪类由斯而起。今后必须父训其子，兄盖其弟。如有犯者，大

[①] 兴龙两隘公立禁约碑原存广西龙胜各族自治县和平乡金坑大寨。金坑原为广西兴安县，1959年划拨龙胜各族自治县属和平乡管辖。1961年搜集，1962年按照潘内村瑶老粟满廷抄件校正。

则沉塘毙命，小则鸣众公罚，勿以亲而免之，勿以徇而敬之。倘有受贿私纵者，与罪盗同罪。务使人人改邪归正，个个化盗为良，共享升平之福，咸称淳厚之风可也。是以为序。

一、忤逆不孝，触犯尊长者，经众公罚。

一、拦路抢劫，谋财害命，得知拿获者，沉塘毙命。

一、杆（迁）葬土坟，不得骑龙斩脉，挨坟逼制（挤），左右宜留余地丈许，违者公罚。

一、惯盗田禾谷仓及猪牛家财者，拿获沉塘毙命。

一、停留面生歹人，勾生吃熟，借故生端者逐。

一、盗偷羊、犬、鸡、鸭及什物，竹木柴薪及园中瓜菜者，量拟罪之轻重，公罚不得姑容。

一、托媒求亲，红庚相合，下定聘礼六千文正，正聘仪二十千文正，不许增加。如违者罚钱六百四十文，不恕。

一、女家送亲之日，只许抬衣柜一乘，请男女客只许两席。多一个者，公罚决不宽贷。

一、男家送亲礼米六斗，酒肉照衣旧例，亲老二家同席，酒筵一宿两餐即散，付猪尾肉六斤。违者公罚。

一、妇女衣饰，不许仍绣五彩，只宜穿青一色，前置五彩者衬内，仍以青服盖之。首饰只许穿带（戴）年表、银牌、手镯，余俱不用。

一、女舅父送亲，只备花被一床，草席一张，男家赔礼钱四千文，猪肉二斤。

一、招赘、填房入舍之事，女家反目者，每年出钱四千文。男〔方〕反情者，子嗣与彼，无子，每载收钱二千文。逞者，反罚不恕。

一、有女者，每年只许送年节（礼）一届，不许耗费。

一、夫妇不和，既已改嫁，归原夫有关风化，如违者公罚。

一、地方理事不平，经团众从公排解，滋事索诈，捏情诬控等弊，均系不法，地方从场先行公罚，后论是非。

以上数条禁约，各次（宜）依次遵行，但愿同人猛醒，方知节用于民。

中华民国六年（1917）岁次丁巳孟冬月浣日，兴龙两隘公立。

兴安龙胜联团乡约碑①

永古遵依。

窃思古此章身无赖，以羽皮为之蔽体无露，法于羲黄以下，衣裳之制始兴，历代相传久矣。及至如今，巧女更幻，执其五彩为服，败坏丝绒，奢华过费。老瞻视箴言，古道犹存，况遇猖狂轻佻，反则毁于议论轻谈，同人亦受乎耻。今有兴（安）、龙（胜）两邑，爰集知事之士，书日颁颁遽各寨，举齐四民，雷同会议，保护团体稽查，户之共乐升平。将思圣人云，殷因于夏礼，周因于殷礼，胥有损益，旧染濡俗，故有维新之念，从兹文明世代，岂不百通同风。章程议定，万无一失，永不朽败耳。

一、凡匪类抢掠人家财物者，拿获沉塘毙命。窝匪盗窝赃，地方察确，即将永业充公。

---

① 兴安龙胜联团乡约碑内容与金坑联团乡约碑相同，但碑立地点则为两地瑶寨，县属不同。原立于广西龙胜各族自治县泗水乡潘内大寨村路旁，是当地三大碑刻之一。碑文中有多处不明，按粟满仁寨老提供手稿校核补正。1961年搜集。

一、凡盗窃猪牛、仓谷，撬壁离墙，拿获者，鸣团或则割耳刁目或沉塘毙命。

一、凡偷盗鸡鸭、蔬菜、裕粮物件，拿获者，罚八千文。

一、凡偷盗财物，不拘何人看见，许即拿获。倘有隐匿不报，与贼同罪。一人被盗，众人失主，力（擒）盗各无川（旁）贷。

一、同雇工人，倘有风云不测及妇女悬梁自尽，不为逆命案。

一、凡妇人喉（颈）圈、银炮（牌）、银带（练）、银树（须）四件。议决改除旧服，准限三年禁绝。如有不遵，公罚不恕。

一、凡古风制服五彩，从今改除，以青五服，不许编织彩衣。若有不遵禁，鸣团公罚不恕。

一、凡人妻缘配不睦，而改嫁者，不许转归原夫，有关风化，以免效尤。

一、凡托媒问亲，二比愿意，发出生庚，准其二人下定央礼银六千（文）整，不许加增，违者有犯不恕。

一、凡过聘之，只许二人送礼钱二十千为准。女家送亲，只许亲族三十二人。

一、凡男家酒宴，无论新旧之客，共同一餐早夜膳食消夜。迎亲酒肉礼物，依仍照旧勿违。

一、凡女家舅公，准办花被一床，草席一张。议决男家合钱□千文，备六亲尾礼二个。

一、凡女家既已婚娶，以订终身，不许异心反目。如有反情，由地方公议可否？如二比愿嫁，凭中与外家订财礼。

一、凡招赘入舍，视为骨血一体，不得视作外人。不拘男女或萌异心，即由地方公论。如女反情者，议决与钱四千文；如男家反情，即着公议，与婚钱二千文面斥。各宜遵禁。

一、凡旧例，每年送礼二节，过于繁浩，今去一节。外甥婚娶，请舅亲者，不许牵羊为礼，只用鸡鸭报期是也。

一、凡地方如有口角是非，各乡理落。如逢重大事务，即经团排解。若判不清，方可兴讼。

以上婚娶制服，改良各款条规，各宜遵禁。如有违犯，齐团公罚钱十二千文，决不宽恕。

水银塘团团长：王左才、王琪祖、龙金融、龙金科、杨新富、杨公贵、余启富、余义方、朱臣田、朱吉相。

金坑团团长：潘长满、潘大正、潘全通、潘正德、潘为才、潘昭盛、潘文德、潘新寿、潘乔才、潘光发。

潘内团团长：粟光德、粟相寿、粟长寿、粟章保、粟四团、粟满仁、粟林、粟全行、粟洪和、粟天保、粟通合、粟三金、粟邓全、吴朝富。

中华民国六年（1917）丁巳岁孟冬月望日，兴（安）龙（胜）二邑团长。

兴安县公署布告碑[①]

兴安县公署布告：

为布告事，顷据西外区永安龙脊团分局团董廖景盛、廖昌

---

① 兴安县公署布告碑原存广西龙胜各族自治县和平乡龙脊村。1956年11月25日，广西少数民族社会历史调查组搜集。

元、潘宝林、廖益宝等面称：窃西外区兴隆、朦胧、土地、金竹等隘，原属兴安管辖，地接龙胜境。近来，龙胜官甯团分局，对于民刑诉讼，以及纳税事项，是有越境滋扰，欲图回隘归龙，并又恃势，砍伐隘内公山树林，理合禀恳，给以布告立界，而杜乱伦，隘民幸甚。等情据此，查该绅等民籍兴安，在西外区办团，不无维持地方，所请前情，应即照准，为此布仰该处隘民遵照。嗣后，该隘人民，如有民刑及纳税事宜，不与龙胜相干。龙胜人民，倘敢越境隘扰，准其送究。各宜凛遵，切切此布。

兴安西外区地界碑。

县知事叶含芳

民国十年（1921）十二月三十一日。

龙里县苗族等族纳粮定规碑

龙里县县长刘，为出示晓谕事：照得钱粮系□正之供例，应年清年款，不容拖欠丝毫颗粒。查喇利排粮赋，每正银一两，完纳库银二两；粮一石，折征银二两，仍照旧章，不准多收分厘。各花户亦不准少完。诚恐日久弊生，合行示谕。为此，仰该排花户人等知悉，所有未完每年丁粮，务须照旧按年完纳清楚，不准拖欠分厘，以免追呼之累。该苗民等，勿得借故玩延，致干提究。各宜凛凛毋违。特示，此据。喇利一带地方，历代以来原属贵定县管辖，钱粮原定就章程，不准多收少完。事因于民国四年乙卯划拨入龙里县，粮赋仍照章纳完。不料于民国十一年，粮书徐文乡等来乡，不照旧章，舞弊浮收。地方甲牌长及花户人等，执旧章不谕，赴署呈禀，蒙恩宣示，刻石勒碑，永远存照。

高寨唐国美、唐正发，长娃杨德堂，克里陈玉林、邓应朝，长纪王文宗，蔡冲田仁富等，鹞子冲田老三，黄土坡何学里，各牌甲长等。喇利上排王起富、王士德、王士珍、王廷贵。

广西民政公署禁革陋规布告碑[①]

广西民政公署布告第十号。

为布告事，案据广西高等检察厅、检察厅检察长陆培鑫呈称：为呈请遵示事，窃维司法制度，原为保障人民生命财产而设，凡检验履勘命盗案件，尤为司法官职务上应尽之能事，一切费用，不能取诸于民。在昔前清时代，每遇命盗案件发生，有司率领胥役前往勘验，供张有费，红袍有费，解秽有费，差役之草鞋有费，种种名目，不胜枚举。或需索于受害之家，或滋扰于被告之族，甚至附近里邻亦有被波及者。此种弊端，自民国成立以后，早经申令禁止。惟就职厅访闻所及，并项积弊之有无，仍视每任知事之贤否，或甲任禁革而乙任兴回，或丙任再革而丁任又兴，循环往复，以致终未革除。拟请钧长重申禁令，颁发布告，通行各县泐石禁革，庶知警惕而垂久远。此后验勘命盗案件，如有前项需索，或变更名目，任意滋扰情事，即照刑律渎职诈欺等条，从重治罪，以儆贪邪而除积弊。是否有当，理合具文呈请钧长察核示遵。等情到署，当经指令呈悉，据称各县司法陋规，兴革循环，非通令各县泐石禁革，不足以

[①] 此碑立于广西龙胜各族自治县城北门。碑高1.3米，宽0.9米。1954年采录。1958年拆城毁碑。

知警惕而垂久远各节，尚属实情，仰候令饬各县知事一体遵照办理可也，此令。除印发并通令外，合行布告，仰各一体知照，此布。

中华民国十四年（1925）十二月十九日。

民政厅长黄绍蛇。署龙胜县知事吕硕望谨泐并书。

添丁会布告碑[①]

兰桂腾芳。兴安县西外区龙脊团添丁会布告。为布告事，照得今日文明国家，许人民自由集会结社，无非令人讲兴利除弊，以固地方自治，而学会农商会布满天下，若会员能振作精神，竞争进步，以固富强，未尝不占于优胜地位。今我辈设会，意不在此。因吾辈命运乖违，欠缺子息，恐后启之无人，痛先灵之谁靠。不已，而推定相绩之人，或同宗，或异姓，以承吾之财产宗支，使数百年继续之权，一旦失于他人之手，此中景况，难向人言。不但此也，一家相聚，难免无同异之心，父子同居，或具有彼此之见，有善无可劝勉，有恶无从规戒。不已，前派代表赴县呈请县公署，马知事批，状悉：准尔承□备案，自行勒碑，永远竖立通衢，此批。如是而集同况之人，结为社会，又何敢望优胜于社会上也。只求宗支香烟不替，家庭相督有人，或内外房族稍有差池，可于社会讨论，互为劝勉，互为警戒。设此会者，非庆幸也，实自悲也。然无子而有子，无孙而有孙，螽斯衍庆，麟趾呈祥，又何当与家族有异同也。切切此布。

[①] 添丁会布告碑原存广西龙胜各族自治县和平乡龙脊村平寨屯。1957年，广西少数民族社会历史调查组采集。

民国十七年（1928）岁次戊辰二月二十三日。

会员：廖肇周、侯庭甫、廖昌庭、侯永连、潘玉章（以上为壮族）、潘仁生（瑶族）、潘永德、廖吉欢、潘美玉、廖文英、蒙吉清（以上为壮族）、罗尧德（汉族）、潘永团、陈富朝、潘日甫、陈庭英、陈昌保、侯日定（以上为壮族）。

严禁邪蛊示碑文①

兴安、龙胜、义宁（今临桂部分）灵川四县瑶族地方联合大团，为严禁邪蛊示。

照得我偏僻之处，民瑶杂居，风化梗塞，有等不良无知之徒，专信好习邪术，代（在）所流行，祖传不息。窃此法术，流毒极狠，人民六畜遇此毒法，动辄毙命。以昔效之，迄今繁甚，男女老少，无不学习。况此法术无功无益，惟将灾祸害人，或因私愁嫉妒，即以邪法报复，为挟行嫌怒，亦起邪念，残伤或恶人阳春（生产）茂盛，亦即放邪毁损。自古至今，人民遭邪毙命，六畜阳春被邪伤损，殊属多矣。此等法术，乃杳茫之祸患，犹如瘟之鬼神，无影无据无凭，莫能视也。何以见之，诚可（信）也。似此不良无知之徒，毫不依从善言劝导，每每惯习邪蛊残害生灵，殊痛，无计可施，只得联以□□团公同协力，磋密查严弩（拏）惩治，就地惩罚，以儆效尤，而保全生。其律非由今始，伊古有之，从来常辨，事虽额夫□□此举发，理宜查访虚实，不得私行捉拏。实则拏获办罪，不受贿放生，

---

① 严禁邪蛊示碑文现存广西灵川县蓝田瑶族乡南坳村新桃黄寨旁，为原兴、龙、灵、义四县八十八寨瑶民共立。1987年3月15日，赵珑林供稿。

务宜照律所办，须当即赦，以免擅捉误命，不得借故生端，不可以公报私。□于拏获，真切合公议，除此恶习，不得操扰（掳）其家，不许诈索钱米。为此合行布告，仰各诸色人等，切世凛遵。嗣后如有再施行邪蛊，残害人民六畜阳春等情，即拏获就地整法（惩罚），决不宽贷。特布告俾众周知。谨将各县属联合大团、土名计开于左。众议各处有无之人，包邪窝藏邪蛊，地方查出，亦经通知公同协力，照邪所办。

兴安：冯家湾、老寨、新寨、大坪江、坪岭。

龙胜：坪岭、鱼绞、干（甘）岭、鱼磨、黄腊岭、路底、江头寨、麻岭、岩底、茶岭、金竹凹、上烂芋山、下烂芋山、三（山）东寨、乌鸦寨、纳卡寨、白水、源头。

义宁：（今临桂部分）东进（又称为洞头）、三寨、上碑底、下碑底、石灰窑、三岔、上石令江、下石令江、龙海源头、白石、金钱凹、禾稿冲、上三渡江、中三渡江、丁岭、小东江、火塘冲、楠木、平水江、长滩小河、苑毡（毛针）、纳以（以纳）冲、割麻塘、观音田。

灵川：二十四田、大小岭、洪水、瓮江、上板垒界、下板垒界、上黄皮江、下黄皮江、上深潭王、下深潭王、岩辽、上东梁、中东梁、下东梁、燕子窝、水井界、小鱼跳、杉木岭、马鞍山、上冷水岭、下冷水岭、河口、茶周岭、三仙洞、畔头、牛塘、江头、长岩头、白岩岭、水坪头、十二盘、崩潭、蒿莱、高段、南江、界脚底。

民国十八年（1929）岁次己巳八月十五日公立。

江平团结御匪严禁偷盗规约①

民国二十年订立新约列左：

一、议本村或有何人夜间偷芋头种及菜薯等偷盗，捉得现赃回本村，议罚中银一千六百元整。此据立约。盖闻官有条而民有约，窃我卫福乡永福村共七十余家，自从始祖迁居至此，垦之殖之，数百年来并无异议，现因子年以来，三五同群，八九结党，集众欺寡，将园蔬薯芋，强盗社山，无法惩治。故民国二十年，乡长召集乡民人等，开会议决通过在案，重申订兄立乡民新条约，再行布告禁止，以杜后患。仰乡内外诸色人等，嗣扣要父劝其子，兄戒其弟，遵守约法，安分守业，不得乱作非为。如有此等，本乡即照此约而罚之，切不姑恕，此约。兹议约罚于右：

一、议如有何人不遵约法，夜出偷盗园蔬薯芋等物，拿获到案者，议罚洋银七百元二毫整，此约。

一、议日间偷盗薯芋等物者，罚津银三百元六毫整，此约。

一、议如有贪心偷盗海边筏索等物者，原赃带到者，罚洋银三千元六毫整。

一、议如有偷盗家私裕物等件，拿获原赃及盗带到者，议罚洋银三百元六毫。

一、议如有强蛮偷斩众山木条柴薪等件者，查获原赃带到，议罚洋银七百二十元，此约。

---

① 该两条规约文存防城江平乡沥尾、江龙等村，1953 年，中南民族事务委员会及广西民族事务委员会联合派干部前往调查收集。

一、议本村人等如有失物，即照之多少要报明，先缴钱乞勘三千六百元后，始同往查之，此约。

一、议园芥，为保植物之生产，以保风吹之患，如有念心不仁，任意盗斩者，拿获带到，议罚洋银一百六十元，此约。

一、议近邻如有被盗入舍，或遭火焚舍，或焚草棚，若有闻报即来救火，如有闻声不至者，即系该名有份行之，事过失主人报到者，即照约罚银十元整，此约。

一、议以上各约照章处罚，如有强蛮不遵，本乡即照按送官究治，此约。

乡长杜金亭。

中华民国二十年十月□日订立。

第四里里长苏善发、第五里里长权明、第六里里长阮秀廷。

耆民苏善昌记、高全芳记、苏善利记、吴世隆记、苏善泰记、陵世兴记、范荣昌记、合村众人齐同赞成记。

黎平永远禁碑[①]

钦加盐运使衔补用道黎平府正堂西巴图鲁邓，为示禁事，照得本府访闻府公驻汛守多有不遵功令，擅受民词，以致劣衿滥棍，勾串汛兵，或借远年账项，或翻已卖田土，或已路尸自毙作为颗等，或以掏模剪绺作为抢劫，赴汛捏控布图，磕害不意汛弁遇事风生，软行准理饬令兵丁赴乡索夫弗索供应索规礼任意诛求，稍不遂欲，锁押随至。受其害者，往往破产倾家，卖妻当子。甚有遭无故逼勒，气忿轻生，酿成重案。而各汛之

---

① 此碑文内容原是竖排。由李文彬、乔朝新抄录、提供。

横暴鸱张，又以西山王寨两处为害民玩法之尤伏恩。

朝之分设营汛，无御保卫地方，汛弁责在缉捕。凡户婚、田土、钱债斗殴一切词讼，均不得越俎干预，例禁恭严。查黎郡兵燹之后，民生凋废，户口萧条。凡地方文武员，异郎各供乃职，加意抚绥，犹恐不能培养元气，况以愚懦民苗，视为刀砧鱼肉，串檻诈害，无所不为。此地方官欲加整饬，而亦无可措手者。数月以来本府受理词其被汛弁勒磕之案，不一而足。不当，即汛明虚实，小则径行申饬，俾知恪守官箴。大则移营严加整顿，但恐各处汛弁纷纷效尤，小民受害依于胡底除禀。

巡宪转禀，抚宪暨密。古州镇先行严饬各汛弁，勿再擅理民情外合先出示严禁。为此示仰各寨民苗人等一体遵照。自示之后，倘有汛兵擅敢到寨拘提平民，滋扰磕害，许即先行捆送来。府以凭尽法例究，各其凛遵勿违。切切特示。

大清光绪九年十一月初六日。告示。右谕通知。

七埋岩：贾仰生、贾本想、石周相、贾从黑、石老乍、贾债江、吴妹你、吴仰干、贾老响、贾老开、李细捕、贾店捕。

府属千三，各百乡团：韦玉华、早廷贵、杨春华、韦士忠、潘仲由、贾老闲、兰由天、贺仕德。

百六：石家彬、孟成德、潘老王、滚仰滇、蒙发刚、蒙老好、韦仕和。

县属七埋，岩各乡团：杨洋贡、韦应科、吴老堂、吴老三、贾香生、贾吉闹、石本益、故帛你、吴在狂。

县属五埋，岩各乡团：总理、职员：吴家琨、吴朝春、石家瑜、陈忍性、旬老告、梁启秀、潘文魁等同立。

职员王光前拜书。

靖州匠师萧万选造。

实立滚古大埋岩晓谕各寨勿损。

广西各县市取缔婚丧生寿及陋俗规则

第一条，本规则依广西军政会议决议案订定之。

第二条，本规则以崇尚节俭，改良习俗为主旨。

第三条，凡婚嫁、丧祭、生寿及其它一切陋俗，悉依本规则取缔之。

第四条，本规则由民政厅通令各县市政府或公安局，督饬所属执行之。

第五条，本规则应由各县市政府或公安局广为揭示，并派员宣传，以期家喻户晓。

中华民国二年（1913）。

金村团结御匪严禁偷盗规约

永福村合众耆老民上下等，于民国三十二年再订规约，新立条例，严惩罚款、陈列左：

窃民儆等于近见邪奸歹恶之徒贪婪不已，无能儆戒。兹民众等齐集会议，订立条例，以防奸诡日偷夜盗。不论园中裕粮、蕃薯、芋头、蔬菜等物，如有此种行为，定规条而重罚，切不宽恕，祈各凛遵。各耆民上下众等，签字为实，如有歹党无赖之徒，不据众约，顽抗规章者，合众照例送官究治。若临时改费，使用款皆系民众暂且负担，至时不可推迟，至误临时之事可也。是为序。

一、议如有贪徒夜盗，以前该项规条者，定罚款国币一千六百元整。所有连赃认物，不可诬控，此约。

一、议约凡系在海水陆鱼网等岸上网索等件，如有连赃认实，即照例罚国币银一千元整，此约。

一、议如有捉得匪徒，因亲放纵者，查出即照例罚放匪人国币银七百二十元整，此约。

杜金亭记、乡耆老苏善昌记、杜金山记、高金芳记、苏善泰记、高金桂记、苏善台记、阮琦馥记、吴世隆记、阮万廷记、苏善秀记、杜金安记、裴世兴记、黄得财记、杜金胜记、苏善堂记、阮忠鸣记、苏善英记、梁镇兴记、武世尧记。金村上下众人等共记。

民国二十二年二月十一日同村立约。

广西省民政厅教育厅训令

案奉省政府秘字第三二三五号训令，开为令遵事案，查前据核厅会同民政厅呈，拟定期施禁各县香烛冥镪办法，连同分期施禁表请核示一案，业经指令如拟办理，并饬会衔通令各县遵办在案。现在迭据各县县长呈报窒碍情形，纷请变更禁期，又迭据各县商会先后呈请暂缓施禁，各等情前来查本案与各县地方教育经费及平民手工业有深切关系，自可斟酌情形分别先后施禁，所有香烛二项不乏正当用途，与冥禭之惟一迷信，迹近亵渎者，不容相提并论。既据商民纷请弛禁，所陈亦不无理由，应予保留香烛二物，暂缓施禁，以维地方教育经费，而裕平民生计，其冥镪仍应照前表依期禁售，为此令仰该厅即便会同民政厅通令各县遵照办理并咨财政厅查照，仍将遵办情形报查，此令等因，奉此自应遵照办理，除呈复并分别咨令外，合行令仰该县长即便遵照办理，仍将遵办情形报查，此令。中华民国二十二年九月。广西民政厅厅长雷殷，广西教育厅厅长雷沛鸿。

广西各县苗瑶民户编制通则

第一条，凡有苗瑶民户之县，依照本通则编制之。

第二条，凡有苗瑶民户之地方，除本通则规定外，该需依照县组织编制大纲办理。

第三条，苗瑶民户聚居达五人（户）以上者，得编为一甲，指定一人为甲长；若不及五户，则归并于他族，指定他族一人为甲长，苗瑶本族一人为副甲。

第四条，苗瑶民聚居达五甲以上时，得编为一村，指定其本族二人为正副村长；若不及五甲，则归并于他族之村，指定他族一人为村长，苗族本族一人为副村长。

第五条，苗瑶民户聚居达五村以上时，得编为一乡，指定本族二人为正副乡长；若不及五村，则归并于他族之乡，指定他族一人为乡长，苗瑶一人为副乡长。

第六条，完全为苗瑶民户之乡，由区政府或县政府委派乡助理一人，常时来往乡公所，协助乡长办理该一乡事务。其费用由县库或区库支给之。

第七条，完全为苗瑶民户之村，由乡所委派村助理员一人，常以来往公所或正副村长住处，协助村长办理该村事务。其费用由乡公所支给或由区库补助之。

第八条，完全为苗瑶之甲，该甲应办事务，由乡公所或村公所派人代办为办理，其费用由乡公所或村公所支给之。

第九条，凡有苗瑶民户集居二分之一以上之村，及乡其村公所及乡公所费用，由乡库完全支给；其五分之一以上，二分之一以下者，由县库酌予补助。其贫瘠之县，并得呈请省库补助之。

第十条，凡县政府及区乡村公所，办理各种政务，暂时不摊苗瑶民户之户口捐及其它各种费用。

第十一条，凡苗瑶民户，耕种管有山林田地，由县政府或区公所划分指定之。如该处缺少管有山林田地，则民有之山林田地、荒弃多少者，亦由县政府查明，依据荒垦条例没收，指之苗瑶民户耕种之。管有山林田地，得暂时缓升科由纳税。但其租用或购买有粮赋之田，不在此之限。

第十二条，凡苗瑶民户因贫穷不能耕种时，由村公所区公所及县政府，依照村街乡镇区县垦殖章程，贷与牛只粮食，使其耕种。

第十三条，凡有瘟疫或天花流行等病传染及于苗瑶民户村乡，区公所及县政府须防止及医治，其费用皆由村乡区公所及县政府支给。

第十四条，凡完全苗瑶民户之村乡，未设有学校者，由区公所或县政府，参照苗瑶民户习惯，设立特种学校，使苗瑶青年男女入学，其费用暂时由区公所或县政府支给之。

第十五条，凡苗瑶青年男女入学，一律免征学费，并得由学校暂给以书籍及笔墨纸张。

第十六条，凡苗瑶民户之正副甲长、村长，需一律改着普通服装，并须剪发，不得自为歧视。

第十七条，苗瑶民户生计，未改善前，其苗瑶民族之正副甲长村长乡长，因公服用之衣裤，暂由区公所或县政府发给，其费用由县库或区库支付。甲长每年灰布对襟衣服裤子一套。

第十八条，苗瑶民户之正副甲长及正副村长，由区公所或县政府委派，呈报备案；乡长由区公所或县政府选择素孚重望者委任，并呈请省政府加委。

第十九条，待遇，苗瑶各族之民户，须依照法令，一律平等，不得歧视。

第二十条，各县编制苗瑶民户，缺乏经费时，得请省库补助或借贷。

第二十一条，除本通则外，各县苗瑶地方，如有特殊情形时，得呈请核准补充。

第二十二条，本通则施行后，各县原苗瑶特殊章程，则皆依照本通则改正。

第二十三条，本通则有未尽事宜，由省政府委员会修改之。

第二十四条，本通则由省政府委员会议决公布。

第二十五条，各县施行本通则时期，分别以命令指定之。

训令恭城县第五区公所，训令第□号，令瑶民盘富仁、邓兴林、邓林元、赵贵先、赵福林。为令饬事，案奉恭城县政府七四七九号训令开，为令饬事，案奉广西民政厅第八八八号训令开，为令饬事，案奉广西省政府秘书处第二九号函开，本府委员会第二十五次特别会议，主席提议，据民政厅广西各县苗瑶民户编制通则当否，请公决案。当经通过，纪录在案，相应抄录，前项修正通则，函送查照等因，寄函送广西各县苗瑶民户编制通则一份准此，饬分令外，合抄通则，随令封发，仰该县长即便遵照，切实办理，毋稍敷衍，为要此令。仍将奉文日期，及遵办情形报查此令，等因，计抄发原通则二份令外，合抄原副令，仰该区长即便遵照，并转饬所属一体遵照，切实办理。仍将奉文日期及遵办情形报查，此令等因，计抄发苗瑶民户编制通则一份，奉此，除分令外，合抄原副令，仰苗瑶民等遵照。苗瑶民户编制通则，速将本区各瑶民户，切实调查编就，并将村长副选出呈报来区，仍将奉文日期及遵办情形报查为要此令。计发苗瑶民户编制通则一份。

区长欧纯礼。

高界小源芹菜瑶特立古照碑记①

为布告示，按据县属西岭乡瑶民等面称：瑶民多数穷困，现已编定户口，恳请政府面示，体恤免税裕捐，以遂安居乐业之心。等情据此，合行布告，仰该乡民众一体知照。嗣后，无论地方，抽收何种捐款，应呈候县府命令通行。如无县府命令，不得向瑶民任意摊派，以免骚扰，而杜流弊，切切此布。县长唐坤。

中华民国二十三年（1934）二月五日立。瑶民榨、猪、酒税免，不得抽调。梁材书。石匠刘师付刊刻。

恭城县政府布告碑②

为布告示，按据县属西岭乡瑶民等面称：瑶民多数穷困，

---

① 高界小源芹菜瑶特立古照碑记原存广西恭城县西岭瑶族乡新合村高界屯。碑记内容是按照1934年广西省政府颁发的文件及县乡公所行文镌刻的。1984年9月30日，李绍任、刘冰、莫纪德供稿。

② 恭城县政府布告碑原存广西恭城县西岭瑶族乡新华过山瑶族村。此碑与高界小源芹菜瑶特立古照碑记内容相同，但碑分两块，各立其处。1983年采录。

现已编定户口，恳请政府面示体恤，免税裕捐，以遂安居乐业之心。等情据此，合地布告，仰该乡民一体知照。嗣后无论何种捐款，应呈候县府命令通行。如无县政府命令，不得向瑶民任意摊派，以免骚扰，而杜流弊，切切此布。

中华民国二十三年（1934）二月五日立。瑶民榨、猪、酒税免，不得抽调。梁材书。石匠刘司（师）付刻。

免捐护照碑[①]

阳朔县政府护照民字第一号。

为发给护照事，据县属天顺乡龙尾瑶村正村长邓成龙、副村长赵福林、赵福安、邓元柏、赵财秀、张定荣、赵贵祥、赵贵龙等面称：瑶民多数贫瘠，现已编定户口，恳请政府曲（批）示，体恤免除裕捐，俾得安居乐业。等情据此，合行发给护照，仰该乡民众一体知照。嗣后，无论地方抽收何种捐款，应呈候县府，命令遵行。如无县府命令，不得抽调，向瑶民任意摊派，以免骚扰，而杜流弊，切切此照。县长张岳灵。

中华民国二十三年（1934）五月十日立。

广西省政府训令

查赌博贻害民生最为巨大，政府禁止早具决心。兹值二十年度开始，为缩小范围，减轻弊害起见，特改订禁赌办法另施行。除划定察里地点暨防务经费征收章程另有规定，其它一切

[①] 免捐护照碑原存广西阳朔县福利乡龙尾瑶族村新村龙尾庙（盘古庙）中。碑高60厘米，碑宽30厘米。碑中所刻"瑶"字，系原文原字，并非编者更正。用此字瑶字，在解放前实属罕见。1985年4月11日采集。

赌博，无论以财物为赌或以供人暂时娱乐之物为赌，均在严禁之列。本省政府令出必行，有犯必惩。凡我全省民众，各束身自爱，互相劝诫，务使此种障碍社会进化之赌害得以次肃清，是为至要，除分令外，合行令仰遵照，并布告所属一体知。此令。

中华民国二十三年七月七日。主席黄旭初。

广西省改良风俗规则

第一章　总则

第一条，本规则以崇尚节俭改良习俗为主旨。

第二条，凡婚嫁、丧祭、生寿，如有奢侈行为，及其它一切陋俗，悉依本规则取缔之。

第三条，本规则由省政府通令各县政府及公安局负责并督饬所属切实执行。如执行不力者，由省政府予以惩戒处分。

第四条，违反本规则之罚金，拨作地方改良风俗之用，每月由县政府或公安局将收支数目公布一次，并呈报省政府查核。

第五条，各县政府或公安局，每月应将办理情形呈报省政府备案。

第二章　婚嫁

第六条，订婚礼物，最多不得过二十元。结婚礼物（聘金在内）最多不得过银一百六十元。但男女之一方，均不得向他方强求。礼物妆奁，应用国货。

第七条，凡遇婚嫁，来宾致送礼物，至多不得过二元，主人不得回答礼物。

第八条，婚嫁之家，款待来宾以茶为主，亦得酌设酒席，但每席不得过银三元，繁盛城市，不得过银十元。

第九条，凡违反本章各条之规定者，予以劝导或警告。如属公务人员，并由本管长官加以记过，或免职处分。

第三章　丧祭

第十条，凡丧葬所需衣衾等物，由当事者量力购置，但最多不得过银一百。

第十一条，死者入殓，除衣衾各物外，不得附用各种珍玩物品。

第十二条，丧家不准雇用僧尼道巫，以作法事。

第十三条，丧家或客祭品，以香烛蔬菜为主，亦得酌用三牲，但最多均不得过银五元。

第十四条，吊唁如送挽联挽幛，须用廉价之土布或纸张，如送奠仪，不得过银二元，但援助丧葬，致送赙仪者，不在此限。

第十五条，丧家接受奠仪等物，得用回帖致谢，不准回答银钱或物品。

第十六条，丧家对于吊客，如有留餐之必要时，务须力求节俭，应用素菜。

第十七条，丧家停柩在堂，以速葬为主，不得过五日。如有故障，城市应向县政府或公安局，乡村应向区乡公所报请展限，但仍不得过一个月。凡浮厝郊外者，应禁止之。寄居客死，未及归葬者，得于郊外筑殡室暂厝但不得过一年。

第十八条，凡违反本章各条之规定者，依第九条之规定办理。

第四章　生寿

第十九条，凡产生子女，外家致送礼物，不得过银十元，戚族邻友不得过银二元。

第二十条，凡生育子女，不准分送红蛋，并不准设席请客。

第二十一条，年满六十，始得开筵庆寿，但每席不得过银三元，繁盛城市，亦不得过银十元。

第二十二条，来宾贺寿礼物，每人不得过银二元。

第二十三条，凡违反枰昌各条之规定者，依第九条之规定办理。

第五章　陋俗

第二十四条，不得迎神建醮，违者没收其所醵集之捐款，并处首事者二十元以上一百元以下罚金，其在场僧道之法衣法器没收之。

第二十五条，不得奉祀淫祠，及送鬼完愿，违者处五元以上二十元以下之罚金。

第二十六条，不得操巫觋地师等业，违者处五元以上二十元以下之罚金，再犯者加倍处罚。

第二十七条，不准穿耳束胸，违者处二元以上二十元以下之罚金。

第二十八条，男子未满十七岁，女子未满十五岁，父母不得为之订婚，违者处十五元以上，五十元以下之罚金。

第二十九条，凡男子未满十八岁，女子未满十六岁，不得结婚，违者处其家长或当事人十元以上百元以下之罚金。

第三十条，嫁女之家，不得以婢女陪嫁，违者处一百元以上五百元以下之罚金。

第三十一条，凡婚事不得闹房，违者处二元以上五元以下之罚金。

第三十二条，女子嫁后不落夫家者，处十元以上五十元以下之罚金。家长纵容者，并罚其家长。

第三十三条，坠胎溺女者，依法惩处。

第三十四条，凡麇集歌圩唱和淫邪歌曲，妨害善良风俗，或引起争斗者，得制止之；其不服者，处以一元以上五元以下之罚金，或五日以下之拘留。

第三十五条，凡一切庆吊戚族邻友，非有襄助之必要，不得群往聚食，吊贺新宾饮宴亦不得沿袭陋习，携取饮食器物，违者处二元以上十元以下之罚金。

第三十六条，凡公务人员违反本章各条之规定者，除免职外，并照规定加重处罚。

第六章　服装

第三十七条，男女衣冠履带及一切服饰，须购用国货。

第三十八条，男女留发不得过颈，女子留发过颈者，须结束，不得披散，并不得奇装异服，违者处一元以上十五元以下之罚金。

第七章　附则

第三十九条，本规则如有未尽事宜，由省政府修改之。

第四十条，本规则自公布日施行。

中华民国二十五年十二月。

广西省政府训令奉令禁止滥用夷瑶等名称

行政院二十八年八月三十日吕字九八四一号训令开，奉国民政府二十八年八月二十一日渝字四七〇号训令开，为令饬事案，据该院二十八年八月十五日吕字第九二二二号呈称，据教育部呈称，查我国民族文化血统混合，已久不能强为分析，历史记载斑斑可考，后因辗转迁移环境悬殊，交通隔绝语言习气遂生歧异。在专制时代，对于边疆同胞视为附庸化外实行其割裂封锁之政策。民国以来，国人复受敌方恶意宣传，在心理上已遗留本国内有若干不同民族之错误观念，于是相沿成习往往仍妄用含有侮辱性质之蛮、番、夷、瑶、猓、獞之称谓，加诸边疆同胞，在之者固易启藐视之心，而听之者尤易起愧恶之感，是无异自行分散我整个民族，殊与总理倡导民族主义之本旨相背谬。国民政府前据蒙藏委员会委员格桑泽仁提议，曾通令禁止用番蛮等称谓加诸西藏人民，以纠正陋习，昭示平等。时逾十载，不独积习未除，益以近来国内人士，逐渐注意边疆问题之故，不妥名词之使用有日趋扩大之势。即以西南边地同胞而论，竟有二百余种不同之名称，广西省政府虽曾将瑶、猓、獞等字改为徭、倮、僮等以昭平等。但不同民族之痕迹，仍未见泯除，窃意若专为历史及科学研究便利起见，固不妨照广西省前例，将含有侮辱之名词，一律予以改订，而普通文告及著作品、宣传品等封（对）于边疆同胞之称谓，似应以地域为区分，如内地人所称某某省县人等。如此则原籍蒙古地方者可称为蒙古人，原籍西藏地方者可称为西藏人，其它裕居于各省边僻地方，文化差异之同胞，似亦不妨照内地人分为城市人、乡村人之习惯，称为某某省边地或边县人民，以尽量减少分化民族之称谓。本部召集之第三次全国教育会议，对于边疆教育问题，认为应以恢复中华整个民族之信念，泯除界限为目的。凡足以妨害民族团结者，均应设法避免，以期纠正过去之错误观念。

经大会决议，请本部转呈中央，通令全国，以后对于苗、夷、蛮、瑶、猓、獞以及少数民族等名称，禁止滥用。纪录在卷，理合修文呈请鉴核，转呈采纳施行，实为公便等情。理合呈请鉴核，通令查禁等情。据此，应准照办，除指令并分令外，合行令仰该院查照，转饬所属一体查禁为要，此令等因。除分令外，合行令仰遵照，并仰转饬所属一体遵照，此令。

中华民国二十八年（1939）九月。主席黄旭初。

金坑团联村禁约碑①

窃思朝廷有法律，乡党有禁约，禁律不严，则懒惰者得志，勤者受害矣。目觑世俗不良，今我大寨、新寨、中禄三村，合筹联合聚集会议，共立条规，维持地方治安。日后，不得有犯禁约。如不依，大则送官究治，小则公议众罚。今将各条规叙于左：

一、议凡地方所有坟墓，及先后有处，孤□四邻向主作谅，无处理宜禁之。不得截龙斩脉，不宜借故生端，毒控之人，不得按言故意偷葬，地方治之，纵不宽怠。

二、议盗偷田中仓款、裕粮、蔬菜，属轻者则鸣众罚金一元，重则送官究治。

三、议村内不得停留面生歹人，一切贼盗，村民勾生吃熟同罚，拿获送官究治。

四、议村内倘有窝盗、窝匪、窝贼，使其匪盗劫财害命，

---

① 金坑团联村禁约碑原存广西龙胜各族自治县和平乡金坑大寨村旁。1961年采集。

掳掠民财，地方协力拿获，送官枪毙。

五、议有盗偷猪、羊、牛、马、鸡、鸭、鹅对象类，一人被盗，众协力主办拿贼，各带川资，送官究办枪决。

六、议村里甲内人等，务要住址夜宿清白。倘有夜行之人，随呼承应，盘察来历。如不承应逃者，即刻枪决无罪。

七、议春秋夏苗，秋熟禾稼在田，各有养鸭，务须看守，失错吃还。如有故意不遵，纵放羊、鸭、鸡入食践〔踏〕，鸣众处罚。

八、议民境各户，有竹林在山，如遇春冬雨笋之时，不许入山乱偷乱挖，携家作干笋。再逢寿终人等，不准砍竹木，应造杉木一双。如不遵者，罚金五百元。

九、议各户有戽鳝鱼之业，历年不禁，常被毒空之人挖垠田基，不定禾稼，石未复原，此系败坏规律。从今过后，不许挖拿。如不遵禁者，罚金五百元，决不容情。

十、议村民遇逢白喜，不宜布施请客，只准礼一件，为礼还礼，免之加至（柱）。红喜二件，只宜一宿两餐，不许房族请宴。如有违者，甲长不严，处罚一百元。

十一、议贫莫指富，富莫凌贫。常请雇工种收二届，男价可给收米二斤，女价可给收米一斤半，款价照实价，不得高长（涨）。如有故意不照团规议思，躲赖不佣地（力），应罚金一千元，决不〔宽〕恕。

十二、议贫民有馈送实难，因此禁止。贫富一律逢节不许多送，只准糍粑两付（对）。如不遵禁，地方人抢夺充公一半，并即责令。

十三、议村民各自柴山、竹林、桐、棕等件，不许乱偷乱拿。如有人上山资拿柴薪，罚五百元。又盗偷桐、棕，劈树为柴码，罚金一千元。

十四、议所有其境之河，不许私毒〔鱼〕，各体天良。

十五、议有违犯以上各条，轻则鸣众处罚，重则送官究办，莫不予告。

中华民国三十三年（1944）甲申岁，六月十七日同立。

淮江县政府严防火灾训令

淮民字第八八号，民国三十五年三月十六日。令文祥乡长杨世清。

为令饬遵照事：查近来气候炎热，风高物燥，偶不慎，星星之火往往酿成巨灾，致人民流离失所，公私损失奇重。如最近云山乡第六保邦改火灾，烧毁民房在七八十户，据该乡长报请赈济前来，与其补就于事后，勿宁防患于未然。合亟令仰该乡长遵照转饬所属各保甲民户，务须随时小心火烛，以防灾害。倘有失慎成灾，定予查究不贷！切切！此令。县长张友仁。

婚俗碑记[①]

盖闻我瑶麓风俗习惯，自古以来，覃姓与卢姓原系同宗共族，不能通婚。乃有卢金贵先暗与覃姓之女通奸，后又娶为妻室，查与（有犯）地方规律，败坏伦纪。经地方众老等议定，立碑革除，条例如下：

一、不准卢金贵与瑶族即卢、覃、欧、莫、姚、常、韦各

---

① 婚俗碑记原存贵州省荔波县瑶麓乡，又名瑶林鹿永流后代碑。

姓族互相工作。

二、不准交借用具。

三、不准与亲戚及房族往来。

四、不准其子女与本瑶族通婚。

五、办理丧喜事不准参加。

六、如有人违反本规律者，罚洋七百二十毫，猪一百二十斤，酒米供全瑶民尽量饮食，不准包回。

七、今后有人败坏伦纪者，按照地方规律赔偿，否则亦算照章实行立碑革除。恐后无凭，立碑切记。

创立者：保长覃金荣。

副保长：韦秀优。

代表：韦组保、卢玉珠。

甲长：卢福安、覃土生、韦仁忠、韦□□、卢土金、覃光辉、莫永才、欧□□、卢树清、韦树生、韦老信、查正金、覃金德、韦拟高、欧老三、韦银高。

中华民国三十八年（1949）七月一日立碑。

年代不详

离任州事告诫州民文

全规为示谕目民，一体知悉。照得本州服官二十余载，惟兢兢自株，久抚绥士，上不负皇仁宠眷之隆恩，下不愧司民之父母典，幸获肃清间阎，赖得安诸，正欲与吾赤子共乐升平。不意咸丰元年（1851）内，崔苻逢生，民遭涂炭，愧乏无才，兼身忽染怔忡之症，诚恐贻误公务，遂行告退调养。旋蒙府宪见以地方多事之秋，檄委官视事州务，即得以卸巨看，不复与闻。忽十一年（1861）三月间，黄见安猖乱，拥入我属，踞扰年余，而目击心伤，不忍坐视群黎遭毒，复与冠五太老协力，自搜官囊，募请永义團陆□□，督带精军，共决雌雄，数月有期，始获荡平。而人民逃亡者遇（过）半，又多设立招来，惭次复业，未曾派捐合属一分半文。今幸永义团陆□□，委黄看守我属，三载于兹，俱见约束，严明秉公行事，尔等各赖安居乐土，亟当饮食思源，勿负吾一片之婆心，尔费尽几许辛劳，年中应完钱粮，应纳公项，照例轮将以资办公。所有该团月规，所系衙御地方养壮之供，现经成议，务使按月交纳，不得借此抗欠国课，亦不得另生事端，别有异论。本州乃系卸事人员，自逸晚景，从今以后，凡地方事件，及上宪禀文，不复与闻。恐问有恃顽煽众，希冀损人利己，引生食熟之端，则身自罗法网咎实自取，诚吾不教而使尔受诛。本州志切澄清，望民安堵非居己之能而也。惟愿尔等各勤本业，守分循规，遇事之不平或因户婚田之事讼，不妨直陈任现州主必当秉公执法，勿恃势而武断乡曲，勿倚权而虐孤寡，是吾之所厚望也。凛之特示。

严禁赌博以靖盗源文告

全规为严禁赌博，以靖盗源，以安民业。照得迩来数年，寇盗频仍，无处不遭其荼毒。是以举行团练，共卫乡里。稽查生面之人，禁绝不肖之辈，以固疆围。复查赌乃为盗源始，而狐群狗党，继而设局开场，引诱良家子弟，无知俗子见其满场之银钱，何难举手坠无涯之陷阱，不想极力尽以博输赢，夜以继日，而角胜负，由寡及多，赢者贪得无厌，输者捞摸不休，徒为破产荡家，失时农业。既而山穷水尽，必起不良之心，是赌为盗之源，而奸易以流混其间，正可借隐藏踪。迩闻□村多有游手好闲之徒，不思勤务本业，专一交结不肖之辈，终夜设场开赌，殊属有干例禁。为此示谕该村诸色人等，嗣后务各痛改前非。有产者，全家可享温〔饱〕，即无产者，亦不废工夫自食其力。不遭刑法，何等快乐也。

力行保甲设哨守望特示

全规为力行保甲，以安良善，以靖地方事。照得历年屡奉上宪力行保甲，原以禁盗安民立法，实为至善，无如各村民人等往往视为具文虚应故事，不肯实心奉行，以致宵小，仍然猖獗，地方何日可臻宁谧。本州日夜痛心疾首，不得不再三再四谆谆告诫也。除密差查缉外，合再出示晓谕。为此，示仰该村保长甲长人等知悉。自今伊始，该村务于村头紧要处所，设立望亭，照依所编。无牌保甲，该甲长督饬分批，每夜十人轮流守望，周而复始。遇有前项匪徒聚集抢劫之事，立即相呼通村人众，同心协力，赶逐或擒拿送究。势必据实详办，决不徇纵。至于邻近村庄，一闻有贼警，亦当邀同往救护，毋得坐视。如此严密，则盗虽横，自无所施其伎俩矣。倘该民等仍前不遵约束，不行望守，懈弛从事者，一有失事，定将该保甲人等，从重治罪，不稍宽容，毋谓言之不预也。各宜凛遵毋违，特示。

严行堵御防匪及村假手票勒索告示

全现为严行堵防查匪徒，以安民业，以靖地方事。照得本属地处偏僻，宵小匪类，最易潜藏。屡经本州出示晓谕，所有交界隘卡，以及村庄僻壤要路，督令设立望亭，轮流看守，总期地方宁谧，安堵无虞。复又密差目役，四路访查，勿庸此辈稍可藏匿，设法不可谓不严，但恐间有无行衙蠹，借以查匪为名，或私借假票下乡，多方需索，小民每受其扰，不得不予为告诫也。合再出示晓谕。为此，示谕该民人等知悉，所有前项匪徒，尔等务须早夜提防，遇有生面歹人行迹诡秘者，许即协力擒捉解究或赶逐出境，无任潜留。至于本州如有差役遣催公件下乡，但见内号效标手票，始许照办常理。倘是衙蠹借故勒索尔民，明知是假，许即执收手票赴州呈验禀报，势必严加究惩，不稍为之徇护也。各宜凛遵，毋违特示。

禁陋习歌圩告示

为剀切晓谕，禁绝陋习，以厚风俗事。照得防微杜渐，可免噬脐之虞，移风易俗，实属仁民之举。虽前代遗有成规，而今兹何妨易辙。查州属□□，离州僻远，村民旧习，每于季春初四、十四、二十四三日为期，男女聚集，相对行歌，名曰歌圩。不思男女有别，圣贤垂训，岂宜赠芍报桃，以桑中斗上，俾以私期相约，致亵闺阁之玷，差恶廉耻，置心不顾。且其间有宵小不良之辈，借以趁圩为名，乘隙抢夺，酿事匪轻，不得不予先严也。合行出示晓谕。为此，示谕该圩保甲以及邻近村民人等知悉，自示之后，倘有故意仍蹈旧习，强出歌圩，定将该保甲长及村民人等提拿重加责处，决不宽贷。各宜凛遵勿违，特示。

严禁耕犁牧场以繁养畜牧告示

为严禁牧场以裕繁滋，以免违犯事。照得开荒固资生之本，而放牧养亦助耕之源。不有牛何以耕，不有马何以乘，故牧养之地，亦人世之不可无也。查□□洞一带，原有官田稽查古案，于康熙十二年（1673）间，因无处放牛马，遂将此田放荒，以为牧场之地。迨至雍正六年（1728）内，经先太祖官出示严禁，自□处□至□交界为界，不许民违禁，耕犁为田争，严禁放牧以便为牧场，乃是通州官族目民均有裨益。何以至尚有人胆敢开犁种争，且于本月二十日竟将本州衙所畜之马戳伤，故意违禁，凶恶已极。除另行密访严提究办外，合行出示晓谕严禁。

为此示谕州属居人等知悉。自示之后，该洞一带自□□□为界，永远严禁，□□留作牧场，以便牧养。此是相沿古例，并非创自今始。倘有何人胆敢擅行耕作，有碍牧养之处，定行严提究惩，决不宽容。各宜凛遵毋违，特示。

严禁歌圩以正风俗特示

为禁男女互歌诲淫，以正风俗事。照得夫妇关乎人伦，婚姻贵乎正。始古来，男女嫁娶纳采合卺，各有正礼，以成配偶，诚无可疑也。至采兰赠芍淫风滋起，在昔见刺于诗人，至今大干律法。本府下车之初，探风问俗，知土民有互歌定配之习尚，不遽信访知，每年三春时候，或穿红拖绿，三五成群，或携负淆，百十成队，平原席地而饮，高坡联坐而讴，彼唱此和，歌同下里者不愿分袂，或手相随；而并不见有父母之命，媒妁之言。此等廉耻，行同禽兽。本府不胜骇异，借此为名，男女混杂，淫欲苟行，伤风败俗，莫此为甚。合行出示禁为此示。仰府属各州县知悉，嗣后婚姻，务通媒妁，以正男女夫妻之伦，而归礼义之邦，毋得仍蹈前辙。倘有怙恶不悛，法难轻恕，律不能容，毋违特示。

禁出售私盐告示

为禁充赚以足官引，照得商埠之役，上输国课，下济民食，定例行盐，各有地界，外来私枭入境，充赚固应严拿，即本地小贩买本阜引盐，亦不得辄在本圩摆卖，所有以杜影射，而昭画一，是卖私视盐之多寡，定罪之轻重，立法何等森严。前因本埠偶尔缺盐，尔等小贩暂时售卖本州，以民食所关，姑究权变。但有违定制，不可习以为常。现经本州本府宪选择妥人，就近采买引盐销售接济，以杜滋端，然不禁充赚私买私卖。饬各地保圩长并差查拿外，合行先出晓谕，为此示。仰各盐贩及诸色人等知悉：以今日出示为始，嗣后倘敢将盐入圩摆卖，及在各乡游卖者，乡地保圩长差役，立将入圩并拿禀送到州，按律究治。至属内民户，亦不许贪便买私。一经拿获，均干责处。

本州言出法随，决不宽贷。各宜凛遵毋违，特示。

限期缴解钱粮特示

为征收钱粮银两事。案奉宪行新例，每年丁钱粮钱两，分上下忙征解，十月即应凑销。业经遵照在案。兹道光□年份粮钱，现属开征之期，合行出示晓谕。为此示谕州属目粮户人等知悉。本州择本月□日开秤征收，即于月内扫数解府。尔等粮户，务宜遵限，各备纹银并闰月加征银两，立即赴衙上纳，毋得挨延谕限迟误，致干差提比追，决不宽贷，毋违特示。

严禁偷摘扁桃果签示

州正堂签示。照得本州原有□村扁桃果，现届就将成熟，合行签示该村头人看守，不许闲杂人等私行偷摘。倘有何人偷摘者，仰尔头人，立即拿获，赴衙门重究不贷。各宜凛遵，毋违签示。

严禁鯿鱼会聚众借端滋事传票

为缉拿匪事，照得现届仲春鯿鱼之会聚，常有匪徒借端滋事，合行票仰，为此票差该役，即便协同圩长□□，前去巡查。遇有渔户□□，查明各船户系本境或外来，其中有无□数，逐一细查列单呈报。倘有不法之徒，许即锁拿赴衙门法究。至鯿鱼朝会向有定例，税鱼八十斤。毋得借端滋事，致干未便，究治不贷，火速须票。

严禁圩期拦路霸买山货示谕

为严禁截路买货，以杜滋闹事，照得州前□圩，每逢子、午、卯、酉日期成圩，现届秋获之时，货物多出沽卖。近有不法之徒，每至圩期，一遇谷米、豆麦、棉麻、山货等出圩，争趋拦路霸买，致滋闹事，势若行夺，殊属可恶。除饬差巡查严拿外，合行出示晓谕。为此示仰圩长及目甲诸色人等知悉。自示之后，如逢圩期，所有一切货物，准其到圩摆列，照时价值沽卖，公平交易，不许拦路霸买。倘有何人不遵，仰圩长目甲协同巡查，不分境来客民买者卖（者），一并缚拿送赴衙门。

本州定行分别重究，决不姑宽。各宜凛遵，毋违特示。

禁止屠宰耕牛告示

为严禁私宰耕牛事，照得牛只有功于世，屡奉宪行严禁私宰，久经遵行在案，况现值奉（春）耕须用牛力，奚容屠宰。滋查□圩，竟有射利不法之徒，每至圩期，擅将耕牛私宰剥卖，大干例禁。除饬差查拿外，合行出示严禁。为此示谕州属圩长目甲及行长铺民人等知悉。自示之后，除老弱倒毙不能耕种，才许其呈报验明批示外，方准剥卖。倘有何人不遵，仍蹈前辙，仰圩长协同目甲、行长人等，立将人牛一并缚拿解赴本州，按以阻挠抗之，例应宪办，决不宽贷。各宜凛遵，毋违特示。

封山育林保护资源禁规①

属防城县安良团，居住永福村，乡长及职役同众人上下等盖闻皇朝启运，天下共享太平之福。兹民尊村居王志、王民系从官长国家之法律，为乡党上良心善俗为根。兹民村从前先祖遗居成邑，系是千万年以来，原居沿地六路多歧，最掌养山林木条秀茂，以济风水，多赖神安民乐，至兹系已二十余年以来，其内各邻村利党之徒，用力为强，不遵不咱，兹村约擅入盗斩散败，致以神不安民不利。为此等因，会合足目同群，兹立券约，甘结各条，前作后从，置留万代，各依遵从，永远据依此约，开列如后：

一约本村系是有高山庙一座、水口人王庙一座，四姿庙一座，及民居后林一带，共山林四处，析生枯木树木根等项，一皆净禁，自后或何人不遵如约内，贪图利己，擅入盗掘，破巡山各等，捉回本村，定罚铜钱三千六百及猪首一只，糯米十斤、酒五十筒，谢神有恩不恕。或余村人等何系可堪，捉得赃物回详，本村定赏红钱一千六百（文）整，盗人所赏不恕，兹约。

一约定禁山林、木条、生藤及木根等项，一皆净禁，若不论何人不遵禁例，擅入斩伐，守券捉得，本村定罚券钱二千六百整，收入香灯，或村内诸人捉得，本村定赏花红钱六百整，

---

① 本文存江平乡沥尾、江龙等村头人手中，1951年，中南民委和广西民委联合调查组收集，年代原稿无记，估计系清末年间订立。

诸盗入所受不恕,兹约。

一约本村净禁诸各地头及高坡四处,一皆净禁,不得开掘,若何人不咱如约,擅入开掘,本村定罚铜钱三千六百整不恕,或罚何人不咱,送官究罚不恕兹约。

一约各禁诸条若犯,不肯送官究治支费钱文期众村,一皆同受不恕,兹约。

一约各券诸员结束为兄弟,同心协力,兄弟同胞是骨肉,勤敏方宁除禁奸人,所有监公咱其号令齐到正券官理会合以里为伦,若何员不据罚钱三百六十元(本村放出)。

陉明江平自治分所。钟攒兴、黄积新。

先皇安瑶碑记①

洪水发过,自古开国京中。初,瑶人姓盘。后正(理)宗景定元年(1260),平王妇女(公主),所生六男六女,敕赐名十二姓皇瑶子孙,盘、沈、包、黄、李、邓、周、赵、雷、唐、蒋、冯。梅溪水发,在京七宝山峒会稽山居住数代。飘洋过海,福子(进入)凌(连)州、宁远、道州,江西季化县两处居住。广东阳山分居柳州、水(始)兴、安宁(东安、西宁)、宜章、桂阳、桂东、凌(酃)县九龙山,一百三十五县去处落业。万朝山播(场),逢山吃山,逢水吃水,逢墙作基,遇水安桥。以上三锹之地,乃是皇瑶刀耕火种,次(完)纳阴粮,侍奉盘皇万代香火。以下三锹之地,乃是民(汉)人耕种,次

---

① 先皇安瑶碑记原存湖南桂阳肥东源冲。碑刻原文是按该处瑶村盘照发藏本抄录。1980年5月15日搜集。

（完）纳粮税送皇都。以三锹之地，免粮无税。以下三锹之地，可步纳粮作税。照契管业，寸步难移，寸寸皇瑶所管。以上三锹之地，插青为标，瑶不占民，民不占瑶，依阳律令，各宜〔遵〕守。谓崇祯十三年（1640），武王转位，红插（苗）作乱，普天之下，围城劫库。都天大爷，推动回算兵马，走往柳州地。地名其岭，征他不动。柳州邓大爷，兴宁李老爷，桂东马老爷，桂阳黄老爷，凌（酃）县龙老爷，大小官员，惶惶无计。急报四山瑶总，请动皇瑶数百弩手，顶住朝门。手拿大弓小箭，踏在城墙，射退红猫（苗）流贼。普天之下，太平无事。京裹连走三人，朱天岁、马老三、黄自侯，远往柳州四十八面官山藏住。木将军、铁将军、铜将军归回数百弩手。桂东沙田圩朱天岁、马老三、黄自侯住转桂阳、桂东界、兴宁界，柳州、长沙界。都天大老爷、苏县老爷、沈县大老爷，多蒙皇恩，回文龙凤批普卷山图，令牒无息，安万江山一线田养朝廷。多蒙皇恩敕赐，普天之下，祁阳、曲江山、东山、西山、凌阳、广州山、凌州山、文兴坪、基山、同罗山、桃源山、珠广山、娇娥山、柳州十里山、马鞍山、带下山、兴宁游江牢牛山、皮山、杨家坪、凤凰山、周波罗山、桂阳九龙山、桂东万阳山、南麻山、鸡公山、天堂山。皇恩敕封，除有坟三丈之地，坟前坟后，移手一转，系瑶人耕种。垄头尾冰腾，任由开垦，田大免粮无税。栽姜、种兰靛、豆、麻，免纳垦税。不许民姓争山，砍伐树木，捡拾香草、木耳，不得乱法，不得乱动盗偷。如有乱为乱盗，扭拿赴官，急究充差，尽行绑打。如打落客贩通行，持棍之人搁阻，赴官究治。查明地邻保甲，发在上司十八重流徙。前官立案，后官观看。州府县城，立碑为据，永远为照。

朝廷赐下五龙之所，皇勅封予瑶人碑记。逢山吃山，逢水吃水，逢墙作基，逢水架桥。与字分明，不得争论。发予瑶人执照万万年。

施南府田房税契告示碑

特授湖北施南府正堂随带加一级许，为明□意天庚正供例分上下两忙征收不准丝毫蒂欠，尚有绅衿吏□□□□前藩宪张札开访建始县额征粮有户书□□□□□辨等因并□该县监生谭青莲等省控户书余传恩□□□□县卢令定章程具禀前来，当经本府会审议结，通禀各县□□赏示谕，宪德永垂，民沾实惠。事情监生谭青莲、文童张作霖等□□青迨后章程谕照卢县主前次禀定新章，再为酌减，凡五分以□□层□加钱二十文银至一钱者，每钱概完钱二百八十文，耗差一切，并在其内□□应完田房税契仍照旧章，每钱一千文，纳税契钱五十文。此仁宪上□□□□国赋下体小民至意，生等建民已各遵服，惟建邑山广地僻，粮民星散难□□日户书狡猾者必致仍起争端，日久弊生。明章定化，乌有再四昌维惟有□□赏准示谕则风声远树，顶恩戴德，非徒生等而已。周炳然、毛启凤、黄翰□□情据此除批准给示遵照外，合行出示晓喻，此示仰建属粮民人等知悉□□上每层递加钱二十文，银至一钱者完钱二百八十文，田房税契仍照旧章□□绅衿从中包揽，一经访查或被告发，定即□案究辨，决不姑宽。该粮民等□□□□三年十二月十八日示　右仰通知。

□□□三年二月初三日奉府宪　吴批示刊石署前

注释：该碑发现于建始县城。

乡规民约

明

万　历

万历批弓狗场摩崖

委官定番州同知周：本职奉两院道府委勘□□□□□札事，因行令乡老□□处，明□□出牛八十只，给阿□等。领上下皆退还□□管□当差。日后有生事者，□拿重治不恕，故示。

万历二十五年七月十六日立。

清

康 熙

从江侗族高增款碑

为尝闻思事以靖地方，朝廷有律法，乡党有禁条，所以端土俗。近年吾党之中，有好强过人者，肆行无忌，勾串油火（谓专行诈骗的恶棍），受害良民，凡事不依乡规，殊堪痛恨！是以约集诸父集齐，严设禁条，凡婚姻田上之事，遵以碑（牌）长理论；其有不清，零（另）请乡正、团长理明，况于横亦不得奔城具控唆事。倘敢仍入前辙，众等致罚。长如强不负老，老少同心协力，有福同享，有祸同当，不许吞吃银钱，以犯同罪。立此禁条，开列如后：

议偷牛（盗）马，挖墙拱壁，偷禾谷、鱼，共（公众）罚钱二千文整；议婚姻男女，男不愿女，女不愿男，出纹钱八两，钱一千七百五十文、禾十二把整；议女陪嫁之项不得瞒算，或男丈夫算之为平；议男女坐月（行歌、坐夜），身怀六甲五条，强奸妇女，嫁去，丈夫共出钱三千三百文赔理；议男女坐月，男出钱女出布为平，罚银一两四钱；议拐带，父母不愿，赔理十千（文）肉一盘洗面（赔礼），父母养女，不要补钱；议山场杉树，各有乡界，争论，油锅为止（通过捞油锅这种神判来裁决）；议卖田不典（不得赎取），将典作断，一卖百了，止

（此）田有粮无粮，无粮之田以后说田有粮，进油锅为止。议横行大事小事，不得唆事具控，如有多事，众等罚银五十二两；议进行油火等项，罚银二十四两整；议偷棉花、茶子（籽），罚钱六千文整；偷柴、瓜菜，割蒿草、火烧山、罚钱一千二百文；议或失火烧屋，烧自身之物，惟推火神与洗寨（洗寨——驱出邪气出寨），须用猪二个，老监寨四十五家，十余家，猪二个外，又罚铜钱三百三十文；失火烧坟墓者亦同处罚。

康熙十一年七月初三日立。

册亨弼佑布依族禁革碑[①]

册亨原隶广西思恩军民府西隆州。清雍正五年（1727）由广西拨隶贵州，始设册亨州同。清康熙二十三年（1684）西隆州知州据土舍岑颜、农应等人禀诉，地方民众深受官吏营私舞弊、敲诈勒索之苦，将有关条款出示晓谕，勒石禁革。其条款为：

禁本州征收钱粮，除正额外，不许加收火耗□□名色。

禁本州不许派收拜见名色，勒石永革，以垂久远。

禁营汛守千，不得派收拜见、巡查、取结等弊，勒石永为禁革。

禁坐塘守隘兵丁，不得勒索各村寨钱、粮、鸡、酒等项，勒石永禁。

禁营汛不得越阻（俎）准理民词，差兵下乡等弊。严行禁革。

[①] 此碑系一官府布告，禁革各款，是研究当时社会政治、经济的可贵资料。贵州省册亨县人民政府1982年6月公布为县级重点保护文物。

禁凡一应帮差永行禁革，如违锁究。

禁各衙门造册等弊，永行禁革。

禁本州征收正赋粮米，照依司颁印恪（烙）斛斗收□。

禁（佐）贰不得派收拜见等弊，通行禁革。

禁营汛官弁，不许采买米豆等弊，通行禁革。

禁坐塘兵丁，不许滥用民夫拆罚等弊，永为禁革。

禁滥受民词，不查问虚实，妄准牌差扰害。

民夫抬轿，永行禁革。

注：禁革碑在册亨县城东南四十六公里布依族聚居的弼佑村，该碑原立于寨旁，后移至粮站内，1984年又移至册亨烈士陵园内。碑高148厘米、宽65厘米。无碑座、碑帽。楷书阴刻。碑文计十三款、三十行，五百余字。碑左上角残缺。

雍 正

雍正招民复业碑①

贵州贵阳府贵定县大平伐长官司宋，为招民复业事：照得蜡利、高寨额载条银二两，系四股均当。今有阿烈、阿抄（为）等，不遵规例，竟将载册之银粮，任意飞洒。前据阿夫（陈老幺）等具诉，前任本县恩主耿、李大老爷台前，悯念无知愚氓，姑不深究。随行清查，仍照四股均当。阿沙、阿烈等本系五钱，任意飞洒，抗不纳认，私自潜逃，又扬言必欲仇杀，以致该寨苗民畏势潜逃，伏祈赏示立碑，招住坐等情到司。本司查得前

---

① 三碑中加括号的"为""陈老幺"两处系后人所勒。

任县主批据，仍照四股均当，阿烈何得刁抗不纳。悯念无知愚苗，姑不深究。合行出示，仍照旧规尚纳。所有搬迁各户，立即招住坐、佃种田亩，办纳钱粮公务。倘有一户刁抗国赋，不照旧规尚纳，即拿解赴，以凭治罪。慎之毋违。特示。

雍正九年五月初十立碑。

乾　隆

黔西四楞碑规约

禁赌博。尝闻娼盗出于赌博，古今深可痛恨。而好之者彼谓逢场作戏，久之同党昭明，求赢反输，终有不可胜言。于是而寡廉鲜耻，荡产倾家，虽华屋粮油，皆无足惜，嗟嗟！今日泥沙而用之，愿吾乡村往来者，急早回头，水行者，宜防失足，而门第可以增光矣。

摒邪术。传曰：国家将兴，必有祯祥，国家将亡，必有妖孽。道盛人襄，在国当然，而况士庶之家乎？近世风俗日逾，僧道而外，更有符水术法，尼姑斋姑，卜女相女，为戏不一。其术初迷于妇女，渐惑于男子，甚至穿门入户，奸淫盗劫，为害不小。明明之士当禁其往来，以杜后患，获福无量矣。

大清乾隆十四年立。

张王庙客家埂碑[①]

……兹因常德客民卯宗圣……及铺司货物约计六百十余，

---

① 该碑位于利川市沙溪乡司城村张王庙。

向其修□有数马，没矣。当时债主同场客，人俱皆齐集，将宗圣铺几所剩布匹等中细查检点，四分之本盘涉其三，有欲将本利而没收者，有亦欲照本多寡而均给者，众议纷纷不决，适有向正海、张秀国俟彼亲属到此再为议论，将此项布尺等暂交与客总段国义权为执掌，何期三载有余，卯姓并无音息，向正海、张秀国、段国义等系放债之人，转思堕□□□无益复水还盆与瓜分而起手平，何若充分而息议将此项银两施舍本地……张王庙，永为香火资，犹恐难服众议，是以禀明县堂程□□□□俱批允，故将宗圣□□□□□□外添三十两，共七十两……

大清乾隆三拾三年……

黔西防贼禁盗规约[①]

稽上世浑厚敦徧鄸，至黄帝而蚩尤始开暴端，延及于平民，罔不寇贼奸宄攘夺，遂至唐虞三代之化，不尽泯焉。当今圣天子道冠古今，治极无天外，州牧主从灾以治，四方风动，漪欤休哉！宜乎此风之尽熄矣。何乃至今愈烈，而地方被害诚有述不胜者，此宁有异故哉！总办众人不肯和气，以便贼为贼，且贪利者因贼而极为拥贼，噫嘻！何尝贼之能害人，举皆人之自启其害耳。兹特议敦亲睦邻之遗风，法乡党之救账，凡遇盗贼，务努力捕拿，齐心解官，均捐盘费，俾贼等无遗类，无寇种。于伸乡曲，非吾侪死者可复生，生者永不死之庆乎哉。是为序。

外议禾粮无容牲践。菜、果、瓜、豆、山木、竹、麻，总不许越界取非其有。如耕土被贱，终无寻路，众姓查赔半数。

[①] 此碑刻于猴场乡马蹄关石岩上字迹尚清楚。

一议地方，强不凌弱，贫不许骗。凡大小不平事，必经众理，虔勿辄兴颂，且有公务必急，勿至口拢，凡我同盟，务言归于好，爰铭之石，以志不磨焉。

大清乾隆四十二年季冬上浣。

奉恩永禁碑①

宜昌府有流棍三五成群来境滋事，或引诱赌博，或教习拳棍，或酗酒打降，弱妇受其欺凌。……摧生坪，烧粑岩，蒜云坪，木云五保合乡甲立碑同禁，日后如有不法棍来境滋事，居民俱实禀报，赴州以禀贴倒查，尔后居民务宜格遵。

此碑立于乾隆四十三年（1778）

在保杨柳将军三村石牌②

我等立石牌料会。

盘故（古）开壁（辟）天地，先至（置）山领（岭），后至（置）人民注（住）在瑶山，无有田地。养男养女结夫妻，大断价银四两二钱，鸡二只，果无有，肉四斤。

一令挣（伤）恶死依（衣）二件，肉多少不舜（拘）。

二令小斋小绷（醮）肉二丁，道人无有。

三令苏□把黎太汇（?）盗贼收心。我人又事□□。

四令田地水□上流下，不用乱令，三村不服。

五令山领（岭）□简（间）木松杉柱（树），不用动地乱

---

① 该碑位于宣恩县椿木营乡后坝木云村。

② 在保杨柳将军三村石牌原竖立在广西金秀瑶族自治县六段乡在保村功德桥头。1957 年 4 月 31 日采集。

斩，不伏（服）。

六令强盗人害村，众等同心。

七令别乡□（？）里（理）不伏（服）。

八令山水田地买（卖）主人领银，不得翻悔。

九令荡茆草掸（押）田，何人不得乱令。

善人买卖无踪（正派之意），有茶有食吃。

又一令找（何）人翻□（疑是山字）果（过）界，勾同打劫煞（杀）人害命。三村不伏（服）。

二令我（何）人谢番果（？）逼男□女，三村就不伏（服）。

三令□□□三村就仰兄弟。

四令我（何）人有事，不用领□□打□，三村不伏（服）。

五令夫妻男女□六□□□，我（何）人不用丽（翻）□□□。

（一）三分三□□九分九石牌六十两。

（二）十月十六日丙戌三□□时，推夫妻耕种，工成众等我人作下田。

（三）众人三村旧年丙辰生庚禁忌。

（四）到至戊辰三村，夜生庚禁忌三村兄弟到年礼禁忌夜到事。自二月八日禁忌夜到丁问人乱讲，就不关三村兄弟。

天长（刻在石碑的上头）地玖（久）（刻在石碑的下边）

大清乾隆五十一年（1786）丙午十月即（初）七日午时。天灵地准。二月初三日立料令。

广西上林黄楚村村规①

立定章程以勉混乱□□事。切思本头六村，分为八甲，轮当保长，原无帮辅支费；况且地方官差夫马甚重，保长乃是无粮之役，轮到必走。因本头烟少人稀，难以调处。众守齐集金灵庙堂会议，不约而同，各甲从群，各允勒石以永远不朽云。

一、凡兵仓二谷之偶窃，与保长□□作为酒米代麦之费。谷石按甲价备价，二价贾谷填仓，不干保长之事。

一、凡思陇并三里公馆大爷禀差，或行或缴人夫，保长照票派收。

一、凡学院大人过吕头塘，□用人夫按甲派当。

一、照前规原例，韦村同下莫村共当二甲，又至黄柱村二甲，又至上莫村二甲，又至外莫村二甲，又至陆仔村一甲。轮充保长，周而复此。

一、定例太博发领兵仓二谷之价共两次。每次保长刃猪一只上庙祭圣，每甲称肉五斤，酒五斤，米五斤。各甲自刀、锅头，柴火等项。

一、凡遇逢禁卒，随人所派。

一、禁秋禾成熟，孩童妇女不得假托□入田基执取禾线，其中有弊。

一、禁外人至春夏水涨，不与闲人带网打鱼，踏壤田基禾桶。

---

① 此碑在三里镇黄楚村韦归山石崖上。碑高48厘米，碑宽72厘米，碑文27行，每行20字左右，每字大1.5厘米，共554字。编者除标点外，对文中别字、漏字、土语原封不动。

一、禁雇工帮收禾及主人不得带鱼竺小筐藏收禾粮，其中有弊。

一、禁黑夜不得收捆禾草，其中有弊。

一、禁牛马不得践踏禾草。收禾迄，方可下田峒。

一、条例贤愚果视，恐有不正之人横行，偷人物件，立见捉获，报知保长并村老冬头，众人解官治他之罪，不得隐匿私和，以敬将来云耳。

一、定例每年除兵谷四十六石，仓谷三十石，共七十六石整。或粮或钱，一概归值年保长。如多者，按甲退，不得勒罯肥躬。

一、条例禁韦归、黄柱、上莫、外莫、楚仔与扬京、韦楚田峒相连，恐虑偷剪囗稻，齐集同会，谁捉得贼，众同解官凛究。

乾隆五十八年十月初二日勒石。

嘉 庆

永禁以婿作子约

永禁以婿作子约（一行）。世俗之悖礼者，莫甚于以关作子矣。视关独子，可，以婿作子，断不可。今有人于（二行）此试，从而谓之曰：子，何不以子为关？强者怒以刃，弱者亦怒以拳。抑知关可为（三行）子，女必不可为媳。夫既于其女之夫而子之，又于其子之妻而女之，且门以内（四行）之呼其妻为姊为妹者，又呼其姊妹之夫为弟、为兄，扪心自问，有不哑然其窃（五行）笑者哉。例载同姓为婚，杖八十。士大夫家每遇庆典，辙以李为季，以杨为羊，以（六行）张为章，以王为黄，方准详咨。呜呼！邀一命之荣，使其母其妻不能自全其姓，此（七行）又孝子仁人之所痛心也。而况异姓乱宗，律为倍重乎。昔孔子射于瞿相之圃（八行），观者如堵，使子路扬言曰：败军之将，亡国之大夫，及凡为人后者，俱不得与解（九行）者。谓败军之将不武，亡国之大夫不智，为人后者无耻。第古人曾以身作赘婿（十行）为一本（幸），此盖迫于孤寒，否则牵于事故，以云无耻，似属太过。或所谓为人后者（十一行），殆后世之干儿义子耳。尝读范文正公义田记有云："本族之以他姓为嗣者，不（十二行）是食此；本族之嗣他姓而复归者，亦不得食此。"人虽愚，不知有文正公，当知有（十三行）孔子；即不知有孔子，当遵国宪。然其端多开自妇人，狥一时之情，流数世之毒（十四行）。请与族众约：有子者无论矣，苟无子求之亲支，亲支乏人，求之旁支。逮者除其（十五行）籍于谱，守而勿悖。则保世滋大，此乃其最要焉（十六行）。嘉庆五年庚申秋九月之朔一日。雪台老人师范书于祖祠北之吾亦爱吾庐（十七行）。中华民国甲寅夏月十六代孙师乾述并书（十八行）（张昭录文）。

紫溪山丁家徐家封山碑记

粤稽滇南山多田少，楚郡民西界尤甚。田植禾麦，用知不乏山，不蓄树，村木难取，上负天地生物之心，圣主爱民之意。若种植而不保护，任羊践踏，与不种何异。今我村合同商议，勒定条规，即钱粮重大，亦出办山场，设有动用自己种植树木，亦必先明众人，倘有私自砍伐，与盗砍同例。谨录条规于后：

一盗砍树木一株者，罚银伍两、米五斗。

一盗砍松枝及杂树一枝者，罚银叁两、米五斗。

以上条约，着巡山之人，时加稽察，不得徇情纵放。

嘉庆六年正月二十六日立封山碑记

丁家村徐家村自作仝　立石

该碑立于楚雄市紫溪山东麓丁家村后山路上方，石质为砂岩，高70厘米，宽49厘米，厚约10厘米。直行楷书，11行，行20字。是丁、徐两村合立。立碑时间是清嘉庆六年即公元1801年。

黔西龙洞碑规约

横额："源远流长"。盖闻种田土□□□修理培补，庶民之事。况此水系康忾先年石总襄公测量，田分九股均分，相传至今，毫无紊乱。但九股之中众议水头一十八人，每逢三岁当值祭赛外，水头二人，猪一只，重八十斤，豆腐一十八斤，鸡四只，有银三钱交下差，其水流田轮更换，勿得推诿，以破坏古例。一议众姓勿得私挖粮堰，私偷班水，依班规交接。从中断沟水等项者，拿获付官究。众姓水头林家力、张盛明等十八人。

嘉庆七年三月。

（存于雨化乡龙洞处）

立录村乡规民约碑记

特授广西镇安府归顺州正堂加五级纪录十次蔡，为准立乡规民约，以敦民风□。

嘉庆八年癸亥夏立于上浣，候选儒亭学正堂唐昌令沐手谨书。

禁例：

赌博集盗不得窝藏。忤逆不孝不得过犯。

淫乱不仁不得妄为。禾麦菜蔬不得盗窃。

山水生灵不得浇药。丘木树林不得砍伐。

里狗邻鸡不得偷摸。外来匪□不得容留。

本人外犯不得隐瞒。

以上犯者古例委置深潭今例火晓。

四时收卷不得勿略。禾谷黄熟不得放猪。

□□马误不得骗过。各处水潮不得开干。

田螺海鸭不得踏采。户口出役不得推托。

潭口食水不得浣洗。田问水界不得相争。

事情发觉不得私合。

以上犯者罚钱三千，米□十，酒壶□□。

桂阳胡德溥敬刊。

阿纳村护林封山碑

大哉，男以有须为贵，无须为空。人之有须发如山之有草木，山有草木，如人有衣服。不毛之地，既见其肉，复见其骨。山曰穷壤，人曰穷徒。（有名的五株）；松，最喜的茂林修竹，虽小小一身，尚有八万四千毫毛，岂峨峨众山，叮无万亿及秭松株。况乎山青水秀，大壮宇宙观赡；木荫润弘开泉源旺盛。八政之书，土谷为重；五行之川，水火为先。官纪水师，民犹水监；谟修六府，水居其先。范阵五行，水居其首。水虽为要，树为之根。蒙上宪重蓄松株，令我村签立树长。自乾隆九年甲子岁，已立树长刘芳，后罗文耀，后杨遇圣，给牌更替轮流至今刘从纪等，一为柴薪，即为养荫，非水人不生活，是性命之根源。一事而两善兼备，一举而两美俱全，可弗慎与若，乃一望青葱堪图画，万顷风涛入云霄。壮一邑之威风，增仙乡之光彩，尚其余也。而栋梁之材，柴薪之用，桩木之资，取之不尽；川之不竭，自然之利，无穷之泽，家家户户、子子孙孙谁不沾息。年年皆秋实，月月尽逢春，无用胼胝力，何须事耕耘。九州歌佳句，万宝胜告成，只忧火盗徒，更心践踏人。做慎甲长立，严切条规遵，公平可久大，小见恐私分，惟合方能永，一分便难存。乡风宜和睦，俗语勿傲横，自是千载绿，宁非万年新。

一请立树长，须公平正直，明达廉贞，倘有偏依贪婪即行另立。

一山甲，须日日上山寻查，不得躲懒隐匿，否则扣除工食。

一建造木头，每棵四十，椽子二十，桩木只容斫杉松，每棵四十，油松贰百文。如斫而不用以作柴者，每棵罚办三百文。未报而私斫者，罚钱三百文。

一封山大箐，东齐上街路，西齐陡坡，北至山岭。五年后，瓦房一间准取六棵，草房一间三棵。多斫者，每棵罚五钱。外大白路、沙地坡、陡坡、石婆坡、马鞍山、花家坟、下管家坡、祖石炭、号头下，尽行封蓄。

一公山内扦坟者，其树原属公家，坟主不得把持私斫，随便采取枝枝叶叶。

一小阿纳山、冷水箐、罗武山、打硐山、虹山、青铜山松栗尽行封蓄，其山共计庄粮叁斗贰升。

一松栗枝叶，不容采取堆烧田地，犯者每把罚钱五十文。

一朝斗柴，准在山顶斫贰拿，不遵者，照例公罚。

一五庄山，上至山顶，下至半山，迤至火头凹头，外至大平摊，尽行封蓄，不得开挖把持。

邑庠士杨漆撰

大清嘉庆拾叁年戊辰岁夹钟月吉旦　合村众姓人等　仝立

该封山育林碑为高、广各88厘米方形碑，直书30行、行30字，约800字，镶砌在禄丰县川街乡阿纳村大庙墙上。明确提出："八政之书土谷为重……谟修六府水居其先，范陈五行水居其首。水虽为要，树为之根"，森林是"性命之根源"，风水之龙脉"，"一望青葱堪图画，万顷风涛入云霄，壮一邑之威风，增他乡之光彩"，古老的生态观，跃然碑石。设立树长，山甲，封山界线明晰，采薪用料规定清楚，违者处罚严厉。是封山护林，保持水土，护持风脉的珍贵古碑。

杉坪寨龙村锁钥碑

盖闻山川秀，乃天地生成；人丁发，沾祖宗德行。但此坟茔，自古遗留，迄今亿万馀年。惟恐有人不认宗族，广钱营利，剖腹藏珠之际，□□合寨传齐公议：初揽（？）捐银，鸠工好师，诚固封锁，□□佳城。伏愿遗骸与金玉同坚，冥福与丘山并厚。伏维万生，永镇斯土，厚德无疆，功崇万古。今辟新阡，山环水聚。敢竭微忱，洁修禴祶，当烝篑，祷祀□先，无惊无怒，底众先灵（？）。孔宁□固，千秋永安。而我众殊臻，千村万聚，至今四围永锁。捎戒后人，次再无欺无藏，自始至终而兴于世。佑启后人，兰桂腾芳。耄耋期颐之久，自古迄今瞻仰。万古不磨，而众等□□佐为序。

告曰：从今已（以）后不许谁人再伐再卖，如有不遵者，众问皂祭，封山通知。谨告。

平寨罗（姓）荣郎、□有、住□、孟管、棒管、浪挩、手立、六捧、手捧、浪达、宋辇。乎脸、八也、孟也、立也。明贵、大发、母榜、平剪、手剪、乎剪。孟远、初臭、种□、宋害、宋连、报惹、乎本、也宋、文宋、共千。乎勾、合谷、扛卜、过骂、勾贺、脸败、文宋、汪入、母早、苞谷。供良、文宋、饬良、母哈。杉木寨罗（姓）宋勾、郎辇、昂管。昌报、饬乎、哈完。宋鲜、□富、勾乎、饬剪、乎要、饬住。辇饬、种要、饬母。管孟、报愿、要愿、达母。豆辇、歪豆、母住。众名通计六十七房，齐全协力，合行建记。信士罗文魁助笔。

嘉庆十六年岁次，八月上浣日，二寨同顿恭立戒禁。

道　光

门头下灵黄桑三村石牌[①]

三村立石牌，大事收为小事，小事收为全无。禾田不得则（铲）田。有事用请里（理）者，事无（完）就莫播（翻）。三村有事，不用挑人。三村有事，不许过介（界）请；若过介（界）请老，众罚银六十两。外村石牌挑得三村，自犯罚银十两；外石牌人犯，罚银三百两。请老不许食银，不得杀人。生

---

① 门头下灵黄桑三村石牌原竖立于广西金秀瑶族自治县六巷乡门头村南端社庙后的山坡上。1957年5月30日采集。

易（意）不得卖病猪，从〔重〕罚。不许播（放）鬼。

道光二年（1822）七月二十二日立。

大梧村孙主堂断祠记

一、村内男妇人等，见人偷窃物件，徇情隐瞒不报甲长者，查出一体同罪。

一、村内各家收养六畜，自行照看检管，不得任其践踏毁坏（庄稼），如被六畜伤残，原主即禀甲长点验，去一赔二，而村内亦不得借事生枝，如有行赶人六畜入田地，借甲款勒罚，查知论反坐罪，送官究治。

一、各坝水沟，春夏秋冬四季，俱要取水灌养禾苗生理。如有不法贪心，私行撬挖戽鱼，截沟装筌，查知，甲长理处责罚，如抗不遵，甲长送官究治。

道光八年，南村侵占祖立大石坝水，以致构讼。蒙县主系委捕主高勘绘图详复，后蒙县主当堂审明，给予堂断纸据，兹并铭碑，永垂不朽云：

审得莫如爵与吴显麟等控争大石坝水缺等情一案，研讯大石坝向无开缺，原系吴姓等祖坝，原来无异。嗣因道光四年间，莫如爵欠水，遂请生员吴代馨劝吴显麟等，在大石坝面让开缺口，宽四尺，高一寸许，流下莫姓瓦坝。伊等均亲谊，均尔允开。殊莫如爵等图取水溢下坝，以致构讼，委勘详缴，绘图呈验，差传集讯，众俱确凿，并传吴代馨质证，让缺属无，并无偏袒，事属无疑，本应责儆封缺，以绝讼端。姑念两造戚谊，开缺在前，照依道光四年所开原缺，饬令地保原经人等，照旧用石垫好，使二比相安，免致拖累。其坝任从吴姓等戽水上田，灌养秧苗粮田，莫姓不得问阻，取遵附卷，永断葛藤，所有判断原略给纸存照。

案有名人等累罗汝光、吴大光、罗维刚、吴国泰、吴培元、吴凌光、吴大祥、吴岱山、吴国稳。一编粮谷花户多少有数，每年买卖增减有定，倘有一人隐瞒五年，头人投诊甲长理处，连名禀官究追钱费用。

道光八年十二月十七日。

兴仁曾家庄布依族禁约总碑

立之□碑□□□□□□□□为禁止贼盗，以裨地方，□□□□□□□圣王之地，道不拾遗，□无盗推追而安在哉？今境昼夜屡遭侵害，贼匪盗窃牛马家财、四禾五谷、山中林木、茜（园）内菜果种种。盗贼不一而足，只得众寺（等）邀集，同心协力捕拿，昼夜严禁。若有不法之徒拿获，各费送公究治，不得推索。其盗窃物件，必一培（赔）九。若窝贼分肥，知赃不服，禀公处究，内外亲疏，言出法随，决不姑宽。各处朋友，早回心向善，而天下和平，各习道艺守纪，乡里中之乐事乎！

为此，谨白。道光四年七月。

长二长滩二村共立石牌①

成二长叹（即长二长滩）二村料令：先适（时）□□□开壁（辟）□天地福，照伏羲纸（姊）妹造人民。先立瑶，后立

---

① 长二长滩二村共立石牌条文，原竖立在广西金秀瑶族自治县长二和长滩两村中点的山坳上大路旁。文字漫漶较多，能识别者较少。1956年，广西少数民族社会历史调查组采集。

朝。我瑶山先祖公三代，□南京县广东猪纸（屎）街□□兵马家□□长在□造门□乾隆立在□□造门立□□国法□养人民山水，无有□所管。我族方□□□□方□□山地□有村老□光。乾隆、嘉庆五世界平安，我□□王世界□□□□石牌社□□□□□□。

一料：二村□□□□瑶□蛮道盗牛□□□□□。

二料：二村□□□行人□打□□石牌，就犯石牌罚银二十六两。

三料：令二村□□□许何人□□□□□家具□□锁上□□□就犯石牌，罚银一百二十两。

四料：（文字漫漶）

五料：（同上）

六料：（同上）

七料：（同上）

八料：（同上）

九料：令二村何人（以下文字漫漶）

十料：令不许何人□□□□三百□□□，一百二十□。

十一料：令二村不许何人□□□□□□□。

十二料：令二村不许何人大小事，不得锁入（人），庚（跟）山庚（跟）水□□乱锁□，石牌（以下文字漫漶）

道光十二年（1832）二月，二村吉日立石牌。□□天灵地准。

重修龙箐水例碑记

夫水者，龙箐龙水，攸关国赋钱粮数十余石。其水自上古于来，丁徐二姓写立合约，打立石碑石刻，均椎五分，丁姓四分，徐姓一分，各照分数灌放。所因年久，石碑遭被栽获之人隐灭，丁徐二姓屡次争论，请凭乡练村邻公议言明，从另打立石碑石刻，各照古规灌放。其水路各照各沟，不得紊乱。凭众理言，执约赴官，自任其罪。其水春救秧，夏泡田，各宜谨慎。为此勒石，永垂不朽矣。龙王庙水轮古规开列于后：以上六轮半，每年议定：立夏日起头，各照古规，周而复始，轮流灌放，不得以强凌弱，以长挟幼，错乱古规。倘有光棍不法之徒，混行偷放者，一经拿获，罚白银叁两、白米三斗，充公费用。各宜凛遵，毋贻后悔。谨白。计开：首轮、二轮丁友成，三轮丁养志，四轮徐永旺，五轮、六轮丁友忠，半轮王国亮。

道光十四年八月十五日合村仝　立石

该碑存放在紫溪镇丁家村土主庙内，高55厘米，宽60厘米，厚2厘米。立于清道光十四年（1834）。直行楷书18行，行16字。

铁甲场村乡规碑记

铁甲场村虽僻处偏隅，男人非不良也，总由出外日多，乡规（一行）未议，屡行不义。河边柳茨，缘御水灾，擅行刊伐。山地栽松，期（二行）成材木，连根拔取。甚至攘窃邻鸡，逾偷园菜。业经物主查获，不（三行）惟不自认错，转加唬吓寻死。由是遗患，失主殊堪痛恨。今众姓会（四行）议，同为（五行）盛世良民，各戒妻女，须知物各有主，不许仍蹈前辙，一犯乡规，当即协同（六行）乡地搜寻失物，男人虽不在家，预为禀官存案。至男人回归（七行），禀请差提究治。所有条规，开列于后（八行）：

一、见有卑幼凌辱尊长，罚银十两（九行）。

一、遇有松园，只得抓取松毛，倘盗刊枝叶，罚银五两（十行）。

一、查获放火烧山，罚银五两。

一、纵放妇女无耻肆恶，罚银五两（十一行）。

一、查获盗刊河埂柳茨，罚银五两（十二行）。

一、查获偷盗园间田头空地小菜，罚银二两（十三行）。

一、污秽寺院，罚银二两。

一、攘窃猪鸡，罚银三两（十四行）。

以上乡规，惟期各姓无犯，一村有仁厚之俗，以免悖入悖出，则幸甚矣（十五行）。

道光十五年（1835）岁次乙未孟夏月中浣。

合村同立（十六行）。（郭惠青录文）

六巷石牌①

公议五□律犯者罚。

一、议众水乡村矩犯，犯者罚钱四十两。

一、议买田知（之）人，当田不得言断田知（之）事，法（罚）钱四十两。

一、议卖田知（之）人，断田不得言当田知（之）事，法（罚）钱四十两。

---

① 六巷石牌条文，原竖在广西金秀瑶族自治县六巷乡六巷花蓝瑶村旁。条文简单，刻迹粗犷。1963年7月21日采集。

道光十六年（1836）八月十六日立。

长新乡乡规民约碑

从来朝廷之立法，所以惩不善而警无良，乡之议规，正以从古风而敦习尚，非互结相联而启讦弊之路也。故古（一行）之良民，方里之内，出入相友，守望相助，疾病相扶，亲睦之风，昭昭于古。余里之境，能不法古风而遵守乎？况我朝（二行）圣谕，上亦有聊保甲以弥盗贼，和乡党以息争讼，训子弟以禁非为，息诬告以全善良，讲律法以惊愚顽，笃宗族以（三行）昭雍睦等数条者，无非因（四行）上帝好生，凡民之俊秀愚顽使之各务本业，而不失亲睦之风得优游于太平之世也矣乎！兹余里一近边夷，二邻裕处，不能（五行）受累。

爰是乡村绅耆，协力同心，公议张规，永存勒石，以是为序。左将颖规所议数款逐一开清于后。计开（六行）：

一、遇村里失贼，牛角为号，各家自备盘费，相帮访迹捕盗，不得坐视失主。

一、乡间子弟，父兄各宜严禁非为，以归正路，如不严禁，罪归父兄（七行）。

一、左邻右舍不得借事生端，不和不睦。

一、乡间不论老幼，各宜安分，不得恃勇逞强，些些小事，服毒吊筋吓人（八行）。

一、二婚财礼，准定十一二两之数，不得贪心倍取。

一、村内偷鸡盗狗，不论男女，如有查获，乡规处治（九行）。

一、恃强滋事，无故讼狱者，定以乡规和彼理论。

一、窝藏远客匪类，违害地方，如有查获，过失归族长（十行）。

一、田内所种蚕豆极成，不许仍前丧失。大粮未熟乱采，拿获者，定以盗论。

一、松树不得砍伐，其余碓磨各项，只许先来后到，不得相争扰乱（十一行）。

以上所议乡规数款，俱系有益，原无害于本里乡村，倘村里男女老幼人等所犯此规者，不论大小轻重，各村议定（十二行）罚银五两，以为充公，临时不得抗傲此规，勿谓言之不先也。因此永垂勒石碑记（十三行）。

大清道光十七年（1837）六月初→黄道吉日。

各村绅老仝立（十四行）。（郭惠青录文）

潘内寨乡约碑①

盖闻奉上明文，以截盗源，以靖地面，举安良善事。窃思国以民为本，民以食为天。我乡本邑瑶民，历年安分，苦耕守法，礼依酋长而不乱世。上古之民，夜阁不闭，道今不古。今有外无籍流离逃窜之徒，三五成群，四五余党，昼尽则壁上之虎，夜间云里之龙，〔人〕身鸡犬不得安眠。带撬刀打墙挖孔，害民无厌，目击心伤，乡村无一宁户。我等齐心协力乡禁之。与众谆谆公议款条，开列于后。大则送官究治、小则贼游团公罚。

---

① 潘内寨乡约碑原存广西龙胜各族自治县潘内大寨村旁路边，是当地三大石碑之一。1961年搜集。1965年7月31日，再次与该寨瑶老粟满庭手抄本校核补正。

一、禁不得忤逆不孝，冒犯尊长者，送上究治。

一、禁不许卖假骗民，不许勾生吃熟。

一、禁不得停留面生之人，不复驻招铺店留宿面生汉人。

一、禁不许勾引外人来地，索需闹打油火事。

一、禁桐棕竹木各管各业，不许恃横霸占，以强欺弱。

一、禁瓜茄小蔡（菜）或茶，不得乱盗乱丢（捡）。

一、禁地上田中禾稻、苞谷、粒子，苍（仓）库沉（存）粮不得俞（偷）窃。

一、禁大小事务，地方头人理论不清，方（可）上控为处。

首事（头人）：粟桥生、粟大气、粟应成、陈正田、粟再祥、周龙贵。

民众：陈笑为、粟仁发、陈第贵、刘金发、周才胜、粟万田、粟贵朝、粟凤龙、粟第胜、粟金相（不详列，民众姓名共五十六人）。

道光十八年（1838）七月吉时立。

黔西中建四楞碑

第一面：国泰民安。

第二面：共享太平，（其下面的碑文已难辨清）。

第三面：拿贼捕盗。

一、禁不遵国法肆行凶恶。

一、禁窝贼分肥盗窃掳抢。

一、禁恶乞估丐奸盗邪淫。

一、禁盗伐竹木焚烧山林。

一、禁盗窃五谷蔬菜瓜果。

一、禁践踏禾苗朽壤碑石。

一、禁聚众赌博种毒吸毒。

一、禁以强凌弱持众拷磕。

一、禁借讨不遂挟尤生端。

一、禁畏缩不前与贼同情。

一、禁以下犯上酗酒辱骂。

以上众议乡规，勿得违犯。不遵者，或理讲法制，或伏礼赔还，或送官禀报。务必同心协力，以免奸风日腾，仁里复兴矣！

第四面：署贵州大定府黔西州正堂、州卫堂示。

大清道光十九年岁次已亥冬月吉旦立。

赫章平山铺放水碑

庞堂正县为民请示，恳批示。据呈该处放水轮班，尚与农田有益，准存案以候，各宜遵奉，免滋扰。如争为惩，准定规条。其水剖为六轮，日夜如轮耕放。

一、承接轮水□，以日出时起至日落时止，不准私行夜间偷放。违者公罚。

一、恃强放不遵轮期者，报官究治。

一、同轮放水者，约□多寡不一，务宜计数均派，不可以估少，亦不可以多抗少，稍有估抗，请示至于公罚。

一、未至轮期私自盗放者，一经查出，此等不遵乡正规定之人，必逐人移居，不唯止其轮期并公罚。

一、轮期为永定例，无分晴雨，俱宜通守，肆意混放者罚。

一、坝头上之水，或被痕箕山之处擅行挖去放在他处，不由右沟口□该处引放螺丝田沟水者，齐集向伊理论，推诿不前者，凭众处罚。

一、值水少天旱，水每不足，各人公议分均酌量放水多少，以资灌溉，不准一家人估沟放水流水，违者凛究。

占以上数条，俱系乡中老幼遵奉。

奉命同议室□□□□□将此水剖为六轮，永远不得混乱，倘恃势抗违者，详控罚。

头轮街横沟起，至后街横沟田坝。横街至庙门长秧田止，昼放。

二轮至横田以下，革化子田二门同输夜放。

三轮瓦厂平头道沟起，酸梨树沟止，同轮分放，昼放。放坝头上之处，日后开田者，勿得占官沟之水。

四轮石丫岔沟至庙门大路以下沟尾止，夜放。

五轮平埂田石丫起，至坟左右同放，昼放。

六轮碗厂坪起至庙山后，顺大路高坎子左右至上街口止，夜放。

横街一路，横沟至尾沟各日轮者，有劫水者罚款一两八分。

大清道光十四（1834）年四月二十八日立。

邓家禁碑[①]

尝文（闻）朝廷有律法，山中有禁条，□□世居山中，此山各树木风□□□□□□禁此山源，□邓家□风□□山后龙山、

---

① 邓家禁碑原存广东乳源瑶族自治县游溪区中心洞子背的村背山坳（现桂头至游溪之公路十二公里处）。碑为该地邓姓瑶族人为了保护山权林产而立。1986年6月21日，赵才金采录供稿。

水源山，并及松杉□□□□曲□□林业，往四方亲朋人口，不得乱砍。如有乱砍者，公罚钱三千六百文，捉手给赏钱百文。若然有不遵者，送官究徇，决不容情。应立禁于后，谨闻禁约人邓粮，子龙才、龙金。

道光己亥十九年（1839）八年初五日，文禁人邓龙富。

卯洞油行永定章程碑

从来牙行之设，原以上裕国课，下便商民，启日中之市，定贸易之规，是以汉镇等处大小埠头皆依牙行为依归，因地制宜，原以有益商贾，而便属民出场。卯洞地虽偏僻，三省连接，水陆总埠，土产桐油，肩挑背负，远近咸集，尤恐乡愚，有油上街出卖，防有枯脚、水渣等弊，为害客商，有亏成本，所以，凭行经理稽查，消除弊端，定以桐油每篓七十五斤收领，用钱二十四文，不敢有二。会特刊板重碑，永定章程。日后恐有顶补，更换新帖，照规行为，永无加增，以昭平台税赋有着，而章程不朽矣。

道光二十年九月立

说明：该碑位于来凤县百福司镇前街。卯峒盛产桐油，因其浓度高，色泽金黄，沾之可拉成丝，被誉为"金丝桐油"。卯峒又曾是水陆交通重地，故成了鄂、湘、川三省交界处的桐油集散地。

兴义水淹凼布依族四楞碑

为团众协心以主请地方各寨乡、各户人等公议，列□以

□□条规：

议被贼挖墙入室，以盗家财什物等项，失主务要切实具赃，不得冒作虚报，凭之后众等务须同心验贼与窝家，□□暖（捆）缚解官究治。

议在团人等，务须各家本份，□□□□一人，匪棍不得□赌，□□夜偷扰害地方，倘经众□查出，□□□□解官究治。

议被贼盗窃牛马者，即报地方团头□簿人等，各带盘费，四路追贼，倘追无踪里，一里十家务要同心查实，失主不得虚报，若已实众□□失主□□□众□□□□亦得一半，如实时赃贼两获，众等送官究治。

议被贼已盗马牛，不熟与瓜菜竹木等项，即时拿□□□众团头，罚银十两充公。

议上下往来客商、人行□□，以及村寨宅前屋后，务□失火□□□倘无火烛出声□中杨□□□□人众究治。（以下碑文不清，略）

大清道光二十三年（1843）冬月初二日，□□□□同□□立。

河东乡约碑记

古辈先人，设立乡长，以为朝廷备办夫马之人。每村三人，七年一周。夫固百世不易（一行），其有不雅者，此村承办，彼村亏欠，所贴钱文，彼村承办，此村又亏欠钱文一则失上村下（二行）营之和，一则承办者每苦于难也。比比然矣。今乡长、五村绅耆，公同妥议，立定章程，写立（三行）合同，并垂勒石，以传永久，帮贴钱文，彼此无亏，上不误公事，下不结私枭。邻里乡党，出（四行）入相友，承办者觉不畏其难，是亦美事也兴。故为序。所载古规，并无新例，当日合同（五行）。

邑庠生邹鲁乃序，时候仓猝，不暇斟酌，以碑为据（六行）。

邑庠生李绍唐撰书。

爰以古规开列于右（七行）：

一、山高村二年，大村二年，孔家营一年，黄碛厂一年，罗坪村一年。七年流轮，不得紊乱（八行）。

一、大村承办，山高村贴钱二十四千文。山高村承办，大村亦还钱二十四千文。三月二（九行）十日交钱十二千文，十月二十日交钱十二千文。孔家营、黄碛厂、罗坪村，每村各帮贴（十行）钱十二千文，亦照上日期，两次交楚，不得短少。如有短少，公罚加倍（十一行）。

一、黄碛厂罗坪孔家营三村承办，大村山高二村各还钱二十四千文，亦照上日期两次交楚（十二行）。不得短少，如有短少，公罚加倍。

一、毛草房、白土田、玉和庄、梨园小村，每年每户出夫马钱九百五十文，亦以两次交楚（十三行）。

一、毛草房外村、白土田上村、玉和庄梨园小村，永不办乡约，其出流水钱文，系是贴与（十四行）各村乡约使费。合同大村李彩收，山高村自雄收，孔家营孔万藻收，黄碛厂严开收，罗坪曾宣收，不得隐藏（十五行）。

一、兵差、象差、大差，以八分均探（摊）。即腊月过往不及与者，正月亦要派账归补，不得差欠（十六行）。

一、有花户差欠者，当地方者指名，理合讲明，再不清方许禀告，不得借事生端（十七行）。

乡约李彩、刘华、矣学唐。九品李如桂。大村张鸣冈、奎瑾、刘荣、王育才、李启桂、党应祖、梦有贞、李崇文。山高村自应峦、自应生、自有德、毛鳞、周锡、张福、李德富、毛鸿。下村孔万清、邹启桂、李春旺、自朝相、刘兴、陈德润。黄碛厂王起、彭翠、周兆峦、严镕。玉和庄罗兴和、罗畅、罗翠。罗坪村曾宣、李中早、柴中纪、杨鳖、王之学、高发甲、毛文祥、李鲜。毛草房小村冯锺灵、陈照、张发甲、杨久盛、杨望、杨迎。白土田周老（十八—二十一行）。

道光二十六年（一八四六）岁次丙午仲冬月下浣之吉。

大山孔黄罗茅玉白小九村绅庶同立（二十二行）。

光绪十六年在原碑七—八行上半部空白处增刻小字三行：由光绪十六年分罗坪村借故移害，公议罚钱十千（一行）文，四大村老幼妥议以作乡约垫用之资。自十七年（二行）十月二十日交罗坪村乡约，周而复始，不得隐缩可也（三行）。（张昭录文）

安龙阿能寨布依族公议碑

立公议碑□，落溪、落坝、落央、阿能等，为强盗□良，以靖地方事。四怜（邻）合作勤劳，只望□□□成之□，□上偷国家，□□□□，□□□之风□，俗□□之规。强盗□□良，□□□□，□□□法，从不务农□□□召集百姓□□□，□众议规。日则摇钱赌博，夜则偷盗□和，□□□□，□□盗贼甚多，□□□□，暨□□入室，□者□□□□，□者盗去牛马，良善遭殃，情□惨极。偶□□□□□□言，遂生事端，良民敢怒而不敢言，遇□禾苗成熟之时，三五成群结交，偷割田谷，并□中□□等项。良善□耕，均为盗贼食其粒。以至良民有种无收，实无可忍。只得几寨人等，齐心协力，禁止盗劫，以安乡村。凡有牵牛过者，问明白方可放行。如有隐匿同党者，头人秉（禀）明凭□官处究，勿谓言之不先矣！

禁放鸭之人，不许拣禾苗。

禁窝藏贼盗者即报。

禁山林不准乱砍。

禁有口角细故，要经头人，不可枉控。

道光二十六年（1846）六月十五日，几寨人等同立。

丫口寨禁开煤窑碑

陛衔卓异贵州贵阳府正堂加十级纪录十五次廖，为严禁开挖煤窑事。本年四月十三日，据蔡家里苗民吴老大等具告冯世儒等违示开采一案。当经本府勘明，所开丫坡煤洞有碍田庐，断令封闭，永为不法。诚恐附近居民借称不知，仍在该处强行开采，亦未可定，合行出示严禁。为此，示仰附近凡苗人等知悉：自示以后，勿得再赴开挖，倘敢不遵，许该地主指示，具禀以凭拿究。各宜凛遵勿违，特示。

右谕通知，奉府封闭，实贴丫坡寨、大坡头前后半坡晓谕。

道光二十六年（1846）六月二十五日示。

奕世遗规[①]

道光二十六年岁次丙午，余行年八十有一。自序生平，以

---

① 此碑在覃排乡禄庆山石崖上。碑高115厘米，宽115厘米，碑文23行，每字大2.5厘米。

祖父儿孙四字刻刻在怀，既矢念生前，岂忘情于身后。欲表诚敬于先人，祀典宜厚，思存教养于奕世，遗泽须长。今将我手种松木：在水缆大小三十八园，蓬村绿竹四园。我之所种，仍归我之所管。尔后人宜念我之辛勤，须严密巡察，能创还期能守，毋得轻忽任人毁伤，以负我之苦心。自余归山日为始，日后不拘老少，择一清正总管掌簿外，又择二人管木，二人管竹。其所管多寡难易久暂，按功给赏。莫分管，分管则懈；莫轮管，轮管则散。所管之人各执草簿一本，登所得之数，收入即缴总管。每年定期十月初六日，管理之人同到坟前义算，交清数目注入总簿。本年所管之人，各录簿内，誓文焚化以表清白。其所贮之钱置卖田土，补修竹木，下年所得之租钱同归项内。一年如是，年年亦如是，毋容更改，根本既定，总用可支。

一、祭扫，猪羊必用时食，必备香楮宝烛，务须子丰美，颁胙宜厚，坟前后左右务须划扫干净，毋容苟且。

一、帮学，读四书帮钱二千文，讲书钱四千文，出考正场每人一千文，复试每次每人五百文，入学帮钱五十千文，补廪帮钱五十千文，出贡帮钱五十千文。一科场每年每人帮钱十千文，中举帮钱一百千文。嗣后竹木日盛，上田颇增，限二十年外，家人无论老少儿女，每丁给口食六百斤；以媳妇帮钱二十千文，嫁女帮钱十千文。间有至公费用不周，借取亦许，不取利息，限至对期即缴还原本，不得即扣除口食之谷折还。

既有赏，即有罚，惟有赌钱吹烟两项，大坏门风，不支口食。石碑可据，毋得徇情支开，所剩仍归项内所置。余之所立，支派咸宜；上愿先祖、下荫儿孙云尔。是以勒石不朽。

来凤蹊各村告白护林碑

立告白：合村众姓人等，系来凤蹊住，因开新沟（一行）用工四千余个，费米三十余石，用钱五十余千文，□□□（二行）银三百余两。此时工完告竣，亏欠已多。合村计议，只好（三行）将来凤蹊所属山场树木陆地，一并护持，陆续充（四行）公填偿，所有来往客商，以及养牲畜人等，不得（五行）妄加践踏新沟，轻践地火，纵放牲畜，坎（砍）伐树木（六行）。若有不遵以上数条，一经查出，罚银十两（七行），米五石充公，勿谓言之不早也。为此告白（八行）。

道光二十七年（1847）三月初二日。

合村众姓人等同立（九行）。（杨兆亮录文）

册亨马黑布依族永垂千古碑

盖闻：士农工商，是君王之正民，奸诈淫恶，及乡里之匪类，所□奸情贼盗，起于赌博，我等生居乡末弹丸，少睹王化之典，各宜所有，务要出入相友，守望相助，勿以相仇之心。少男当以耕种，女绩纺。庶乎家家盈宁，殷室□□，乐享光天化日。自立碑之后，□示子弟：贫不可为贼，贱只宜卖气。倘有忽（胡）行乱偷，通寨一律禁革。上下邻村多有被盗苦案，只因强盗告失主之事。今我寨上若有为（非），及行强盗告失主者，人众必同力面差吊打，支用钱粮不能相丢。倘有白日夜晚，拿得是贼是盗者，众人一律上前，砍手剜目、使成废人。若窝藏匪类，勾引外贼，必定擒拿送官治罪。若有贼人枉告中人，以为硪索者，此事指鹿为马，众手不致相丢。兹恐无凭，故立碑为照，再列禁革款目，列载于后。

禁革不许赌钱。

禁革不许偷笋盗瓜。

禁革不许掳抢孤单。

禁革不许调戏人家妻女。

禁革不许游手好闲。

禁革不许窝藏匪类。

禁革不许偷鸡盗狗。

禁革不许作贼反告。

寨老：黄朝通、覃抱心、覃应贤、岑抱幕、黄秉秀、岑抱台、覃抱赖、杨卜平、陈抱龙、班卜政，同众花户人等共立。

道光二十七年（1847）秋七月谷旦立。

新寨苗族跳厂规约碑

各寨公议告白：为条陈旧规，以彰习俗事。盖缘此地名曰跳年厂，我等邻村历来借此为踊跃之所。每年正月十三、四、五等日，各寨男女老幼人等云集于此，名之曰"跳年"，由来已久，不得紊乱。乃因近来均皆不遵旧模，延至十六、七以至二十二日外，似无约束。今各寨公同商议，勒石垂碑，仍遵从前旧制，定期于是月十三、四、五等日止，彼此齐集。至十六日，不准羁留此地。倘有不遵依者，并将不遵之人举出，公同处罚。

一、议被贼窃去耕牛者，追捕不获，公同酌量减半帮给。

一、议被贼偷窃家财什物，在约之人，追捕获贼，公同送究。

一、议容留窝户，公同访实，逐出境内。

一、议被恶徒砍伐树木，占割青山，拿获，传齐在约之人，罚银三两入公。

道光二十七年（1847）三月吉日立。

甲会碑记

闻奸宄每伏于周行，盘诘须严于要地。属在大邑通都，刁斗森严，锄御暴罔敢或懈。矧上阿纳者，易县已介西偏，往来又非数程，尤易为渊薮之萃也哉。然虽穷陬僻壤而上承府县两示，诘奸愚防寇盗闻之熟矣。兼之广训所载，训子弟以禁非为，联保甲以弭贼盗，更大彰明较著者乎。无如习俗移人，贤哲不免。今合境老幼公同妥议，立联保甲乡规，勒石为记。嗣后各姓子弟，各宜安分守己，谨遵乡规，勿得容留外匪，以及窝家等弊。倘有抗拗不遵，恣事横行，不能除邪辅正。必照乡规公论，决不宽姑。庶不负百姓亲睦守望相助云尔。

谨将所约乡规计开：

一乡约约束一乡。凡乡内大小事务，必须传齐乡内老幼公论，倘不依允，方许送官惩办。

一乡保与老人，亦必按理公论，勿得徇情武断。

一乡约传到所载碑记，老幼不拘远近，各姓俱宜齐集，违者议作独立。

一合甲各姓子弟，如不安分，肆行妄作。犯者务须传同各姓老幼公论处治。

一境人乡者，亦必实察子弟情由，秉公理处，不得借公挟私。

一凡异言异服之人，假装乞化贸易入境，不得久住。或暂宿境内，田房地主，立即禀报，传同各姓，齐力驱逐。违者以窝家论。

一境内人等或居家贸易，不论日夜被盗抢窃，一听声喊，俱宜齐集，各执器械，自代盘费，追究三日。倘有推诿退缩，议作独立。

一开店之家，不得歇宿外匪。村人亦不得笼落，倘有歇宿笼落，亦以窝家论。

一境内之人，捕盗寻物，复被盗伤，在公服药，鸣官究治。

一盗贼被境内之人追捕打伤，在公家承当，不得移累失主。

道光二十八年三月二十日立

合同保甲乡规人（山、朱、木、杞、花、鲁、卓、麦、张、王、李、杨等二十一姓）

该碑立在禄丰县川街乡阿纳村土主庙墙上。行楷直行。清道光二十八年（1848）立。碑文是当时保甲联防制度的乡规民约，其宗旨是"训子弟以禁非为，联保甲以弭贼盗"。

龙脊乡规碑[①]

严规安民。

窃维天下荡荡，非法律弗能以奠邦国。而邦国平平，无王章不足以治闾阎。然乡邻口轕，岂无规条，焉有宁静者乎！条规一设，良有以也。盖因世道衰微，邪暴又作。叹我龙脊地方，

[①] 龙脊乡规碑原存广西龙胜各族自治县和平乡龙脊村廖家寨路边。龙脊为瑶壮杂处。1964年5月27日采集。

田瘠，居民口（稠）蜜（密），别无经营，惟赖些产以充岁计耳。贫者十家有九，强梗朋奸鼓衅，屡倡不善之端；富者十户有一，懦弱踯躅不前，叠受阴柔之屈。于道光四年（1824），蒙府主倪奉上宪巡抚大人赵恩发示谕，举行团练，各处张挂，黎庶咸遵。奈吾境内，有饕餮不法之徒，类于梼杌，竟将禁约毁弛，仍前踵弊，非惟得陇而欲望蜀。男则贪淫好窃，女则爱鹜轻鸡，猖獗不已，滋扰乡村。今幸蒙童主荣任此方，见着三善三异，讼庭花落，囹圄草生，何啻圣君慈父，民知上有善政，而下安得不凛循为之善化矣。故吾各寨人等，同心镂立石碑，以儆后患。自立碑之后，凡我同人，至公无私，各宜安分守己，不得肆意妄行，排艰释纷，秉公处理。勿得贿唆，徇情私息，当惧三尺之法，可免三木之刑。吾乡慎遵，庶几风淳俗美，永保无虞，乐莫大焉。是为序。

今将各条胪列于左：

一、官衙塘房，从昔分定各修，列分东西左右。其西右边诸房等项，系大木下半修理。其东左边等项以及第三层官歇之大房，系官衙、龙脊上半团修理。前分上下，内外交乱，分占修理，错越不一。于道光二十六年（1846），其大房倒塌损坏。故我龙脊依同官衙人等，另将塘房踏看，交合照分，各便修理，免违大公。其官歇大房三间，左厢房上头二间，右桅杆一根，及大门前街以中，直至左厢房前面街，此项归我龙脊修理。其余俱归官衙人修理，立有定章合同确据。

一、值稻粱菽麦黍稷薯芋烟叶瓜菜，以及山上竹木柴笋棕茶桐子家畜等项，乱盗者，拿获交与房族送官究治。

一、在牧牛羊之所，早种杂粮等物，当其盛长之时，须要紧围，若遇践食，点照赔还。未值时届禁关牛羊，践食者，不可借端罚赔。

一、离团独村寡居，恐被聚集贼匪昼夜掳掠劫抢，鸣团一呼即团，不得畏缩逡巡，立时四路捕守，拿获送官究治。

一、擒拿窃匪，务要赃贼实据，不可以影响疑似之事，妄拿无辜，即幸人赃两获，送官究治。

一、恶棍滥崽，闯祸借端，惯便之徒，牙角相争，平地生波，切不听信作中。若不经鸣老人，妄耸差传至乡，宜要揣情秉公理究，不可藐官欺差，倚禁抗法。如有滥请滥中，架客索诈，酿成大祸不测，岂忍似狼，噬羊之害，并及中人，呈官究治。

一、别省各邑外来之人，裕居境内，毋许兴集游棍，引匪留贼，诱赌唆讼。如有此等，送官究治。

一、游手乞食强讨生面之辈，夜间勿许乱入社庙亭（停）宿，秽污神圣，或三五成群，必至行蛮。凡遇婚丧之事，多食不厌，酗酒放恣，扰乱乡人，鸣同他处作团送官。如有蹒跚瞽目者，即便打发勿责。

一、遇旱年，各田水渠，各依从前旧章，取水灌溉，不得改换取新。今人有卖业者，执照原契受价，毋得图利高抬。如有开荒修整，照工除苗作价。

一、强壮后生以及酗酒之人，不忍三思，只逞凶恶动气，与人孟欧，恐一时失手伤人，累害不浅，此宜戒之。

一、各村或有小事，即本村老者劝释更（便）宜可也。

一、本团所属境内，年（节）月半，亲戚送仓，礼仪往来，今当地方公议，从今以免包仪。

以上诸条，并非异古私造，依存天理，何敢犯上，官有官例，民有民规，谨此敬刊裕后，万古不朽矣！

道光二十九年（1849）岁次己酉三月吉旦，龙脊众立。

上下卜泉两村石牌①

万古流传，左□□□，人丁（兴）旺大吉。

立字盘古置天立地，伏羲子（姊）〔妹〕造人民，开辟天地，先立瑶，后立朝。置瑶山各地立村团，先置社，后置庙。祖公立上卜全、下卜全。祖公立门（民）回（为）主，代代平安。落后到今世嘉庆□年，客人瑶人（盘瑶）反乱，不得安落（乐）。到道光十八年（1838），瑶人（盘瑶）反乱，有事下作无事下，托（媒）生愿事，地方不得安乐看管，救（就）管不得。托生齐齐想义（商议），到瑶四村问父母，愿所管上卜全，下卜全，过后代代子子孙孙，四村所管。故罗村：刘胜□、陶道知、刘胜□、莫胜奉、扶□；昔地村：苏胜堂、苏扶办、道明、道珠、胜同；上秀村：全胜财、龚扶应、苏公盛、全扶□、龚胜案、全胜政、苏扶亲；歌敖村：苏扶□、胜放、胜园、陶胜广。四村一百五十主，管上卜全、下卜全。四村管上卜全莫道朝、莫道力、莫道合、道任、莫法香、法李、法界、扶移、扶者。四村管下卜全莫玄道、莫道通、扶客、道镇、道任、扶

---

① 上下卜泉两村石牌原竖立在广西金秀瑶族自治县上卜泉村旁。卜泉上下两村，因受山外汉人和盘瑶（山丁）的攻击扰害，请金秀四村大石牌保护。公认金秀四村为"父母"自己则是"从属"，愿归他们管辖。两地同是茶山瑶，均属山主阶层，由于政治上的强弱，则愿为所统驭。1957年，广西少数民族社会历史调查组采集。

伦、扶潭、法□、扶丁、玄奉、玄官、扶竹、扶座、□□、扶场。四村父母过旺（往）到河（何）家，有吃无有，不用怪，不得启事。四村父母祝你男女全村，有大事化小事。头人不□小人。你小人不用□头〔人〕，一边工（公）平教意（交易）。你二十六主，不用请兵。上下托事，上下过旺（往）乱事，由我四村父母作主太平。为天灵地准。后代子子孙孙照父母料令，管你上卜全、下卜全，办酒无疏（数）煞（杀）牛二只，煞（杀）猪六七只。父母□代代见知。得我文告过后，太平安□〔乐〕。四村立〔石〕排（牌）。大吉大利。

三日完成。代笔人苏胜举，受二十六主工钱，一主一钱银，字丑不笑也。

左救（招）财进宝，人丁兴旺大吉。（刻在石牌上头左边）

右依（穆）肥牛马，六畜满山川大利。（刻在石碑上头右边）

太请（大清）道光二十九年（1849）己酉岁十一月十四日卯时立石牌，吉日大旺。

咸　丰

金沙公议十禁碑

思窃圣王设法原以安良，而安良莫先于除暴，未有暴不除而良能安者。思蒙前县主阳屡行示拿。令恩主严喻，为十家门牌不容留忍，二公之恤民可谓周且至也。兹者，古楼民兵深体□二公之忌，饬奠一境之安，会同九里等齐集一心，具禀请禁十条，遵示建碑。惟期恶者尽除，人人同享太平之乐，善人是福，个个共跻仁寿之休，是则我地方之厚幸也夫。

是序。大清咸□□□□□□□。

遵义禁止碑

遵义县事镇宁州正堂加二级严，为出示严禁以靖地方事案。据沙九里民兵等公禀，近有一党不法匪徒，假以乞丐为名，日则恃强恶讨，夜则偷窃扰害，甚拈香拜把，宰杀耕牛，恃强坐骗，抢割田谷，或包揽词讼，捞秧盗种，或窝贼分肥，毁堰毒鱼，种种不法，呈请示禁，等因据此，除词批示并饬差严密查拿外，合行出示严禁。为此，示仰该处诸邑人等知悉，嗣后尔等务宜父戒其子，兄戒其弟，各安本分，勉为善良，如再有不法匪徒敢蹈前辙，以及本地棍徒窝留容隐，许尔甲众人等秉公捆解赴案，以凭尽法究治，决不姑宽，尔等亦不得借此挟嫌妄报。滋事致□并究，各宜凛遵毋违。特示。

大清咸丰元年（1851）十二月二十日示。

贵阳下铺禁止碑

盖闻朝廷有律法，庶民有禁条。凡我堡之人，自古来黔，住此数百年。四面山坡，乃是堡内风水，理应培补。余以勒石立碑，禁止：

凉亭内不准挖泥；

小山坡不准开石，挖泥，割柴叶、茨草；

贵州坡不准开石、挖泥。大石板及敲邦候不准开山、挖泥、看牛、割柴叶、茨草；

官塘不准担水；

外面骑马与抬轿，不准进堡过道。

以上五条如若不遵，罚银四两六钱是实。

清咸丰元年（1851）孟冬月　立

公议十条

今将示禁十条开列于左：

一禁结盟、禁窝贼，一禁讼棍，一禁乞丐，一禁抢割，一禁抬磕，一禁坐骗，一禁宰杀耕牛，一禁毁堰毒鱼，一禁捞秧盗种。

贵定菜苗井规碑

盖闻修井众姓人等议：妇人背水随到随背，不准洗衣裙井内。若有不依者，罚银一两二钱。开列于后。

大清咸丰二年（1852）壬子三月吉　立

注释：该碑现位于贵州省贵定县德新镇菜苗村。

亚莫村三村石牌[①]

万古流传。恩（因）为盘故（古）至（置）〔天〕神□（农）皇帝至（置）造人民。先立金坛，后立社庙。祖公这水村，太平安落（乐）。祖公安王雷村，太平安落（乐）。祖公安故平村，太平安落（乐）。到金（今）世不同祖公。有人威

---

① 亚莫村三村石牌原竖立于广西金秀瑶族自治县低水村闸门墙上。1957年5月19日采集。

（亏）理无里（理），求官难主管地方。这水、平霞、古平三村齐齐相义（商议），同心相良（商量），到瑶山问四村头人，头人一一愿官（管）。昔地村：苏胜举、胜愿、道明、胜周、道珠、胜远、道寿、胜□、胜转、道营、扶先、扶当、扶托、扶□、道□；故罗村：刘胜艺、胜珠、胜放、扶己、道坤、胜奉、道法、道学、扶胜、扶心、胜法、扶婆、扶满；上秀村：龚扶应、胜财、胜正、胜堂、道印、扶千、扶祝、道阳、扶连、扶卷、胜奉、扶开、扶理、道□、扶布；歌赦村：胜园、胜□、胜放、扶印、胜度、扶土，五十名父母管。这水四村：陶法学、陶道庆、陶道昌、莫扶枝、陶法置、陶三石、陶玄界；平霞村：陶道阳、陶法旺；古平村：莫道富、莫新永，三村十一主男女，子子孙孙在（太）平安落（乐），照父母法律，不得乱更□。瑶人（盘瑶），过往客人（汉人）状人（壮人），过往有契无有，不得启事，天理良心。何人乱庄（装）士（事），五十名作主。我父母祝你男女同上卜全、下卜全，不得更□。你上卜全、下卜全同十一主，不得更□，各地天里（理）良心，太平。为你十一主杀牛一只，杀猪三只，酒疏程（数罇）。父母受后，太子孙知（值）得。大吉大利，天长地玖（久）。

代笔人昔地村苏胜举，受功（工）钱八百文整，受你猪儿（小猪）二只。

太（大）清咸丰三年（1853）癸丑正月十六日卯时吉立，保障平安。

罗运等九村石牌①

公道家起立石牌大会律廖（料）。

第一廖：（料下同）有事要行老。

第二廖：屋不得乱抱（挖）。

第三廖：女人不得捉。

第四廖：兄弟不得捉。

第五廖：牛不得乱牵。

第六廖：禾不得乱斩。

第七廖：（仓）不得乱轿（撬）。

第八廖：堰坝不得乱播（翻）。

第九廖：大事化成小事。

天地大利，日月光明。

罗运村头人：扶伊、扶阴、扶晓、扶冬。

三寨村头人：扶仁、扶斩、保见。

罗（六）俄村头人：扶倩、扶种。

白牛村头人：扶情、扶廷。

罗丹村头人：扶安、扶晚。

初（丈）二村头人：扶针、扶乃、扶曾。

陆（六）團村头人：扶民、扶邦。

南洲村头人：扶消。

隆兴（龙华）村头人：扶满、扶白、扶利。

---

① 罗运等九村石牌原竖立在广西金有瑶族自治县罗连乡兴六团两村间交界的拉河口。1957年5月3日采集。

咸丰三年（1853）春季三月二十一日。

盘扶五公亲造立。

干家山禁砍古树碑

法祖畏神

此二树爱我先祖留种至今，子子孙孙勿替，前迨咸丰三年七月内，有人焉，将此树窃售吴姓，载价一千二百文。众意圣临凡，遂传此树不可欲也，欲不可砍也，莫偿吴姓之钱，监视砍之，又恐神灵考责。于是公议，将庙会之钱捐偿吴姓，致使人时其外，何须御侮□□□有怒座前不尤降灾，树木阴翳昔声等，上下不提两全无憾乎。余与众族约，务须父戒其子，兄勉其弟，协为同心，互相保守。如看获窃使禁者，罚钱十千；如有贪谋财利者，罚银百两。凡我同姓绝不食言，若谁人敢来犯禁，至考犯挫折，不可窃至家中，风雨崩颠，亦用于庙上哉。心老敬守，同前吾子孙永防异，则神灵之传命先道，两先祖载，保也。是为序。

头人干庆礼　干庆青　干多贵　帅学书

咸丰四年三月初四日吉旦

注释：该碑现位于贵州省思南县青杠坡干家山。

安顺水塘寨"安良除贼"碑

万古留传

盖闻一乡之中，不在人户多寡，特患立心不一。想予寨自洪武奉调来黔，落业安顺府，□世世相承。举凡善道相化，号令一施，尊卑长幼皆然。故寨内风水，在昔时闻美，修上下河境，何世不颂。浩荡汪洋，前后山林，时人均称荣扶畅茂。奈近有无知伍水生、伍玉生、伍老白、伍文交日用行习，时有不遵长老教号。或则离族而窃伐山林，或违众而偷挖河境。众人平日囊识，而数人临事，全不甚拿获。不料至咸丰五年地方挠乱，七月内反贼烧杀至滥泥箐、外井，寨内老老幼幼战惊。是月，又蒙大人沈府王刘校命，日日拨人寓中路坡堵关村，家得力人数诚无几人。众寨方将男女、货物衣服等件，耳环首饰及文书，尽藏于寨边洞头。阅至九月初三日，洞头货物及文书谁知一均失落，约计货物价银大约有二三百两之数。众人遂将来往逆命数人审问，而数人招认。谓偷洞头货物文书，果予等几人！但口工（供）招之是实，众人得货甚少，众人寒心。又遇城中难人之岁，只得奉府县主格杀勿论旗令，遂将数人除制；并数人房屋众寨与他毁挞，数人田地众寨与他变卖。于除制后，众寨仍齐心访查，恐异日有人或将众人失落之文书抵借银两使用。众人查实决问放银两之主，以拿借银之人。且寨内前后左右地界及花户各自买之山林，众寨人禁护草木：一不许外井人伐，二不许寨内三四月搜巡蕨菜，五六月伐卖豆架，冬腊月开挖格兜（蔸），周岁月尽获溪草。如或开挖尽获搜巡。伐卖者惟在荒山野箐。不然各照本业而行，且众寨禁护不止此也。寨中及上下坟茔风水尤为要事，故坝中河境（凼）众人齐心修理。一不许外网取鱼，二不许寨内开挖，且每年中寨内瓜菜、辣子、鸡、狗、鹅、鸭并不许临财苟得。如顽梗不服敢为众蒙，日用间仍有东窃西盗，尽掳家财者，众寨拿获，仍照前人洗他家业，还抑且送官究办，决不虚言，故罚数两之银。立此碑，以垂万代矣!

头人　伍廷桂　伍廷钦　伍上兹

管理人　伍廷甲　伍廷湘　伍上钦　伍上奎。

花户（均为伍姓的"廷"和"上"字辈，共三十八名，略）同心同德。

咸丰五年九月二十七日立

匠人尹入胜

注释：该碑现位于贵州省安顺市水塘寨村口土地庙。

有食上村村规民约碑

从来风俗之邪正，始自人心。人心之贤愚，半由教育。幸生于（一行）圣天子昌隆之世，吴府主抚字之秋。忍为梗化顽民，有干法纪者（二行）哉。我有食上村三十余家，同宗合族，支派虽分远近，情谊讵别（三行）亲疏。历代以来，人心醇朴。无如后生小子，不遵家训者有之。不（四行）行正道者有之。只缘误入迷途，遂致败坏风俗，愈趋愈下，能勿虑（五行）乎？爰集父老，议成规戒条约，有不遵者，家法治之。有负固者，各（六行）族攻之。幸而还醇返朴，孝友维风，和气致祥，人文蔚起，固门庭（七行）之发也，亦闾里之光也，今将条约寿之于石，子子孙孙勿替，引之（八行）。

一完国课。凡合村钱粮，于开征之后，必早完纳。倘故意迟延，以至累（九行）及户长者，必究（十行）。

一敦人伦。人生之百行，以孝弟为先。倘子弟有负性愚顽，入不孝（十一行），出不弟者，必究（十二行）。

一勤本业。语云：一家之计在于勤。倘子弟有游手好闲，以致田园荒芜（十三行），不顾父母之养者，必究（十四行）。

一正风俗。凡乡村之中，风俗不正，的系祸患关头。倘子弟有勾结（十五行）外匪，窝赌窝盗，引诱良家子弟者，必究（十六行）。

一息争讼。凡乡村之中，和气致祥。凡钱账田土，互相口角，必先通（十七行）知老人。倘有借事生端，妄经官府者，必究（十八行）。

一重廉耻。凡乡村之中，一切器皿，有无相通，理之常然。倘有借去（十九行）不还，故意隐匿，以致查出者，必究（二十行）。

一崇祀典。凡春祈秋报。以及圣诞佳节，递年轮流。某家承办，各（二十一行）家相助。倘有吝惜钱财，事后推诿者，必究（二十二行）。

一戒奢侈。凡喜忧二事，趁家有无。倘有家贫而妄事奢侈，以致负（二十三行）债不清者，必究（二十四行）。

一严六畜。凡牛马猪羊，必小心照管。倘有任意纵放，以致扰害田园（二十五行）者，必究（二十六行）。

一遵条约。凡乡村之中，幸有正直老人，严谨村规，最是美事。倘有（二十七行）子弟为非，而其父兄为之护蔽，以致养成大恶者，必究（二十八行）。

字正中、正邦、正兴、字聊奎、聊第、聊章、聊璧、聊宿、聊纹、聊晋、聊唐、聊霄、聊信。及字恩荣、恩诏等恩字辈二十五人（二十九至三十八行）。

大清咸丰五年（1855）岁序乙卯中秋月下瀚吉旦仝立（三十九行）（陈维鼎录文）。

兴义绿荫布依族永垂不朽碑

窃思天地之钟灵，诞生贤哲；山川之毓秀，代产英豪。是以维岳降神，赖此朴械之气所郁结而成也。

然山深必因乎水茂，而人攒必赖乎地灵。以此之故，众寨公议，近来因屋后丙山牧放牲畜，草木因之濯濯，掀开石厂，巍石遂成嶙峋。举目四顾，不甚叹惜！于是齐集与岑姓面议，办钱十千，楣与众人，永为世代，□后龙培植树木，禁止开挖，庶几龙脉丰满，人物咸□。倘有不遵，开山破石罚钱一千二百文，牧牛割柴罚钱六百文。勿谓言之不先矣！

计开助钱之人姓名开列于后（因风化字迹模糊，故略）。

咸丰五年（1855）冬月二十五日。

漆獠坝团会十规碑

盖闻聚齐团会，皆为驱逐匪类而没。近今连年不宁，每有□□田谷地粮，瓜果菜蔬，勾控害良，无故生端，假耕小春痞串，率磕明公暗害，日提鸟笼借粮。为户隔地，匪徒日间三五成群，夜则挖割墙壁，种种不法，扰害境内，难以枚举。是以合地遵奉，上中下三地大宪齐团，议言开列于后。一议十规之条：若有境内牲畜为害，挨亲为首，苗照样。借奸随良，凭众公剖。窝赌诱良，凭团深究。堆口谋产，查实转缴。耕会为恶，凭众听罚。内挨外戚，明好暗藏，凭团公议。境内之会说乡道，保两无私挂。倘有武断乡曲，凭会追究。挨业窃柴，凭会惩罚。聚团齐会立碑，为首刻铭千古。特序。

周大恩、周大河（等）

大清咸丰五年己□□立

说明：该碑发现于利川市谋道乡漆獠坝。

贞丰长贡布依族护林碑

尝闻古之所云："三不让者，祖茔为首"。盖龙之砂木，原赖子孙蓬（逢）节洒扫，栽蓄树木以培风水，光前代兴裕后人。自清朝以来，罗氏一门，将祖茔安厝于弄房之易，茂荫儿孙，一脉相传，今为数枝之广所。蓄大树，数树原赖后龙，家之麟毛而已！竟有不识之子孙，几毁伤龙脉，砍伐古树，惊动龙神，祖茔不安。是以合族老幼子孙，合同公议，故立碑以示后世子孙：如有妄砍树木，挖伤坟墓者，严拿赴公治罪，莫怪言之不先。自禁之后，各宜凛遵，毋得行毁伤龙神，以后罗氏一门后代，受情莫测，特此故立碑禁止。告白。如有遵碑，毋得擅砍坟山，子孙发达，常产麒麟之子，定生凤凰之儿。此吾等罗氏一门之光，荣宗耀祖也。

咸丰七年（1857）正月初立日公立。

石板哨十寨乡禁碑

盖闻国以民为本，民以食为天。自因乡规未启，盗窃滋犯，刻为碑记，永免贼害。

一、议贼入境盗窃家财、六畜等，不光齐集本寨，鸣锣吹角，分路追赶，邻寨闻声，各守要路，拿获送交县官究治。

一、议盗窃五谷、竹木，拿获交集本团甲长分议，除赔还外，再诉□罚。

一、议盗窃草厂、菜、谷，拿交总甲，除赔偿外，再议□罚。

一、议六畜践踏五谷者，拿获交甲长，相地赔还。如不遵者，再投总甲认罚。

一、议失遗有由，准给搜寻，□□不得转行坐护，违者送县官究治。

一、议毒鱼打鸟者，拿获罚钱一万□千文。倘见者不说，□亦罚钱五百文。

一、议乞丐入寨，除老弱以外，不准□文。

一、议违令该罚之人，如有恃横不依者，交县官究治。

以上诸条皆由众定。一寨有事，各寨同体。倘有坐视，公同议□，如再不遵，禀官究治。

所定乡规，春秋两禁。每年约定六月十五日一会，如有一人不至，罚钱一千。

天鹅寨、半边山、龙场坡、小高寨、大高寨、摆巷、摆笼、井猫洞、芦茨寨、茨凹。

咸丰八年（1858）六月十五日十寨公立。

安龙阿能寨布依族谨白碑

其法，国有律条，乡党有禁约。全寨岑、韦二姓秉心公议，将鸡、猪崽、□水，在此井边合息禁止：凡不洗菜、布、衣，污秽水井。

凡寨内不许窝藏赌徒引脚贼盗。

凡若有估骗借故拷（敲）磕者，定约人□□□□□。

凡若有盗贼进寨，大众捱迹，谁户不秉人等行查根由者，将伊命贼□党。

凡各畜（蓄）边田边地树木柴薪，不许砍伐□□。

凡各依碑序，以□保善畜（蓄）。若有不遵公议，干□猪、鸡、酒加培（倍）赔完。勿谓言之不先矣，特此谨白。

大清咸丰九年（1859）□立。

鹤峰公同议定碑

预白上下来往客商近来此处地方柴草艰难，故上起大岩关，下至懒市歇店，公同商议，每客取钱十文，生米火钱三文，炒饭钱二文，如违公罚，此白。

咸丰十年三月十五日　立

说明：此碑原立于鹤峰县走马乡花桥村，现存于县博物馆碑林。

同　治

同治婚规碑

第一条、一议□□□□□□□□□

第二条、一议讨外甥□□□□□□□

第三条、一议□□□□□□□□□

第四条、一议讨外甥女，男家罚牛八只，钱三十千。

第五条、一议上户财礼二十四千文，中户十八千文，下户十二千文，众议不准多要。

第六条、一议寡妇财礼，放水牛二只，钱六百文，穷者钱三百文。

第七条、一议犯奸者，案犯上户罚钱二十千文，中户十八千文，下户九千文。

大清同治（1862）二年三月立。

荔波瑶山石牌①

（前缺。）

第四条、一议讨外（族）男女，罚牛八只，钱三千（文）。

第五条、一议上户财礼二十四斤（猪肉），中户十八斤，下户十二斤。众议不许多要。

第六条、一议寡妇（讨寡妇）财礼水牛两只，钱六百文，穷者三百文。

第七条、一议犯奸者，按规上户罚钱二十千，中户十八千，下户九千。

署众姓名（略）。

大清同治二年（1862）三月吉日立。

册亨秧佑布依族乡规碑

从来为善必福，为恶必殃。是知虽属□□□□□□□□，贵当争（遵）与其□□。率伪□□溺□□咎，作德而归于昌之为要遵也。□□邪作异，引纪纲之中，情必露于世，□□□同

---

① 荔波瑶山石牌原存贵州荔波县。该组原存三块石牌，两块清以前建立，其中一块模糊难识，一块只是后半部清楚，一块是民国三十七年（1948）竖立。该乡石牌建立后，均按此各文议罚违规者。1958年，贵州少数民族社会历史调查组水族调查分组采集。

乡之□□，处升□之□□□体大。王章浇漓之秋，尤急敦天鉴，劝兄弟妻子之邻，共安耕纺织，相友相助之义，协同正直公平。我等各户集齐为善，协议禁条，俱□同心好善，此系取是舍非。

不准赌博婪贪，诱惑孺子。

不准窝贼招匪，致偷设害。

不准勾引刁棍，平（凭）空讹磋。

不准□□词讼，波害良家。

不准占淫人妻，活夺□□。

不准占偷树木，争夺田地。

不准偷鸡盗狗，摘瓜偷笋。

不准恃尊凌卑，凶行磋索。

自立禁碑之日，告知我村各安守法，比户虽殊，视若一体。诸恶莫作，众善奉行，各守典则，形成天体。尚（倘）有不尊（遵）本禁，违条讨犯者，不拘寨头花户，理应照条实罚，依犯重究，而将资以为赏罚之用。其中违犯之人，罪人亲属礼以家无全犯之事也。各宜慎之勿违，特禁各条开列于左：

假契谋业，罚钱十二吊。

不准赌博，违禁者议该罚钱二十吊。

不准勾结讹磋，违犯者议该罚钱二十四吊。

不准偷鸡狗、盗笋瓜，违犯者议该罚：犯偷鸡狗罚六吊四，犯偷竹笋竹木罚三吊六。

不准偷竹木寺田地，违者议该罚钱十二吊。

不准窝藏匪贼，违者议该罚钱二十四吊。

不准□□词讼，违者议该罚钱十二吊。

不准纵火烧林，违者议该罚钱一吊二。

不准恃尊讹磕,违者议该罚钱七吊二。

同治六年(1866)丁卯仲冬合择戊辰吉日立。

金秀沿河十村平免石牌①

我等切(窃)思:恩(因)为盘古初开天地,伏稀(羲)姐(姊)妹始造人民。在明朝目下,立昨(着)会律法,不准何人乱昨(作)横事。在道光目下,现见金扶盏并无经人□□□去刘扶川。又至田村莫道流,在半路杀死人民(命)田扶眼,众石牌未能得会。目下咸丰世上,又金村十家同如歌望村陶胜有之事,经去外处请来客(汉)人邦(帮)打。目下现出世界非乱,不知何人非恶,在对角大路等之昔地村,想乱锁人事。昔地众兄报经十村头人,大家和气立启(起)石排(牌),不准何人乱昨(作)事非。在之同治六年(1867)正月十六日,被此刘村刘扶鉴、老昌、胜庆三人,不进古矣恶夭(嚣)非强,打澜(烂)石排(牌)。十村等会不伏(服),要他三人各立石排(牌)律法防后。十村头人弟兄载立章呈(程),齐心准此道白。

众石排(牌),立律防日(后)。

一立不论河(何)人有事经过老人,正(才)得锁人可也。

二立不论河(何)人无事半路不得乱杀人命可也。

三立不论河(何)人有事莫打禾苗田亩百勿(物)可也。

---

① 金秀沿河十村平免石牌原立金秀瑶族自治县田村苗圃附近。1956年11月29日采集。

四立不论河（何）人有事不得那（拉）牛只畜勿（物）可也。

五立不论河（何）人有事莫乱山场香草、竹木可也。

六立不论河（何）人去村向数食酒，莫赖生事可也。

七立不论河（何）人有事，阁下弟兄不得那（拿）者可也。

八立不论河（何）人有事，不得放火烧屋，不得开禾仓可也。

九立不论河（何）人有事，请启（起）老人言清，不得返（反）悔可也。

十立不论河（何）人见客买卖生意，不得乱昨（作）横事，莫怪石排（牌）。

十二立不论河（何）人见客买卖生意，不得乱昨（作）横事可也。

十二立石排（牌）河（何）人昨（作）夭（嚣）非强，石排（牌）问他一家弟兄可也。

十三立众石排（牌）河（何）人昨（作）生事盏（铲）灭男女启（起）杀死可也。

恭　喜

大清同治六年（1866），丁卯某月某日吉立发。

光　绪

三江马胖永定苗侗族条规碑

半路拦截（抢劫），公罚钱六十四千文；

挖墙破（拱）壁，公罚钱三十二千文；

偷牛盗马，公罚钱三十二千文；

私开赌博，公罚钱一十二千文；

倒翻田产，公罚钱一十二千文；

拐带人口，公罚钱三十二千文；

强盗告失主，公罚钱一十二千文；

私代官论，公罚钱一十二千文；

借名吓（勒）索，公罚钱八千八百文；

偷盗鱼塘（偷鱼），公罚钱八千八百文；

横行油火（诈骗），公罚钱八千八百文；

私骗（编）账目，公罚钱八千八百文；

勾生吃熟（充当内奸），公罚钱六千八百文；

银匠私铸铜银，公罚钱一十二千文；

头人受贿，公罚钱六千四百文；

偏袒不公，公罚钱六千四百文；

偷水鱼塘（偷水），公罚钱四千二百文；

放断头货，公罚钱三千二百文；

停留生面（留宿生人），公罚钱二千二百文；

偷盗田禾（偷粮），公罚钱四千四百文；

偷盗茶子（籽），公罚钱四千四百文；

偷盗棉花，公罚钱二千二百文；

妄砍竹木，公罚钱一千二百文；

偷盗鸡鸭，公罚钱一千二百文；

放火烧山，公罚钱一千二百文；

乱捞鱼塘（偷鱼），公罚钱一千二百文；

乱放耕牛，公罚钱一千二百文；

私买柴火，公罚钱一千二百文；

偷盗柴火，公罚钱一千二百文；

偷盗菜园（偷菜），公罚钱八百文；

光绪元年十一月吉日立碑。

严家祠堂碑刻

碑一：

严家宗祠　创造　宗祠序

我先生祠堂着于桐卢，作之记者，范文正公也。为之后者四家，家于分宜者，黔谱未详，宗佑代有典司，咸淳间陵祖由江右徙黔，筑祠于居室之左，于今黝，殆甲于且兰。国朝乾隆初年，志敏祖奉子善祖经此契龟惟食，歌斯哭期，聚族于斯者盖百有三十载矣。室家纵立，路寝未成，春路秋霜，抱欠于晨昏不少，道光末先叔附生雨村石禄，质义祖嗣斩先大夫成斋相有志就此刘砻绿禄书未逮，附贡生因之叔与天民叔及我先君子久欲绩成其志，格于族义简与先堂兄太学生玉山拟论不敢事遂寝。乙亥夏，因之叔年已七十矣，痛先灵之未妥而河清难挨，援率龙、秉臣弟指所受七房业创建，泊合族会议踊跃助襄，汝为弟珠□侄鸠工庀材，于是乎大启尔宇，吁！休哉。因之叔之为功于一家者岂浅鲜哉。上以明尊尊之道，下以明亲亲之道，旁以明老老幼幼、贤贤贵贵之道，神道尽而人道立。将尊祖者敬宗，敬宗者即收族而后□田孙子规矩，高曾馨香俎豆，姒续簪缨，后人之报本也，隆则先人之介福也。景因之叔之率族食报于将来者讵有量乎。我先生山高水长之风，简当于礼仪既备，钟鼓既成之余而口跄颂之，是为序。

钦赐花翎盐提举司即补遗州直隶州正堂云孙　简敬撰

大清光绪三年七月朔六日　立

碑二：

溯自

光绪、乾隆初，我祖志敏由黔迁楚，别祖为宗，筑室于兹，已百五十余载，子孙继继承承，皆缘祖宗积德累仁所致。建光绪元年寝庙既成，春秋匪懈。则后世之报本也隆，先人之降辐也远，爰匾额敬献历代昭穆考妣神祖位前，触目惊心，以垂久远。

碑三：

敬宗收族

大宗孙首称即镰字宝轩亦号珠□偕值年族弟首寅、宾、瑞率族侄循斌捐资同立　大清光绪二十九年长至　谷旦

祠中所议条规，犹未周详，恐阅者不能洞悉。缘录刊王士晋先生宗规十六条，凡我子孙，庶几了然心目。

碑四：

乡约当遵

孝顺父母，尊敬长上，和睦乡邻，教训子孙，各安生理，毋作非为，这六句包尽做人的道理。凡为忠臣，为孝子，为顺孙，为盛世良民，皆由此出。无论圣愚，皆晓此文义，只是不甘着实遵行，故自陷于过恶。祖宗在上，岂忍使子孙如此。今

于祠堂内，仿乡约仪节，每朔日，族长督率子弟斋赴听讲，各宜恭敬体认，共俗美俗。

碑五：
祠墓当展
祠乃祖宗神灵所依，墓乃祖宗体魄所藏。子孙思祖宗不可见，见所依所藏之处，即如见祖宗体魄一股。时而祠祭，时而墓祭，皆展视大礼，必加敬仅。凡栋宇有坏则葺之，罅漏则补之，垣砌碑石有损则重整之，蓬棘则剪之，树木什器则爱惜之，或被人侵害盗卖盗葬则同心合力复之。患无忽小，事勿逾时，若使缓延，所费愈大。此事死如事生，事亡如事存之道，族人所宜讲者。

碑六：
族类当辨
类族辨物，圣人不废。世以门弟相高，间有非族认人为族者，或同姓而杂居一里，自外邑迁居本村，或继同姓为子嗣，其类匪一。然姓虽同而祠不同人，墓不同祭，是非难淆，终似当辨，倘称申亦以叔侄兄弟，后将如之何？谱内必严为之防。盖神不歆非类，处己处人之道，当如是也。

碑七：
名非当立
非族者辨之，众人所易知易能也。同族者实有兄弟叔侄名分，彼此称呼，自有定序。近世风俗浇漓，或狎亵昵，或口于阿承，皆非礼也。至于拜揖必恭，言语必逊，坐次必依先后，不论近族远族，俱照叔侄序列，请实亲洽，心更相安，名门故家之礼，原是如此。支有尊庶母为嫡，跻妾为妻者，大乖纲常，反蒙诟笑。又子女已嫁，而归辄居客位，是何礼数？吉水罗念庵先生，宅于归宁之女，仍依世次别没一席，可法也。若同族义男，亦必有约束，不得凌犯疏房长上，有失族滨，且寓防微杜渐之意。

碑八：

宗族当睦

书曰以亲九族，诗曰本支百世睦族，圣王且尔况众人乎？观于万石君家，子孙醇谨，过里必下车，此风犹有存者。未俗或以富贵骄，或以智力抗，或以顽泼凌，虽能争胜一时，已皆作罪孽，况相仇循环不缀，人厌之，天恶之，未有不败者，何苦如此，尝谓睦族之要有三：曰尊尊，曰老老，曰贤贤，名分属尊，行者尊也，则恭顺退逊不敢触犯。分口卑而齿迈众老也，则扶持保护，事以高年之礼。有德行族彦贤也，贤者乃本宗，宗桢口口，亲穴之，景仰之，每事效法，忘分忘年以敬之，此之渭三要。又有四务：曰矜幼弱，曰恤孤寡，曰周穷急，曰解愤竞。幼者稚年，弱者鲜势，人所易欺则矜之，有矜悯之心，自随处为之效力矣。鳏、寡、孤、独，王政所先，况乎同族得于耳闻目击者乎？则恤之，贫者恤以善言，富者以财毅，皆所德也。衣食窘急，坐计无聊，命运亦乖，则周之。量己量彼，可为则为，不必望其报，不必使人知，善尽吾心焉。人有愤则争竞，得一人劝之，气遂平；遏一人助之，气愈激。然当局而迷者多矣，居问解之，族人之责，亦积善之一事也，此之谓四务。引伸触类，为义田、为义仓、为义学、为义冢，教养同族，使生死无失，所皆豪杰，所当为者善乎？陶渊明之言曰，同源分流，人易世疏，慨焉寤叹，念兹厥初。范文正公之言曰，宗族于吾，固有亲疏，自祖宗□之则均是子孙，固无亲疏。此先贤之格言也，人能以祖宗之念为念，自知宗族之当念矣。

碑九：
谱牒当重

谱牒所载，皆宗族祖父名讳，孝子顺孙，目可得者，口不可得言。收藏贵密，保守贵久，每岁清明祭祖时，宜各带所编发字号原本，到宗祠会看一编，祭毕仍各收藏，如有鼠侵油污磨坏字迹者，族长同族众即在祖宗前量加惩诫，另择贤能子孙收管，登名于簿，以便稽查。或有不消辈，鬻谱卖宗，或誊写原本瞒众觅利，致使以伪混真，紊乱支派者，不惟得罪人，抑且得罪祖宗，众公黜之，不许入祠，仍会众呈官，追谱治罪。

碑十：
闺门当重

男正位乎外，女正位乎内，圣训也。君子正家，取法乎此，其闺门未有不严肃者。纵家道贫富不齐，如耕采桑，操井臼之类，势所不免，而清白家风自在。或有不幸寡居，则担心铁石，白首冰霜，如古所载贞烈妇女，炳耀先后，相传不朽，皆风化之助，亦以三从四德姆训娴养之者素也。若徇利妄娶门阀不称家教无闻，又或赋性不良凶悍妒忌，傲僻长舌，私溺子女，皆为家之索罪坐其夫。若本妇委果冥顽，化谋不改，夫亦无之如何者，祠中据本夫告词询访的确，当祖宗前合众给以除名帖，或屏之外氏之家，亦少有所警矣。经之教妇在初来，择妇必世德。语曰：逆家子不娶，乱家子不娶。颜氏家训曰：娶，必欲不若吾家者，盖言娶贫女有益，非谓迁就族类，娶卑陋之女以贻祸也。至于近时恶俗人家，妇女有相要二、三十人，结社讲经，不分晓夜者，有跋涉数千里外，望南海走东岱祈福者，有数望入祠烧香者，有春看春，灯节看灯者，有纵容女归往者，搬弄是闲家之道，一切严禁，庶无他患。

碑十一：

蒙养当豫

闺门之内，古人有胎教，又有能言之教，父兄又有小学之教，是以子弟易于成材，今俗教子弟者，何如上者教之，作文取科第功名止矣，功名之上道德未教也。次者教之杂志、柬笺，以便商贾书计。下者教之状词，活套，以为他日刁猾之地。是虽教之，实为害之也。族中各父兄，须知子弟之当教，又虽知教法之当正，又须知养正之当豫，七岁便入乡塾，学字学书，随其质渐长者，知识便择端口，师友将正经史，严加顺迪，务使变化气质，陶镕德性也。日若做秀才，做官，固为良士、为廉吏，就是为农、为商，亦不失为醇谨君子。

碑十二：

姻里当厚

姻者族之亲，里者族之邻，远则情相关，近则出门求见。

宇宙茫茫，幸而聚集，亦是良缘。况童蒙或多同馆，或共游嬉，比之路人回别，凡是当皆从厚。通有无，恤惠难，不论曾否相与，俱以诚心和气遇之。即使彼待我薄，我不可以薄待，久之且感而化矣。若恃强凌弱、倚众暴寡、靠富欺贫、捏故占人田地风水、侵山林疆界、放债违例过三分取息，此皆薄恶凶习。天道好还，尤宜急戒，毋自害儿孙也。

碑十三：
职业当勤

士农工商，业虽不同，皆是本职。勤则职业修，惰则职业口。修则父母妻子仰事俯育，有口则资身无策，不免姗笑于姻里。然所谓勤者，非徒尽力实要尽道。如士则须先德行次文艺，切勿因读书识字舞弄文法，颠倒是非，造歌谣匿名帖。举监生员不得出入公门，有玷行止。仕宦不得以贿败官，玷辱祖宗。农者不得窃田水、纵牲畜作践，欺赖佃租。工者不可作淫巧售，敝伪器什。商者不得纨绔冶游，酒色浪费。亦不得越四民之外，为僧道，为胥隶、为优戏、为椎埋屠宰。若赌博一事，近来相习成风，凡倾家荡产，招祸逮寡，无不由此犯者，会族众送官惩治，不得罪坐房长。

碑十四：
赋役当供

以下事上，古今通谊。赋税力役之征，皆国家法度所系。若拖欠钱粮、躲避差徭，便是不良百姓，连累里长，恼烦官府，追呼问罪，甚至枷号，身家被亏，玷辱父母，又准不得事，仍要赋税完官，是何算计？故勤业之人，将一年本等差粮，先要辩纳明白，讨经手凶印押收票存证。上不欠官钱，何等自在，亦良民职分所当尽者。

碑十五：
争讼当止

太平百姓完赋役无争讼，便是天堂世界，盖讼事有害无利，要盘缠，要走路，若造机关又坏心技。且不论官府廉明何如，到城市便被歇家撮弄，到衙门便被胥皂呵叱，俟候几朝夕才得见官，理直犹可，理屈到底吃亏，受笞杖，受罪罚，甚至破家、亡身、辱亲。冤冤相报，害及子孙。总之则为一念客气始不可慎。经曰，君子以作事谋始，始能忍，终无祸。始之时义大矣哉。即有万不得已，或关系父母兄弟妻子事情，私下处不得，没奈何闻官，只能从直告诉，官府善察情更易明白，切莫架桥捏怪，致问招回，又要早知回头不可终诉。圣人于讼卦曰，惕中言终凶，此是锦囊妙策，须是自作主张，不可听讼师棍党教唆，财被人得，祸自己当，省之省之。

碑十六：
节俭当从

老氏三宝，俭居一焉，人生福分各有限制，若欲饮食衣服，日用起居，一一朴口有余，不尽之享以还造化，优游天年，是可以养福；奢败度俭约，鲜过不逊，宁因圣人有辩，是可以养德；多费多取，至于多取，不免奴颜婢膝，委曲徇人，自丧己志，费少取，随分随足，浩然自得，是可以养气。且以俭示后子孙可法，有益于家，以俭率人，敝俗可挽，有益于国，世固莫之能行何哉。其弊在于好门面，一念始口如乎讼，好赢的门面，则鬻产借债，讨人情钻刺，不顾利害、吉凶、礼节，好富厚的门面，则卖田嫁女，厚赂聘媳，铺张发口，开厨说供，倡优什逸，击鲜散帛，乱用绫纱。又加招请贵宾、宴新婿与搬戏许愿，予修祈福，力实不支，没法应用，不知挖肉被疮，所以损日甚，此皆恶俗，可怜，可悲。噫！士者民之倡贤，智者庸众之倡债。有所属，吾日望之。

碑十七：

守望当严

上司没立保甲，只为地方，而百姓却乃欺瞒官府，虚玄故事，以致防盗无术，束手待寇。少则穷，大则强，及至告官，得不偿失。即能获盗，牵累无时，抛弃本业，是百姓之自为计疏也。民族虽散居，然多者千烟，少者百室，又少者数十户，兼有乡邻同井，相友相助，须依奉上司条约。平居互议出入，有事口为应援。或合或分，随便截若约中有不遵，防范踪迹可疑者，实时察之。若果有实事可据，即会呈究治，盖治盖思患预防不可不虑，奢靡之乡，尤所当虑也。

碑十八：

邪巫当禁

禁止师巫邪术，律有明条，盖鬼衰理之一定者。故曰，国将兴听于人，国将亡听于神，况百姓之家乎？故一切左道惑众诸辈，宜勿令至门。至于妇女识见庸下，更喜眉神缴福，其惑于邪巫也尤于男子。且风俗日伦，僧道之外，又有斋婆、卖婆、尼姑、跳神、卜妇、女相、女戏等项，穿入门户，人不知禁，以致哄诱，则甚有犯奸盗者，为害不小。各夫男虽皆有预防，察其动静，杜其往来，以免后悔，此是斋家最要紧事。

碑十九：

四礼当行

先王制冠婚丧祭四礼，以范后人，载在《性理大全》及《家礼》仪节者，是皆国朝颁降者也。民生日用常行，此为最切。惟礼则成父道、成子道、成夫妇之道；无礼则禽兽耳。然民俗所以不由礼者，或谓礼节烦多，未免伤财废事，不知师其意而用，精至易简，何不可行？试言其大要：冠则宾不用币，归止淆品果酒，不用牲惟以俭。族有冠者众，则同日行礼，长子众子各从其类赞与席，如冠者之数，祝词不重出，加冠醮酒，视后次第举之。拜则同庶人三加之礼，初用小帽，小深衣服鞋，再用打巾帽，深衣皂靴，三用方巾或儒巾，服或直身、或裯衫、员领皆从便。婚则禁同姓，禁服妇改嫁，恐犯离异之律。女未及笄无过门。夫亡无招赘，无招夫养夫。受聘择门第、辨良贱，无贪下户货财，将女许配，作贱骨肉玷辱宗枋。丧则惟竭力于衣衾棺椁，丧礼哀泣，棺内不得用金银玉物。吊者上茶，途远待以素饭，不设酒筵。服未除不嫁娶、不听乐、不与宴贺，哀经不入公门。葬必择地，避五鬼，不得泥风水邀福。至有终身不葬，累世不葬，不得盗葬，不得侵祖葬，不得水葬，尤不得火化，犯律重罪。祭则聚精神，至孝高内外一心，长幼整肃。具物惟称家有无，不得为非礼之礼。此皆孝子慈孙所当尽者。

以上十六条古今来宗规惟此至详且悉，可以保身家，可以培风化，可以安先灵，可以裕后启，孝弟尽于斯，忠信立于斯，礼义敦于斯，严耻励于斯。四书中之要，六言经内之精义也。尔曹口诵心维，身体力行，毋谓尔富，富即伏弱；毋谓尔贵，贵即伏贱；毋谓尔强，强即伏贫；毋谓尔巧，巧即伏拙。宁失厚毋失薄，宁失质毋失文。严辛公曰：不常午分宜诚吾家不远鉴矣。惟愿三复诸款，恪守成章，俎豆香火，极久弥光，则先人幸甚。

大清光绪三年岁在丁丑阳月朔四日　　宝轩书立

碑二十：

宗祠规序

闻之治莫严于朝廷，体莫备于宗庙，朝廷理阳者也，宗庙理阴者也；朝廷之义取诸涣，宗庙之义取诸萃。萃者幽，以聚祖宗之灵明，以聚子孙之气。其礼先序昭穆，昭穆序，而后序爵，以辨贵贱。序事以辨贤否，序齿以辨长幼。祖训宗铭，班班金石，中者尝而过者罚，此宗庙之所以重于朝廷也。祠堂私庙也，虽无国政而有家政。在以吾家自黔迁楚，论世代已八叶，率论烟火近百家，论身口殆将千计，其中巧拙不一，强弱不一，富贵贫贱不一，究之涣之不一，而萃之则一也。聚七世于一堂，问谁无高祖一体乎？以高祖之一则涣而为巧、为强、为富贵，此高祖之所欢也；而涣为拙、为弱、为贫贱，则高祖所必忧。为慈孙者，将欲追承高祖之所欢，必先代慰高祖之所忧，涣之所以不可不萃也；然百其身者百其心，若无尝罚以一之，则萃者将仍涣，窃恐巧拙强弱富贵贫贱不相弃而即相凌；夫相弃则拙者贫贱者难立，相凌则巧者强者富贵者难保；势将合巧拙强弱、富贵贫贱而沦胥以丧矣。收族敬宗以酋祖之义何存乎？故萃之道，在尝罚，此非余等臆创也。为先人固一本即九族，固身家富贵恒于斯，福寿恒于斯。其在庙廷举而涣之，可耳敬之哉。各恭尔事，各守尔典，无坏我　高祖寡命。

恩赐耆员、钦加五品衔候补清军府岁贡士、族长道明、美、培、贞会族议　立

碑二十一：
首士戒规六条

值年首士除经始二人外，务要公正廉直，阖族信服者为之。不得徇情，私相推代；若无公正廉直之人，则于有力之人俭议当之，无力之人决不可任，其假托贤劳，阴图锥刀者，亦不得议举。

首士不可好事，祠内人与外争讼及与祠内人争讼不投鸣者，俱不必管，如祠内人与外姓争讼投鸣而理直者，即为邦理；理屈者即令与外人说息。祠内人自相争讼，投鸣后，务要平中剖决，亦不得挟私武断。

首士不可犯规，犯者合族议处。

首士于族中议事，不许私行贿赂，违者一经查出，取与一归公议罚。

祠中田土钱谷，或稞或顶，或借或赊，无论亲疏，务要划一，徇私者，归首士贴出。

祠中出入帐目，务于次年新正，协同族中知事者清算，如有模糊不明，归首士贴补。

碑二十二：

祀典严规十五条

祠中木主，务序昭穆，不得以新大旧小紊序。

春秋二祭，丰俭务要适宜，坟茔不问亲疏，总要周洽。

下殇不许入祠，罪人不许入祠，五伦太亏者，不许入祠。

春秋二祭，首士须预报族长及示族中人等知悉，先期榜示，执事子孙教习礼仪，以免临时错杂，及期前夕，皆宜早入斋室，违者议处。

春秋二祭，务要整肃，失仪者照礼制议责。

异姓不得乱宗，违者其产业罚归祠堂，已成者，议处。

祠内人等，支派各别，小宗或可绝，而大宗必当继也，继律有应有爱，先议应，后议爱，不可徇私乱立。

祠中香灯，无论内姓外姓，总用老诚无后者。

祠中祭器，不准私用燕器，亦不准借用，违者以盗窃论。

祠堂乃森严之地，嫖赌浪荡，凡非正业之事，俱不许在祠中妄行，违者议罚，在正寝尤重。

儿童辈，不许在祠游戏村话，犯者杖出，并责及家长，正寝尤重。

平时衣冠不洁，容仪不肃，不许到正寝，违者杖出。

祠中饮酒撒泼者，有责，因而犯伦者议罚。

正祠不许打牌，犯者杖，或因而生事者重处。

正祠无论亲疏内外，不许吸洋烟，临祭时尤重。

碑二十三：

增美奖章六条

值年首士，公而忘私者，讵可家食，当从重议奖。

祠中公事认真办理者，照事议尝。

祠中学馆，总以师之才德学兼优，勤于功课，不贪公私事者为主，除此无论亲戚友三党，并不准清。

在馆文武诸生，逐月一澡，一二等，量给膏火，以示鼓励，庶几人文蔚起。

祠中子孙能光前裕后者，无论文武，并宜量力补助，若能奋发有为者，更宜从重优给，亦毋得徇私增减。

族中有尽致尽伦，可为一族楷模者，富贵者当破格尊崇，贫穷者当破格周恤，以为一家表率。

碑二十四：

释回惩章十二条

祠中公事，办事者不可从中图利，违者议罚。

祠内有犯十恶不赦者，请国法议处。

祠中家政，或有不修者，当首士者，无论内外尊卑，皆宜先论，不从，从公议处。

祠中钱谷，有限祠内人，不得以些小微嫌，便央首士兴事，违者，首士及兴事人，归公议罚，盗用钱谷者，追赔。

首士公直，族中妒忌，或明行排挤，阴行陷害者，归族公议究办，其不赴公者，即以妒忌党论，若兴讼端，酌用公款。

祠中无事之时，不得因别事而用祠中酒食，违者追赔。

祠中有力之家，人少事简，务要从重踊跃，以劭不逮，如庇私误公者，该首士议捐，无后者更从重罚，其勤俭无妄费者，不拘此例。

尊卑贵贱，长幼次序，祠内祠外，都要循分，举凡坐作进退应对，总要中礼，舞蹈倨慢者，重责，临祭时尤重。

祠内人有嫖赌、盗窃、危揽词讼、会匪土豪、一切不务本业者，皆宜改过自新，如怙恶不悛，因而滋事者，或国法、或家法，家长与首士得毋贷。

祠中钱谷有余之时，或卖或借，不得徇私增减，至于赊拨，断然不准。违者无论取与皆罚。

祠内人等，或有过失见闻者，当面相劝戒，庶几虚实洽心，实者即薄责罚，虚者责及见闻，如当面不相劝戒，而私行谤讪刁唆者，首士即请家长议处。

祠内人犯规，当自跪神主前诉罪，首士及家长知事人等侧坐代先人议处。

以上四大款议罚议处皆照律中减等惟尝从重。

说明：严家祠堂位于咸丰县尖山乡大水坪龙洞村。现保存完好。

众寨公议地方禁章合同书①

立甘愿合团聚集事人候家寨等，情有地方滋事贼盗，窝留赌博、滥棍、匪徒，主摆唆使外来私横，翻悔祖业田园山土，指借冒认坟墓等语。弱民累报，不已，只得议集各寨，通知当立合同团款，不敢各情异语抗违当众。各奉上宪示禁王章款牌，今吾各寨皈伏，大众牌禁，公断理办。如有违延虚情者，立即

---

① 众寨公议地方禁章合同书原存广西龙胜各族自治县和平乡龙脊村侯家寨侯会庭家。1956年11月27日，广西少数民族社会历史调查组搜集。

经鸣大团，一呼百诺，患滩（难）相顾，通村其临，从情治究公罚，亦不得各寨远望傍观。若不遵，犯者均同送官究治，各带自食缴用。此日当团甘立合同，聚集从众地方执照。

侯金成、金鏋、金龙、金海、金照、金荣、金赖、永宋、永道。

侯金成、金谋。

侯永勤、金崩、金凤、金安。金秀、金貌、永音。

侯金章、金活、永贵、永华。

侯金福、永荣、永昌、永小、永票。

侯永龙、永进、永耀、永昶。

凭证人潘金辉。

立字人侯永富。

执字人廖承翰。（地方合同准此）

光绪四年（1878）三月初九日，侯家合同立。

计开名单：

潘元贞、美福、元理、美贤、潘美廷、美用、元贵、美祥、潘美善、美禄、元成、美仁、潘安益、美金、美孝、美全、昌田、潘元合、金千、廖老四、潘元昌、金易、廖老五、潘金德、仁和、廖老六、潘金安、金社、潘金成、金祥、潘金长、玉生、潘元华、金台、潘元太、金用。

三月初九日（各名单合同准此）。

龙堡寨共四十二名，甘愿一呼百语（诺），如有不遵，使问族长便是。

黄乐寨地方公议合同书①

立甘愿合同聚集事人黄乐寨众等，情有地方滋事贼盗，窝留赌博、滥棍、匪徒、主摆刀唆勾（里）引（应）外合，翻悔祖业田园山土，指借冒应（认）坟墓等情。弱民累被不已，只得议集各寨，通知当立合同团款，不敢各情异语，抗违当众，各奉上宪示禁王章款牌，今吾各掌寨皈依大众牌禁，公断理办。如有违言虚情者，立即经鸣大团，一呼百诺，患难相顾，通村齐临，从情治究公罚，亦不得各寨远望傍观。若有不遵，犯者均同送官，各自携带盘费。此日当团甘立合同，聚集从众地方执照。

计开上中下三甲人等胪列于后：上甲潘老肥、中甲潘方玉、下甲潘忠福、长江、永富、细羊、惟仁、进益、秀发、富贵、方秀、阳长龄、永昌、方生。（众团合同准此）

光绪四年（1876）戊寅季春月初九日众同立。

龙胜柒团禁约简记②

赏闻，朝廷有律法，乡党立禁约，此民条之至重，乃王政之首务也。荷蒙上意常常示谕，尚且猖者极多，乡间往约肃尚犹漏诪多端，盖田约法三章，是旧纪攸着，而靖闾阎，为非律款警世，奚能以民正法乎，为千古善，永作蛮世之美哉。窃照

---

① 黄乐寨地方公议合同书原存广西龙胜各族自治县和平乡金江村黄乐寨潘仁胜家。1956年11月19日，广西少数民族社会历史调查组搜集。

② 该文稿存于龙脊廖家寨头甲之家，1957年3月，广西少数民族社会历史调查组收集抄存。

本乡地瘠民贫，烟户稀散，取居皆瑶、僮、汉民，俱系播种山畲务业为生，安分守己，毫无异犯，近因奸徒潜身入境，诡称生理为由，瞧见民人素性过弱，奸徒遂聚起惹事，始则需索酒食，继则吓让钱财，实属目无法纪，深堪痛恨。况且年来世态艰难，民情不一，以致盗贼蜂起，肆意行窃。

官差工役奉立宪严禁，将来农民何得安生。因此不得已，只特议团徭、立款条。凡我同境诸公，齐至公议禁条。自禁之后，各宜恪守，兢遵国朝典章削奸剔究，以正风俗。庶几吾各乡宁，诸则使民阜共乐盛世矣。

一、奉上宪赵大人于道光二年（1822）正月内赏示安民，谕尔无知愚民，穷极莫做强盗事。

一、奉府署观大老于道光二年（1822）五月内严禁示谕除窃安良需索油火滋事生端。

一、奉府界倪主于道光三年（1823）六月内赏示安良，严禁窝歇棍徒赌博，以滋事生端。

一、奉府署周主于道光七年（1827）九月内赏示严禁，息讼安民各条，注明存照。

一、奉府署周主于道光二十六年（1846）正月内赏示各安生业，以息生端滋事。

一、奉府署李主于道光三十年（1850）七月内赏示缉盗不如缉窝盗，远必有近窝之计。

一、奉府署潘主于咸丰十一年（1861）二月内赏示，为严禁窝盗窝赌滋事生端。

一、奉府署高主于同治五年（1866）二月内赏示严禁窝盗，以绝生端滋事。

一、奉府署王主于同治十一年（1871）五月内赏示为严禁民间田土山业不得生端事。

一、奉司署蒋主于同治十二年（1872）十一月内赏示，除盗安良，需索油火生端事。

一、奉府署卢主于同治十三年（1873）十月内赏示，严禁窝赌窝盗事。

一、奉府署邹主于光绪三年（1877）五月赏示，严禁强讨乞丐生端及闹抢事。

一、奉司主钟于光绪四年（1878）二月内赏示，严禁强讨乞丐强壮者，仰团禀报。

计开公议各条于下：

一、禁滥棍油火，扭捏借故，滋索勒逼，放急鸣团公论，如有不遵者，送官究治。

一、禁祖父田园、山场、地基早年卖断为业，后代子孙不敢异言，反意增补，如不遵，送官究治。

一、禁种土离粮，耕地于在牧牛之所，各将紧围固好，如牲践食者，照苋公罚赔补。

一、禁种土裕粮之处，于在外界，如牲践食者，宜报牲主公平照苋赔补，不敢生事。

一、禁婚姻、坟墓争端之事，宜行息事解纷，经鸣头甲以断，如不遵者，宜由头甲带告送官究治。

一、禁村中口角之事，宜行理论解释，以大化小，以小化无，如有不息，鸣甲公断，不敢主摆暗唆生端。

一、禁有事不从劝解、肆横指控、不听理论，当差如有排理，如有虚情非理，宜自了案。

一、禁天干年旱，肮田照古取水，不敢灭旧开新，如不顺从者，头甲带告，送官究治。

一、禁被盗之事，失主经鸣头甲，任由各家寻搜，有无是否，不敢阻拦违抗，借故滋端。

一、禁有火之事，鸣经立即一呼百应，通喊齐至，不得违延。

以上各条，如有不遵，犯者，宜头甲公发放家归，修庙宇。

光绪四年（1878）戊寅三月初九日三甲公议七团合访，系是禁止。

聚众合同书①

立甘愿合同团聚集事人寨古、平段二村等，情有地方滋事贼盗，窝留赌博，滥棍、匪徒，主摆唆使外来私横，翻悔祖业田园山土，指借冒认坟墓等语。弱民累（屡）被不已，只得议集各寨，通知当立合同团款，不敢各情异语，抗违当众。各奉上宪示禁王章款牌，今吾各寨归伏大众，牌禁公断理办。如有违延虚情者，立即经鸣大团，一呼百诺，患滩（难）相顾，通村齐临，从情治究公罚，亦不得各寨远望傍观。不遵，犯者均同送官究治，各带自食缴用。此日，当团甘立合同聚集从众地方执照。

立字人寨古村：潘学禄、潘学茂、潘学运；平段寨：潘日昌、潘日映、潘秀承。

---

① 聚众合同书原存广西龙胜各族自治县和平乡龙脊村平段寨。1956年11月27日，广西少数民族社会历史调查组搜集。

执字人廖承翰。(聚众合同□□)

光绪四年(1878)岁次戊寅三月初九日,众等禁立。

革条永禁告白书①

立出革帖字人龙脊团三甲众等,革贴无别,因枫木寨陈玉贵等,累(屡)因在团滋事,无故生端,扰害地方,良民难安。情因本年八月初五日,岳集棍棒,诡谲串通,将我地方团规悔(毁)灭等语;私吞公钱一千四百文,概不遵法。团费是以众团公论,自甘情亏理虚,首约九月初二日理议,送官究治。有贵房族等,挽祈地方乡老,公罚仍退。讵知贵等畏法逃奔故里,不遵团规。兹我三甲众等议论,如外革出。倘后仍行蹈彻(辙)等因,以革枫木寨陈玉贵一名,永远不准入境。凡我龙脊所管之处,不得停留交钱勺米,亦不准交易。倘有暗行停留交易者,查出与贵同法。倘贵不俱异地境内疾毙等语,不与团内相干。为此合行出革,各处仁人知悉,特立革条,永禁告白。

光绪四年(1878)戊寅九月初三日龙脊三甲同立。

利川成氏祠堂碑

盖闻敦孝弟以重人伦,笃宗族以昭雍睦,自忘义岂以后神农之正神传流。清明佳节,古者亦有播闲之祭,今人岂无遥远之诚。是以户族议立清明胜会,各捐锱铢以成此会。历年祭祀缴费俱以清楚,至己卯秋九月九日,族长亲算,前后共合成三

---

① 革条永禁告白书原存广西龙胜各族自治县和平乡龙脊村枫木寨。1956年11月16日,广西少数民族社会历史调查组搜集。

十一串零八百文。从今每年清明祭祀至祠□□办□，若有余积，有存之钱仍交首人常放，每年祭祀缴费尽利息所办，以存会□流□，永定章程。是序。

光绪五年（1879）九月九日吉旦

成永旺、永高、永禄等

注释：该碑现位于湖北省利川市谋道乡大兴鱼木寨成氏祠堂。

革条永禁歌[①]

奉劝仁人事，滥棍请当除。不说前贤圣，且道眼前书。平段日昌谲，诡机若尚书。不觉食禄满，捆绑如畜猪。妇女都来打，血流似银珠。皮破骨肉碎，半死见阎君。从今逐出境，万世不回身。

特字知悉上下，乡党邻里村坊。且诉日昌之事，母舅革出他方。诡谲千般串索，讯开怜出招张。弟妹同斥外境，何日得觐亲房。产业嘉田抛别，疾痣无依主张。生弊不干我境，永远不许回乡。

六字告知儿郎，第一守法为良。切莫贪谋学滥，且看平段日昌。叠索银钱四十，日满天降其殃。寻至大山拿获，捆绑连上美椿。妇女竹枝同打，皮肉骨血成汤。自写戒约离境，永革异地他方。来年再若还转，众同拿缚沉塘。谨慎逃归故里，万世切莫回乡。

字示各村乡邻里，除邪正守为善良。切莫心思为滥棍，眸

---

① 革条永禁歌原存广西龙胜各族自治县和平乡龙脊村。1956年11月25日，广西少数民族社会历史调查组搜集。

观乎段潘日昌。不知时遇灾劫至，刑捆妇打血成汤。皮碎肉浓逐出境，永革来生再回乡。

特字通知训儿郎，休听闲行是益良。尝见扰乱成大千，但看串索知日昌。女伤鬼叹遭鞭打，男忿神怒美人椿。量想昧心动雷部，永古受革流外乡。

特立禁帖离堂飞，滥棍索行陈玉贵。滋扰吞谋公费资，串通血酒逆团规。徒回合款立戒字，但伊骄傲聚成非。为此王章龙颜怒，永古受革万难归。

戒赌碑

今夫赌之为害，彰彰矣。小则废时失业，大则散产破家（一行）。贫穷之源，奸盗之薮。赌之为害，彰彰矣。而或者曰：吾姑（二行）以适兴焉。又因以为利也。岂知胜负无常，盈虚有数。穷（三行）日夜之力，而所得不偿所失，则亦何益之有哉！且无论（四行）其终失也，即使有得无失，而谋人之有以为已有，于心（五行）独无愧乎？则人品之卑，心术之坏，孰有甚于赌者。今炼（六行）渡合村公议，仍照古时乡规，村中勿许赌博，违者以乡（七行）规处治。俾士农工商各勤其业，是亦正人心，厚风俗之（八行）一端也。是为序（九行）。

邑人李翰香撰（十行）。

光绪八年（1882）六月初二日。

炼渡合村绅耆士庶仝立（十一行）。（朱定基录文）

莫村石牌①

因为世界人心则（测）变，为前三月中旬，在十二步山场失之香草。众等瑶总相仪（商议），转古时道光六年（1826），被外处却（着）害假人命，而后立有条规，平安至今。为目下已（儿）年，小贼并口角事非件多，以（已）经众等仪（议）立律规，日后外客汉杂人，如有乱入内瑶地方倍（随）处山中偷盗百物，不要理道（道理），何人见者，直开划打不容。就是作通，石排（牌）有同福。日后何人乱入山地方，造非横事生端，所有邻近乡村，先将□□□即刻通众一齐。食使钱文同尚，或后至外来巢（吵）掠地方，另屋闻者，各自便□□□粮带俱全，一先无防（妨）。日后何人引通生面，勾熟欺善，众识，将家重办。□□往来生意买卖，取物有道。而后遇山班（板）瑶，在内住下耕种，有错各自山主所管。众等公议（议）大会，尽此禀示道白。

金秀：全胜印、龚扶彩、苏扶连；

清甫：陶胜刘、陶扶台；

白沙：苏扶贵、苏胜傅；

昔地：苏道营、苏道寿、苏胜全；

古罗：陶扶通；

长滩：陶胜用、陶道有；

都（土）县：陶道寅、陶扶吊；

滴水：陶妙珍、陶扶才；

---

① 莫村石牌原竖立于广西金秀瑶族自治县莫村南约半里的大路旁。1957年，广西少数民族社会历史调查组采集。

古营（莫村）：莫道□；

班现：陶道生、陶扶虑；

成（长）二：陶道坤、陶胜宫；

班（板）瑶总理：黄元维、赵进连、赵福建、罗意华、赵财富。

光绪九年（1883）癸未岁次五月二十八日众等同立。

云姚村族规①

夫莫为之先者，振兴无兆，莫为之后者，继起无机，此修族谱、严家法、昭风俗之所以必豫也。然祖宗之门，地不在高低，而子孙勤惩务期成立。将相本无种，男儿当自强，成古今之通论矣。我等伝姚洞大小五村，百有余家，皆一脉所系属。本年春，福至心灵，既同敦宗睦族，自当正本清源，所有各款章程开列于后，勒之石上，昭兹来许，庶朝夕瞻见。父戒其子，兄勉其弟，族有谱，家有法，蒸成仁风美俗，岂非豫为我等振兴继起之机兆哉。是为序。

一、定立品行，安本分，勤俭耕读，父兄之教必先，子弟之卒必谨。

一、定本支不得为婚，本族务要和顺，此乃亲亲之道。

一、定限三月清明越少祖三日，午时拜扫受胙。

一、定每家出祭资钱一千文。

一、定公居开分补祭资钱一千文。

---

① 此碑在三里镇云姚村后山石崖上。碑高 70 厘米，宽 106 厘米，碑文 28 行，每字大 2 厘米。

一、定每年向冬头出祭资钱一千文。

一、定文武入学祭祖者，众挂红钱六千文，由辅禀出贡中举进一步加一倍奖赏。

一、定受国学祭祖者，众挂红钱三千文。凡报捐以及军功奖赏准此。

一、定立继嗣务与房内议取，外姓不准立。

一、定招夫务出者祭资钱一千文。

一、定招婿出祭资钱一千六百文。不准在后居住，宜分上下东西。

一、定不得犯族，若犯者众房公同酌议，随时变通。

一、定犯盗贼者众房同办，随其轻重处治。

一、定犯拐带窝家者，众房同办不宽。

一、定房内偶有是非，长房同议，以解释为上策。

一、定扫祖请冬头三位同席，取钱放息不得越误。

余同是东兰苗裔，世居青泰；而伝姚、瓦窑、比册三处，故自一脉，以其分食粮户，似有可征。辛卯春正月，各位兄弟同心敬祖，竭力追宗，修莹域，立家规，其中虽不能见缕尽善。因晓之曰：立法者严，用法者宽，所谓礼从俗、俗从乡则可矣。

归部候选恩进士覃树徽盥手谨书。

光绪十七年（1891）岁在重光单阏冬涂月嘉平。

潘内杨梅屯乡约碑[①]

万古流芳。尝闻王法正则朝廷无奸党，乡约严则里党鲜嬉

[①] 公碑存龙胜潘内杨梅屯，1958年，广西少数民族社会历史调查组收集，文中为研究解放前少数民族成文法提供宝贵资料。

游之辈。斯之者不相谋而实相合也。今我一带治塘各村人户，虽非法野，颇属通衢。回溯当年，安分者，□见止治求此日，越礼者实繁有徒，或植党树私，视国法为儿戏；或日潜夜出，以盗邪为生涯，且借事生端，良善之受欺不少，捏讼吓索乡间之徒，彼善良多，阳虽守乎王章，阴则乱乎风俗。默思其故，未必无因。只缘禁之不严，故而世风愈下。受约乡老，共立章程，整顿此方，同心协力，知情无隐，效虎豹之捉犬羊，遇事从严，举鹰鸥之逐鸟雀，将见父戒子而兄戒弟，共勉良善。士则读，而农则耕，各安生业，而使风移俗易，道不拾遗，革面洗心，夜不闭户，岂非三代之民也哉。

一、议从今卖田卖土，一卖一了，父卖子丢，勿得讲田根补，买主不得倾勒价钱。此禁永远遵依，有违者送官究治。

一、议地方各人生身，尽其孝道之恩，难报艰苦之情，不可忤逆不孝。如违私约，同众送官究治。

一、议地方遇有大小事务，准请头甲及公举之老人，再三理论或判不清，方可兴讼。倘有刁顽之辈，不由分论而擅词讼控者，地方合具公呈，毋得推诿。

一、议埋葬风水，不许夭龙斩脉，封门塞墓，若不遵者，小则同众公罚，大则送官。

一、议春耕下种，六畜头牲，各严管守，不得踩坏秧苗五谷等物，若不遵者，公罚□□□□有犯必究，照约循章。

一、议偷盗五谷、瓜茄、豆子拿获，每户凑柴盐火炙，决不姑息。勿谓言之不谕也。

一、议不许停留面生歹人，刁墙挖孔，勾生吃熟，油火生端，若有违者，交出同众，呈报官究治。

首事（寨老）：粟官保、粟朝才。

民众：陈弟和、粟光华、周弟福、袁天相、粟宏兴、侯先楼、粟射龙、周仁贵。

书题：粟万富、粟玉秀。

大清光绪十七年（1891）辛卯岁次正月望二日。

潘内寨团律乡约碑①

万古流芳。尝闻王法正，则朝廷无奸党，乡约严，则里党鲜嬉游之辈，斯之者不相谋而实相合也。今我一带治塘各村人户，虽非法野，颇属通衢。回溯当年，安分者，遂见止治求此日。越礼者，实繁有徒，或植党树私，视国法为儿戏，或日潜夜出，以盗邪为生涯，且借事生端，良善之受欺不少。捏讼吓索，乡间之徒，彼善良多。阳虽守乎王章，阴实乱乎风俗，默思其故，未必无因，只缘禁之不严，同心协力。知情无隐，效虎豹之捉犬羊，遇事从严，举鹰鸥之逐鸟雀。将见父戒子而兄戒弟，共勉良善。士则读，而农则耕，各安生业。庶几风移俗易，道不拾遗，革面洗心，夜不闭户，岂非三代之民之哉！

一、议从今卖田卖土，一卖一了，父卖子丢，勿得讲田根补，买主不得倾勒价钱。此禁永远遵依，有违者，送官究治。

一、议地方各人生身，尽其孝道之恩，难报艰苦之情，不可忤逆不孝。如违私约，同众送官究治。

一、议地方遇有大小事务，准请甲头及公举之老人，再三

---

① 潘内寨团律乡约碑原竖立广西龙胜各族自治县泗水乡潘内大寨路边，"文革"时期被毁。该碑系兴、龙总团中三大古碑之一。1961年采集，1964年该寨瑶老粟满庭供手抄件再次核补。

理论或判不清，方可兴讼。倘有刁顽之辈，不由分论，而擅词讼控者，地方合具公呈，毋得推诿。

一、议埋葬风水，不许夭龙斩脉，封门塞墓。若不遵者，小则同众公罚，大则送官究治。

一、议春耕下种，六畜头牲，各家管守不得踩坏秧苗五谷等物。若不遵者，公罚钱文不贷。有犯必究，照约循章。

一、议偷盗五谷、瓜茄、豆子，拿获，每户凑柴盐火炙，决不姑息，勿谓言之不早也。

一、议不许停留面生汉人，刁墙挖孔，勾生吃熟，由伙生端。若有违者，交出同众，呈报官究治。首事（寨老）：粟官保、粟朝才。

民众：陈弟和、粟光华、周弟福、袁天相、周宏发、侯先楼、粟射龙、粟满福、周仁贵、袁天仁、周仁德、粟和才、粟老四、粟满理、粟满堂、粟满枝、粟仁富、粟天德、粟万民、粟高长、粟决定、粟出。

书题（撰文、缮书）：粟万富、粟玉秀。

大清光绪十七年（1891）辛卯岁次正月望二日。

金秀白沙两村石牌[①]

万古流传。囗字石牌（牌下同）：盘古立天立地，先立瑶，后立朝。我上秀、歌赦二村各公，回（未）立村，先竟（敬）社，后意（敬）庙。各地三家四姓，各公至（置）田地，囗囗山场百物法律，二村齐共一法律。先朝老下立碑，到今世丙子

---

① 金秀白沙两村石牌原立在金秀瑶族自治县金秀村村东闸门墙上。因被人拆下，该村龚扶旁抬回家收藏。1957 年 4 月 1 日采集。

年，二村合意议位（会）石牌，齐意用法律，照天灵地准。上秀村：全道启、全前胜印、胜东、胜镇、扶志、扶住、胜郑、道回、道贵、扶海、扶桂、扶净、扶扒、胜艺、胜灵、扶盏、道里、道武、扶拱、道艺、扶管、公太、扶夹、扶罗、扶朝、公连、公转、扶财、胜光、道朝、胜金、扶屋、女比、道知、扶辛、扶祖、胜知、胜旺、胜客、扶田、扶红、扶府、道□；歌赦村：扶威、扶文、道香、扶话、扶穷、扶噤、扶转、扶胜、胜金、道长、扶愿、道□、胜回、扶能、扶世、扶贵、胜广、道通、道同、道明、胜会、胜殿、扶会；上秀村：全道启、胜印、道信、管四主；道贵、扶海、扶移管十三主；扶金、胜直、扶拱、管六主；胜和管二主；胜东管二主；道长、胜全、道言管八主；道川管二主；扶贵、胜客扶合管十主。

一料：二村齐意位（会），何人争山场，不得锁人。请老人降（讲）道理，不得锁先，犯二村法律。

二料：二村齐位（会），何人争田地，不得锁人。请老人分断。何人乱锁先，犯众二村法律。

三料：二村齐会何人争口，不得作事。何人作，同锁人，犯二村法律。四料：二村齐位（会）何人有事，不得打屋。何人打屋，犯二村法律。

五料：二村齐意位（会），何人有事，不得打大砲，不得打屋，打人亦不得。犯二村法律。

六料：二村齐位（会），何人有事，要请老人，分断不明，□十年八年，同听老人分断，不得乱打乱作，犯二村法律。

七料：二村齐位（会）何人有大事小事，二村老人分断不明白，何人不得上下老人来作，上下犯二村法律。

八料：二村齐位（会）何人有事，何人兄弟不得包酌（捉）。何人乱锁，二村齐齐脱放。二村不准犯律。

九料：二村齐位（会）何人有事，何人不得包事结事，亦不得何人锁何人，亦不得乱锁，犯二村律。

十料：二村为客（汉）人、状（壮）人板（盘）瑶生赖事，二村同心出力，何人不同心，犯二村律。

光绪十七年（1891）岁次辛卯仲秋七月初八吉日立。

天长地久。

代笔人：全胜光、陶胜镇、全胜印、龚扶移、苏胜容、苏胜客受银四两整。

事因辛卯年六月初九，不知是谁烂石牌，众议公罚花银四十两整。后如有不法之徒犯律者，照例罚是也。

滴水容洞六力大进四村石牌[1]

立字□字石牌为界，法律为凭。

一料：偷禾仓挖屋偷坟三条，一条犯（罚字，下同）银五十两整。

二料：何人有事先请老，后锁人；锁，犯五十两整。

三料：有事不得打屋、偷牛猪、挖田水圳，一条犯五十两整。

四料：偷棉花，犯五十两。四村招老婆，有子不用，犯一百二十两。

五料：过村招男女，有子不用，犯六十二（两）。招客犯六

---

[1] 滴水容洞六力大进四村石牌原竖立广西金秀瑶族自治县容洞村旁。石牌条文中，容洞村名被圈格，人名被凿出，未知何因。1957年4月7日采集。

十两整。

六料：招第二老婆，犯一百二十两。女人招外客，犯六十两。四村何人批田新客，犯二十四两整。

滴水村头人：全扶透、全扶卷、全扶全、全扶世、全扶长、全扶平、全扶尾、罗扶古。（以下人名缺）

六力村：甘扶祖。

大进村：黄法明。

全晚爷、□扶肝、□□、覃道灵。

光绪辛卯十七年（1891）五月二日立。□□（奸情）二十四共（两）。

册亨八达布依族三楞碑

赏（尝）闻吾乡之老辈，勤俭各为家风。朝出耕以资仰侍父母，暮入息聚议场圊桑麻。要以后（厚）相劝，绿野月明无犬声，堪称仁厚之俗，常颂光天化日之下，降及我等之淑。

民风浅薄，贪婪启心。乡中自有一党子弟，游手好闲，无思种土，学作狗盗，犹古齐国之风，恒听鸡鸣，渐出函关而步。或时窥墙壁，窃取什物；或时行山岗，偷拾花谷。无论亲疏，一概掠之无忌。但得苟命，活其蓬头之妻。观来此肉眼之辈，久已非行，未知害了多少孤贫，兹我八达一乡，全无体统，实涤良心。故乡中耆老等，齐心众议，挽此颓风，禁此不良。如有痛改前撤（辙）者，可以（与）妻子聚乐，堂上堪娱双亲。如不悛心悔过，一时获之，必为鬼蜮，害了妻孥。由今砌碑以后，若有人犯此禁者，轻者聚众行罚，重则约众诛戳（戮）。虽其家有余，富冠江南，财如石崇，该（皆）不准赎命。众等亦不敢累其妻孥并其族党。惟有护之自归，交其族党自诛，莫得推辞。再言捉犯之辛力钱，赏赐十二千文。此条出自乡中清户，莫赐予犯人之族中，此间虽独□□盗事，□□之大小各犯之事，特以附后，镌于碑中，永远为例：

穿窬盗贼并及野外花谷□□两获者，无赦命，□谷□□□。

寨内有人引线，坏人来相害，并从中矢箭□□，□□□□罚钱七千，□与寨众□。

偷人瓜笋，□人林木，男者罚钱三千六百文，女者罚钱一千二百文。

酒肉餐（飧）□贼，共罚□□□□□。

自杀己儿，嫁害人者，众寨□依妄行，使其自理。

黄见龙悦赏辛苦，得到于□□□□一千二百文，赏钱六百文，相沿照之。

合□事罚钱十二千文。

若犯强奸，罚钱二十四千文。

若赃、贼两获，族人兄弟赦命者，罚钱二十四吊。

族人兄弟不愿出钱出结，出钱二千四百文。

光绪十九年（1893）七月中旬众寨立。

长滩长二昔地三村石牌[①]

众□石牌律法。

□盘故（古）开天自（置）立地，先立遥（瑶）山，后立

---

① 长滩长二昔地三村石牌原竖立在广西金秀瑶族自治县长滩村外半里的大路边。1956年，广西少数民族社会历史调查组采集。

朝廷。遥（瑶）朝各有所管。我（瑶）山全靠田地山场来养男女。在老班祖公管来，并无何人乱偷贼（盗）遥（瑶）山山场物件。如今现见三五年，失物不小（少）。

今我众石牌想（相）仪（议位（会）太平团，照我老班律辉（规）料令。

我小地方养领（畜）生（牲），放在领（岭）上。大路边山场香草、香信（菇）、除良（薯莨），高〔山〕口（岭）冲山场吊□（角）物件吊堂，并有鸟树、板料百物等件，何人心谋，不得乱偷贼（盗）。今世恐怕贼□，众石牌位（会），发有花红钱十二千文。见到偷贼（盗），拿倒（到）贼盗，捆打□（和）火打死，众石牌来办事，□莫□怪也。

石牌名字：

昔地村：苏胜段、苏道位、苏道喜、苏扶□；

成（长）二村：陶胜接、陶道坤、陶道福、陶扶砖；

长滩村：陶胜红、陶扶位、陶胜裹、陶胜口；

石牌工钱千二百文。

光绪二十二年（1896）七月立□。

大吉利市。

两瑶大团石牌[①]

万故（古）流传。众团特禁石牌。

因为今年世界涅（翻）乱，亦有少（小）贼横事，入山乱割香草盗□（取）抱果、茶叶、小菜食。供（共）村□□宅

---

① 两瑶大团石牌原立广西金秀瑶族自治县定浦村旁。1963年7月30日采集。

□□□□□□□□□猪鸭乱盗。各位客往来到各村中乱闹，恶法生事，□有乱取为贼，盗别人□，有作生事□□□□□□□□二村板瑶山丁，莫怪四山主□□。山丁耕种山主之地，粗（租）钱粮纳山主收。若有外人口□讹□□□□□□米，照山主法（罚）米一盆。若□（有）不依，乱打入屋，众全起。山主一力承当。若有构（勾）生□□□□□□□□棍横事众，团承当。各位买卖生意，各位人各管。年情不等，世界不同。各村□年假害生事人命之事，全起众团；清（白）天信到，夜□（黑）信到，各人带米房（防）身，到齐莫怪也。若有贼人入山偷香草，□人见贼拿倒（到）交团，出花红钱二十四千，众〔石〕牌重罚。

一、仪（议不同）瑶山香草、桂树、竹木山货、裕粮百件，不得乱取，重罚。

一、仪同山共村，皆是前缘。各位男女，畜牲不得乱取，重罚。

一、仪山丁山主，各人六和（禾）、菜种、技（芝）麻百件，不得乱取。重罚。

一、仪各村各宅猪畜养物，不得乱取。众团重罚。

一、仪各家和苍（禾仓）屋□，牛猪羊□，不得乱取。众石牌重罚。

一、仪各村大小男女，入山入地，各种各收。石牌重罚。

一、仪瑶山小地，包米裕粮百物，不得乱取。众团重罚。

一、仪石牌内人勾生吃熟，大贼小贼。众团重罚。

一、仪外人（坏人）强□（害）山丁，庄（装）假害横事，光棍□打板，众〔石〕牌一力承当。重罚。

一、仪外人想来□生事人命来害，石牌全起。

一、仪别外人装□□□村□用□多（计）打门入屋，乱取裕物，石牌不准，田（由）多用多门□。重罚。

一、仪各位□□□□□生意，大路任行，并大山；小路乱行，包米地乱入，为贼。子（我）瑶开炮打死莫村村甲明（名）上齐。

金秀四村山主：全胜印、苏胜灵、龚扶移、全胜福、龚胜寿、苏扶米、苏道全、苏扶管、陶胜全、苏道寿、苏道全、苏道缘、苏道□、苏法故、苏胜德、苏扶富、全胜金、苏扶□、苏胜□；

定浦村山主：蔡政德、陶扶福、苏胜□、蓝廷□、（人名缺）、陶胜□、陶□□；

长滩村山主：陶胜旦、陶□□、（人名缺）、陶道辛、莫扶□；

长二村山主：陶道坤、陶道秀、陶胜福、陶胜接（以下人名缺）；

桂也村（山丁）：黄□福；

官□村：赵才进；

桂□村（山丁）：黄通安；

马安村：庞贵源；

马安村（山丁）：李章风；

能□村：赵福金；

六□村（山丁）：罗□□；

田头村：庞福广；

□□村（山丁）：罗□金；

介保村：黄通福；

□长村（山丁）：黄通信；

江仰村：冯金寿；

岭口村（山丁）：赵财法；

昔地村：庞贵富；

九□村（山丁）：赵如德；

九箭村：黄进仙；

十二部村（山丁）：赵福保；

□□村：庞贵福；

长二村（山丁）：赵□何；

茶每村（山丁）：庞贵凤；

公差村（山丁）：庞贵保；

耕广村（山丁）：黄元学；

山介村（山丁三人）：冯章德、赵□府、冯章凤。

黄元为收工钱□□□□□两瑶会起大团一千八百□□□□。

光绪二十三年（1897）丙申岁四月二十六日。

两瑶会□（齐）大团（团），无事大吉，不等所闻村横事（下缺数字）。

瓦窑村禁止破坏风水碑

禁止青龙山罗文汉、罗文时、罗永洪、罗应光、罗占学、罗占鳌及合寨人等，因于去岁罗占鳌新开此山石头，众等凭其乡老勘验，有伤本寨青龙要脉，并关四围坟冢妙处，罚银六钱，以为刊碑，永禁不朽。嗣后倘有无知之徒，再开此山，众议罚银十两。从此之后，言出罚随，勿论亲疏，决不徇情。凡本寨人等，均宜各秉天良，慎勿忽视。

光绪二十九年（1903）正月二十九日合寨公立。

会同酿溪永定族团规碑

勒石立碑以正团规，以垂久远，是以为引。计开团规款约于后：

一、议各家弟男子侄，必需尊敬长上，和睦亲族；

一、议国赋重件，必要早完，以免拖累房催差扰；

一、议不准交结外人入村，引诱人家弟子骄奢；

一、议团中不准打牌赌博，违者责罚钱三串文；

一、议不准砍剁油茶、竹、柴薪，公同责罚钱二串文；

一、议团中不准持刀逞凶，吃酒滋闹，违者公罚；

一、议团中妇女，不准横行咒骂，恐生祸端，违者责罚；

一、议春耕之田，各有坝水灌济，不准拦腰截放；

一、议秋收之期，毋得任畜践食五谷，违者量地赔还；

一、议茶桐油子熟期，不准乱行摘取，获者责罚；

一、议款内有雀角争论，投团理斥，毋得听唆与讼；

一、议早晚不准面生之人牵牛过境，务须盘查；

以上所议各条，均应遵守，违者公共凛究。

大清皇上光绪三十年（1904）甲辰岁署月。

六段三片六定三村石牌①

祖公苏贵显、陶善保、莫全一三公，立造上段村、三片、

---

① 六段三片六定三村石牌原竖立在广西金秀瑶族自治县六段与杨柳两村之藤构地方，亦名藤构石牌。1957年4月11日采集。

故（古）参三村。众团立字誊构石牌律法。

一条开棺挖墓。

一条箭（骑）龙葬墨（脉）。

一条女人七三八四。

一条火烧屋宅。

一条强奸妻女。

一条打劫生事。

一条杀害人命。

一条欺兄某（谋）弟。

一条迷魂禁井。

一条挖屋开仓。

一条女人幡（翻）乡（腔）。

一条贼（偷）牛盗马。

一条勾生外合。

一条某（谋）山沽国（园）。

犯律令照办，何人番（翻）天倒地。

上段村苏扶虬出料三村钱一千二百文。

光绪三十二年（1906）丙午春二月十四日吉立，天灵地准。

吉口代笔钱一千二百文。

苏胜星、苏胜海。

劝人世上修善，不用多事，耕田立（犁）地大吉。

万德禁赌碑

窃惟，历来赌博大干例禁，乃倾家之根，出命盗之源。自近年来，时值干旱，年岁荒欠，有等不法棍徒，往往聚集窝赌，恐滋事端。前奉上宪，业经示谕禁革。该棍等胆敢藐法，不遵示谕，邀游聚赌。惟有地方衣食之家，磋磨罄尽，但凡夷民无知子弟，套场以银钱相戏。我欲图尔之财，尔欲谋我之产。其中多有痞棍，稍不遂意，擅动白刃行凶。现据上万纳庄夷民张铺苴，具禀痞棍郑占奎、郑启发、卢玉福等贪心套赌、图财谋命各情一案。当经集讯明确，该犯等自知罪戾，理宜解州详办。央请地方乡老、团目，再三邀恳主母，就地和息，断给尸主酒米、牲畜、孝帛，以资烧埋外，甘认罚款，修补庙宇，刻石立碑，一缅永远遵行禁止在案。该犯等随行贸易往来，永不得仍前聚赌，挟嫌滋事。倘敢故违，将原案重咎外，所属夷汉一体遵照。从此禁止之后，亦不得聚众窝赌，并开店之家，希图渔利，胆敢隐匿窝留者，定即抄家，逐出境外，决不稍容。自兹以后，各领正业，务农为生，俾免误己失业，各宜慎之戒之。以是为序。

光绪三十三年秋七月二十日合乡头目公议仝立

碑存武定县万德乡政府（原那土司衙门）内。高88厘米，宽58厘米。直行楷书，文13行，行31字，约400字。清光绪三十三年（1907）合乡头目公议仝立。

碑文揭示赌博"乃倾家之根，出命盗之源"，不法之徒，"贪心套赌，图财谋命"，致出命案，而应解州详办。经主母（女土司那安和清）和息处罚后刻立石碑，规定所属夷汉一体遵照，永远禁赌，如"开店之家，希图渔利，胆敢隐匿窝留者，定即抄家，逐出境外"。

贞丰必克布依族众议坟山禁砍树木碑

倍（吾）有戎瓦、戎赖祖祠坟山，陆氏一支议定，每年清明挂祭，以存报本之心。宜效先前无改，故古之道观。历来名山，以树栲为尊，平阳以阴林为重。况坟山所以培植阴阳之美，可不重验之哉！故戎瓦坟山，积树以培风水；戎赖岗林止伐，以补后龙。不惟先人佩德，且后裔沾恩。公同议禁，一概勿许砍伐，倘有亲疏冒昧，不遵禁约，横行估砍，一经查觉，即赴伸鸣族长，公□向令、责罚奠谢。倘敢辞傲，即行重究，谨此示闻。合族公议，别无异言。今立碑，永垂不朽。

今将合议等事开列于后：一议戎瓦、戎赖山林、树草、秧青并不准割，若肆行故违者，罚银八两八入祠；若有仁人见者报信，谢银一两二，赃贼俱获者，谢银二两四。

以碑是实。

光绪三十四年（1908）季春三月十五日立。

罗香七村石牌[①]

一、在我石牌群众，上山同队，落水同途，有福同占，患难同当。

二、在我石牌群众，一志同心同志（力），团结惟一。

[①] 罗香七村石牌用纸钞录，名为纸石牌，原存广西金秀瑶族自治县罗香乡罗香村七十五岁坳瑶老人赵趆初家。由坳瑶聚居的罗香、龙军、琼五、罗州、那力、平贡、六合等七村（裕有少部分汉族）共同制定，故名罗香七村石牌。石牌制定时间虽未注明，据赵趆初老人回忆，在光绪末年（1908），他任石牌头人，已有这份石牌条律，说明在此以前已有制定。中华民国七年罗香七村石牌，可能是沿袭这份石牌内容重订的。1957年，广西少数民族社会历史调查组采集。

三、户主回家宣传，老幼男妇不得乱开口破石牌公约。如破公约，即召集群众大会治罪。

四、在我石牌内，不得里通外透（诱），作针作线，接济外患入境。查出证据捉到，经过石牌大会，铲草除茛（根），决为死罪。

五、偷掘禾仓，偷牛栏羊，查出证据，即要填贼，按罪轻重处罚。

七、偷盗鸡母一个，处罚白银六两；偷鸭罚银八两。

八、各户所种十二生（月）产，二十四（节气）生理，在地在田，如有贪心偷盗者，查出有据，处罚白银十二两。

九、如山地所种裕粮食物，各种各收，不得乱取。若不守规者，按罪轻重处罚。

十、耕种器具放在工场，不得乱盗取对象。若贪污偷取物件，查出证据，加罪处罚，轻重不等。

十一、女人种棉花蓝靛瓜菜豆麦，不得乱摘乱取。若不守条约者，按罪轻重处罚。

十二、各人在山场斩伐干柴，各伐各取。若乱行偷取，见证据，处罚三千六铜钱。

十三、各人在山装搭装钳，行山见得野兽，不得贪污乱取，见证者处罚。在江河装鱼笱得鱼，不得乱取，不得贪污。偷取鱼者，按例照轻重处罚。

十四、如村中田地山场界限不分明，争斗打架，即由父老调处。若不能解决，再请邻村父老调处。若不解决，邻村父老同本村父老负责担保，不准斗争，和平解决。

十五、若系械斗，误会打伤打死人命，男命赔偿填命三百六十两,女命二百四十两。

十六、男女结婚,十八岁自由择配。未满十八岁由父母主张。有时夫妻不合意离婚,未有条件,男不要女,赔补六十双禾田,约重五百斤,随他养命过世,然后退原夫子孙。

十七、如系惯盗财物,遵罚三次,石牌宽大三次,再重犯不遵守公约,民众大会决处死刑。

十八、若械斗即请村上父老并外村父老调处,若不解决,不准拿捉。男未满十六岁,女人不准拿捉。若犯此约,罚银一百二十两,民众大会公用。

十九、若红花女子并出嫁离婚外家无夫之妇怀孕者,遵老规律,罚规律银七十二元或八十四元,石牌开会公用。

二十、如系山上特产香信(菇)、木耳、竹笋、薯莨等物,各有投份,不得乱偷盗取。查有证据,按轻重处罚。

二十一、如若邻村械斗,村上父老担负,不准掘圳,踏坏禾苗。

永立戒赌碑文

今将兴隆一村老幼人等公同妥议,以立戒赌乡规,各谨(警)子弟。自先代由麦地移(一行)居,亦已久矣。至今子弟盛时,由(独)如瓜瓞之绵绵,沾先代之福泽。合村等上思先代(二行)之勤俭,下恐子弟之费(废)业。村中有红白二事,屡屡以偷赌作伴,弄假成真。从来衣(三行)食由于勤俭,盗贼出于赌博,古之名言也。然而国有国法,乡有乡规,因此妥议(四行)戒赌乡规。垂碑之后,不论各家子弟,若遇红白二事,不得以偷赌作伴。赶街上(五行)路,在村出村,不得三五成群，三文五撮，三百五百，再为偷赌。见者报明头人（六行），头人傅（传）知合村老幼，公同重罚。若有见者息情，不报明头人，过后合村老幼（七行）得知息情不报者，公同加赔（倍）重罚。恐有各家子弟不遵乡规者，合村老幼（八行）明官治究，以谨（警）后世之子弟，而垂不朽。永立戒赌之碑文为记（九行）。

大理府赵州学儒学生员云峰黄庆平书（十行）。

大清光绪甲辰年莫（暮）春月上浣吉旦。

合村老幼人等仝立（十一行）。（张灿磊录文）

宣　统

桂田等村石牌①

□□朝廷有律法，乡党有条规，若不众议，变乱□□今将公议。

一、议各□要安分守己，不得为非作歹。若有为□成事，本团断不宽容。

一、议各□□□种百物等□□□□有主，不得□□□□。若有不法之徒，贼赃两拿到团，□□□容。

一、严禁年岁不等，御匪一事。倘若地方被匪，各听炮令，齐出刀枪救应。闻□不出，以贼同党。

---

① 桂田等村石牌条律是用棉纸抄写的藏件，名为纸石牌。原存广西金秀瑶族自治县桂田乡古培村庞生林家。桂田乡为盘瑶聚居村寨，石牌律法为盘瑶所制定。石牌最后一条，涉及他们所珍藏的评皇券牒，显示了它的民族特点。1957年，广西少数民族社会历史调查组采集。

一、议各户不得停留面生歹人。如有此事，仰十甲严查。一家犯罪，九家同论。

一、议□□自有之节，奸□□□□□害良善。如□□□□断不容。

一、议各户谷出之日，各宜禁管畜牲，不得放出损坏五谷。放出损坏五谷，将畜归公，罚钱在外。

一、议各户地内禁长竹木，倘有合用对象，务要问讨，不得丝毫乱取。

一、议有外来飞天油火，平地风波，不准赐世食用。若有情明，众捆拿送官究治。

一、议各□□户理长之人，为□□□□令之钱，各为各村社庙众用，不准瞒骗。

一、议瑶内众等二刚蒙圣赐评〔皇〕券牒□（授）封，入山石（刀）耕火□（种）□（山）虮（场）并与蠲免国税，只居山林，不属国家所管，准令施行。

皇清宣统二年（1910），六月十五日，众议立正条规，各踊跃遵照。

六拉村三姓石牌[①]

众村石排，振古于斯。

自老班立村伊始，陶道旺后有刘、莫、陶三姓为村，置山场四所，入（为）三姓所管。曾立法律条开列于左：

---

① 六拉村三姓石牌原竖立在金秀瑶族自治县六拉村刘道著屋后山坡。1957年4月27日，广西少数民族社会历史调查组采集。

一公议山中各山人香草，各种〔各〕收；物各有主，不得乱扯（窃）偷。如有乱行偷扯（窃），确有赃藏址，当场拴拿，送回业主。众村赏花红银三十六元。如一人力不能拿，用炮打死亦可。事入众村。但不得扶（复）仇妄拿，以昭公允。

二公议各人山中塔（搭）立香厂，置有锅盘碗盏等物，不准乱行私撬厂内，掠动什物。如有□人，有人确证，或力能拴拿，或用炮打。事入□。赏花红银三十六元。又各人进山，路中放置衣服百物，不得乱取。如有乱取之人，照贼盗论。

三公议各人各山，各有界限，各有地限；不准乱行界外，以防私心。如有故要行，先问山主方可。何人不听，照贼盗办。事入众村。

四公议山中裕粮，物各有主，各种各收，不准乱行偷盗。如有偷盗，确有赃证，照贼为办。事入众村。至山中生柴，石排（牌）以下，不得乱砍。何人不听，众村罚银十二元。又石凉（薯莨）、支木（乌驳木），不得乱取，亦照贼办。有人确证，赏花红银二两四钱。事入众村。

五公议吾村老班公共山场四处，河水四条，不准乱行弄鱼弄宠。如有乱行偷盗，罚银十二两。又四处板瑶无故不得私行入山。如有私行，准用炮打无论。众村作主。刘道干立法律五料，天灵。

宣统三年（1911）岁次亥八月十五日，从村同立排（牌），法律为准。

胜寿、道旺、莫胜金、胜红、道光、莫胜知、刘道干、陶胜周、胜财、扶达、胜县同立。

旧老古封众山，不得被（辟）地百物。何人不得清工，世在封禁。

中华民国

侗乡民众规约

立定永合约以杜后事，窃我坪邻各姓，古来有领土众山，素无得私行卖买者，专因培植贫农自尽力垦种，扩充地利，共沾发达之目的。窃查曾有奸人违约，伪造诡称，于道光年间，将我衙寨所有权之众山凭买就，随处阻垦，遂使贫农地无立椎，无由谋生，且值注意实业竞争开垦，因更闹成意见。绅等覩此情形，若不合约立碑垂后，将来私契日繁，必（致）贫农之生活日缩，则发达前途何堪设想。故于民国二年二月，传集团中父老，面行议定，所有炮称契买众山诸家，自愿一律取消，永定作为公山，不得私卖私买，恐有仍称私契营业，招致众怒，致肇巨祸者，特立此碑，垂石为据。今将衙寨所有领土众山名称，以及议定条约开列于后：

一、合约原以劝农开垦，促地方人民发达为宗旨。

一、众山所属，人皆得自由开垦。

一、倘有刁豪以众山作为私有者，全体对待。

一、桐、茶、棉、辣（椒）以及裕粮物等，限至十二月初一方收款。

一、如在初一前乱捞者，作为盗论，公罚不贷。

一、不许乱放野火，倘有不遵，一经察觉，公罚不贷。

今将领土、公山名称列后：

傅州山　余道山　亚良山

雅门山　岩脚山　城平山

成专山　每崩山　成伦山

平哉山　半成山　城甲山

采要山　圳头山　白岩山

龙更山　大海山　尾村山

上部山　蚂蟥山　平毁山

团绅：吴通攒　石成山　杨廷俊　杨忠德　吴通翰　胡玉成

中华民国二年二月吉日立。

黄桑坡护林公约

立实禁蓄水源凭据文约人黄桑坡中寨老幼人等。同心禁到中寨杨自周名下田边，情有水坝青树一塘，前赖此青树林、茨竹、大竹、金竹、灌阔，上资国赋，下养民生。自祖以来我寨风纯俗美，物阜卓丰。因本年以至近，有无耻之徒，擅行砍伐树株、竹木，是以约众同心禁蓄。香山老箐及水坝一带山场，如有再行砍伐生树者，拿获罚铜钱三千文；如有纵火烧毁者，查实拿获罚铜钱十千文；如若抗拒者，众等禀官究治。系是人人情愿；其中并无逼迫等情，恐口无凭，立此禁蓄凭据。是实。

一、禁私砍生柴者，重罚不贷。见证报信者，给红钱六百文，决不失言；

一、禁擅行纵火烧毁水源、香山老箐者，重罚；

一、禁偷盗私砍大竹茨竹者，重罚不贷。

中华民国三年（1914）二月初一日立。

曹氏家训碑①

顺亲心第一端，父母为儿配姻缘。遵父教，听母言，夫妻有别莫生嫌。天保佑，早生男，承宗祚，祧祀祖，绪酹恩，报不完，添孙儿，亲也欢。

二双亲，不惜钱，送儿读书望儿贤。成了名，身荣显，龙虎榜上姓名传。光门间，耀祖先，享受诰封福禄全，教诲报不完，扬名显亲，亲也欢。

二双亲，不得闲，创成家业苦难言。"为后嗣，当体念"，不能读书就耕田。男发愤，女勤俭，早起晚睡，莫贪眠。挣家恩，报不完，谨守先业亲也欢。

亲百年，闭了眼，衣衾棺椁辨周全。卜佳穴，无别端，要避风蚁防水淹，切莫要，又迟延，榇柩不葬有罪愆。养育恩，报不完，坟茔无患亲也欢。

守坟墓，要三年，服中莫与妻同眠。酒要戒，荤莫食，切莫漏齿开笑颜。凡饮食，灵前献，默祝阴灵早升天。怀胎恩，报不完，魂归天界亲也欢。

父母恩，有万端，舍了身子报不完。依此语，去偿还，万分可报一二三。报恩歌，古明言，劝人遵行莫迟延。人神佑，福无边，必定子孝孙也贤。

---

① 该碑原置永仁县猛虎乡夜可腊村曹永富家院内水井边，现断为两截，仍存院内。通高125厘米。宽53厘米，楷书直行，15行，行50字，约700字。民国八年（1919）彝族曹树勋立。《曹氏家训碑》又称"报恩歌"。是曹永富之祖父曹树勋为子孙立的家训，刊刻成碑，以志永久。

养亲只二人，常与弟兄争。养儿虽十口，君皆独自任，儿饱暖，亲当□□□定不在心，劝君养双亲须竭力，当初衣食被君侵。亲有十分慈，忍不念其恩，子有一分孝，君就扬其名，待等□□□儿明，谁识高堂养子心。君慢信儿曹孝，儿曹样子在君身。

只因放荡不经营，渐渐浪费钱财手头松，容易穷。朝朝睡到日头红，邋遢穷。家有田地，不务农，懒惰穷。交结□□傲亲翁，攀高穷。好打官司逞英雄，岂气穷。借债纳利妆门风，自弄穷。妻孥懒惰子飘流，命当穷。子孙相与不良朋，局骗穷。好赌贪花抡酒钟，彻底穷。

不辞辛苦由正路，勤俭富。买卖公平多主顾，忠厚富。听得鸡鸣离床铺，当心富。手脚不停理家务，终久富。常防火盗管门户，谨慎富。不去为非犯法度，守分富。合家大小相帮助，同心富。妻儿贤慧无欺妒，帮家富。教训子孙立门户，后代富。存心积德天加护，为善富。

大汉民国八年岁在庚申孟春月望六日曹树勋立、工匠李承泽

牟定县建修永定铁索桥募捐启[①]

原夫！险辟蚕丛，神助五丁之力；奇探鸟迹，书传二酉之藏。石栈凿开，天堑犹能飞渡；筠筒系缆，蛮江无碍悬行。彼

---

① 碑立在牟定县永定铁索桥头。大理石质，高92厘米，宽60厘米。直行楷书。经修总理刘荣晋，协理戴坤立。

该桥处于牟定至琅井盐运古道上，曾多次兴建，屡遭水毁。民国丙辰（1916年）10月动工兴建。碑乃建桥募捐启事。

行踪罕到之区，为人力难通之境，犹且攀藤附葛，拨雾披云，寻仄径于羊肠，逗危桥于雁齿。而况关河近接，踵履沓来，去马来牛，蹒跚而过；提携伛偻，竭蹶相从。通冀北于井陉，岂必畏兹峻坂；辟终南之捷径，何须更泣歧途也。盖彼永定桥者，当楚雄一河直下之冲，正定广两县交通之路，西趋苍海，南接苴荫，每夏秋雨水泛滥，则沙石泥潦俱下，人皆裹足，马尽解鞍，逼路惊弦，奔流如箭，既难支夫长板，未易渡以轻航。聚石成桥，已倡修于父老；挥金如土，屡致误于工师，遂使功败垂成，事竟终止。道谋筑室，徒致慨于三年；车过题桥，群兴怀于异日。乃集众议，乃选良工，以众志成城之谋，为一劳永逸之计。佥以瓠河难塞，瓜步匪遥，鸦滩近可寻摹，虎渡同兹轨范。适得旧修铁索桥之技师孙君祯祥，量基审固，订约协商，遂定于丙辰十月朔旬兴工修造。共矢移山之志，将尽鞭石之能，横海截波，不侈洛阳之胜；连山倚壁，直同蜀道之危。争看虹跨高崖，指飞仙于天半；行见龙蟠深谷，纪奇迹于云中，不徒过客欢呼，行人便利也。惟是工炉百炼，金汁都融；椎凿并施，囊资易竭。望大川之共济，占利泽于同人，所期慨助指困，不惜泥沙之用；即使投来悬杖，亦同累黍之增。庶几指日奏功，克期竣事，山阿勒石，定当践履，不忘圮上留名，共颂功德无量。谨启。

发起人阖县绅商士庶

经修总理刘荣晋、协理戴坤

中华民国六年岁在丁巳仲秋月立

黄桑坡护林安民公约

立实禁蓄树株，以保水源，而靖地方，永安民生事。情众姓凭据人李儒发等（二十四）人。情因众等，由各处搬拢黄桑坡之时，一派山场树株增密，东至齐杨柳箐沟；南至齐河；西至齐唐梨坝路上；北齐卢稿坝田。于水浆浩大，照管田亩数百箩，五谷茂盛。迨后为因无知之徒，每每入山，悄悄放火，盗砍树株，害其水浆，细微难以照应，田亩荒芜若干，亏害子民。地方等公同商议，复而树株放大，一概禁蓄。公同书产凭据，再有无知混徒，私自入山盗砍着树一棵，见证□获报信者，赏红钞一千二百文。砍树之人罚钞三千文。放火者罚钞六千文。言出法随，勿得徇情，阳奉阴违，如自此情共同处罚，以安民生。

中华民国八年（1919）十二月十四日。

某寨护林公约

立禁山合同凭据合寨持事老幼人等。公同议决，盖闻古辈先人以森林□□为重，公同禁止，无论老少何人，砍着每株定罚铜钱二十四千，肉二十四斤，酒米包吃。毒河水放火者，照砍树同列。查着来报者，赏红钱一千二百文。断令东至断齐索子沟横路以下；南至齐香山河以下；西至齐唐梨坝路以上；北至齐六高坝以上。东南西北四至开明，仰合寨老幼人等，一体遵照。但在至内之树株、河鱼，不得违犯乱砍。如有违犯者，决不姑□□，合寨所立同凭据，是实。

中华民国八年（1919）腊月十三日。

下五屯建修文龙塔碑记①

粤维吉光片羽足征古代之大明；断碣残碑，辄动后人之观感。对盟铭而起敬，抚石鼓以兴歌，胜绩名山，资历史之考证；衣冠文物，睹制作之精英，兴邦埠古城埃及石塔，足证知当时人文盛世，有此伟绩丰功，传遗于今而不朽也，故凡古代景物之遗留，实为后人文化之先导，保存之惟恐不周焉，能从事毁灭者乎？如我邑北双龙寺，地势高如覆金，后依五老，面临龙川，远瞰则会基层峦列翠，近眺则象岭苍颜迎笑。城邑在抱，烟火万家，游人文士，尝称此地虎踞龙盘，人杰地灵，虽无走云连风之胜，亦实足为邑北奇观，五屯胜地也。前人曾于寺内建筑文峰塔一座，高纵九霄，遥与狮山南塔对峙，又有东坝西闸掩映左右，尤足壮牟城山河之气，开吾屯百世之运也。且吾屯自有此塔以来，历代文人学士，层出不穷。又得戴尔馨于清初，重加塔顶三级，孤耸天空，光被四表，势欲向天写云草诏，大有屯人文运白天开兴之象。由是观之，是此地之不可无此塔以壮观，而此塔之不可无此寺以增辉也，昭昭矣。乌可从事毁灭者哉？不图吾屯近世有戴恩科，朱其耀、甘润清辈出，惑于风水，刚愎自用，于民国三年季春，趁邑南庸绅夏锡膏到寺抽

---

① 碑嵌牟定县天台文龙塔身。大理石质，高39厘米，宽70厘米。直行楷书，35行，700字。戴永清撰文，戴永海书丹。民国十三年（1924）立。
　　该塔始建年代不详可考，因在双龙寺内，故名"双龙塔寺"。从"清初加塔顶三级"，可证此塔为清代以前建筑。民国三年（1914）被拆毁，民国十三年乡绅刘锡三等倡议捐款重建，以"文运天开"激励后人，改名"文龙塔"。

提寺租之便，怂恿授意，突传屯下无知愚民数十人，迫令一时拆毁殆尽，致使吾屯数千年之古迹文化，弃于一旦，前人无量之好义善功，抛于顷刻，今望址追思，能勿惜憾者哉！幸今国家注意古迹？保存之文，五令三申，而屯绅刘锡三等出而倡首，复于民国十二年春筹资捐洋，于十三年三月十七日兴工庀料，恢宏吾屯数千年之古迹文化，欲使继起后生，各以文运天开自动，人人有先夺锦标之心，是又此塔之光，屯人之幸竺，夫！予乃邑北农士，孤陋寡闻，疏文。久矣。今迫屯命，意以记古论事，儒者分内之事，故不得不据事直书。虽丛怨冒罪弗计也。后倘有残刻再事出而毁灭者，愿吾屯人相率鸣鼓而攻，勿忽。则此塔之有裨吾屯文教，功德永兴，天地山河，并垂万世不朽。夫是为之记。聊志不忘云尔。时在。

民国十三年季夏月邑北农士戴永海、永清敬撰书

昔马某寨护林公约

立实禁山凭据文约人李儒纲、挖靠而干、栋发全、余三、李文长等（二十二人），为共同禁止事缘。众等前因先前各处头人，共同禁有森林二处。一曰栗树园，一曰杞木园山。但因杞木园山，连年以来被一干无识之人肆行乱砍，将此山内一切竹木砍伐将尽，难以成林，所有起造房屋艰难不堪，兹经众等一再磋商立规条，将此杞木园山严行禁止不准砍伐。东至香山家后大坡上边，南至铜壁关界，西至三跳河，北至蚌林上街路。自此禁止之后，此山竹木不准老少他处及本处再有乱砍。即便起屋需用，不论内外人等，必须经众许可，始准用一棵取一棵，并只准一人进山取拿，不准牛拖马驮，笋子亦不准取拿。如有

违者，罚铜钱九十千文。再有拗抗，则送请长官究办。

中华民国二十五年十一月初十日立。

河边乡护林公约

立禁山合同凭据文约人河边乡绅民父老青年等。为因保护森林起见，人人同心禁止，系国家亦有维持之贵。但地方缺乏出产，只有竹木补助，其地方屡有无耻之徒，滥行砍伐，不思保国保家。不得不协同禁阻，东至禁齐花椒河横路；南至禁齐葫芦口，西至禁齐灰河、昔马河交口流水沟以下；北至禁齐岔河阻山，齐石梯河外。化（划）在禁约范围之内，不得取笋竹，不得砍柴、拿椿栏杆。如有不遵约束违犯取笋、拿竹者，处印洋二十甲；违犯砍树者，每株处印洋六甲；有砍多数者，照数目计算处罚。若有见者报信，奉茶敬印洋二甲。

中华民国二十八年三月十九日。

永定铁索桥碑记[①]

永定铁索桥，于民国五年冬十一月兴工，于次年竣工，成功之速出人意外。考其原因，实由全县人民之协力同心，亦由总理其事者之期于必成，众擎易举，信而有征，行旅往来，交口称便。桥成至今，已三十年，原拟建碑纪事，因经费无着，迟延至今，民国三十四年春，崇继母刘杨氏佛名杨淑贞者，以先君刘锡三任

---

① 碑立牟定县龙川江上铁索桥头，大理石质，高94厘米，宽60厘米。直行行书。刘崇先撰文，王崇志书丹，民国三十四年（1945）四月初八日立。

永定铁索桥于民国五年冬月兴工，次年竣工。因经费无着，延至民国三十四年刘崇先继母杨淑贞捐银结账，造碑以纪之。

桥工总理，苦心孤诣，以观厥成。中因司账王仲懿病故，各乡欠交，功德未收，不但无力建碑，且无法结束偿债，妙在人出相差不多，先君筹划清偿，以尽前功。恐日久湮没，无以对先君，更无以对地方，特由继母杨淑贞，以节约所得，捐出谷子壹县石六斗，售得国币捌万元，并雇石工张正品，于民国三十四年四月，兴工建造石碑一座，于永定桥之南，三面嵌大理楚石。将原日吴树三先生所撰之募捐启刊于碑首，出入账目次之，附记又次之。是举也，无继母杨淑贞以继其后，则前功不彰；无先君锡三公以开其先，则斯桥不成。所谓先后继起，相得益彰，造福无量者也。

故附记以志之邑人刘崇先　撰

王崇志　书

民国三十四年四月初八日　立

谨将修建永定铁索桥各项出款逐一开录于后：

一出买铁炼铁、椿铁、扁担共重一万二千三百一十一斤，每斤价洋八仙，合洋九百七十一元零四仙

一出石匠孙祯祥工资洋五百一十元零八角

一出石匠张正品工资洋四百一十三元九角

一出买石灰七万五千五百七十斤，每千斤价洋三元，合洋二百二十六元七角一仙

一出督工监工司账役丁薪工洋二百五十一元四角五仙五厘

一出小工三千六百零八个，每个工洋一角，合洋三百六十元零八角

一出募捐夫马洋六十四元八角四仙

一出买糯米四斗、腐豆一石三斗、麻一百二十一斤，合洋三十四元九角九仙

一出改路及抬石铁椿工洋一百四元零三仙二厘
一出印刷票簿捐启洋四十元零三角
一出商议建修席洋四十元零一角五仙七厘
一出买笔墨纸张洋五元三角五仙
十出十切杂费洋一百五十元零八角九仙二厘
一出垂功德碑买碑心及石工洋八十七元
以上共支出花银叁仟贰佰陆拾贰元贰角陆仙陆厘
一收大姚县公捐银壹百贰拾四元
一收姚安县公捐银贰百元
一收县署领出账款银壹百四十五元六角八仙
一收吴树三由省汇交银壹百九十七元
一收吴葆初由省汇交银陆拾元
一收毕火南由镇南汇交银拾元
一收由县署领出六圣公债银壹百元
一收中区捐银陆百贰拾元
一收东一乡捐银一百四十四元
一收东二乡捐银一百五拾元
一收全南乡捐银叁百七十七元四角
一收西一乡捐银壹百六十六元五角
一收西二乡捐银贰百二十五元一角
一收北一乡捐银贰百八十三元七角二仙
一收北二乡捐银壹百五十八元三角
以上共收入花银贰仟玖百伍拾贰元陆角捌仙
两品不敷银叁百零九元五角八仙陆厘

黄桑坡香山等护林公约

实立合同凭据禁山文约黄桑坡、香山、红木树、蚌林、栗树园等寨。为因历代以来五寨共有杞木山，汉人、傈僳、山头均有份受。常被外人争论，于民国三十七年曾有王家寨人起意争执，经法院调解纠葛得胜利归五寨。未及一年，忽有蚌林余得全不守禁规，率领栗树园傈僳砍伐公共所有之森林树木，图利肥己，未同五寨绅持商量拿出公断。独登之权，独出其见，惹得五寨之山头、傈僳、汉人共同集会于黄桑坡，同余得全执理。另外从立章程以后，不许私人无故砍伐种地，如有违抗不尊禁规，放火烧山砍伐等情，共同处罚。倘有外人侵夺情事，不得临阵退〔缩〕，如有哪人不为公效力，苟且偷安，一切行为定即重处，决不稍宽。此系五寨人人心服情愿，于中并无相强等情。恐后人心不古，立此合同禁山文约为据。是实。自此以后之规章：一、如有私自砍伐种地者，罚银一百甲；二、如有放火烧山者，罚银一百甲；三、如有外人争论因循不负责任者，罚银一百甲；四、如有在份人员有私自偷卖柴薪者，罚银二百甲；五、如有在份人员犯规者，罚银一百二十甲，伙食一概归他负责。

中华民国三十八年正月二十三日立。

昔马黄桑坡严禁吹烟赌钱公约

立合同凭据黄桑坡合寨人等。因寨中吹赌甚大。情因民国三年合寨老幼人等，公同议定禁止吹赌，不论大小不遵乡规，犯此吹赌，当同合寨言定报信者得钱一千文。不遵乡规罚钱六千文，猪一口重八砣，酒米包吃。见者不报，罚钱六千，一律同罪。如有以小犯上，以大欺小，加倍罚处。人人心情意愿，于中并无相强等情，今恐人心不古，立此合同凭据。是实。

中华民国三年腊月二十八日立。

昔马某寨严禁吹烟赌钱公约

立禁烟戒赌凭据人李文德等。为因吹烟赌钱，罪（最）为不美，多误正业，败坏风俗，公同一体禁戒吹赌，人人荣耀，个个刚强。若有哪个再吹、再赌者，罚钱十二千文，肉十二砣，酒米包吃。哪个得见来报者，与洋钱一甲。

中华民国十三年五月二十六日同立。

六十村石牌[①]

立字石牌，盘古置天立地，先立瑶，后立朝，我瑶无有钱粮纳汉人。因为于今世界，庚戌、辛亥年间，到处有匪，劫抢毙命，进入瑶内，打单劫屋，杀人死命。瑶人板瑶不服道理，大家同出追匪散去。到壬子年二月初十日，瑶人板瑶五十村大会石牌。口（又）有到甲宣（寅）年正月初十日又复会石牌，商议规条，列后法律。

一料：众石牌有人事争口舌、山水、田土分界不明，失物，千家百事，千祈要听我石牌判，不得请外方人来包事，害我石

---

① 六十村石牌的手抄件（纸石牌），原存广西金秀瑶族自治县金秀村石牌头人陶道进家。1957年4月采集。

牌地方，究办。

二料：众石牌有人小事大事，不得打，杀人口屋。千祈要请老讲理；先小村判不得，到大村大石牌作（着）老人所判，入理不入亲。包事，究办。

三料：众石牌人，不得乱交（搞）赖事锁人，犯石牌。乱作生事害石牌地方。小村有小事大事，作（着）老照道理判平。入亲害地方石牌，究治。

四料：众石牌人，如有汉人乱赖事，拐带女人，偷屋，山场香草百物。石牌人见到，齐心出力拿贼；拦回，尝（赏）花红银五元。知见不报，日后查知，究治。

五料：众石牌人，如有每村通匪，黑夜挑出米粮、油、盐、腊肉、鸡、鸭、小菜，即系运粮济匪。一经查知，依石牌法律究办。

六料：众石牌人，若有匪到我瑶山，务要同心协力，起团追捕。如有每村不起团者，与匪同罪究办。

七料：众石牌人，如有匪在某山搭厂聚集，近某村，即报石牌追捕。如有隐匿不报，日后查知，石牌商议究治。

八料：众石牌人，如有匪在某山，要来报石牌，即尝（赏）花红银三大元。倘若擒拿匪者，每名赏花红银五大元。

九料：（缺）。

十料：众石牌人，如有客瑶生意为商，担货出外入瑶，在路中被抢，闻知即起团追拿。如有闻知不起团追捕，究治。

十一料：众石牌人，不许带匪入瑶窝藏。如有人胆敢带匪过路事，日后查确，家资裕物，一概充公入石牌。

十二料：众石牌人，如有人由瑶地过往，不得乱开炮毙命，必须根问明白，然后拿解石牌，法律究办。

十三料：众石牌人不得中途劫抢，以强打单。□后查知，大众石牌究治。

十四料：众石牌人，若众商面熟有字号，方准担货入瑶。如假伪客商，以做匪为实，石牌查知，决不容情。而且中途劫抢客商，即起石牌追捕。

十五料：众石牌人，如有违法背规条，不遵法律，大众石牌，秉公办理。

白沙村龚道经，金秀村陶道进□，共六十余村石牌头人从命立。

中华民国三年（1914）甲寅岁旧历正月初十日辰日立字石牌，天灵地准，大众石牌高升。

黄坪村条规牌[①]

一、禁止放火烧山，违者罚款。

一、禁止为匪为盗，违者重则解押至县，轻则罚款。

一、不得夺取别人山场田地，犯者罚款。

一、不得奸污妇女，犯者罚款。

一、不准放牛践踏别人禾苗，犯者赔偿或外加罚款。

一、不准偷放别人田水，犯者罚款。

一、租佃田地要纳租，不得拖欠，若无租缴纳，还应以打工补偿。

---

① 黄坪村条规牌原存广西恭城县三江瑶族乡黄坪寨，用木板书写钉立村旁。名为木石牌。1959年，广西少数民族社会历史调查组采集。

恭城县第二区三江团黄坪村众等令同立

中华民国五年（1916）丙辰岁孟冬月吉日。

金坑联团乡约碑[①]

窃思古此章身无赖，以羽皮为之蔽体无露，法于羲黄以下，衣裳之制始兴，历代相传久矣。及至如今，巧女更幻，执其五彩为服，败坏丝绒，奢华过费。老瞻视箴言，古道犹存，况遇猖狂轻佻，反则毁于议论轻谈，同人亦受乎耻。今有兴（安）、龙（胜）两邑，爰集知事之士，书缄颁遽各寨，举齐四民，雷同会议，保护团体稽查，户之共乐升平。将思圣人云，殷因于夏礼，周因于殷礼，胥有损益，旧染濡俗，故有维新之念，从兹文明世代，岂不百道同风。章程议定，万无一失，永不朽败耳。

一、凡匪类抢掠人家财物者，拿获沉塘毙命。窝匪盗窝赃，地方察确，即将永业允公。

一、凡盗窃猪牛、仓谷，撬壁干墙，拿获者，鸣团或则割耳刁目或沉塘毙命。

一、凡偷盗鸡鸭、蔬菜、裕粮物件，拿获者，罚八千文。

一、凡偷盗财物，不拘何人看见，许即拿获。倘有隐匿不报，与贼同罪。一人被盗，众人力盗（追），各无川资。

一、凡雇工人，倘有风云不测及妇女悬梁自尽，不为逆

[①] 金坑联团乡约碑原存广西龙胜各族自治县和平乡金坑大寨寨旁。金坑原为广西兴安县，1959年划拨龙胜各族自治县属和平乡管辖。金坑联团乡约碑，原为兴安、龙胜毗连的红瑶族人民跨县共立，是金坑大寨三大碑刻之一。1961年采集，1962年按照潘内村瑶老粟满庭手抄件再次校正。

命案。

一、凡妇人喉（颈）圈、银袍（牌）、银带（练）、银树（须）四件。议决改除旧服，准限二年禁绝。如有不遵，公罚不恕。

一、凡古风制服五彩，从今改除，以青为服，不许编织彩衣。若有不遵禁，鸣团公罚不恕。

一、凡人妻缘配不睦，而改嫁者，不许转归原夫，有关风化，以免效尤。

一、凡托媒问亲，二比愿意，发出生庚，准其二人下定决礼银六千（文）整，不许加增，违者不恕。

一、凡过聘之时，只许二人送礼钱二十千为准。女家送亲，只许亲族二十二人。

一、凡男家酒宴，无论新旧之客，共同一餐，早夜膳夜食，宵夜迎亲，酒肉礼物，依仍照旧勿违。

一、凡女家舅公，准办花被一床，草席一张。议决男家盘钱□千文，备六亲尾酒二个。

一、凡女家既已婚娶，以订终身，不许异心反目。如有反情，由地方公议可否，如二比愿嫁，凭中与外家订财礼。

一、凡招赘入舍，视为骨血一体，不得视作外人。不拘男女或萌异心，即由地方公论。如女反情者，议决与钱四千文；如男家反情即着公议，与婚钱二千文面斥。各宜遵禁。

一、凡旧例，每年送礼二节，过于繁浩，今去一节。外甥婚娶，请舅亲者，不许牵羊为礼，只用鸡鸭报期是也。

一、凡地方如有口角是非，各乡理落。如逢重大事务，即经团排解。若判不清，方可兴讼。

以上婚娶制服，改良各款条规，各宜遵禁。如有违犯，齐团公罚钱十二千文，决不宽恕。

水银塘团团长余启富、余义方、余义方、朱吉相、王棋祖、王左才、龙金融、杨新富、杨公贵。

金坑团长潘长满、潘秀武、潘正德、潘昭盛、潘大正、潘全通、潘文德、潘为财、潘万财、潘新寿、潘乔财、潘光发。

潘内团长粟光德、粟相寿、粟长寿、粟章保、粟四团、粟满仁、粟林、粟全行、粟洪和、粟天保、粟通和、粟三金、粟邓全、吴朝富。

中华民国六年（1917）丁巳岁孟冬月望日，兴（安）龙（胜）二邑团长。

三十六瑶七十二村大石牌[①]

维（为）大会石牌事，朝廷以立法为先，我背（辈）瑶山以石牌为先。向年因匪扰乱，曾经大会三十六瑶七十二村。凡我同人，务须协力同心，各相救应合力。因大石牌合瑶公议，凡我瑶山遇有匪兵，或者经过瑶村，务须通报近村，以防不测。再者，遇兵匪攻劫邻村，不帮不报者，即以半通匪论，会同石牌公罚。我众瑶山，务要同心，不得各生异念，可保子孙永远勿虑。行此通知各村例规，是幸。

一立料：各村封好插（闸）门。

二立料：各家办火柴□马。

[①] 三十六瑶七十二村大石牌抄件原存广西金秀瑶族自治县金秀村大石牌头人陶道进家，为金秀大瑶山总石牌。1957年4月29日采集。

三立料：各家办好君（车）庄炮。

四立料：各家千祈同心协力。

五立料：各通知音信，日夜时报。

六立料：各近村出帮远村石牌。

七立料：客人（汉族）过往，生面查实姓名。

八立料：石牌有事，不得请别人。

九立料：我石牌不得乱作生事。

十立料：我石牌见客人行黑带刀炮，究办。

十一立料：我石牌不得隐匿不报。

十二立料：有如匪兵在某山，来报，尝（赏）花红银五元。

十三立料：擒拿匪者，每名尝（赏）花红银十元。

十四立料：石牌不许窝匪藏匪，田地一概充公。

十五立科：石牌不得强势势背规条，不遵法律，大众石牌秉公办理。

列村列名，石牌头目名字所管。（村人名略）民国七年（1918）戊午岁正月吉日。大众三十六瑶七十二村，众议立料法律。

罗香七村石牌[①]

第一条，各村各人不得为匪。如有为匪，查出即将该犯枪决之罪。众石牌丁，每人自带钱一百文，米粮自备，齐到公地

[①] 罗香七村石牌是坳瑶的石牌条文手抄件，名为纸石牌。原存广西金秀瑶族自治县罗香乡六合村李日初家。平日收藏，议事和处理违犯石牌律法时，由石牌头人当众宣读，参加议事有罗香、龙军、琼五、罗州、那力、平贡、六合等七村，故名罗香七村石牌。1957 年，广西少数民族社会历史调查组采集。

杀猪，公议将该犯由亲族出手枪决，或煲大茶药灌食即死。

第二条，各村各人不得窝匪接济。如有窝匪接济，一经查出，定行枪决之罪，均照上条实行。

第三条，无论匪抢何家，刻即起团追捕，在近起到远，各带米粮，铅药、武器自备。如有不出团者，以匪为论。

第四条，不论偷牛马猪狗鸡鸭，定行重罚。偷牛者填牛，公议另罚。偷猪另罚银五十元以下，三十元以上。偷狗九两，偷鸡六两。如有讲错话者，罚银十二两。

第五条，不得穿墙挖屋，偷盗裕物，定死罪。

第六条，无论何人争执田上山场，先请父老调解不下，又请小石牌调解不下，再请大石牌调解，不得擅自开武。

第七条，无论何人争执，父老大小石牌调解不下，断老三朝七日，方准打架。

第八条，调解不下打架，不准捉女人。男人十六岁以下，六十岁以上不准捉。

第九条，调处不下，捉人到家，要请父老调处，不得擅自杀人。

第十条，调处不下捉人，限定三朝七日，要请父老调处明白；过了三朝七日不请父老，作为勒索办法。

第十一条，请父者石牌人等调处捉人，不得两头开枪，错手打死人命，赔银男人三百六十两，女人二百四十两，作为赔命斋烛使款。

第十二条，无论有争论打架，不准放火烧屋，烧禾仓，挖田、挖水坝，牵牛。

第十三条，无论何村何家，有女子未结婚者生育，违犯规则，定行重罚七十三至八十四两罚金。

第十四条，无论何人争执械斗，所有种植秧苗、谷苗、禾苗、裕粮，不得毁坏。

第十五条，无论何人不遵规条，合众石牌将他全家抵罪，田地充入石牌，作为别项使用。使用另定。

民国七年（1918）　月　日吉立。

六段仙家漕老矮河三村石牌①

盖闻朝廷有转国之忧，乡团有从寇之心。列处人伦变动，诸帮重起兵权。仰蒙本团集会，公同一体遵规。吾瑶家自盘古王开辟，相传至今几千余年，皆是一体无私。幸福庇佑，叨（叩）福阴以平安。兹今近岁，屡有不法之徒，常在边方境侵扰，殊属玩法可恶之极。通瑶会议，特立规条章程，开列于右。

一、议凡我瑶如有窝匿匪类，并知而不报者，皆系同谋。一经查出，公同众议，将产冲（充）公，无贻后悔。

一、议瑶家凡有枪炮者，各宜修好听用，无得临时挤（掣）时，不便齐集，即系玩法违公，议罚。

一、议凡有匪抢劫，不拘那时，一闻言，筒角一声，踊跃济（齐）集救护，下力剿出（除）贼匪。倘有那时知而不到者，一经查出，公同议罚。

一、议凡有客进瑶〔山〕做买卖者，或生面不识，不准留宿。倘有刁顽强者，宜报知瑶首，当众逐出。

---

① 六段仙家漕老矮河三村石牌原存广西金秀大瑶山六段村苏凤鸣家，该石牌条文在其所藏的各村新甲总簿上抄录。1957年11月27日，广西少数民族社会历史调查组搜集。

一、议凡吾瑶家，倘有勾生吃熟，侵扰团内，有犯石牌规矩，一经查出，公同办罚，无贻后悔。

一、议凡有客人进瑶〔山〕居住，皆宜遵吾瑶规。如果有至亲至厚，探留宿者，皆系住家担当。倘有隐藏，生端出事者，我瑶公同酌议办罚。

一、议步逢扰乱，各处尽知。倘有边方小贼，入境诱惑，成（存）心私从者，若不通报大团，自行匪类者，一经查出，公同将产充公，旁叔尽罚。

以上所议规条章程，皆系众议，言出必行，特此布告。

中华民国十三年（1924）阴历二月初八日，阁（合）团公启。

大梧村谢姓二冬宗祠碑

窃维，国有法，家有规，国法不严，则人民乱作，家规不严，则子孙妄为。溯我谢姓祖宗，自福建汀州俯长丁县迁居广西，落业于罗邑之西乡西七里新村，生有敬泰、祖泰、祖品、祖远四子，历代以来，敬有依饭公爷，每逢辰戌丑未之年，轮四房族头，买办依饭一切牲头，即于清明之日，当族长先领头肉，至依饭年，要各房头人办齐牲头，勿得有误。无如相传以来，并无有误。惟民国丙辰年（1916），有祖品公庭玉之后人庄敬，理事人庄琪，厨人卿和等，胆敢不遵祖训，届期并无一人回祠，故意抗违，兹当族长公议，理应将此三人革除，永远不许回祠检份，以免后人效尤，特此公布。

族长等公布。

中华民国九年（1920）九月初三日。

龙胜地方乡约①

一

通龙脊洞十三寨会议禁约

一、议盗窃猪牛者，罚钱□千，如违送官究治。

一、议盗偷禾稻者，议罚钱□千文，如违送官究治。

一、议盗偷布帛鹅羊者，罚钱□千，如违处置。

一、议盗偷鸡鸭者，罚钱□千，如违应同处置。

一、议盗偷香菌杂粮者，罚钱□千，如违处置。

一、议盗偷棕皮、桐子、茶油子者，罚钱□千，如违处置。

一、议盗偷包粟、芋头者，罚钱□千，如违送官究治。

一、议盗偷瓜菜、辣椒、葱蒜者，罚钱□□，如违处置。

一、议盗偷柑子、梨、李子、桃子者，罚钱□□，如违处置。

二

一、偷盗园中或地土包粟、秆粟、红薯、芋头、秆禾等物，一经拿获者，罚钱九千九百文。

二、偷盗棕皮、茶叶、竹笋，一经拿获者，罚钱六千六百文。

三、偷盗园中瓜菜、辣椒，罚钱三千三百文。

四、偷盗杉木、柴薪及割围牛之草，一经拿获，罚钱三千三百文。

---

① 上录二件乡约，系1957年，广西少数民族社会历史调查组抄录存藏。乡约中约属清同治年间至民国十多年前订立的。

五、黑夜撬墙挖孔入室或者青天白日，偷盗鸡鹅鸭犬，一经拿获，罚钱九千九百文。

六、偷盗仓中之禾并室内之首饰、衣服、布帛，顷刻无踪无影，不拘年深日久，失主查访知实家同罚钱六千文。

七、偷盗田中将熟之禾，不拘主人或外人看见者，应同罚钱九千九百文。

八、地方逢有相争些微之事，各当忍让，互相原谅，如有事当难忍，经凭地方劝息，切莫以势欺弱，喜争好讼，以免至伤和气，倘有不遵公断，地方面斥其非。

九、地方适有大小纠葛之事，听凭地方团绅公断，为农者如其始莫知其终，勿得暗中主使竟成大祸，如有此等，应同处罚不贷。

十、贫富每有相争，为团绅者宜要从中公断，大事化为小事，小事化为无事，不得贪金包揽，有钱者无理终成有理，无钱者有理翻成无理，贫者冤屈难申，祸无了日矣。

十一、田产先年既经卖田立有断契，永不许赎，如先立当契方肯回赎，不得阻滞，钱主不得暗地私立断契，二比宜凭天理良心，免成巨祸。如有此等，应同处罚。

（据潘树德说，该约订于一九二三年至一九二五年）

石牌判书[①]

启者，今因苏扶品、扶南山主，根向坊田地批，赵如成、

[①] 石牌判书原存广西金秀瑶族自治县金秀村石牌头人全胜祝家。1957年4月25日，广西少数民族社会历史调查组搜集。

〔如〕富烧地，火烧木以上段。苏扶友老者，办事不公平，胜勿三村众石排（牌）到办（判）扶友律，发（罚）三千六百钱整。以旧老律坊田，田几年年放火烧不犯过。三村石排（牌）头目苏胜泉、〔苏〕扶禁、〔苏〕扶文在场，和事不得多言，天灵地准。

请笔：苏道运。

中华民国十四年（1925）乙丑岁四月初八日，石排（牌）办（判）书。

新修立款

启者维宗立款事。十匹区龙满村，前人乾隆世上立村安居以来。八九余代未兴条款。因此，民国年间后到之人十多余家来村居住，众议公取每名一元花银进村上庙。迄今通村敖敖男女无道，谋心偷要杂粮，牛、马、猪只乱放，奚有众议善士人人。

李、银、潘、罗、韦、吴、黎、陈、周同共九姓等，挺身立有条款。开例于后：

一、议奏夜偷盗，勾水进村挖家，名为匪贼。查实，本村拿获者，众议禀县知事，详呈正归款；

一、议春冬白日出外，男女偷要芋米发杂粮五谷等项，拿获者罚银三元六毫上款祭庙；

一、议众村鱼塘打鱼，轮流神甲，众议鸣角同要，如有私要者，罚银三元六毫归款上庙；

一、议每年正月十五，围楗禁猪，十一月十五日开楗放猪。倘畜生不知人事走出，设主面议不怪，如有强恶放者，枪炮打死，谢肉三斤洗炮；

一、议新到之人，入村居住公取花银二兀进村上庙。

众议例律，以传后人，谨勒片石万代不朽。

中华民国十四年（1925）岁次乙丑八月十五日吉立碑。

坤林等五十三村石牌①

恃立众等瑶民条规通知：朝廷有律法，便是有条规。今因十二姓瑶等石牌条规，尧（扰）乱聚亲礼京（金）、酒份，高添价值，不同谪议，世界难当；有钱娶亲，穷苦无量。忮（怙）我求，以富期（欺）贫，以强凌弱，以众逼寡。众议作凶换吉，以亚（恶）换善，以短改长，作多议少。良善容易为瑶人。瑶等各村头目，会齐亲议，同心秦晋规条。嫁红花女正嫁（价）礼京（金）洋银七百毫整，父母水源银二两四，猪腿二只，每只十八斤；翁婆猪腿一只，十八斤；内兄猪腿一只，十二斤，媒人银两二，猪腿十二斤。酒份三十六份，正伴娘，客即共三十八份整，酒银二毫又肉三斤送嫁肉五斤。肉丁：父母三条，三斤；媒人，行媒四条；二条三斤，二条二斤。又娶寡妻红花女，干卖同价，礼金洋银九百毫整。父母水源银二两；媒人银两二。二嫁：父母银两二，媒人银六钱；猪腿：父母二只，每只十二斤，媒人猪腿一只，十二斤；送亲猪肉四十斤。又嫁女留思：身价洋银三百五毫整；猪腿一只，十二斤；送亲猪肉四十斤。又嫁男永断，身价银三百五毫；猪腿一只十二斤；送亲

---

① 坤林等五十三村石牌为纸石牌条律。为棉纸抄件。原存广西金秀瑶族自治县共和乡坤林石牌头人赵明品之子赵成堂家。五十三村，是盘瑶居住的村寨，是盘瑶自己组织的一个大石牌。1957年5月29日采集。

肉四十斤。又娶男留思身价洋银二百五毫；猪腿一只十二斤；送亲肉礼四十斤。又娶男两边系承顶，带肉酒米每样六十斤；送嫁肉二十斤。瑶等各村头目，众议条规，俟后准令。

一、议瑶等各村列位众议条规，娶亲高低身价依律，不得骗瞒，心大，暗说横行。

二、议倘众议各位无哀颓，所歪强凌多事，为凶作善（恶），不以（许）众律辉旨（指挥）。

三、议日后娶婚，好丑为妻，万世其昌，不认（许）拆妻离夫。若是拆妻离夫，不许石牌娶卖，交与家教训。

四、议夫妻家计不和，相争多事，要报各村石牌时可。若是不报，气急食药不认（许）办清。

五、议各村众律，俟后其人不听规条，休（扰）乱石牌，众人重（革）出示牌。若不愿众出，自砌石牌银十二两；若是不愿砌，通知石牌重罚三十六两，为据。

六、议今当众等各村由（油）伙抢劫横事，日夜五更连响三炮，等据放卡，同心协力。大小之事，各付有事，各村办清，并无招生食熟。前冤不得后报。若是报前冤，交匪报仇，众等石牌，任由罪同理。

君岭村：赵明品　赵至富　黄文才

更仰村：冯章福　赵至品

马安村：庞文龙　庞文福

田平村：宠文品

十八村：黄春寿

牛角村：盘有万

一共五十三甲头目，各管各村，不准休（扰）乱规条准律。

天运民国十六年（1927）丁卯岁，正月十二日，立起石牌规条法律万岁，稳律准此。

复修炼象关城碑记

凡一事之创始，一业之建树，必有卓毅之精神，彪炳之事功，乃能继往开来，以垂不朽也。□□当沐英平滇之初，有李堵者，率众从征，转战千里，殁于阵。上追其功，录其子阿白为邑土巡检司。于是建城开署，创业创统，世袭其职，而炼象关亦由是而肇启焉。迄清季厂匪之变，署毁于燹，李氏嗣迹，渐替失袭。而城堞之存者，仅败址已耳。海每睹败址，辄感慨倡修，奈工匠资乏，诸多困难。清鼎革后，革命锐进，土匪穷、盗，乘机穷起，以防患将来，□祸□□计，遂不惜努力经营擘划，集绅筹议，以总理自任，以协理推贾泽普君。鸠工采石，择吉施工，不及年而落成。城周数百仞，高数十尺余。敌楼之外，建碉六，起阁一，天然城郭，而炼象雄关之名复得副其实焉。东关之内，建房四间，以租金为岁葺之需。南北两廊，辟地二十畦，为合境公房，以酬筑城土工。当斯城之始修也，邑人每以劳民伤财识。岂及匪势猖獗，吾邑得斯城之保障，幸免匪祸，始觉兴修之晚。韩子曰：凡民可以乐成，不可以谋，始诚哉。虽□□作者以赖善造，后之人，□□□之庶斯城以不朽也。

六等嘉禾章云南第三届省议员邑绅静庵刘观海撰记

谨将修城人出款项列后（略）

民国十八年　立

该碑原立在禄丰县炼象关东门外，碑为砂岩方形柱体碑幢，高137厘米，四面各宽45厘米。三面刻字，直行楷书。2000年7月19日考察时发现，遂移至炼象关村委会收藏。立碑时间当在民国十八年，省议员刘观海撰书。

碑载：炼象关在明洪武当初，沐英平滇，李堵率众从征，殁于阵。因功，封其子李阿白为炼象关土官巡检（世袭），从九品。据考，李堵罗部赤城人，彝族。元代任炼象关防送军千户。洪武十四年授炼象关巡检司土关巡检。至清道光年间共传十五世。

炼象盐行公会碑记

盐鹾为民生之需要，炼象乃转运之中枢。溯自三扑开□出□□□□□□□不乏人，□皆集炼象以计赢绌，由炼象而分销岸。办法虽迭有变更，转运则□□如斯也。然操是业者，各自为计，漫无统系；迨至西风东渐，商战日炽，海始倡导同业，筹备行会。逮民国告成，盐务改组，成立督销局，张彬然先生为总理，海协之。提议抽捐会金，盐百斤抽银二分，大牌号洋六十元，小牌号捐洋三十元，折算合得花洋六千余元。而行会之基础于此具矣。民八以后匪势愈炽，商战愈烈，盐行公会乃正式成立。推贾泽普君为会长，置械练兵，以资防御，建造公房，以为会所，蒸蒸然一跃而登新世界之舞台矣。兹恐日久事迁，湮没一切，谨将输捐各号，及出入账目，刊诸贞珉，以示来者。

省议员邑庠生静庵刘观海谨撰

谨将输捐各号及购械建房账目刊列于后：

一盐斤灿捐项下：

运兴隆　抽银叁佰伍拾两　光华号抽银壹佰捌拾两　祥瑞隆抽银贰佰壹拾两

　　峻德祥　抽银叁佰贰拾两　俊丰泰抽银贰佰贰拾两　全芙祥抽银贰佰贰拾两

　　天宝号　抽银壹佰捌拾两　同兴祥抽银贰佰壹拾两　恒源号抽银贰佰贰拾两

　　云盛祥　抽银贰佰伍拾两　宝盛祥抽银贰佰壹拾两　庆云祥抽银壹佰捌拾两

　　光裕昌　抽银贰佰贰拾两

以上十三号，共抽得纹银贰仟玖佰柒拾两，每两折合票洋壹元伍角，共合票洋肆仟肆佰伍拾伍元。

一牌号功德项下：

德盛隆　永盛号　宝和祥　致和公　明　记　元泰昌
致盛和　站　记　恒丰泰　致和祥　宝盛隆　宝龙号
人和祥　协和丰　同人祥　同德和　源盛祥　荫丰隆
恒丰泰　云集祥　宝源祥　德顺祥　同庆号　集义号
开化局　美利祥　庆泰祥　鸿源玉　人舍号

以上廿九号，各捐功德陆拾元。宝源号、协合兴、美丰利、运盛昌、通宝盛、鸿顺祥。以上六号，各捐功德叁拾元，三十五号共入功德壹仟玖佰贰拾元。

统计抽捐功德两项，共入票洋陆仟叁佰柒拾伍元。

元庆祥　云际昌

开除项下：

　　一出修城功德票洋壹仟元　一出买地基肆拾捌方丈票洋壹仟元

一出买枪弹票洋柒佰柒拾元　一出盖一房贰拾叁间票洋叁仟伍佰元

以上四柱，共去洋陆仟贰佰柒拾元。通共出入两抵，实存票洋壹百零伍元。

董事：刘观海　张文林　黄世俊　何　琳　李正芳

经理：贾恩厚

大中华民国十八年岁次己巳季冬月望五日

炼象春圃邬少兰书丹，石匠沐凤

该碑原立禄丰县炼象关东关门外，为高115厘米，宽37厘米方形碑幢，三面刻字。碑文记述了炼象关乃滇中食盐"转运之中枢"，有盐号49家。民国十八年成立盐行公会。刘观海撰文，邬少兰书。民国十八年（1929）立。2000年7月19日考察时在一粪塘发现，现存村委会内。

六巷石牌[①]

立字据保卫众村人丁，岁在庚午（1930）六月初三日，起议开会议法律，费猪肉六千斤，安法治吾村坊，奸嫖赌博洋烟主偷盗，这非事，一切解口，各宜照料修身。为后但敢某人不尊（遵）照料，再有行为如何非事，准十二月罚重本大元（洋）洗罪。

一条不奸淫。

二条不偷盗。扶科、扶秀十二扶金、扶科一条八日□□□

---

① 六巷石牌原竖立于广西金秀瑶族自治县六巷乡六巷村旁。1957年4月，广西少数民族社会历史调查组织采集。

丁六□头蓝扶照、蓝扶芋，兰扶义、兰扶所仝□政。

三条不可禁口。扶金

四条不可偷禾。扶照

瑶目：扶太、扶金，兰致君于书。

中华民国十九年（1930）六月初三日，立此存照。

屯坝石牌①

一料不得乱放别人田水养自己的田。

一料小心火蜀（烛），不乱点火烧山。

一料不许乱拿别人东西，不是自己的东西不要。

一料要养老人，讲话也不乱得罪〔老人〕。

一料不做匪、窝匪、通匪。见匪要报，起因。

一料有事莫争莫吵，不能乱打架。

一料勾生吃熟，不许。

以上犯了哪条，开石牌议众，罚钱。

中华民国二十三年（1934）甲戌岁，十月立冬吉日，众村同立。

金秀白沙五十一村石牌②

石排（牌）规律。

---

① 屯坝石牌条规用纸抄写留存。原存广西金秀瑶族自治县门头乡屯坝村李有福家。屯坝村为山子瑶居住，仅五户，是金秀惟一独有山子瑶自立的石牌。条文简单，订立时间较晚。1964年5月27日，拍摄大瑶山瑶族科教片时采集。

② 金秀白沙五十一村石牌原存广西金秀瑶族自治县金秀村，现照陶振利家木板写的条文和一份纸抄本抄录。木板石牌条文，原钉在该村的十字巷口的闸门墙上。1957年4月27日，广西少数民族社会历史调查组采集。

立字盘古开天立地，我瑶山小勺（撮）的地方，无有粮纳，无有当兵。人人耕种，通行平安。老祈（班）人，古立有法律会（为）准。因位（为）庚戌、辛亥二年，有处（外）人匪入瑶内，打单劫屋，当（杀）人毙命数人。瑶山版（盘）瑶，合心出力，追匪散去了。前我五十一村瑶人板（盘）瑶，议法律十五条规，为灵清（宁靖）平安。今世界壬申、癸酉、甲戌、乙亥年，有外客人（汉人）匪，劫田价（稼），杀人毙命四五人。大家复议会（回）旧法律，列后规条。

第一条，我石排（牌）何人不得谋财害命，抢劫，偷屋禾仓，猪牛、香信、鸡鸭百物。石排查实知（追）究。

第二条，石排（牌）如何人胆敢通匪，黑夜挑出米、粮、油、盐、鸡、鸭、小菜，即系运粮济匪，石排（牌）查究办。

第三条，石排（牌）如有何人胆敢带客入地方窝藏，判（半）路抢劫生意人，石排（牌）知，查确实，照公办究。

第四条，如有客匪拐带女人，过石排（牌）瑶山地方，石排（牌）何人见知，报石排（牌）同心协力追捕拦回，解石排（牌）究办人匪。

第五条，如有匪来入瑶山，搭厂聚集，近石排（牌）某村住夜食，千祈即报追捕。如有隐藏不报，石排（牌）查知，重究办。

第六条，如有客（汉）、状（壮）、瑶人，生意货物买卖，价钱两边自形（行）为准，不得争打；算数不明，位（为）论村团算清。

第七条，如有客（汉）、状（壮）、瑶人，生意为前（钱），担货出外，入瑶，在我石排（牌）各处小路抢劫，见知即报，起团追捕。

第八条，料我石排（牌）有何人争山水田地，口舌，百物，事不明，要先经报请老，村团分判。

第九条，料我石排（牌）何人有大事小事，不准打锁杀人，不经报，无有银按（人报）过，要犯石排（牌），法律究办。

第十条，料我瑶山石排（牌）人，有小事大事，不准打中畜牲，挖田基水侵（圳），山荡（菌）厂，禾仓，照老法律，要犯石排（牌）究办。

第十一条，料我瑶山石排（牌），有小大事，听村团判；大事要听石排（牌）公审公办。人理不得人亲，不得包办人。

第十二条，料我大家石排（牌）如有何人强势，违背规条，不遵大石排（牌），秉公理论〔财产〕一概充公究议。

金秀总石排（牌）瑶团宣告。

中华民国二十五年（1936）丙子岁，正月初一日。大家议会，天灵大吉，平安通行。

庚广村石牌[①]

朝廷有法，乡党有规，民有民约。全村石牌公议，列出条文，公布遵守。

一、议山中田地禾苗，不得放牛踩吃，犯者倍（赔）回，罚二千文。

一、议山中田地谷子杂物，不得乱拿乱要，犯者绑人，罚

---

① 庚广村石牌是写在杉木皮压平的内皮层上，为木石牌类。原张挂在广西金秀瑶族自治县双化乡耕广村赵文福家，部分损缺。1974年5月15日采集。

二十千文。

一、议不得勾生吃熟，停留生面之人，犯者罚五千文，坏人送官。

一、议一家有事，大家帮忙，帮钱帮米，帮多帮少，同心协力。不帮者格（隔）众。

一、议还良愿（盘王愿）三年一回，五年一回，同祝同庆，大小平安太平，收成旺盛。

一、议遇事大家讲理，小理村老头人排解；大理鸣众起用（团），不得动武打架。

一、议村内各人不得为匪抢（以下缺损）。

中华民国二十九（1940）庚辰岁，正月十五日众（同）村立起石牌条规，准令照行。

石阡苦蕨坪"用水轮次"碑

永垂亘古

盖闻

天一生水，地六成之，水之为利大矣哉！我境楼上数千年以来，苦蕨坪至载潮湾一带素号干，难于耕插，用力多而收成寡。虽素知水迹，一言开采，莫不退然色阻。俟至乙酉季春，爰皆有众齐集会，弃（议）派洋万元得买周正荣苦蕨坪之田，新开水堰一条，宽一丈另五尺，左右上下以新定石桩为界。于是踊跃兴工，止今已如愿开出混混源泉，不舍昼夜。将水派定十一轮：

一轮：瓦厂、周成铨、其印、其英、永轲、正年、正国、其桂；

贰轮：载潮湾、瓦厂、正荣；

三轮：鱼塘、永塘、永绍、永忠；

肆轮：杉树湾、其印、其英、正年、正国、正治；

伍轮：毛堰沟、上苗寨、永辉、其明、其柱、其友；

陆轮：马塔铃、河坪、杉树湾、其青、其芳；

柒轮：苦蕨坪、载潮湾、正桢、正身；

捌轮：河坪、花田、载潮湾、其青、其芳；

玖轮：苦蕨坪、正钿、正身、其友、正朝、其明；

拾轮：毛堰沟、永辉、永忠、永树、永珍。

谨遵会议接轮水时早准定，日出夜日边过窝尿岩，左至苦蕨坪大沟切止，右至周正荣界切止。如轮水时，外人估放赔款陆拾余万元。设有估抗，众等决不罢休。从此刻铭，永孰和好，不得以强凌弱，恃横估放。俾后也子子孙孙率由世守无替，特为勒碑刻铭示后，以记不朽焉耳！即咏七律一绝：

洪水深藏不计年，半由人事半由天。

渊泉薄薄无停息，我境须知有福禄。

民国三十四年（1945）岁次乙（酉）六（月）初四众等吉旦。石工李德馨、李德明。代笔周文模。

注释：该碑现位于贵州省石阡县国荣乡楼上村周氏祠堂。

村规民约牌[①]

一、水牛吃禾苗罚四百钱。

[①] 村规民约牌原存广西全州东山瑶族乡白岭村，用木板写上条文，立于村旁。每年吃庙酒的议事法规。1960年11月5日采集。

二、黄牛吃禾苗罚二百钱。(因水牛口大较黄牛罚重)

三、偷他人小菜罚五百钱。

四、乱砍别人柴火罚一吊钱。

中华民国三十五年（1946）岁次丙戌，正月十五日，白岭村庙酒会公议，众等同立。

龙华等五村石牌①

□□□□□□古罗、昔地、下□□□□□□□□□□□□□□□□□□□□□水□仰□村，不居（拘）状（壮）人，不居（拘）客人，不□□□□□□□□□□龙兴□□山水同人返（翻）侮（悔），五村同作主。古罗、昔地□□□□□□□□□□□□□□□□□猪一支（只），众老□□茶水用银五十二两整，□□五村□□石牌一两返（？）十两。石牌□□□□同□友兴村要昔地村问（？）对口大字竹林炮火吊得多，另山另水□不得过石牌□□□□□□□□对且（扯）通小□□□□□主通大□石□□□□头山反支水流返石恐界□□山，一条水流□洞对把，三条水流通不反，水流通南丑四界，大程同大□江南丑四界，正请埋龙保正回□山场，那裏工何廖□祖云奉通□村思成那田村□□□□□□通村□又义江□村，日下丈田欠大白□村黄世垂吉吊绍内侣口村大子胜江胜占。

五村□□□□□□□□陶扶日气□□□、□□光、□道

---

① 龙华等五村石牌原竖立于金秀瑶族自治县丈二村附近的石牌坳路旁。倒入路中，脚踏、雨淋、字迹多已漫漶。1956年，广西少数民族社会历史调查组采集。

直、全道金、全胜直、□扶梦、扶□（下缺）。

□□□年□□□□八月初三立石牌，祖下字□□天灵地准。

□□村、刘道回、□石牌、道仙、□扶增、道用、二人一两。

立石牌，外人内人不得溥（缚）人，何人薄（缚）人，五村要银一百两整。全众首字（事）；扶新、扶三、扶通。十一村首石牌字为职（执）。

荔波瑶族石牌律[①]

盖闻我瑶族风俗习惯，自古以来，覃姓与芦姓同宗共族，不能通婚。乃有芦金贵，先暗与覃姓某女通奸，后又娶为妻室。查与地方规律，有坏伦纪。经地方众老的议定，立碑革除，条例如下：

一、不准芦金贵与瑶族芦、覃、欧、莫、韦、常各姓互相工作。

二、不准交借用具。

三、不准与亲戚房族往来。

四、不准其子女与本瑶族通婚。

五、办理婚丧喜事不准参加。

六、如有人犯本规定者，罚洋七百二十毫，猪肉一百二十斤，酒米，供全寨民尽量饮食，不得包回。

七、今后有人败坏伦纪者，按照地方规定赔偿，否则亦照

---

① 荔波瑶族石牌律是三块古碑之一。石牌议会均按此条例议事。1958年，贵州少数民族社会历史调查组水族调查分组搜集。

实行，立碑革除。恐后无凭，立碑切记。

后署群众姓名（略）。

中华民国三十七年（1948），正月吉日立。

瑶麓永留后代碑

盖闻我瑶麓风俗习惯，自古以来，覃姓与卢姓原系同宗共族，不能通婚，乃有卢金贵，先暗与覃姓之女通奸，后又娶为妻室，查与地方规律有坏伦纪，经地方众老等议定，立碑革除条例如下：

一、不准卢金贵与瑶族即卢、覃、欧、莫、姚、常、韦各姓互相工作；

二、不准交借工具；

三、不准与亲戚及房族往来；

四、不准其子女与本瑶族通婚；

五、办理婚丧喜事不准参加；

六、如有违反本规律者罚洋七百二十毫，猪一百二十斤，酒米供全瑶民尽量饮食，不准包回；

七、今后有人败坏伦纪者，按照地方规律赔偿，否则亦照章实行立碑革除。恐后无凭，立碑切记。

左侧碑文：

地方父老：覃常老、覃金华、韦金包、韦艰三、卢玉道、卢金养、卢金保、覃金锡、欧失仰、韦凰章、韦金冬、卢玉保、卢双福、卢明金、覃福义、欧老堂、韦银中、韦木高、卢金培、卢木金、卢明光、覃老高、欧老按、韦老牛、韦应包、卢金生、卢廷生、姚长根、覃金成、欧金贵、韦金德、韦正明、卢金中、卢廷中、姚木高、覃应高、欧廷珍、韦玉明、韦老旺、卢金□、卢正中、姚明星、覃应中、欧三吉、韦老三、韦土生、卢金□、□□国、常老三。

右侧碑文：

创立者：保长覃金荣；副保长韦秀优；代表韦祖保、卢玉球；甲长卢福安、卢土金、卢树清、覃金德、覃土生、韦艰中、韦□□、覃光辉、覃永才、欧老□、韦树生、韦老信、覃正金、韦拟高、欧老三、韦艰高。

中华民国三十八年古七月一日立碑。

龙脊十三寨头人会议记录①

龙脊地区各自然屯领袖临时会议录。

一、时间：民国三十八年（1949）古历又七月初六日下午一时。

二、地点：新罗村公所。

三、出席：潘秀林、章盛德、韦茂秀、潘秀福、潘秀恩、蒙其裕、潘荣庭、潘秀英、廖太平、廖祥通、侯会庭、潘光贵、潘新德、廖康盗、廖鼎森、廖炳焕、陈绍熙、廖兆宣、廖炳晖、潘仁政、潘瑞箕。

四、列席：周大治、陈远坤、贲超文。

五、主席：陈绍熙。

六、纪录（略）。

---

① 龙脊十三寨头人会议纪录是头人集会商讨如何对付国民党政府进行清乡靖化乡村的决议，龙胜游击队派员列席参加会议。原存龙胜各族自治县和平乡龙脊村侯家寨侯会廷家。1956年11月27日，广西少数民族社会历史调查组搜集。

主席报告（略）。

讨论事项

一、应如何应付清乡案？决议：

（一）在官衙清乡一人不去。

（二）上龙脊清乡看情形来，兵力少者与之对抗，兵力多者，各人自便，但不得互相攻击，言语必须一致。

（三）必要时，各屯日夜派人到各要隘探听消息，龙脊七星隘，由比星屯负责坐探，岩湾由该屯负责坐探，土地坳由龙江负责坐探。

二、通讯网如何建立案？决议：

（一）每屯先定一人为通讯员。

（二）由各自然屯领袖负责选定。

三、补给站应如何建立案？决议：

推定如下：

龙堡屯：潘秀义、潘焕章；枫木屯：陈绍金；新寨屯：潘瑞箕；滩屯：潘新凤；

黄落屯：潘新富；

平段屯：潘树菲；平寨屯：潘树华；侯家屯：侯瑞福；

廖家屯：廖兆丰、廖兆琪；平安屯：廖康英、廖康庄、庆丰。

四姓万古流芳碑

公祖银、梁、潘、吴四姓，由罗邑迁至京峒落业，后龙山自古历来树木不准砍伐，如有偷砍罚款充公，非润私囊。今本村罗日安屋基二间情愿出卖，前至众地石阶为界、后至啰姓寮檐滴水为界，左至银姓基址为界，右至吴姓基址为界，兹合村议就买获安地二间，价银一百二十毫整，此地永远垂志留作清醮公所，各人不得谋占。至于款规，每年五谷裕粮等物黄熟之后，务宜各管各业，安守本分，无得贪婪出外偷摸，倘有拿获，罚罪充公，大则罚粮七十二毫；小则三十六元，重犯加罚不容，知名禀报者，赏花红一元整，若有抗拗不出，见而不报，是为与贼同党，捆绑打鞭游街示众，切不沽宽。有事众人搪塞，勒碑晓谕，勿谓言之不早也。

甲长：银敦权、梁燕修、潘安世、吴绍南。

六房：罗日辉。

中人：吴绍章。

代笔：银敦顺。

立碑银毫一元五毫。

中华民国庚申年五月吉日立碑。

年代不详

六眼六椅等村石牌

盖闻朝庭（廷）有法律，乡党有公义（议）之方。倘有不顺之人，不守团律，自（肆）意随心所欲，至此外反内乱，不依瑶团，公共才会结合团体，俾众有律。并列有准备条规六条防后，立此章程于左：

一、议现吾处委有甲长，管户若干；一甲有一甲理。理不妥，即来总团长，不准过村办事，各有各甲。若不信此，议罚随团。

一、议禁止自偏（编下同）野团，并外来一切款项或委状，不准收领。若不信者，公罚三十元。

一、议凡我境内，不俱（拘）有紧要的事，团总有命即要到，不准抗凹（拗）。若不齐合者，捉（逐）出勿怪。

一、议凡外政治并偏化人员，不准收留。如贪财偏外者，罚三十元。

一、议凡我境内，村甲长办事，决定上价，甲长四毛，团总二元四毛，定言不悔。

一、议自古以来，原有农家的旧法律。何人若悔改者，众团捉（逐）除（出），不与入团。

此公议团体章程即（执）行。恐后无凭，特此备规六条存照。再列于后：

一、议杀人劫抢，勾生吃熟，查出枪决。

一、议偷牛盗马，挖屋开会，□□□□。

一、议窝藏匪类，私通盗贼查出枪毙。

一、议骑龙当（档）向，抛尸弃骨。

一、议五谷、桐茶、不得乱偷。查出议罚，决不失言。

六椅团总：苏宝山、苏凤鸣、苏胜灵。

代笔人：苏道发。

龙胜地方禁约

奉劝仁人事，滥棍请当除。不是前圣贤，且道眼前书。平段日昌橘，诡机若尚书。不觉食禄满，捆绑如畜猪。妇女都来打，血流似银砂。皮破骨肉碎，半死见阎君。从今匪出境，万世不回身。

团会禁山序

盖闻天生之，地成之，遵节爱养之，则存乎人，此山林團会之所山作也。我等居期境内，膏田沃壤焉。我可以疗饥，翠竹成林，惜我由堪备用，否则春生夏长，造化弗竭其藏，朝盗夕偷，人情争于菲薄。出此种种不法之徒，好利习非，不顾羞耻，安得不严为之禁哉。今当立会之日，众等聚集，不禁乐纵趋事，序亦欣然惟诺，不敢推诿良以。孔曰：见利思义。孟曰：出入山林。且先王之令曰：草木黄落乃代新，惟日时也；又曰：日短之则伐木取竹箭，亦维头时也。是故草前女动则有禁，勾萌尽达则有禁，继长增高命虞行大则有禁。以上论之，所关甚大，即云各管尔业，尚因时而入籾，乃物系他人，奚可乘虚妄取乎。自今以后，山有山无，必须谨守王章，会内会外，务要率循正道，倘唱山捕获，谁私卖容易，即属兄弟契戚之谊，理无二致，若有家庭朋友之辈，例应一同，于是规矩既严，应尔山林必盛。然为因天道、乘地利，杜枭风，而且境内之厚道可覩，里中之仁俗日照，例立虽乏多人似私也，而实本公以为老禁之。

复立团会序

团会置序久矣，其可思谊之笃，规例之严耳。少闻者匪不欣赏，自覩者咸深咏叹，应永垂于弗托，存百世代而不磨。否则人心难料，银钱拖欠而不输，因之尔轻心荡忘主，而序以失固负立会至意，显虚创序之意心然。而一时振起无愧，昔之视今古众姓，仍前奚虞，今之异昔，伏愿叔侄兄弟朋友亲戚，同心同德，本利之银钱，务席上齐扶粟苗莠秕，无容境内托足庶几，皆夜穿壁之徒，当必抚心而愧，即彼乘便偷割之盗，谅亦观感，而至若土田相（近），越界宜惩，山林蓄禁，盗砍当除，又不得言奚烦锁证，由是银两或领或义利之，积累难量，诸君一年一饮合欢，心之友爱日敦，则见道不拾遗风可仰，亦家不闭户之势自来，记弗关乎人心之齐集，彼此之完终也哉。是以继遗序而参未之云耳。

禁盗贼公议牌[①]

公议禁牌，为严整风俗，除盗安良事。盖闻国有法乡有约，原非私举，岂有犯人有伦古之道欤。切照本乡居民，别无经营，惟资讲耕种，以充岁饥，是乃为生民之务矣。莫如我土瘠民贫，烟户稀散，人单力薄，难以防御，近有不法之徒，三五成群，日以乞食为由，夜则伙自窃取，以盗为生，是以居民家家被窃，户户遭偷，实难安枕。且有游棍侵入，肆作吓诈，受其害者不独短叹长吁，而有庶几至毙。似此盗棍齐起，特势猖獗，若不纠众严整风俗，将来败坏农事，商贾尽堕，术中岂能生活哉。是以议团钉牌通晓，每月朔望之日，鸣锣示众。自禁之后，各宜共守约法，毋背议徇私，倘有盗棍仍蹈前辙，众等缉获，即当送究，决不姑宽，无贻自取，后悔已无及矣。兹将公议条例，备录于左。

大梧村禁约碑记[②]

朝廷制度，律条乡党，严立禁约，所以束人心，敦风俗也。盖自三代以上，人安古处，故俗有浑噩之风；三代而下，人怀奸宄，故遇有浇漓之习，此亦条律不明，禁约不严也。吾祖居大稔村，因人稠密，分迁居道理村、佛子村、阴洞村，田地连阡，牧场共以（与），及同场畲地村草，并河坝水沟，亦公共无

---

① 龙脊地方禁约，藏于该乡侯家，1957年，广西民族调查组前往调查搜集。这禁约先后成文于二十世纪三四十年代。

② 碑存大梧村，1953年，中南民族事务委员会和广西民族事务委员会组成联合调查组收集，1958年，广西少数民族社会历史调查组复查核对。

异。但因人众，即有欺诈，贪利之流，不安本分。蒙县主晓谕各村，务要设立条款，标明禁约，俾乡村土民人等，设立十家为甲，一甲有长，相友相助，而亲睦着焉。吾等四村，异村同心，遵奉上宪碑文。县主法令于道光元年胪列条款，呈禀县主谭批准，赏发禁约册本，盖印过珠，给与甲长遵照，务必严令约束，村内甲下之人，俱要奉公守法，无生异念，无犯禁条。倘有不遵于犯者，甲长秉公议罚，充归庙费用；或有顽梗，甲长指名送官究治。兹众等协心合议，备叙禁条勒碑，俾后目睹心惊，自然革面洗心，庶几奸宄除而浇漓绝，古处敦而浑噩复，而唐虞三代之沐风，不难再见于今日也。是为序。

一、村内设立甲长，挨户连环保结。如有甲长容贼纳匪，或聚众赌博，因而盗窃牲头裕物，邻右知情不报，甲长查出，邻家一体同罪。

一、村孤愚民，被土棍勾引外匪勒索者，甲长各要纠齐捆解送官。如甲长置若罔闻，系与土棍串计勾引，邻右查知禀究，甲长同罪。

一、村内生理柴草，及岗内岭上所种生理等件，如有被贪心男女鼠窃，在甲长处理，如抗不遵，许甲长送官究治。

一、村内所犯，即在甲长说息，村内及外人不得借以私合妄禀。

一、村内恐有挟嫌，借以甲长之势，捏指乱害，官查确实情，甲长不得妄从一面之词，即行送官，如有查确系挟仇，即以反坐论，送官究治。

六面阴规

一层一部：如若哪家孩子，胆大骨头硬，心横肠子弯（横蛮无理，诡计多端），砍鹅的脖子，穿龙的肚子（毁坏地气龙脉）。骑坟重葬，挖坟掘墓。弃遗骸，扔干骨。开棺看尸，揭板看骨。搞得活人伤心，搞得死人哭哇哇。他罪大惊天，他恶深如海。这个罪厚，这条罪重。这面罪大到十，这条罪重到百。不管他凶如豹，不管他恶如虎。今天咱们拿红衣给他穿，拿短衣让他套（指罪犯穿的衣服。《尚书》载："五刑有服"。《白虎通》载："五帝画像者，其服像五刑也。犯墨者蒙巾，犯劓者赭其衣，犯髌者以墨蒙其髌处而画之，犯宫者履扉，犯大辟者布衣无领。"侗族亦有自己的刑服，即红衣和短衣），要他拿金银来抵罪，要他拿牛马来赎罪。叫他三父子共一个老鼠洞（同坑活埋，死刑之一），叫他五父子共一个下水口（同潭水淹，死刑之一），深潭叫他住，深坑让他睡。盖他三庹黄泥，填他九庹红土（两手向左右两侧平伸，其长度称一庹，形容深埋）。

二层二部：如若哪家孩子，胆大如葫芦，气大如雷吼。恶如虎，狡如龙。能拱天上粮仓（喻偷粮），能挖地下金银（喻偷钱）。掘田埂，掀鱼窝（喻偷鱼），挖墙拱壁。咱们搜寻蚂蚁的足迹，咱们理清水獭的脚印（喻仔细侦破）。他抬脚必有路径，他展翅必有声音。咱们当场抓到手，咱们当面查到赃。是真不是假，是实不是虚。咱们用棕绳套他的脖子，咱们用草索捆他的手脚。拉他进十三款坪（指款组织集会的固定场所，湘桂边界共有十三个），推他上十九土坪（指群众集会的一般场所，如鼓楼坪，十九系泛指多处）。抄家抄仓，翻屋倒晾（晾晒和存放粮食的专用房子称"晾",此处指对罪犯实行抄家的惩罚)。让他家门板破,让他家门坎断。抄家抄产,抄钱抄财。天上不许留片瓦,地上不许留块板。楼上让它破烂,楼下让它破碎。把他的屋基捣成坑,把他的房子砸成粉。赶他的父亲到三天路程以远,撵他的儿子到四天路程以外。父亲不准回村,母亲不准回寨。(罪犯处死,其父母、儿女亦受株连,强令他们迁离乡土,永远不准返回。一天路程是指一天行走的路程,约一百二十华里。"三天路程""四天路程"泛指远处。)

三层三部:如若哪家孩子,胆子如虎,气大如雷,狼心狗肺。拦路抢劫,夺人金银。林中捆人,路上杀人。他捆人不露脸面(蒙面),他杀人不留姓名(暗杀)。他放火烧人于草丛,他行凶害人于刺蓬。他放火烧屋放火烧山,图财害命,天地不容。这面罪厚,这条罪重。这面罪大到十,这条罪重到百。拉他进十三款坪,推他上十九土坪。有钱拿钱来抵罪,无钱拿命来偿还。木桩钉满山,除恶除到天(按规定,罪犯被处死后,还要在其身上钉入木桩,使其来世不再犯罪,故称"除恶除到天")。四周紧紧追,八方紧紧围。让他木板一捆,让他石头一堆("木板一捆"指棺材,"石头一堆"指坟墓。喻处死)。要他的灵魂到阴间,要他的身躯钻土堆(泛指死刑)。

四层四部:如若哪家孩子,头上不长耳朵(喻不听劝阻),眼睛不长珠子(喻目无法规)。嘴上没有兄弟(喻无长序),心中没有亲戚(喻不懂规矩)。他当公公却贪恋儿媳(乱伦),他当兄弟却贪恋姐妹(胡来)。他把母亲喊成姑妈,他把姑妈喊成母亲(母亲是父亲的妻子,姑妈是父亲的姐妹,二者不能混为一谈)。他把斧子叫锄头,他把鼎罐称做铁锅。他要树木变成竹子,他要萝卜变成菠菜(喻破坏传统的婚姻制度)。他搞乱了村规,他破坏了寨理。今天全村依村规来吃他,今天全寨依寨理来喝他(全寨人强行到罪犯家喝酒吃肉,见猪杀猪,见鸡杀鸡。谁要是不去,则被看成是对罪犯的同情,也要受到同样的惩处)。吃他到底,喝他到根。吃得他家田地不许剩一块,喝得他家鱼塘不许剩一眼。牵他到村头旋水塘,赶他到寨脚绿水潭(对罪犯本人处以水淹的死刑)。叫他跟乌龟共村,叫他同团鱼共寨。

五层五部:如若哪家孩子,品行不正,心肠不好。掘上丘,拱下丘。在池塘里偷鱼,在稻田里偷禾。丢了禾把查谷芒,丢了活鱼查鱼鳞。咱们跟随蚂蚁的足迹,咱们顺着水獭的脚印(喻跟踪侦破)。他抬脚要有路径,他展翅要有声音。赃物在他手中,赃物在他肩上。拉他到十三款坪,推他上十九土坪。抄他的家财像捡螺蛳,抄他的家产像捡毛栗。让他的父亲不能住在本村,让他的儿子不能住在本寨。赶他的父亲到三天路程以远,撵他的儿子到四天路程以外。去了不让回村,转来不准回寨。

六层六部:如若哪家孩子,卖桶只卖提勾,卖粮只卖谷芒(喻行骗)。卖给千户禾杆,卖给万户稻草(喻作假)。卖田禾亩,卖地百屯(能收十把禾的面积称一屯约零点一亩)。卖脚过河,卖名过县(喻买空卖空,到处行骗)。骗取金银下河,骗取茶油下沟(侗族地区盛产茶油)。竹笋换了九层壳,树木剥了九层皮(喻敲诈勒索)。旱田要了三次租子,水田收了九次税钱。搞得村子不安,寨子不宁。咱们全村要合为一半,咱们全寨要聚做一边（喻团结一致，共同对付勒索者）。要从蛇肚里捏出老鼠，要从鱼肚里挤出虾子（喻追回被欺骗和勒索走的钱财）。鱼鹰吞下了要它吐出，青蛙吞下了要它吐回（亦喻追回钱财）。要做到民安国泰，要做到买卖公平。咱们都到村头来住，咱们都到寨脚来吃（喻和睦相处）。金银共洞藏，牛马共栏关。咱们要像牛一样共一座山坡，咱们要像鸭一样同一条江河（亦喻和睦相处）。

六面阳规

一层一部：养女夜间搓麻，养儿走寨弹琵琶（侗族青年男女有夜间在姑娘家里相聚谈情的风俗）。我的儿子走到你的村子，父母上床不搭话（回避）；你的儿子来到我的村寨，我也同样闭嘴巴（亦回避）。他们在火塘边排坐，他们在月光下戏闹（指青年男女相聚在一起，下同）。蹲在墙脚，走过房廊。鸡毛插在头顶，银环挂在耳边。走路不许扇翅膀（喻作风不正），耕田不许晃脑袋（喻行为越轨）。如若哪家孩子，走路扇翅膀，耕田晃脑袋，这就是青春犯忌。罚四两四（指四两四钱银子，下同），或八两八（情节严重的加倍罚款）。如若你家孩子和我家孩子，男女相爱，情意相投，蜜语甜言，情投意合。唱歌唱得对调，说话说得入迷。巷尾男的唱出了真情，门口女的讲出了真话。讲真话，细语丝丝像溪流；唱真情，柔声绵绵随琵琶。说到金夫，讲到银妻（指男女双方的山盟海誓）。高山已经辟成了良田，草坡已经种上了高粱（喻男女未婚已经发生性关系）。缸里已经长出了竹子，桶里已经长出了蕨菜（喻女方已经身怀有孕）。遍山青草，满树鲜花（喻男女双方的喜悦之情）。男的说限时娶，女的说限时嫁。送走了凶日，迎来了良辰（指举行结婚仪式的吉日良辰已到）。谁知梨子却变成了桃子（喻男方突然变心），真的却变成了假的。男的换心改意，女的难落舅妈家（侗族实行女还舅家的传统风俗，故称婆婆为舅妈）。刀离开鞘，难背难挂（喻女方无依无靠）。众人记不得甜言，乡亲记不得蜜语（男女双方曾有过的山盟海誓众人哪能记得呢）。侗家不能换石碓，亲家不能换席位（喻生米已经煮成熟饭，后悔已经来不及了）。女的知道自己上当，喊天天太高；女的明白自己轻薄，跺地地太硬。男的另有新欢，女的无依无靠。她睁大兽眼，他睁圆猫眼（喻女方束手无策）。哭哇哇，泪哗哗。咱们叫他俩嘴巴对嘴巴，咱们叫他俩下巴对下巴（叫男女双方当面对质，公开审理）。如若男方不肯收心，马牵不回，牛拉不转。猪被食呛，人违众言。用话劝不通，用歌劝不服（喻男方不愿回心转意）。猪屎要他吃一堆，狗屎要他吃一口（强令犯者吃猪狗粪便，视犯者为畜牲，这也是一种处罚手段）。

　　二层二部：说到结亲，你有男孩，我有女孩。量脚做鞋，量体裁衣。看人定情，看银定亲。大坪开田，大山开地，大脸开亲（侗族称体面的人为大脸，此处喻男女条件相当，双方都感到满意）。森林可以辟成良田，山坡可以挖成熟地（喻双方结亲有一定的基础）。有媒人串通，有金银换档（交换信物称换挡）。画眉串林，蜻蜓串沟（喻媒人说亲之举）。父亲坐右边，母亲坐左边（喻双方父母没有意见）。鸭成对，鹅成双（喻男女双方也都愿意）。苦酒已喝，甜酒已尝，引进屋坐，接上房廊（喻双方已举行婚礼）。第一天早晨到男家，第二天早晨到女家，第三天早晨夫妻恩爱乐哈哈。如若哪家孩子，声如铜锣，眼如太阳（喻高傲自大，目中无人）。高傲如城墙，自大如帝王。高过棕榈树，大过枫香木。他抢人家的新媳妇，他夺人家的好妻子。抢窝里的母鸡，夺"昂"上的禾谷（喻强夺他人妻子。挂在火塘上烘烤禾把的木架侗语称"昂"）。抢灶旁的妻子，夺炉边的媳妇。毁了别人的金妇，坏了别人的银妻。他有心要截断江水，他有意要压破岩石（喻强抢硬夺）。白龙走右边，花龙走左边（喻暗地约会）。毁上丘，坏下丘（喻背地私通）。牵过狗窝，拉过猪窝（喻私奔，下详述私奔过程）。引过千口岩洞，带过万眼池塘，拐过龙山虎村。脚沾锈水，额网蛛丝。拐到他家，上边只见一面，下边只见到一眼（喻不让邻里知道），他们偷偷摸摸共坐火塘边。遇到这种事情，咱们要心齐像豆粒，不要心散像芝麻。父亲要管教儿子，哥哥要教育弟弟。老鹰来了鸡要死，乌鸦来了人要亡（喻不祥之兆）。男要换妇，女要换夫（喻离婚）。说出的话要有道理，有理的话也要商量（指不能随随便便）。聚众要同路，置律要同心。如若不听劝阻，矛靠仓，箭靠房（喻款众强行进驻犯者家中）。苦酒叫他拿来喝，甜酒叫他拿来尝。抄他家的金子拿来赎理，抄他家的银子拿来赎罪。叫他拿六十两金子赎回住房，叫他拿五十两银子赎回禾仓。要他备办竹床来睡，要他备办铁凳来坐（喻长期进驻）。咱们自己舀米浸泡，咱们自己淘米蒸饭。要他拿出三百根青龙胡须，要他拿出三百颗红虎獠牙（喻对罪犯不能轻饶）。这是龙头大案，这是虎头要案。咱们吃肉靠过年，咱们罚钱靠说理。遇到肥猪吃肥肉，遇到瘦猪吃瘦肉（喻根据实际区别对待）。财轻产薄者（穷人家），罚他三十一至四十两银子；财重产厚者（富人家），罚他米三百箩、鱼三百尾、酒三百筒、银三百两，加三百斤肉穿成串（将肉煮熟切成片片，每一片约一两，用竹笺穿成串，每串五六片，然后由犯者挨家挨户送肉，每家一串，以示检讨），五十斤豆喂小猫（此俗待考）。他缝帽子给自己戴，他打笼子将自己关（喻自作自受，下句同）。他变轻为重自己挑，他变香为臭自己闻。金银花尽，布匹用光。上莫怨天，下莫怨地；死莫怨父，穷莫怨母。岩鹰抓公鸡，鹞鹰抓母鸡（喻款约的威力）。村脚教育别人，村头教育自己。莫让牲畜毁坏本村，莫让野兽践踏本楼（喻不要让坏人糟踏村寨和宗族的名声。侗族习惯一个宗族修一座鼓楼，习以鼓楼代表宗族，故称本楼）。上逞要劝到贵州，下边要劝到广西（泛指都柳江流域的各个村寨）。

三层三部：如若哪家孩子，鼓不听槌，耳不听音。上山偷套上的鸟，下河偷钓上的鱼，进寨偷鸡，进田偷鸭。偷瓜偷茄，罚一两二银子，下同）。偷鸡偷鸭，罚三两。偷根烟袋，罚一两二。偷桃偷梨，只是挨骂（不罚款）。偷鸟，每只罚六钱。偷蚱蜢（蝗虫，侗族有吃蝗虫的习俗），只须赔油盐。青年煮粥偷韭菜，小孩煮茶偷南瓜（侗族青年男女有夜间共同煮糖粥、油茶的习俗），这是传统，不罚不骂。这条罪轻，这面罪薄，这种事情不用调查。大缸用来酿酒，小碗用来量酒（喻区别对待）。这种小事，早晨发生，晚上断清。哪村崩田哪村垒，哪寨滚牛哪寨剽（喻这类案件各村寨有权自行处理）。如若牛角抵下，羊角抵上，撑杆插眼，堆石拦路（喻犯者不服，处罚遇到抗拒）。那就要上十三款坪，那就要上十九土坪（指将罪犯交当地款组织公开审理）。罚他四两四，罚他二两二（喻加倍罚款，非指实数)。

四层四部：讲到坡上树木，讲到山中竹子。白石为界，隔开山梁。不许越过界石，不许乱移界标。田有埂，地有边。金树顶，银树梢。你的归你管，我的归我营。如若哪家孩子，品行不正，心肠不好随。他用大斧劈山，他用大刀砍树（喻毁坏山林）。他上坡偷柴，进山偷笋。偷干的，砍生的，偷直的，砍弯的。咱们抓到柴挑，捉住扁担，要他的父亲种树，要他的母亲赔罪。随从的人罚六钱，带头的人罚一两二钱。

五层五部：讲到塘水和田水，咱们要遵照祖宗的公约办理，咱们要按照父辈的规矩办事。水共一条沟，田共一眼井。上边是上边，下边是下边。只能让上边有水下边干，不能让下边有水上边干。沟尾没有饭吃（因干旱不长粮食），沟头莫想养鱼。如若哪家孩子，偷水截流，破塘埂，毁沟堤。他私自开沟过山坳，他私自引水过山梁。害得上边吵，下边闹，这个人拿来手臂粗的木棒，那个人拿起碗口大的石头（喻械斗）。相打抓破了耳朵，相推碰破了脑袋。这个人皮开肉绽，那个人血迹斑斑。这个人指桑骂槐，那个人点名道姓。这个人挽起衣袖，那个人卷起裤筒，人人都修起挖不平的田埂（喻各方都记下了磨不减的冤仇）。咱们要让水往低处流，咱们要让理往尺上量（喻按规矩办事）。要让他的父亲出来修平田埂（解除冤仇），要让他的母亲出来赔理道歉。

六层六部：讲到红薯地，讲到芋头园。菜有主，豆有架。如若哪家孩子夜间走路不拿火把（指偷偷摸摸），白天进寨不守规约。他不怕雷公劈顶，他不怕雷婆发怒。他在地头偷红薯，他在地尾偷豆荚。他在园里偷青菜，他在田里偷萝卜，没抓到就不说他了。如若抓到哪个,捉住他肩上挑的筐子,抓到他背上背的篓子,篓中有菜,筐中有豆(喻拿到赃物)。偷瓜、薯、菜、豆,罚四两四。除此之外,还要叫他敲锣喊寨(在寨子里一边走一边敲锣,一边高声检讨自己的过错,这是对小偷小摸者的处理办法之一)。

六面威规

一层一部:天上有三十六威(威力,威慑人的力量),水中有二十四威。天上有雷威,水中有龙威,林中有虎威,寨中有人威。你来我村,我要发威给你看;我去你村,你要讲威给我听。你来我村,我去你村,都一样遵行。夜间走路有月亮,白天走路有太阳(喻款的约法威力常在)。莫让哪家孩子,吃饭弄脏了饭碗(喻嘴巴不干净,乱说乱道),睡觉搞破了床单(喻行为不轨,乱摸乱动)。吃一碗,舔一钵;睡一觉,闹一夜。那咱们就要讲威给他听,那咱们就要发威给他看。

二层二部:说到我村青年,翻过年头(新年开始),到了月底(指农历腊月底)三十人过山,四十人过岭,来到你的地界(侗族有一种传统习俗,每年正月农闲季节,村寨之间男女青年都要进行集体性走访活动,侗语称"为也")。莫让哪家孩子,用树叶堵沟,用蛛网拦路(喻久不来往)。你要让我的孩子,抬脚过田埂,举伞过山梁,坐石石干,坐草草烂(喻常来常往)。一百扇门都要打开,全寨姑娘都要聚拢来(喻热情欢迎,盛情接待)。十二架纺车都在转动(喻姑娘们正在和远道来的客人行歌坐夜,谈情说爱)。咱们交成亲密朋友,咱们结为长久亲戚。交成朋友三年以上,结为亲戚九代延绵(喻世代相好)。如若你让我的孩子，抬脚过不了田埂，举伞过不了山梁。坐石不让石干，坐草不让草烂。一百扇门都不打开，全寨姑娘都不拢来。十二架纺车都不转动，十二支纱锭都不旋转。我就来你的门口前边啼哭（表示伤心），我就来你的楼梯底下咒骂（表示愤怒）。我的男孩要放出楼门，你的女孩要放出家门（让青年男女自由交往）。你要吹笙随调，你要放炮随村（喻遵循传统习俗）。你的大门不能大敞，我的小门也难打开（喻无来也就无往）。你把饭桌藏起，我让饭桌干裂（喻双方久不来往）。你初一，我十五（你若无情，我也无义）。马尾两边扫，牛尾两边摆。我这样要求你，你也这样要求我。从今往来，三五一十五，九六也是一十五（殊途同归，走到一起）。咱们要像簸箕里的米粒，咱们要像木盆里的水滴。交成朋友，结为亲戚。

三层三部：讲到家中弟兄，说到弟兄分家。分到梳中棉纱，分到园中竹子。分到锅、鼎、箱、架，分到碗、盏、瓢、盆。竹园随竹林，禾仓随住房。不许越过界石，不许移动界碑。清石正，白石清。田有埂为界，山有石为碑。不许哪家孩子，把上边的界石移到下边，把右边的界碑移到左边。家中兄弟，千年盘石压不垮，万年砥柱冲不塌（喻紧密团结）。金子不许私留一包，银子不许私藏一两。要让池塘越来越深（喻加深情谊），要让堤坝越来越宽（喻心胸宽广）。肩膀不许相磨，膝盖不许相碰（喻不要发生矛盾）。

四层四部：讲到那些狼手虎脚的人（指行为不轨者），他们长着狼眼狗心。他们偷猪出栏，偷羊出圈，偷牛过山，偷马过林。他们套园角（指偷牛），牵扁角（指偷羊）。牵过龙山（指深山），拉过虎林（指老林）。咱们跟随他的足迹，查窝找蛋，循沟探水，溯河访潭（喻查找罪犯）。丢了谷子查谷芒，丢了活鱼找鱼鳞，如今找到你们寨上。在寨边发现牛角，在寨脚发现马鞍，在楼下找到羊须，在梯底查到猪鬃（喻找到物证）。那我们就用青藤围山，那我们就用弓箭围寨（准备捉拿罪犯）。你不要用虎皮来遮，你不要用龙皮来盖（喻不要包庇窝藏罪犯）。你要揭开白石，你要掀开荆棘（主动揭发罪犯）。莫放他跑到河中龙王殿，莫让他逃到朝中帝王宫（不要让官府将罪犯庇护起来）。我们要拉他出门，我们要拖他进款。拉他到四方众人跟前，拖他到四周各村游寨。你扛黄旗在前，我扛红旗在后。让他的父亲遭的罪重，让他的儿子遭的罪多。如若哪家孩子，在树根装成青鼋（喻伪装老实），在树稍变成松鼠（喻实际不老实）。他在深山扮成老虎（喻凶恶），他在石堆化为毒蛇（喻狠毒），那咱们大家都去围剿。铜锣从外往内敲，见头打头，见尾打尾；铜锣从内往外敲，见脚打脚，见身打身。

　　五层五部：无论是你的孩子，无论是我的孩子，都不许抬腿追人，都不许动手抓人。如若哪家孩子，追了苗族人，抓了瑶族人，抓了姓杨的，捉了姓吴的（杨姓和吴姓是侗族的大姓，故此处泛指侗族）。那就叫他爬上九百丈高的天空，让他去抓雷的儿子；那就叫他钻进七百庹深的海底，让他去捉龙的儿子（看他有多大的本领！"庹"指两手向左右平伸的长度）。如若他抓不到雷的儿子，如若他捉不到龙的儿子。那就叫他交出草鱼三百斤，丝绸三百匹，米三百挑，酒三百坛，银三百两。如若他能交出这些东西，如若他能赎回他的罪过，那就请头人来，那就牵牛进款（召开款会处理案件时，都要杀牛招待全体与会者，此处是指将罪犯交给款组织公开处理)。如若他不能拿出这些东西，如若他不能赎回他的罪过。那就毁掉他的性命，那就烧掉他的牛毛（喻处死）。那就像捡田螺一样查抄他的家产，那就像抽鱼簾一样捡走他的家财。叫他的父母离开故土，叫他的儿女离开故乡。

六层六部：如若哪家孩子，鼓不听捶，耳不听劝，不依古理，不怕铜锣（喻目无法纪）。他毁山毁冲，毁河毁溪，毁了十二个山头的桐油树，毁了十二个山头的杉木林。寨脚有人责怪，寨头有人追查，寨中有人告发（喻民愤很大）。我们就跟他当面说理，我们就给他当面定罪。是真就是真，是假就是假。是真就共同查办，是假就共同改正。哪怕他告到龙王殿上，哪怕他告到州府县衙，哪怕他骨硬如钢，哪怕他骨韧如铜，我们也要把他敲碎，我们也要把他捶熔（喻官府不能干涉款组织的内部事务，表现出款的自治职能）。

十三坪款

虎死留有皮，牛死留有角，公公传父亲，父亲传儿孙。有人听讲，有人传诵，有人依从，有人敬重。今天我们讲到河尾公龙殿，今天我们讲到河头母龙宫。今天我们讲到河中王才银，因为四塘祖公，写进书本来传诵：上四洞，勒石杨柳坪，合为第一款（在湖南通道境内）；下四洞，勒石岑元坪，合为第二款（在湖南通道境内）；江口太阳坪，勒石合为第三款（在湖南通道境内）；上粟、下粟，勒石堆合坪，合为第四款（在湖南通道境内）；乡脚到独坡，乡头到止岩，绕到地瓜村，牵到啰团村，中间有团头和牙屯堡，勒石堆岑坪，合为第五款（在湖南通道境内）；乡尾到麻龙，乡头到路塘，塘头在中间，勒石化娄坪，合为第六款（在湖南通道境内）；乡尾到盘八，乡头到盘稿，中间有西义、甫省，勒石美英坪，合为第七款（在广西龙胜境内）；乡尾到塘门，乡头到庙楼，中间有甫桃、度雷，勒石董豆坪，合为第八款（在广西龙胜境内）；乡尾到夏喜，乡头到捶塘，四坛在中间，勒石美要坪，合为第九款（在湖南通道境内）；乡尾到黄土，乡头到高友、高秀，中间有平坦、平戊，上头江水汇合，下头山梁回顾，勒石堆合坪，合为第十款（在湖南通道、广西三江交界处）；河尾到孟寨，河头到干冲，中间有平流、华练，勒石地瓜坪，合为第十一款（在广西三江境内）；河尾到三团归水石，河头到马胖岩龙坡，中间有八门、马善、甫坤，勒石王相坪，合为第十二款（在广西三江境内）；河尾到马安村，河头到冲乐屯，中间有冠洞、路冲，勒石棕树坪，合为第十三款（在广西三江境内）；讲了十三坪款，说了十九坪场，四乡八河通晓，四村八岭知道。个个水潭有大鱼，个个寨门有土地（土地神），村村有人厉害，寨寨有人聪明。有女管绣房，有王管乡村；有主管家财，有有威望的人来管大家的事情。河尾安底，河头安盖，安底要圆，安盖要正，河尾听款首，河头听乡老。十人共饭甑（同吃），酒桶共瓢舀（同喝）。男女共条规，网坠共条绳。三月约青（三月宣传一次款约），九月约黄（九月宣传一次款约）。天庭评理，大地扫净。

分洞款词

上六洞边下六洞，归下山连信雷坎。大锣盖小锣，大伞遮小伞。上下六洞分，村村点得明。四百丙梅配西山（丙梅寨为四百户），两村联为一洞人；仁良銮里配高增，三村联为一洞人；小黄白岩六百户，六百门户一洞人；四百石夏配贯洞，千户大洞一条心；水口计新五百余，五百门户一洞人；以上合为下六洞，贯洞勒石立款坪。肇兴陈客配洛香，九百门户一洞人；龙里人称是富乡，五开一洞为中心（黎平旧称五开）；口江铜关配地亲，千户一洞远闻名；岩洞潭洞手拉手，两洞联为一洞人；皮林西告缠崖脚，永远结合莫再分（皮林、西告合为一洞）。以上合为上六洞，五开勒石立款坪。贯洞信洞隔条河，云村肇兴隔条江。存洞当盖不漏气，贯洞作底不漏烟。这是远古条规，这是祖公立言。祖公立下分洞之词，我们子孙后代永传。

榕江十塘款款词

吴家出洞王（指吴勉王），杨家出武将（指杨再思）。为了村寨安稳，勒石立款分塘。榕江两岸侗寨，共计划分十塘。石碑是桶盖（第一塘），良口是桶底（第十塘）。从上往下数——梅林到新民（第二、三塘），筐里到塘华（第四、五塘）。从下往上数——洋溪到勇伟（第九、八塘），勇伟到高安（第七、六塘）。勒石立碑，刻碑为记。村寨要有规约，山场要有界石。木桶靠箍箍紧，村寨靠款勒严。依称为平，依方为棱。引水莫跨河涧，割草莫跨田埂（莫违约行事）。潭潭有大鱼，寨寨有土地（土地神）。进村问款首，进寨问头人。莫让哪个——牵草进田地，牵贼进乡村。勾生吃熟，吃里扒外。如果哪个这样做了——那他有病无药可治，那他临死无法可解。勒石立碑，十塘齐心。人人遵从，寨寨依随。

桂田等十八村石牌[①]

（缺）

一议何人先奸后娶，家不合，重罚六十元。一议何人其祖不过五代娶婚，重罚银六十元。一议何人姐妹二代娶婚，重罚六十元。一议何人娶妇娶郎不用，那边不（愿），重罚六十元。一议何人公奸妇，重罚一百二十元。一议何人为伯奸媳，重罚一百二十元。一议何人偷仓挖屋，重罚一百六十元。一议何人生装此（兹）事，重罚一百十六元。一议何人去奸人妻，打死众（丈）夫，一会（概）划，一不容情。一议何人有事不听石牌公办，乱投百姓，强过石牌，一会（概）众划不容情。一议何人招生食熟，一会（概）划平不容情。一议何人食财害命，一会（概）划平不容情。一议何人招匪害人，一会（概）划平不容情。一议何人无事乱开炮打死人命，一会（概）划平不容情。二十四议天地灵准令。

批各爹娘肉宛（碗）两宛（碗），坐媒两宛（碗）。

大石村，赵玉银八家。大厄村，庞文保三家。花芒村，黄通秀十家。金龙村，黄春风六家。连香村，赵成县。贵田村，赵财风三家。平小村，盘有京六家。冲村，冯章安二家。合龙村，盘进龙六家。家先村，赵荣寿十家。伴月村，盘文贵二家三家。田头村，赵德保、盘进林四家。横冲村，赵德文七家。六家村，黄进安五家。昔背村，黄通品二家。牛塘村，黄进林

---

① 桂田等十八村石牌为棉纸抄件，为纸石牌律。原存广西金秀瑶族自治县长洞地区桂田乡古培村庞生林家。十八村均属盘瑶，他们自己组成石牌。1957年，广西少数民族社会历史调查组采集。

十家。鱼洮（跳）村，黄进广二家。浪堕村，庞贵胜四家。

石牌料话①

伏羲造来造下日，姐妹造行造天下。造下日，造虫蚁。造天下，造人丁。造虫蚁，满下日。造人丁，散下天。满下日，坐七乡。散下天，坐下里。坐七乡，汉仔上。坐下里，壮仔起。汉仔上，住不落。壮仔起，坐不甜。住不落进瑶山顶，坐不甜进瑶山根。进瑶山顶各造巷，进瑶山根各造村。各造巷，各立庙；各造村，各立神。各立庙，五代住；各立神，十代居。五代住，到今岁；十代居，到今年。到今岁，我边有地翻，到今年，我边有天乱。我边有地翻，住不落；我边有天乱，坐不甜。住不落，我寄信；坐不甜，我寄钱。我寄信，过瑶山顶；我寄钱，过瑶山根。过瑶山顶石牌起，起瑶山根石牌成。石牌是起到我巷，石牌是成通我村。来到我巷齐抽弓，来到我村齐放箭。齐齐抽弓守我巷，齐齐放箭守我村。守我巷，不使翻；守我村，不使乱。不使翻，住才落；不使乱，坐才甜（稳）。

茶山瑶春秋二社老料话规条②

壹、二月社日料话内容：

一、宣布由社老预先择定的浸种（稻谷）日期。（同社同日

---

① 石牌料话原存广西金秀瑶族自治县六巷花兰瑶兰家。1961年5月30日，摄制大瑶山瑶族科教片时搜集。

② 茶山瑶春秋二社老料话规条一般由石牌头人背诵，但也有按纸抄的条文宣读。原有广西金秀瑶族自治县金秀村全胜祝家。1957年，广西少数民族社会历史调查搜集。

做）

二、宣布做秧田的日期。（全社同日做）

三、宣布扯田基草的日期。（全社同日做）

四、规定出门行路肚饱的人（吃饭后由村里出外做工的），做偏路让肚饥的人（田间回村吃饭的）走。

五、割青（绿肥）那天，全村同去。要听放炮之后，各人才得出门，不许争先。

六、放水进田，要依照旧日的田坝口，不许乱开乱挖。别人耙田之后，要过三天，才准由造田放水过下流的田里。

七、犁田耕田时，牵牛过田，要依原来规定的老路走，不许随便经过不应走的田基。牛只踹（踩）崩踹（踩）漏了别人的田基，要实时帮人修好。

八、各人山上的竹笋，不许乱取。

九、到田里和山上做工时，各人带去的饭包，放在路旁或挂在树上，不得乱拿。

十、各家用牛之后，犁耙放在田边，不许乱拿。

十一、在禾田里用鱼筒装泥鳅，各装各得，不许乱拿。如果鱼筒破烂了，装筒的人要把它丢去田外。别人装鱼筒在自己田里，不许丢开。

十二、过了清明节，各家不放鸡鸭出外。

十三、过了二月社后，才得开始在河边钓鱼、撵鱼。但任何时候都不许撒网或用药毒鱼。毒鱼时必须大家商量，约期进行，不得由少数人去做。如果有人生病送鬼，需要鱼做祭品，只许塞滩捉几条。如果老人过世，只许撒网、塞滩、摸鱼一天，作办丧事之用。

贰、八月社料话内容：

一、装有鸟盆的地方，路口插有草标，打鸟的就不得在附近放枪；走路的也不得越过草标。凡鸟胶木上砍有标记的，都不许别人乱砍。

二、不许到别人的老山里随便走动。

三、不许放鸭、鸡、猪下田吃禾。

四、禾把和饭包放在路边，不许乱拿。

五、挑禾把过路，肚饱的人要偏路让肚饥的人走。

山子瑶春秋二社老料话规条①

壹、二月社日料话内容：

一、不许乱挖田水。

二、不许拿别人放在田边的犁耙和饭包。

三、不许乱取别人的竹筒和猪菜。

四、不许乱踩别人的瓜果。

五、见别人的田水漏干了，要帮补漏洞；如果工程较大的，要尽快通知田主。

贰、八月社日料话内容：

一、不许乱摘别人的包米。

二、不许乱拿别人放在田边的扁担和竹灌。

三、不许偷盗桐子、茶子。要等主人拾过之后，才得捡浪。（桐茶经主人采摘检拾之后剩落的桐子茶子别人再去捡拾叫做捡

---

① 山子瑶春秋二社老料话规条条文简单。原存广西金秀瑶族自治县六眼村蒋老大家。在山子瑶中是稀有的珍藏抄件。1957年，广西少数民族社会历史调查组搜集。

浪）

四、不许偷禾把。

金秀大瑶山全瑶石牌律法①

自从盘古开天地，伏羲姊妹造人民。先有瑶，后有朝。先立青山，后立朝廷。先立村屯，后立社庙。汉、壮地方，靠田靠塘。瑶山地方，靠山靠地。惟恐有人作乱，立有州府衙门。夜乱偷乱摸，扰乱治安，拿他坐牢。地方安宁，江山稳固。我们二十四村花山，三十六瑶村，砍树置牌，杀牛立垌。三家为村，五户为寨。小村靠大村，大村靠石牌。

恐怕有人行盗作祟，扰乱社会治安。聪明骗愚笨，凶恶欺善良。因此才订法律十二条，法规十三款。牙边不离牙马，牙马不离牙怀。我们上山问路，我们下水同船。盐同罐，饭共包。大家同心同德，维护石牌大法。

现在讲第一条：有谁胆敢作恶拦路抢劫，戳马杀人，他犯三十三天，他犯九十九地。

一条完了第二条：若有跟汉人结盟，与本族坏人勾结，合伙干坏事，他犯律法十二条，他犯规法十三款。

二条完了到三条：若有人横行乡里，乱行事，乱捣粑；敲门扭锁，挖仓盗货，犯律法十二条，犯规法十二款。

三条完了第四条：人人要讲究公德。谁若戏嫂嫖女，抢过山，拉过坳，犯三十三天，犯九十九地。一人说他不对，百人

---

① 金秀大瑶山全瑶石牌律法流行于广西金秀瑶族自治县金秀地区。供稿人，原石牌头人现金秀瑶族自治县副县长陶玄天（瑶族）。1960年，拍摄瑶族科教片时采集。

说他不是。

四条完了第五条：谁若胆大包天半途拦路，牵马偷畜，弄得行人不安。拿他烧成铜，将他化成锡。

五条完了第六条：谁若心怀鬼胎，暗中作祟，乱掏坟山。犯律法十二条，犯规法十三款。

六条讲完到七条：谁若黑心肠，坏肚脏；纵火在山，放火于沟，毁坏山场，破坏森林。他犯大法，他犯大罪。

七条完了第八条：谁家生姑娘，不许嫁到大地方。我们是鸡嫁鸡，他们是鸭嫁鸭，自古鸡不拢鸭，自古狼不与狗睡。把女嫁出山，犯十二条，犯十三款。

八条完了第九条：我们住在瑶山，首靠山，次靠水。各家有田坝，各户有山界。各耕各的田，各种各的山。谁占领他人的山，谁占领他人的田。罚他八块，罚他十六元。

九条完了第十条：我们瑶山小地方，有山有水，有草有木，有的多，有的少。第一有址，第二有界。谁若放药毒鱼，谁若放火烧林，罚他八块，罚十六元。

十条完了到十一：谁生姑娘，谁养老鸭。养不得老女。第一为训，第二为教。不训不教，怀事乱造。一旦身带铜，肚带锡，她必须讲清楚。石头有姓，树木有名。如石头无姓，如树木无名，这就彻底明白，这就彻底暴露。一人说他不对，百人说他不对。他犯律法，他犯规法。

十一条完了十二条：若有人胡作非为，看丈夫笨，见男人善；嫖他人妻，奸他人媳。若拿得包头，抓到双，捉到对，按十二条罚钱，按十三款罚银。

我们二十四花山，我们三十六瑶村。有律法十二条，有规法十三款。人人遵守律法，人人遵守规法。规法严格，律法严厉。我们才坐得稳，我们才睡得安。石牌面前，同喝血酒。律法人人同等，对天地不例外。

石牌头人吃社料话[①]

今天我们吃社，大家都到齐了。我有话要讲，我有话要说。春天来到了，洋鸟叫开了，桃花开放了，春耕开始了。

我们有二月六护社神，我们有八月谷王社殿。我们有三多五料，大家都要齐心呃，大家要善守法规。采青整田，行动统一，步调要一致，听枪声指挥。

春耕大忙时，百样放路边，大家不得顺手牵羊。心直能行大路，心正能走大街。不得过河谋鱼，不得过河谋禾。

三月下种，八月收成。筑田基，糊田坎。第一不得破坏，第二不得捣乱。田里捉鱼拣螺，不得损坏秧田。

我们瑶山地方，地广人稀，山青水秀。自古以来，宝山银地。

我们自作安排，我们自管自爱。若谁为非作歹，放三包毒药，放三包毒剂，必定按律法治罪。我们瑶山小地方，寻食靠装鸟盆，吃肉靠装石桉。各家自有，不得偷盗，不得作恶。大家要白如雪，净如水，要光明磊落。若谁毁鸟盆，盗鸟仔，找他算账，按律法治罪。

八月稻谷黄，各家有禾双，各户有禾把。扛不回家，晒在

[①] 石牌头人吃社料话流传于广西金秀瑶族自治县金秀地区。供稿人社老、石牌头人陶玄天（瑶族）。1960年，拍摄瑶族科教片时采集。

岭上，各家自晒，各户自收。不准谁任意捣蛋，不准谁手生六足（指）。个个要讲公心，人人要讲道德。大家要守法，大家要执法。我们立才安，我们坐才稳。石牌是大法，天灵地准。

争山界石牌头人料话①

原告人：十年不旱今年旱，十年不涝今年涝。我关门吃饭，事从天上落。我们二十四花山，我们三十六瑶村，不见电闪山，不见雷劈树。他（被告人）见我善第一，笨第二。心大胆大，谋山占国（园）。霸我江山，占我森林。今天有八块第一，十六块第二。请你们老人评理，望你们老人断案。

石牌头人：给被告人"讬话"，鸟度天，人传话，今天来到你家门。我们瑶山小地方，大石牌第一，小石牌第二。张三告你占他的山，张三告你占他的林。金鸡岭这片山，你说是你的，你有什么凭，你有什么据。请你把话讲清楚，请你把话讲明白。莫乱占他人江山，情不合理也不容。犯了三十三天，犯了九十九地。

被告人：金鸡岭那片山，山是我们开，树是我们栽。以石堆为界，以树蔸为证。地头第一，地脚第二。讲山山有脚，讲树树有根。年年我砍木根，年年我吃木尾。没有那个同我争，没有那个同我抢。今天你们来讬话，我要把话讲分明：十句做一句讲，十包做一包包。山是我的山，树是我的树。你们办事要秉公，你们办事要正直。酒进坛，饭回桶。米回缸，猪进栏。

---

① 争山界石牌头人料话流行于广西金秀瑶族自治县金秀地区。供稿人原石牌头人、金秀瑶族自治县副县长陶玄天（瑶族）。1960 年，拍摄于瑶族科教片时搜集。

原告驳理：石堆可乱移，树蔸可乱放，道理嘛不得乱讲。我家砍的树，架鸟盆，做蕈树，烘笋干，捕野兽。我们七代得砍，我们七代得吃。他的理莫扯，他的话胡说。天不灵，地不准。我把它丢下塘，我把它沤成泥。黄猄走成路，老虎踩成槽。石堆后来堆，树蔸原来有。金鸡山是我的山，金鸡山是我的地，我祖祖辈辈管他。种香草，砍菌树，破竹篾，挖木瓢。自从老班以来，都是野鸡落山，自从进山以来，都是野鸡落岭。百鸟归巢，花鱼归塘，没有哪个这么调皮。同我争地界，同我争江山。你们老人来办案，下河不怕水深，上山不怕路陡。辛苦驾临，把事查明。钱社解，饭社发，发勾爱，采勾数，发钱工，送钱利。

石牌头人断案：自从老班以来，山界不立石堆，山界不划地蔸。李四讲的没有依据，金鸡岭那片山林，张三祖父得管，张三祖父得种。地脚树得砍，地头（香）草得种。一代接一代，一年复一年。李四反骑马，倒骑牛，山林归张三。你们二位同村人，同村还是同村，亲戚还是亲戚。不得记怨记仇，不得互相斗打。我们几位中间人，（石牌头人），心直能走大路，心正能走大街。今天吃你们的饭，今天为你们办案，天灵地准，地准天灵。张三背凤鸡，有理砍凤凰鸡。你们两家要牢记：十二条三多，十三条五料，这是大法。人人遵守，不得违犯。

世德堂张氏族谱载族规村约[①]

壹、祖训十诫十条浅言：

[①] 世德堂张氏族谱载族规村约制定的族规，比较系统全面，它是研究白族的家族组织、社会伦理道德、人们行为规范等方面的极好数据。

一、诫作危害国族个人事。

二、诫背叛祖训倒逆行为。

三、诫黉缘地方公事。

四、诫奸盗邪淫。

五、诫斗狠好讼。

六、诫堕职业好逸豫。

七、诫虚荣奢侈。

八、诫妄言毁谤。

九、诫自矜自伐。

十、诫滥交损友。

贰、十宜：

一、宜体孔孟之道。

二、宜多读书。

三、宜力行八德。

四、宜勤俭治家。

五、宜和睦乡党族邻相助。

六、宜不贪大位。

七、宜多做地方公益。

八、宜持平接物。

九、宜安贫守志。

十、宜居温行让。

叁、族中兄弟子侄公约：

关于个人方面：

宜遵重（守）先人遗训，不妄为，守法爱公，敬业孝友，重身和睦。宜遵（尊）重公德，努力奉公，不得徇情舞弊。关于同爨同居方面：家有子女，务必令其读书，如力量薄弱，亦当设法令其毕中（终）学业。无故不得破产。父母长者健在，宜早立遗嘱，分晰（析）遗产承继。

关于举事方面：

凡办丧事，无论贫富，以十天内从俭（或简）速葬，并不得暴棺、停尸数年、浅葬。犯者罚米三石，作宗祠公用。

凡办婚事，无论贫富，必须从俭，大致礼衣一套、被褥各一件为标准，并以女家过礼为率。犯者罚米作宗祠公用。

凡办嫁妆，无论贫富，必须从俭，依照□等论。普通以大致衣服鞋袜各一件、木柜一张，瓷器及化妆等靡费一律禁止。其特别有资力者，亦不许超出普通者。惟特许买田陪嫁，亩数不论。对族内娶妇，应选遵守，以族规通知女家，勿破本约。族内嫁女，亦必请男家原谅，不可犯之。如犯者罚街升白米三石，作宗祠之用；如对方不谅解者，应即解除婚约。

凡祝寿，无论贫富皆宜从俭，不许先请客，为人子孙者，宜即送书籍或捐公益款项，代祝寿用。

凡请客，除祝寿家（之）外，无论贫富，举事、节令请客，以三十桌为限，不得超过。如超过者，每桌科以五升白米之罚金，超出若干桌，照推罚。

关于合作方面：

族中人家境贫寒，其有特别事者，合（合）族互相赞助，或族委会公议代办。其个人力量稍裕者，即应捐款或什物谷米于宗祠。

族中子女努力读书者，婚丧无力举办者，应由宗祠公款按照补助，但须经族委会讨论，过半数许可者，方能得受补助。

族中人与族中人相纠葛，必须先申请族委会调解，族委会不能调解者，始得面首公庭。未经族委会而先首公庭者，合族公禀。姑不论事实如何，合族请求政府判予失理，资产之主权判予（与）宗祠。

族中人不得已而破产，宗祠有优先权。族中人照市价论值后，有次优权，卖主应提出百分之五与宗祠。如优先权、次优权俱无承受者，始得向外姓出卖，□。

族中人地基毗连而必须者，权其轻重，应互相迁就，照市价数倍，十分优厚给还地价。

族中人无子息（嗣），由弟兄之子过继。或（如）抚他姓子招女入赘者，子孙世代不得变姓，应由族委会订立合同遵守，财产应估值时价，提百分之十与宗祠后，应由族委会立予管业执照。如不遵守者，或隐匿查出者，宗祠全部没收，不承认其子承继。

关于修理方面：

宗祠、坟茔五年一小修，十年一大修，家谱十年一修，其特殊者例外，其不必修者，亦可简（减）免。每年专取名命日，由族委会取给，并让入名册内。

关于公产方面：

宗祠公产公款，每年收入支出清白登记，每年届九月内公算公布。

宗祠收入谷租，变卖时须经会议。

宗祠公产，务须一族人老少公悉，不许避讳揽权。其不合者，不分齿序皆可质问，惟不许借故兹（滋）事。答复无理由者，公诉司法机关法办。故意兹（滋）事者，亦请司法机关法办。

宗祠出息，下年得用至上年，不得预用下年出息。

宗祠每年应收息外，再收如汇罚捐等款，除应用于族内公共事业之外，再将用于补助族内子弟读书若干，补助婚丧无力举办者若干，族委会公议。

附件：补助学费由族委会审查，半数通过始得发生效力，小学得极少补助，中学生得多量补助。

族中公产公款，族内人不得租用，即力（加）倍生息亦不许。

关于管理方面：

全族各家，推家长一人共同组织家常约束委员会，凡族中大小事务及收支监督处理，统归会负责管理，无论大小各事，顺序发表意见，过半数赞同者行之。

家常约束委员会系不分秩辈，不序□□。已定会员，每会务必到场，不到场者，例须请假。其外，族中老小子弟，每会皆得列席监督，或不同意，即日即申请另议之权。至已定会员内，将公推声望迫切（卓著）者为族长一人，次长一人，负责管理委员会。

家常约束委员会既决议之事，全族共同负责。家常约束委员会公推公正无私二人，负责收支宗祠一切款项。随时受家常约束管理委员会之指派，由会酌给从优薪水。

家常委员会公推执年管事二人，办理周年大小事务。

族中人努力为公，有功德于合族，公益或卓行足矜式者，由族委铨序事略，公制牌位崇祀，并将节略镌于牌位，订日公祭。

新仁里村乡约

窃以风俗之厚薄，端在乎人才，而人才之兴起，必资乎教化。我邑户分三甲，里号新仁，何美称也。□□顾名思义，各敦孝弟之行，共明礼司□节。为父兄者，孰不欲子弟之敦孝弟，而明礼让哉？乃近来子弟孝弟不敦，礼让不明者，由于教化之不行，而教化之不行，端由于不设义学之故。查我邑九姓三甲，皆有公顷田亩，愿同志居子共矢公正之心，勿怀私小之念，不论何款公项，除香火祭祖外，削去一切妄费，设为义学。有力者，一姓专设一馆；无力者，或三姓五姓共设一馆。举首事以经理，延名师而课读，将见礼义文风，蒸蒸日上，人材科甲，在在时新，庶不愧仁里之名焉。是所望于九姓中之同志者。谨约。

兹将新仁里乡约十条开列于后：

家常：父慈子孝，兄友弟恭，举家之光也。凡为子弟者，务须各务生理，出恭入敬，倘有不孝，不□□忤逆□上，被父兄首出申言者，合村重治。

丧事：凡民有丧，匍匐救之，乡里之常也。近来积习，于初丧之夜与发引之前夜，不分老幼，群聚痛饮，以致乘醉闹丧，殊近夷风。此后不论何家遇丧，来吊者，只许烟茶，不许设酒。在家无故不来吊望者罚，有匿丧嫁娶者重罚。读书子弟，应试童生，不许妄请□□。

喜事：礼尚往来，古之道也。近来喜事之家，不分老幼，滥请人情，于办事者太难。此后人请客，男六十以上，女七十以上，方许另请人情，年岁以下者，不许妄请妄去，违者重罚。

至八十以上步履艰难者，着人送至于家，以明敬老之意。

急难：不测之事，何家蔑（没）有？凡遇水火盗贼，闻声即起毕其处，以明相应相救之意。□有置若罔闻，安眠在家不出救应者，散（丧）绝天良，合村重罚。

赌博：士农工商，各有专业。近来，子弟好尚交游，妄纳面生歹人，勾引良家子弟，潜匿赌博，为害匪轻。此后如有犯者，从重干罚外，主客一例（律）扭禀官治。

夜行：夜有事故，难免行走，但人静以后，不论男妇出入，必须执火。倘不执火暗行者，定系匪类，本乡人犯者重罚，面生人犯者捆绑送官究治。

抢妇：纳宠娶妾，以重烟祀，礼之常也。近世有见人居孀，不自矜怜，反行谋算。不通知父母，不商知本人，伤（丧）节败名，擅行聚众来抢者，合村公首禀官究治。

争讼：鼠牙雀角，何人无之。近有牙眦小辈，辄行侵□官，请讼师占原告，骎骎得意。此后有大小事故，先由村内公处，如不合者，方许报官，否则合村不齿。为绅耆者，不可武断乡曲。

山林：斧斤时入，王道之本。近有非时入山肆行砍伐，害田苗于不顾，甚至盗砍面山，徒为己便，忍伐童松，实属昧良。此后如有故犯者，定即从重公罚。禁白（山）后，犹不云砍竹下山。

守望：出入相友，守望相助，古乡法也。近有屑小之辈，平时不务活许，至春秋登熟之际，寅（夤）夜盗窃，实为无耻。此后许看甸人认真查拿，如遇拿获，从重干罚，此时体面何在，各宜勉之。

以上十条，合村绅耆老幼共同议约，违者不得因亲友而姑息也。倘若横行不听，合村公同禀官究治。悬之通衢，共相奖劝。

光绪二十三年（1897）七月二十二日合村同约。

云南清真禁烟放足俚言

钞奉督部堂示。钦命头品顶戴陆军部尚书都察院都御史总督云、贵等处地方军务兼理粮饷兼管云南巡抚事锡，为剀切晓谕事，照得人生世上，无论做大小事业，全凭这副精神这个身体，若把精神身体损坏了，就有许多事业想做也做不成。那损精神坏身体的事，莫过吸烟与缠足。男子吸了烟，女子缠了足，便像废人一般。本督部堂怜念尔百姓们，特地将吸烟与缠足的苦楚，说与众人听听。烟是天生毒物，吸烟的人，毒气入五脏成了烟瘾，每逢瘾发的时候，任你有天大的事，必要先过烟瘾。若是没有烟吸眼鼻流涕，浑身出汗，甚至口吐白沫，昏迷不醒。烟瘾重的更加厉害，这不是将钱买罪受么。三更半夜，别人都已安眠，独有吸烟的要熬夜。日高三丈，别人都已起来做事，独有吸烟的辰已午时尚在睡梦之中，你说误事不误事。读书的人吸烟荒了学业坏了声名，就难发迹。做生意的人吸烟，财东嫌他懒惰，就不肯要他，耕田做工挑力的人吸烟，一天做不得半天的事，该走一百里的路只走得五十里，该有一百斤的气力只挑得起五十斤。赚钱的事，都比别人不如，别人能赚一百钱他只能赚得五十文，每日又要吸烟，多花了钱，别人两日度用，不够他一天的花销。所以吸烟的人，富者变为贫，贫者贫上加贫。父兄责骂，妻孥憎厌，亲友背地批评，说他不成材料，你说值得值不得。更有那穷极的人食烟灰，或将烟和水和酒冲服，毒气更重，不知不觉，枉作短命的人，你说可怜不可怜，这就是吸烟的苦楚。更有那缠足更苦，人身四肢，是缺一不可，一支足不能走，叫做跛子，两支足不能走，便是残废。好端端一个人，谁肯甘心作残废。不料父母忍心，把他女儿两足缠小，要他作残废的人。那吸烟的尚是自己不要好，缠足的是父母害他。那吸烟的尚是少年不自爱到老不成器，缠足的是自幼受折磨，你说惨不惨。做女子的，料理家务，在富贵人家，虽不必做那费气力的事，也不免时常操劳。缠足的身体无力，行动艰难，扶墙把壁，就不能操劳了。贫贱的人，女子也要耕田工作，两只小足，踹在泥上里面，站也站不稳，走也走不得，不是跪着做事，就是扶着做事，比男子加倍辛苦。你想两脚裹得紧紧，气血不能流通时时疼痛，好比刀割，又像生疮，无药可医，无人怜悯。自家从小受了这般苦难，及至为娘的时节，还要将受过的苦，去害他的女儿，你说愚不愚。平时受苦，众人见惯，也就看淡了，殊不知遇着水火盗贼不及躲避，定然性命难逃。做父母的，为什么要将女儿害到这步田地。虽然风气如此，也是人心太狠毒了。他女孩儿被人缠足，不由自主，岂不是比吸烟的更苦么。尔百姓们从前不晓得，于今经本督部堂出示劝诫，都知道吸烟与缠足，是损精神坏身体的事，又有种种苦楚，谅必醒悟了。而且例禁森严，屡奉旨，尔百姓们是应当遵依的。自示以后，尔等父教其子，兄训其弟，亲戚朋友时时谈论，大众齐心，并向妇女们委婉开导，切莫负本督部堂殷殷劝戒的厚意，便是我的好百姓了。毋违特示。

光绪三十三年（1907）八月示。

清真天足会俗歌

一可笑，笑我穆民不听教，缠足未免伤天和，不缠方是遵圣道。

二可恼，恼恨人人夸脚小，女儿缠足泪涟涟，父母骂他不识好。

三可喜，喜我圣王立法纪，缠足之人不受封，偏让大脚受抬举。

四可学，学我西域不缠脚，为何仿照汉金莲，惹得后世用火烙[①]。

五可贵，贵的儿女不受罪，改穿花靴荷叶鞋，断无大脚增羞愧。

六可强，强壮生产不为难，试看村妇身有孕，挖田种地又何妨。

七可怪，怪道世人不自爱，身体发肤无毁伤，洋洋洒洒何痛快。

八可保，保得夫妻同到老，纵有水火与刀兵，放开大步也能跑。

九可庆，庆贺穆民多洁净，按时礼拜甚殷勤，不背主命不犯禁。

十可劝，劝诫缠足并鸦片，振起精神图自强，风俗必为之一变。

---

① 惹得后世用火烙，伊斯兰教认为人死后在后世还要复活原体，缠足者要用火烙平。

劝勿缠足说帖

旷览五洲万国，皆无缠脚之女，惟我中原有此恶习，一人创于前，普世踵于后，相沿数千载。虽煌煌，圣谕不能改此陋俗，此天足会之不容缓立。以吾等回民，自唐贞观二年由天方入于中原，忘故国之成规，随波逐流亦蹈是习，吁殆不知此中之大害耳。夫人生之初百骸完备，乃因争妍取媚，缠其两足，致使周身血脉不能流通，天癸则往往不调，生产则每多困苦，一切重事均难自做。富者犹多不便，贫者何以治家，言念及此，良可惜也。且缠足之害生前既抱痛终身，死后亦难逃冥谴。试思缠足之女拜跪艰难，每日五时势必因此疏忽，至于大小净时洗涤必难到位。经云，凡人大小净有毫发不到之处便不完全，又云，凡缠足之女，归顺①后必用火烙平方得脱离，凡我回民独不惧真主之严刑乎。敬劝我教同人看过转告内眷，幸勿淡漠视之，则小女子受惠无心矣。天下无不慈之父母，何不立改此恶习乎。今各省督抚奉圣旨出示各府州县大张晓谕劝不缠足，信从者颇多。各埠泰西妇女所立天足会，立法尤为完善，每次演说来者千余人，皆云生女不缠足，娶媳亦不娶缠足之女，已缠者放开，未缠者不缠，凡我民何不效之。人之不肯放足者，岂绝无爱女之心乎。彼惟恐聘嫁之难耳，现时万户同心，千人一律，我教均签字立会，聘家可无虑矣，又何必饰为外观之具哉。试看泰西冠履，毫无矫揉造作，及我圣朝制度，并不缠足，外观未尝不美乎。况当王者贵，尤所宜遵。今云南省垣回教千余

---

① 归顺伊斯兰教的宗教语言，此处系指死的意思。

家，已开风气，皆以不缠足为然。所望各处乡耆实力奉行，逢人规劝，上可以遵圣教典型，下可以保卫生命。有浮情又有就理，岂非我教之极大美事乎。世有继此会而兴起者，我等其馨香祝之矣。

云南清真寺天足会仝人公启。

清真对亲柬式

男家用此：忝姻眷某人偕室某氏顿首端肃拜

恭恳金诺。

请照前议，女子永不缠足，彼此嫁娶通用，以期变易土风而符天方之古制，幸勿爽约是荷。

女家用此：忝姻眷某人偕荆某氏顿首端肃拜

谨遵台命。

所属遵照前议，女子永不缠足，嫁娶一律通用，以期变易土风而符天方古制。此举甚属有益谨当如命，誓不爽约此订。

后叙。

良药苦口，忠言逆耳，其信然也。缠足之说，刚兴义和会同五方清真寺掌教阿洪首事、绅耆，于光绪甲辰年，已谆谆劝诫，详明在卷矣，何庸重言渎听哉。近来各省风气开通，不缠足者固多，既缠而放者亦复不少。我滇地处边陲，得风气最晚，自上年天足会之设，由十而百而千人数，因之渐进，民皆由此顿开也。今岁八月初十日，会城官绅士庶约计千人，齐集天足会，公同议决，订立合同，以后女子概不缠足，违者议罚，现未满十岁者大半不缠矣。末等随于八月十二日，齐集商会与总理马君善斋妥议而行约，计数百人同声相应，照立合同，公订嫁娶遵天方古制，永不缠足，违者议罚，众皆乐从，随即令女子解放者十居五六矣。用特布告各府厅州县村寨穆民，大齐放足，踊跃争先，视为快举，以期改此恶习，实为吾教幸甚，滇民幸甚。

光绪三十三年八月省城五方清真寺掌教首事谨白。

册亨乃言布依族乡规碑

尝闻强盗出于赌博，命案出于奸情。杜绝盗源，须除赌博；欲愍民命，须除奸情。除赌博而乡中之男良善，除奸情而邑内之女贞节。凡于寨中，虽属壤地偏小，亦皆莫非皇上。父务之教，必先子弟之率。出入相友，守望相助，男无觊觎，女思贞节。革旧从新，使其路不拾遗，狗不吠盗之风也，不亦宜乎？今日后倘若何人效往，乡党不睦，三心二意，互相串同，昧刁暗引，面生歹人，不熟之流，窝藏密室；专赌为盗，私下串伙，交合磕索，三五成群，四六结把。日则隐藏家中，盗牛盗马；夜则穿墙挖壁，偷粟盗物。若有私盗外方，丢赃磕害，拖累地方。倘有等日后查出，庄目立严禁，乡党寨老遵依。或闻，众户同情协力，共心捉获，而呈官究，理法不容。倘若何人强硬不依，合众齐心，便罚牛一条，重有一百五十斤，酒五十斤，盐二斤，米四十斤，以作祀社之费。言之不先也，特此计开犯条：

藐法背伦，串奸有孕，罚钱九十六斤。白日强奸，罚钱八十四斤。星夜通奸，罚钱六十二斤。毒药缢死二比天命，罚钱三千六百文。盗偷各行，罚钱一千二、二千四、三千六。被人拐逃，夫家者协访，二比不多事。岳者贪财二嫁，罚钱一百五十斤。

祺祥元年吉日。

昔马某村严禁吹烟赌钱合同

立出禁戒吹赌合同凭据人杨国茂、李文翠等。情因我寨先辈系是忠直老成，勤俭持家，并无吹赌等情，而今出有无耻之辈，不务生理，闲游浪荡，每行开场聚赌，寻亦吹烟。若不趁早严禁，良家子弟亦被引诱，从此寨规败坏，章程全无，是以约众寨内子弟明公持事，立出凭据，预先禁止。自从立据禁戒之后，不准吹赌二行，寨内子弟俱要各安生业，各守规程。若有不遵规矩，行游吹烟者，查实拿获众罚小洋一十六甲，正敬证人五甲整。如有知情不报，存私奉情者，罚小洋一十六甲。

某村严禁吹烟赌钱合同

立出禁吹烟赌钱合同凭据人百忍老幼等。为因国事纷繁，凡大小区域是属难以管理，其吹烟赌钱之年幼者甚多难数，最坏根本。惟是吹烟赌钱之人不归正业，有害全家，合族老幼共同磋商，切齿禁戒，以正风化。倘若不竭力禁戒，犹照将来发生盗贼，丧失全族之口名矣。自此之后我族人，老幼各自小心，各守本分，不可违法。倘若何人不守本分，再行吹赌者，任从处罚小洋五元。看见来报之人，给茶钱小洋五甲。东道随食外加重罚不贷。